現代中國的
首次民主轉型

——民國初年的憲政試驗

嚴泉・著

本書從憲政文本分析、政治利益剖析、
政治策略選擇等多個視角，探討民國初
年的憲政試驗與民主轉型的關係。

獻給我的父親嚴學森先生、母親黃其華女士

致 謝

　　本書的完成不僅是個人多年努力的結果，還凝聚了許多人的心血。特別是范泓先生與劉學堯教授，他們在方法指導、資料提供、出版聯絡等方面，都給予了我鼎力相助，使我能夠有條件完成本書並出版。博士後導師，華東政法大學何勤華教授更是在我困難的時候，給予我極大的鼓勵與幫助。

　　此外，華東師範大學王家範教授、中山大學袁偉時教授、南京大學高華教授、劉昶教授、上海師範大學蕭功秦教授、清華大學孫立平教授、中國社會科學院雷頤教授、劉志琴教授、南京曉莊師範學院邵建教授、日本愛知學院大學柴田哲雄教授、廈門大學謝泳教授、廣州社會科學院李楊研究員、上海大學忻平教授、陶飛亞教授、沈關寶教授、張江華教授、張佩國教授、程竹汝教授、劉長林教授、顧躍英女士、上海臺灣研究所張茜紅研究員、上海國際問題研究所嚴安林研究員，以及好友徐非博士等，他們均對本人的研究提出了寶貴意見，對我進一步修改工作幫助極大。

　　在研究過程中，我獲得上海大學「211 工程」三期重點學科建設「轉型期中國民間的文化生態」項目、教育部人文社會科學研究2006 年度青年項目階段性研究成果（項目批准號：06JC770007）、第四十三批中國博士後科學基金項目（項目批准號：20080430645）的資助，院辦科研秘書樊傑先生與秦菲菲小姐在具體事務工作方面提供了許多幫助，而臺灣秀威出版社更是給予了出版的便利，謹致謝意。

在資料搜集工作中，我得到上海大學圖書館、上海圖書館、北京國家圖書館、復旦大學圖書館、華東師大圖書館、上海市委黨校圖書館、上海臺灣研究所資料室、香港大學新聞及傳媒研究中心、香港大學圖書館、香港中文大學中國文化研究所、臺灣政治大學圖書館、臺灣國際關係研究中心圖書館、美國懷俄明大學圖書館等有關工作人員的熱情幫助，因人員較多，在此無法一一恭錄。在多年的研究過程中，因工作不時發生變動，沒有父母、妻女與親友的理解與支持，亦很難專心從事研究工作。

最後必須感謝的是在我之前作了出色研究的前輩學人，沒有他們的辛勤耕耘，後人是很難推陳出新，有所作為的。前輩學人的有關研究成果，我均已敬錄於注釋之中，並作了說明。這既是出於學術規範的要求，也是對前人學術貢獻的敬意。

當然，作為作者，本書的一切錯誤，均由我承擔。

嚴　泉

目　次

第一輯

憲政文本與憲政模式

《天壇憲法草案》與民初政體制度

　　1913 年《天壇憲法草案》的制定是民國初年制憲活動發展的高潮,從這一年開始,歷時十年的國會制憲正式揭開了序幕。在制憲工作剛剛開始的樂觀氛圍中,人們做夢也不會想到未來的制憲之路將會如此坎坷曲折、命運多舛。尤其是第一屆國會中那些意氣風發的年輕議員們,對他們中的一些人來說,參加制憲會議,不過意味著多準備一些憲法學講義,然後開始學理上的滔滔雄辯,力求「立法至上」的憲政制度設計完美無缺而已。新生的民國國會也力排眾議,先後拒絕了臨時大總統袁世凱與地方軍紳的制憲要求,依據北京臨時參議院制定的《國會組織法》,獨自開始了制憲工作。

　　然而令人遺憾的是,憲法草案的完成不但沒有成為中國實施民主憲政的起步,反而宣告了國會遭受袁政府非法解散的厄運的來臨。後人每當回顧這段歷史時,普遍的看法是袁世凱的獨裁統治扼殺了初生的民主政治,並要為這次民主轉型的失敗承擔最主要的責任。但是正如有學者在評價辛亥革命歷史結局時指出,過去人們主觀認為袁世凱上臺就註定了他在數年後必然要搞帝制,這種以事物的結果來代替其過程分析的方法不啻是宿命論和歷史功利主義方法。後人所瞭解的歷史都是已經凝固而且再簡單不過的既成事實,而某些既成事實的原型在凝固成歷史之前,往往是錯綜複雜和變幻多端的。[1]

---

[1]　郭世佑〈辛亥革命的歷史條件與歷史結局再認識〉,章開沅主編《辛亥革命與 20 世紀中國 1990-1999 年辛亥革命論文選》(湖北人民出版社,2001年)。郭世佑並強調復辟帝制的袁世凱無疑是歷史的罪人。但他淪為歷史罪

美國學者歐尼斯特・揚格（Young Ernest P）的研究也表明辛亥革命時期的袁世凱正處於一個政治選擇的不確定時期。[2] 應該承認的事實是，即使對憲政民主不甚瞭解的袁世凱，由於對臨時約法束縛極感痛苦，而「亟思於憲法上有所補救。」[3] 所以在這一年的大多數時間裏，袁極力想通過合法的政治手段——而不是非法的武力手段——介入制憲活動，以達到在民國實現增強總統權力的政治目的。[4]

同時民初的制憲環境也不同於以後的軍閥干政、無法無天。雖然大量的論著都指責袁世凱對制憲活動的破壞，似乎當時國會憲法起草委員會的制憲環境是極其惡劣的。但事實並非如此。儘管 1913 年 7 月爆發了國民黨人反抗袁政府的「二次革命」，袁政府也以鎮壓亂黨之名，先後逮捕了 5 名制憲議員。但是袁此舉的目的不同於在 11 月份採取的解散國民黨、取消國民黨議員身份的非法命令，後者的動機明顯是為阻撓國會繼續開會，並為最後解散國會製造藉口。此時袁仍然希望盡可能地合法地對制憲工作施加自己的影響，還沒有做出非法中斷制憲進程的最後選擇。

事實上，制憲會議（國會憲法起草委員會）在「二次革命」以後的歷次會議，並沒有因為袁的反對而中斷。制憲議員能夠獨立完成憲法草案，就是對制憲環境最好的說明。而且在三個半月的制憲會議期間，從來沒有發生過軍人團體滋事等惡性事件。地方都督、

人前那段有功於直隸新政和辛亥革命革命的歷史，也當予以客觀評價。

[2] 費正清編《劍橋中華民國史上卷》，楊品泉等譯，中國社會科學出版社，1994 年，第 250-254 頁。

[3] 吳宗慈：《中華民國憲法史前編》，上海大東書局，民國 13 年，第 51 頁。

[4] 過去學者在指責袁干涉制憲活動時，並沒有嚴格界定袁在國會制憲期間的干憲活動是非法還是合法。近年來大陸也有學者承認袁這一時期企圖干涉制憲活動的方式還是合法的，是袁後來採取非法手段破壞憲法起草、破壞國會的前奏。參見朱勇《中國法律的艱辛歷程》（黑龍江人民出版社，2002 年）第 373-374 頁。

軍人干憲風潮的發生是在 10 月 25 日憲法草案基本完成之後。制憲
會議所需的制憲經費也一直是北京政府財政部通過國會參議院提
供。[5] 所以制憲工作基本上還是在比較和平與穩定的環境中進行。

但是《天壇憲法草案》的完成卻成為民國初年民主轉型失敗的
標誌。在憲法草案二讀即將完成的 10 月 25 日，總統袁世凱通電各
省軍政長官，公開表示反對憲法草案，認為：「草案內謬點甚多」，
「比較臨時約法，弊害尤甚」。[6] 北洋派與擁袁的各省軍政長官也紛
紛通電指斥憲法草案。11 月 4 日，袁世凱第二次通電各省，再次
表示拒絕接受憲法草案，並於同日宣佈解散國民黨，取締國民黨議
員資格。在隨後的兩個月內，國會憲法會議因人數不足而停開，制
憲工作陷於停頓。1914 年 1 月袁正式下令停止國會兩院議員職務，
民國初年的民主轉型完全失敗。

一、《天壇憲法草案》與政體制度選擇

作為一系列制度試驗中最令人矚目的制憲會議，本質上是一次
政治會議，不同於一般的立法會議。[7]「制憲通常完全由當時主導
秩序的力量來決定，制憲是從零開始的政治工程，……制憲的成敗
與否，往往取決於社會各方的共識能否達成一個公約數。」[8] 毫無

---

5 1913 年 9 月 27 日，憲法起草委員會主席湯漪在第 22 次會議上曾提到制憲
   會議經費問題。「本會開辦之際，所有用款原議不由本會直接向財政部支
   取，先由參議院代領，俟會期終作總報銷。前由王副議長向財政部支洋三
   千元作為本會經費，現此款已用竣。」參見《憲法起草委員會第 22 次會議
   錄》（北京：憲法起草議員會編，1913 年 12 月）。
6 電一，李根源：《中華民國憲法史案》，民國 3 年，國聞編譯社。
7 1913 年國會制憲主要是憲法起草階段。本文中制憲會議特指國會憲法起草
   委員會。
8 謝政道：《中華民國修憲史》，揚智文化事業股份有限公司，2001 年，第
   479 頁。

疑問，民國初年最有實力的政治集團當屬袁世凱的北洋派。他們的政治利益在憲法中是否得到了真實的體現，將決定憲法的最後命運。反思當年民主轉型的失敗，一個不容忽視的事實是憲法草案內容激發了北洋派的強烈反彈。究竟草案為民國設計了一種什麼樣的憲政制度？這種憲政制度的特色是什麼？與北洋派當時提出的政治利益要求有無衝突？所以在制度層面上反思當年民主轉型失敗不失為一種新的嘗試。

（一）「立法至上」的國會權力設計

憲法草案中國會權力主要有 10 項。分別是立法權、質詢權、受理請願權、建議權、彈劾權、不信任權、設立常設委員會權、財政監督權、憲法修正權與憲法解釋權。其中最重要的是彈劾權、不信任權、設立常設委員會權與憲法解釋權。彈劾權與不信任權在後面分析行政與立法兩權關係時將詳細介紹。設立國會常設委員會權與解釋憲法權既超出《臨時約法》的規定，也是法國議會所沒有的，當時各主要民主國家立法機關也不曾擁有。[9]

國會委員會設置僅在法理上就講不通，國會作為一個代議制機關，在休會期間又成立一個 40 人的委員會，宣稱可以代表國會行使立法權，包括咨請總統召開國會臨時會，行使國務總理同意權、請願權、建議權、質詢權等。這種作法與代議制度的原則是根本違背的。如果國會委員會的存在是合理的，800 人的民國國會也就沒有存在的必要了。這種制度設計有把民主代議政治變成了一種寡頭政治的危險。

就連對憲法持肯定態度的學者張東蓀也對國會委員會的設置提出批評。張提出如果國會不滿國會委員會先前的作為，兩者發生衝突，在政治上是非常危險的。張質疑委員會權力的合法性。如果

---

[9]　本文中法國政治制度專指法蘭西第三共和國議會內閣制度。

說委員會是國會的代表，「國會之代表必對於國會負責任，然則其責任將以何法課之。」張認為僅從法理上來講，國會委員會就不是國會的代表，實際上是國會的補助機構。張強調：「國會之補助機構，自不應與國會有同等之職權，且其職權非自國會委任而來，乃憲法上直接賦予者也。」因此國會委員會的權力不應該與國會相同。[10]到了 1916 年張發表《憲法草案商榷書》時，更是進一步認為：「此委員會既有疊床架屋之嫌，復有責任不清之弊，更加以易為行政部所操縱，非刪去不可」。[11]

國會委員會的弊端，有學者認為主要有兩點，「（一）以少數人同意政府之意見，於追認時，糾紛頗多，使國會自相矛盾，（二）代表人民之機關，以少數人行之，苟有不正，必致議員全體喪失信仰。」[12]當時持中間立場的副總統黎元洪也批評國會委員會的設置是不妥當的，「委員會職權之廣，直與國會相等，是不但以少數人專制多數人，不足以代表真正民意，且能使國家命脈惟其操縱而無如之何」。所以國會委員會「萬無存在之必要。」[13]

至於憲法解釋權的規定，更是將最高司法權力賦予國會，取消司法機關在憲政體制中的獨立性，這是當時法國議會內閣制度所沒有的，從立法與司法關係來說，是嚴重違反憲政制衡原則的。

張東蓀在 1913 年對國會憲法解釋權沒有表示異議。但是後來張覺察到這種權力設計的缺陷，在 1916 年憲法草案商榷書中就提出修正意見：「憲法由大理院解釋之，有爭執時由憲法會議決定之。」[14]「夫憲法問題之起，多因行政與立法兩方之爭執，若以解

---

[10] 張東蓀：〈中華民國憲法草案略評〉，轉見於胡春惠編《民國憲政運動》（正中書局，1978 年）第 199-200 頁。

[11] 張東蓀：《憲法草案修正案商榷書》，上海泰東圖書局，民國 5 年，第 17 頁。

[12] 楊幼炯：《近代中國立法史》，上海商務印書館，民國 25 年，第 147-148 頁。

[13] 〈湖北黎副總統等憲法意見電〉，《申報》1913 年 10 月 21 日。

[14] 張東蓀：《憲法草案修正案商榷書》，第 32 頁。

釋權付之國會，是無異於原告裁判被告。非獨不平，且將憲法永無確當之解釋。」[15] 學者潘樹藩進一步認為這種規定其實是自相矛盾的，「須知國會乃立法機關，一切尋常法律須經兩院出席人數過半數的通過，乃能成立，若現在說國會過半數通過的某種法律與憲法某項抵觸，乃將原案再交同一國會，要得到四分之三大多數的同意，來自行取消其從前已經得過半數議員同意的法律，事實上似難實現，恐怕到了那個時候，議員們不自甘蒙違憲的羞恥，就此曲解憲法，作為辯護，雖真有與憲法抵觸的法律，亦不能取消了」。潘提議應該讓司法機關來解釋憲法，因為司法機關超越黨派，法官們又是一些精通法律，德高望重的人，他們可以保證以公平的立場來解釋憲法。[16]

關於立法機關行使解釋權的危害，1803 年首創司法審查權先例的美國最高法院大法官馬歇爾有過精彩的論述。這位著名的大法官認為：「立法權力受到規定與限制；且因憲法是成文的，這些限制不得被混淆或遺忘。假若這些限制可在任何時刻被其意欲約束的權力所超越，那還有何目的去限制這些權力？又有何目的去把這些限制付諸文字？假若那些限制不能約束它們施加的對象，假若法律所禁止的和法律所允許的都具有同樣的強制效力，那麼具備有限與無限權力的政府就喪失了區別。無可爭辯，若非憲法控制任何與之相悖的立法法律，即是立法機構可以通過尋常法律以改變憲法。」[17]

一般憲政民主國家都是將憲法解釋權作為一種司法權力，讓最高法院或憲法法院等司法機關行使。憲政的目的是要控制政府的權

---

[15] 陳茹玄：《中國憲法史》（上海世界書局，1933 年），第 110 頁。

[16] 潘樹藩：《中華民國憲法史》，上海商務印書館，民國 24 年，第 48 頁。

[17] 張千帆：《自由的魂魄所在：美國憲法與政府體制》，中國社會科學出版社，2000 年，第 100 頁。

力，保障人民的利益。這裏的政府並不是我們一般所指的行政部門，而是包括整個行政、立法、司法三個權力機構。

（二）「弱勢總統」權力的理想規劃

總統主要有立法權、人事任免權、解散國會權、緊急命令權、軍事權、外交權、法律公佈權、戒嚴權、赦免權等 9 種權力。與法國「虛位元首」總統的權力相比較，其中有 5 項重要權力明顯小於前者的權力。從理論上說，這是立法權力侵入行政領域，壓縮行政權力的結果。

第一，行政立法權。法國第三共和國總統除了提出法律案以及復議權外，還有權提出憲法修正案。而且考慮到當時的政治現實，憲法中還特別規定：「在由 1873 年 11 月 20 日法律授權的麥克馬洪元帥的執政時期，只有共和國總統有權建議修改憲法。」[18] 但是《天壇憲法草案》中憲法的修正權只是屬於國會兩院組織的憲法會議，總統沒有提出修正憲法案的權力。即使與《臨時約法》相比較，行政權力也是明顯的縮小，《臨時約法》曾規定總統與參議院都有權提出修正約法案。[19]

第二，人事任免權。按照法國責任內閣制度的規定，總統任命全體文武官員，而不需要議會的批准。但是《天壇憲法草案》卻要求「國務總理之任命，須得眾議院之同意。國務總理在國會閉會期內出缺時，總統經國會委員會之同意，得為總理之任命」。而且國務員受到國會不信任決議時，大總統必須免其職。在人事任免上賦予國會同意權的作法，其實是仿照總統制國家美國的有關同意權規定，並不符合責任內閣制度的規定。在同樣實行責任內閣制的英

---

[18] 《法蘭西第三共和國憲法》之《關於政權組織的法律》第八條，轉見《世界史資料叢刊：一八七一～一九一八年的法國》（商務印書館，1989 年）第 11 頁。

[19] 《中華民國臨時約法》第 55 條，轉見王世杰、錢端升《比較憲法》之附錄。

國，就沒有這種權力限制。袁的政治顧問，美國政治學者古德諾對
國會同意權持否定的看法，「是一切行政權，俱在眾議院矣。」[20]
張東蓀也認為同意權的設立「揆諸法理，殊為矛盾。按之事實，亦
有畫蛇添足之譏也。」張強調所謂借助這種方式建立責任內閣制度
是不可取的，最後只能造成「國會與總統，永永相軋轢而已。臨時
政府之試驗，皆可指證也。」[21]

　　早在制定憲法之前，梁啟超就提出在責任內閣制度中，同意權
與彈劾權是不相容的。因為國務員「既得贊助以行任命，則其人已
為雙方所信任，而不容復有彈劾以隨其後。」同意權的規定是非責
任內閣制度國家的做法。梁還特別指出「在法理上，同意權既與責
任內閣制相牴牾，在政治上更有百害而無一利，將來憲法決不容有
此陋制之存在可斷然也。」[22]

　　第三，緊急命令權。有學者認為這種權力的規定擴大了總統的
權力。[23]實際上並不是這樣。就法國而言，依據 1875 年國會通過
的法律，在某些特殊情況或急迫形勢下，如一時無法召集議會，政
府可以在合乎立法範疇的基礎上，發佈緊急條例。但是這些法令要
在議會的下一次集會上得到默示或明示批准。[24]同樣的，民國總統
在行使緊急命令權時，所受到的限制還要高於法國的規定。草案第
55 條稱：「大總統為維持公共安全，或防禦非常災患，時機緊急，

---

[20] 〈中華民國憲法案之評議〉，轉見於胡春惠編《民國憲政運動》，第 205 頁。

[21] 張東蓀：〈中華民國憲法草案略評〉，胡春惠編《民國憲政運動》第 202 頁。

[22] 梁啟超：〈梁啟超君論同意權與解散權〉，《憲法新聞》，第 2 期，1913 年 4
月 20 日。

[23] 學者李學智就認為與《臨時約法》相應的規定相比，《天壇憲草》賦予大總
統權力有相當的擴大。參見李學智〈關於《天壇憲草》制定中的幾個問題〉，
《歷史教學》2001 年第 6 期。同樣的觀點參見徐矛《中華民國政治制度史》，
第 64 頁。

[24] 萊昂・狄驥：《憲法學教程》，遼海出版社，春風文藝出版社，1999 年，第
461 頁。

不能碟集國會時，經國會委員會之議決，得發佈與法律有同等效力之詣令。但須於次期國會開會之始，請求追認前項詣令，國會否認時，即失其效力」。條文中最要緊之處是必須獲得國會委員會的同意，限制的程度比法國憲法的規定加深，也使得緊急命令權的行使難度加大，並不符合規定這項權力的初衷。黎元洪就認為：「緊急強命處分為國家元首憲法上之大權，在事實上萬無可以反對之理。今草案竟以同意權予之數十委員，是直剝奪元首憲法上之大權，而使大總統無臨機應付之餘地。」[25]

第四，赦免權。法國憲法規定總統有特赦權。大赦則只能依法律行之。對赦免沒有加以限制。但是《天壇憲草》則不然，條文中特別規定只有經過最高法院之同意，總統才可以宣告免刑減刑及複權。但對於彈劾之判決，經國會同意得為復權之宣告。與法國的責任內閣制度比較，總統的赦免權其實又受到了司法、立法權力的雙重干涉，行政權力被弱化。關於最後一項權力解散國會權，因為與議會的不信任權有關係，放在第三部分解釋。

以上總統的幾項權力，按照責任內閣制度原則，原本或是與立法機關沒有關係，或是與立法機關僅有間接關係，但是在《天壇憲法草案》中，卻基本上要與國會發生直接的關係。而且還為國會肆意擴大立法權力、強力幹勁行政權力打開了方便之門。本來法國責任內閣制度，一直被批評是一種過度分權的制度，而我們的所謂內閣制度竟有過之而無不及。

（三）失衡的槓桿：行政與立法權力關係剖析

行政、立法關係主要體現在兩個方面，同時也是責任內閣制度的兩個最重要的原則。首先是國會的彈劾權。《天壇憲法草案》關於彈劾權的規定主要有三點。一是「眾議院認為大總統副總統有謀

---

[25] 〈湖北黎副總統等憲法意見電〉，《申報》1913 年 10 月 21 日。

叛行為時,得以議員總額四分三以上,列席員三分二以上之可決彈劾之」;二是「眾議院對於國務員有違法行為時,得以列席員三分二以上之可決彈劾之」;三是「參議院審判被彈劾之大總統副總統及國務員,非以列席員三分二以上同意不得判決。判決大總統副總統有罪時,應黜其職,其犯罪之處刑,由最高法院定之。判決國務員確有違法時,應褫其職,並得奪其公權。」[26]

與法國憲法相比較,對總統彈劾的提出機關並不是參議院,而是眾議院。這樣做其實是有意不採用法國的規定,而效仿總統制美國的規定。但與美國憲法中相似的由參議院與最高法院選出同等委員組織法庭的意見卻被否決。雖然這些彈劾權的條文中有一部分類似於美國憲法。但是 1787 年美國制憲代表對彈劾權的安排,無論是目的還是原則都迥異於民國制憲議員。漢密爾頓就認為:「立法機關的兩個部門之間的分工,賦予其一以控告權,其二以審議權,才能避免使同一些人同時擔當原告和法官的不便;也才能防止在其任一部門中由於派性統治而對別人進行迫害的危險。由於判決需要參議院三分之二多數的同意,對於無辜者的保障,有此補充條件,就將達到可以希望的最完整的程度。」[27]

對總統彈劾的出席人數與表決人數,也比《臨時約法》中「得以總員五分四以上之出席,出席員三分二以上之可決彈劾之」的標準放寬。對國務員的彈劾條件更是如此。法國 1875 年憲法僅僅是規定與職務有關的犯罪行為,即眾議院可對總統的叛國罪及部長們的瀆職罪提出控告,由參議院組成特別高等法庭審判。彈劾的條件是存在清楚的界定,並不是針對國務員的一切違法行為。[28]《天壇

---

[26] 《天壇憲法草案》第 41、42、44 條。

[27] 漢密爾頓、傑伊、麥迪森:《聯邦黨人文集》,程逢如、在漢、舒遜譯,商務印書館,1995 年,第 337 頁。

[28] 洪波:《法國政治制度變遷:從大革命到第五共和國》,第 161-162 頁。而且彈劾的門檻不斷的提高。如 1946 年憲法規定國民議會以無記名投票及議

憲法草案》擴充了彈劾權可適用的範圍，即國務員的一切違法行為。國務員受彈劾後除免職外，並得剝奪其公權。而法國參議院在審判後只能免去內閣部長職務，並沒有權力剝奪其公權。關於彈劾的出席人數與表決人數，《臨時約法》規定「參議院對於國務員認為失職或違法時，得以總員四分之三以上之出席，出席員三分之二以上之可決彈劾之」，[29] 但是《天壇憲法草案》竟然取消了出席標準，表決標準也放寬，這樣就大大方便議會對國務員行使彈劾權。

　　參議院剝奪受彈劾的國務員的公權的做法從表面上看又是仿效美國憲法，但是美國憲法第三條第三項關於剝奪公權的範圍僅限於叛國罪，並不是針對一切違法行為。[30] 而且美國的制憲者明白剝奪公權是一種司法判決，原本屬於司法機關的權力。本來讓參議院作為審判機關，已經是一種不得已的制度安排，實際上是賦予了參議院一定的司法權力。誠如漢密爾頓所言：「制憲會議草案賦予參議院的其他權力，則屬於另一範疇，包括在行政方面參與對人員的委任，和在司法方面承擔審議彈劾案的法庭職能。……在完全民選的政府中建立審議彈劾案的完善法庭，雖甚需要，但絕非易事」。

員總額（不包括指定參加起訴、偵查、審判的議員）的絕對多數通過，可控告總統和政府部長；1958 年憲法規定兩院只能以分開投票及議會組成人員的絕對多數作出相同表決時，才能對總統的叛國罪及政府成員的瀆職罪和危害國家安全罪提出控告。既然彈劾的難度極高，國會中反對派運用這一權力也就相當慎重，避免發生無謂的政治爭鬥。所以自第三共和國以來，法國總統、總理還沒有一位受到過彈劾，政府成員受到彈劾的也不多。

[29] 《臨時約法》第 19 條，轉見王世杰、錢端升，《比較憲法》之附錄。

[30] 該條款明確規定「國會有宣告對叛國罪處刑之權，但對叛國罪犯之褫奪公權令除非在被褫奪公權生時，不得具有『血統玷污』的法律效力，亦不得沒收其財產。」關於行政官員因一般罪行在彈劾後應受的處罰，1787 年美國憲法第一條第三項也明確規定：「彈劾案之判決以撤職及剝奪其擔任或享受任何合眾國榮譽職位、委任職位或有酬金利益職位之資格為限；但被定罪之人仍可作為依法起訴、審訊、判決及懲辦之對象。」

他認為很難設想行政部門的領導人會以不偏不倚的態度對待其行為需要受審查的人。而司法部門的法官不見得在一切時候都具有執行如此困難任務所需要的那種突出的堅定性。此外讓同一罪犯受到一些法官的雙重審判，也很難保證審判的公正。[31]

此外，內閣制度不同於總統制度，對於行政部門的權力制約，總統制只有彈劾權最為重要，所以也就特別強調彈劾權的行使。但是在責任內閣制的國家，因為議會還擁有對內閣的不信任權，所以彈劾權一般不被重視。雖然彈劾權首創於英國，「但彈劾制在英國，久已廢弛不用，且自 1805 年以來，英國議會從無行使彈劾權之事；蓋英國法庭的獨立，既足以為國務員犯罪的制裁，而自議會內閣制實現以後，英國議會尚可投不信任票以為國務員犯罪或失職的制裁。」[32] 在極端分權制度的法國，議會行使彈劾權也是非常謹慎的，從 1875 年第三共和國成立以來，法國總統、總理還沒有一位受到過彈劾，政府成員受彈劾的僅在 1920 年有一例。[33] 與英法相比較，民國初年臨時參議院行使權彈劾權的隨意性讓人觸目驚心。[34]

二是議會不信任權與總統解散權。《天壇憲草》中關於不信任權（倒閣權）的規定非常模糊，僅僅說明眾議院對於國務員得為不信任之決議。沒有明確說明在何種情況下，眾議院可以對政府行使

---

[31] 漢密爾頓、傑伊、麥迪森：《聯邦黨人文集》，第 332 頁、第 332-334 頁。

[32] 王世杰，錢端升：《比較憲法》，商務印書館再版，1999 年，第 252 頁。

[33] 在 1920 年，政府部長約瑟夫・卡約被眾議院彈劾，並被參議院審判有罪。但此人在 1924 年恢復公民權，次年又被任命為財政部長。參見洪波《法國政治制度變遷：從大革命到第五共和國》，第 162 頁。

[34] 根據作者的統計，南京臨時參議院提出彈劾司法總長案一件，北京臨時參議院提出彈劾國務總理、陸軍總長案二件，共三件。參見嚴泉「民國臨時參議院研究，1912-1913 年」附錄二、附錄三（華東師大館藏）。此外，當時也有文章提到當時北京臨時參議院提出彈劾案 2 件。參見芬圃《臨時約法之彈劾問題》，《憲法新聞》，第 2 期（1913 年 4 月 20 日）。

不信任權。在責任內閣制度中，議會的不信任權針對的是政府提出的施政綱領、總政策聲明或其他法案，法國憲法規定：「各部部長，關於政府的一般政策對兩院負連帶責任」。當議會不同意這些政策法案時，就可以舉行不信任投票。如果通過對政府的不信任投票，那麼政府就必須辭職。

不信任權與彈劾權是不一樣的。在內閣制度中，彈劾權針對是官員的職務犯罪行為，是個人法律責任，不信任權是針對政府內閣政策失當，是一種集體的政治責任。並不是針對官員個人的失職行為。雖然在當時法國的憲法中，議會的不信任權不僅適用於政府的集體政治責任，也包括個人政治責任。但是這種作法在責任內閣制度中只是一個特例，在英國就沒有這種規定。[35]在民國初年，一些人習慣把兩者混為一談。不僅《臨時約法》上也有這樣的規定，[36]北京臨時參議院還運用於議會政治實踐。

但是多數人還是清楚兩者的區別，也明白兩權的正確使用範圍。1913年初，《憲法新聞》上曾刊文指出彈劾權與不信任權的差異，「於政治失職問題，則行課稅、拒絕或不信任投票是也。於法律違反問題，則彈劾是也。是故彈劾權專屬法律方面，政治方面無彈劾之發生。」[37]在制憲會議上，制憲議員孫鍾也提到彈劾與不信

---

[35] 王世杰，錢端升：《比較憲法》，第252-254頁。

[36] 《臨時約法》第19條12項曾規定：「參議院對於國務員認為失職或違法時，得以總員四分之三以上之出席，出席員三分之二以上之可決彈劾之」。當時《憲法新聞》曾載文批評臨時約法的這一缺陷，指出彈劾是「法律上之問題，非政治上之問題」。按照國外慣例，受彈劾的官員是要接受審判的。但是民國約法上規定彈劾的結果，只是要求大總統罷免國務員的職務，「純為政治問題，而忽牽入法律上之用語，性質不明了」。該文還非常難得地指出，由於彈劾權手續繁雜，英法等國都不輕易使用。參見〈臨時約法之彈劾問題〉，《憲法新聞》第2期（1913年4月20日）。

[37] 〈彈劾用語解釋〉，《憲法新聞》第5期（1913年5月11日）。

任投票權的區別。他認為如果內閣與議會政策不合，而不是違法，那麼議會只能進行不信任投票，「而無須乎彈劾」。[38]

此外，國會通過不信任投票的表決人數是非常低的，以眾議院列席員過半數的同意就可以成立，對眾議院列席人數也沒有特別規定，應是按照一般議事規定，議員總數過半就可以開議。這樣，眾議員總數是 596 人，以半數列席計之，但有 150 人表決，即應免職。這與有意不規定權力行使範圍的作法如出一轍，都是為國會在未來的政治生活中全面控制政府提供法律上的方便。

在責任內閣制度中，為確保立法與行政兩權之間的平衡，針對立法機關的不信任權，行政機關同時保有解散議會的權力。當議會對內閣政府提出並通過不信任案，內閣如果不願意辭職，就可以提請總統解散議會，重新舉行議會選舉，讓選民作出新的選擇。「提前解散議會成了現代議會運作中通常的做法。」[39]而且按照英國的責任內閣制度規定，解散議會權是不必要通過國會同意的，但是《天壇憲法草案》與法國憲法相似的是，總統解散眾議院都必須獲得參議院的同意。這一點正是法國責任內閣制度有缺陷的部分。有學者認為，「法國內閣之不能解散眾議院，則為一種違背內閣制真精神的一種習慣，並非憲法所規定。」[40]

當時古德諾就指出：「在用內閣制者，行政權以解散議院為最有效力之武器，議院有惡意，或輕率之舉動，惟此足以制之。」但是他認為對解散權的限制，實際上是剝奪了總統使用這種權力的可能性。古德諾還以當時的法國為例，稱「法國共和至今，總統僅解散下院一次」。法國要求獲得參議院半數同意尚且這麼難，何況憲

---

[38] 《憲法起草委員會第 9 次會議錄》。

[39] 劉建飛等編著《英國議會》，華夏出版社，2002 年，第 97 頁。二戰後歷屆英國議會除了 1992-1997 年以外，其餘都是任期未滿五年被提前解散，參見劉建飛等編著《英國議會》第 96 頁。

[40] 王世杰，錢端升：《比較憲法》，第 254 頁。

法草案中的同意標準是必須獲得參議院三分之二多數的同意。因此他認為「中華民國總統於眾議院為不信任投票時，必不能解散議院，僅能罷免國務員，改組新內閣而已」。[41]

北京臨時參議院秘書長林長民曾經批評這種不必要的限制性規定，「總統解散眾議院之權則如得參議員三分之二以上贊成，始能解散，不免為有名無實之權」。林認為應該給予總統無條件的解散權，「若不然則出現議會有武器，而政府毫無武器，其結果現出現議會專制之奇觀，不可不防也。」林特別強調在憲法政治中，「倘國會既備有相當之武器，則政府亦不可不備有相當之武器。」[42]林的用意在於必須保持行政、立法兩權的平衡，才能更好地相互制約。

而且參議院的性質也引發人們對限制性規定的質疑。制憲會議在討論解散權時，陸宗輿就指出民國的兩院性質相同，「無須多此一舉。」[43]劉崇佑更進一步闡明「今日之參議院與眾議院不同之點究在何處，本席殊不能得其究竟。二者根本既屬相同，而解散此機關必得彼機關之同意，豈非欺人之談。故今日先決問題乃參議院應如何組織，與眾議院之異同何在，而後始能定解散之有無。」[44]

解散權的制度性缺陷對政治穩定造成的消極影響是非常顯著的。在國會與政府發生政爭時，作為政府的一方並不能合法地解散國會、依法重新舉行國會選舉，以此來解決政治衝突。最後採取的只能是體制外非法的武力解散國會方式。這在 1916 年至 1917 年府院之爭、院院之爭時表現得尤為明顯。「如果當時政權體制更加完善，權力機構在解決政治危機方面，存在更有效的合法手段，行使機關與立法機關之間的矛盾能夠通過體制內方式不斷化解，政治危

---

[41] 古德諾：〈中華民國憲法案之評議〉，轉見胡春惠編《民國憲政運動》第205頁。

[42] 〈憲法波瀾中之面面觀〉，《申報》1913年8月29日。

[43] 《憲法起草委員會第10次會議錄》。

[44] 《憲法起草委員會第9次會議錄》。

機不至於積重難返，不至於最終不得不採取體制處的非法手段來解決。議會政治也許不至於與中國社會如此格格不入，最終導致悲劇性結局。」[45]

二、「超議會制」與憲政變革的失敗

（一）「超議會制」政體制度選擇

迄今為止，雖然有一些論著指出《天壇憲草》設計的憲政制度的特點與問題，包括對憲法草案中政體制度提出批評。但是從民國以來，人們仍然普遍認為草案設計的政體制度是一種責任內閣制度。[46] 有代表性的意見是草案基本上還是仿照法國責任內閣制度的，「全文十一章，都百一十三條，制度大半模仿法蘭西，而間雜於美利堅」。[47] 此外人們還認為國務員對議會負責、副署權的設置就是責任內閣制度的主要內容。[48]

但是責任內閣制度（議會內閣制度）是一個完整的概念。[49] 包括總統（國家元首）與國務員的關係、行政與立法的關係兩個方面

---

[45] 朱勇：《中國法律的艱辛歷程》，第 375 頁。

[46] 多種憲法學、政治制度史著作持這種看法。如民國時期的學者王世杰、錢端升就認為《天壇憲法草案》採取了責任內閣制度。參見王世杰、錢端升《比較憲法》第 416 頁。當代臺灣學者楊東連認為：「天壇憲草共十一章一一三條，沿襲臨時約法，採用議會內閣制」。參見楊東連主編《中華民國憲法》（高立圖書有限公司，2000 年）第 39 頁。大陸學者徐矛也強調責任內閣制度。參見徐矛《中華民國政治制度史》（上海人民出版社，1991 年）第 65 頁。

[47] 陳茹玄：《中國憲法史》，第 48 頁。

[48] 葉孝信：《中國法制史》（復旦大學出版社，2000 年）第 363 頁。

[49] 責任內閣制度亦稱為議會內閣或議會政府制度，其中責任內閣制度名稱為當時人們所常用。詳細解釋參見王世杰，錢端升《比較憲法》，第 286 頁。

內容。不能僅從總統（國家元首）與國務員行政權力分立的特點來
界定責任內閣制。那種把責任內閣制度理解為僅僅是元首不負責
任、國務員對議會負責、國務員可以行使副署權等，無疑是非常片
面的。完整的責任內閣制度，僅有行政權力分立的特徵是不夠的。
19 世紀普魯士憲法中國務員也有副署權，但是它的政治體制顯然
不是責任內閣制。[50]

　　過去人們對責任內閣制度不準確的認識，最重要的原因是忽略
了責任內閣制中行政與立法制衡關係的內容，其中要旨就是國會對
政府的不信任權（倒閣權），以及政府作為制衡手段的解散國會權。
「解散議會成為內閣責任的對應物。這樣就建立起行政與議會之間
的制衡，因為如果議會解散政府，政府也可以解散議會作為回敬。
這就使內閣能夠避免完全屈從於議會。而使兩個相互反對的力量多
少旗鼓相當，這才會造成兩者之間可能和必要的合作。」[51]兩權的
制約關係是責任內閣制度中最重要的內容與特徵，直接決定政局的
穩定與政治發展的走向。

　　實行責任內閣制度的典範國家並不是當時人們心儀已久的法
國，而應該是其發源地英國。與英國成熟的責任內閣制度相比，當
時法國的制度還有不少缺陷與不足，特別是缺少權力制衡的機制，
比較顯著的是上文提到的解散權的規定。與英國不同的是，法國憲
法增加了行政元首必須經過參議院同意才可以解散眾議院的限
制。而議會的不信任權卻沒有類似的限制，這樣在理論上就破壞了
兩權之間的制約與平衡關係。而事實上參議院出於議會整體利益的
考慮，一般不會同意解散眾議院，在第三共和國時期，參議院僅同
意過一次總統解散眾議院。而與此形成鮮明比照的是，議會卻經常

---

[50] 王世杰，錢端升：《比較憲法》，第 286-287 頁。
[51] 施雪華：《當代各國政治制度——英國》，蘭州大學出版社，1998 年，第 148
頁，注 37。

對政府隨意動用不信任權,導致倒閣現象頻繁發生,在第三共和國存在的 70 年中,先後更換過 105 屆內閣。法國內閣常被稱為「半年內閣」或「短命內閣」,這是世界各國所罕見的。[52] 法國的憲政制度一直被認為是一種極端分權學說的體現。[53] 第三共和國的內閣制度被批評是「權力的絕對混亂」。當代法國第五共和國改變了傳統的責任內閣制度,轉而加強總統的行政權力,主要原因也是汲取了過去憲政制度缺陷造成政局動盪的經驗教訓。

三十年代民國也有學者指出完全意義上的內閣制度還是英國,只有英國制度實踐較為成功,而其他國家的責任內閣制常為世人所詬病。[54] 責任內閣制度也不是以犧牲政治穩定為代價。在國會保持立法監督權同時,政府也是一個強大的政府。所以「英國政府如果不是世界上唯一最強有力的政府,也是最強有力的政府之一。……雖然就一種意義上說,下院控制著政府是實在的,但就另一種並且是更實際的意義說,政府控制著下院」。[55] 然而,即使是與法國的內閣制度相比,《天壇憲法草案》缺少的不僅是行政與立法權力之間的制約與平衡關係,還有三權分立上的不平等。立法權過大、行政權過小、司法權基本上沒有獨立性。形成一種二權分立、二權失衡的局面(如圖)。而分權原則正是民主憲政的基石,「分權乃是文明政府之基礎、憲政主義之內涵。」[56]

---

[52] 洪波:《法國政治制度變遷:從大革命到第五共和國》,第 227 頁

[53] 例如 1791 年憲法,就被學者認為其基礎是一種極端型的權力分立學說。一直到 1875 年第三共和國憲法制訂時,權力分立的極端形式才沒有扮演成為先前法國政制思想特色的那種角色。參見維爾《憲政與分權》(三聯書店,1997 年)第 176、230 頁。

[54] 王世杰,錢端升:《比較憲法》,第 302 頁。

[55] 埃弗爾·詹寧斯:《英國議會》,商務印書館,1959 年,第 7-8 頁。

[56] 張千帆:《西方憲政體系(上冊·美國憲法)》,中國政法大學出版社,2000 年,第 3 頁,注 13。

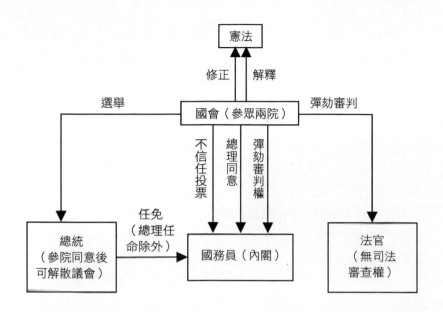

　　本文作者把天壇憲法草案中這種具備責任內閣制度的一些特徵，但是在權力的分立與制衡關係上明顯違反憲政原則的內閣制度稱之為「超議會內閣制度」（簡稱「超議會制」）。[57]「超議會制」相對於完整意義上的議會內閣制度（責任內閣制度），其權力分立關係不同於責任內閣制度的三權分立，權力制衡關係也不同於責任內閣制度中的權力平衡、互相制約。實際上是一種畸形的、存在嚴重結構性缺陷的政治制度，並不符合憲政制度原理。[58]制憲議員王印川事後就認為這種政體制度是一種「極端議會政治。」[59]

---

[57] 「超議會制」一詞的創造，作者是受到阿根廷政治學者卡洛斯‧聖地牙哥‧尼諾的啟發。尼諾把阿根廷 1853 年憲法設計的憲政制度稱為超總統制，即與總統制中總統權力比較，超總統制中的總統是一個「民選皇帝」，擁有巨大的權力。參見 Arend Lijpart & Carlos H.Waisman 編《新興民主國家的憲政選擇》（韋伯文化事業有限公司，1999 年）第 200-203 頁。

[58] 例如學界對總統解散權的討論。雖然目前中國大陸一些學者也承認在憲法中規定總統解散權的合理性。但是學者們基本上還是從階級鬥爭的角度出發，堅持肯定《天壇憲法草案》中這一重要制度缺陷的革命進步性。參見

　　1913 年憲政制度變革的失敗，雖然正如《劍橋世界近代史》的作者對民初政治的評論，「中國有了一個新政權，但是它依然缺少一個可行的政體」。[60] 從憲政理論上來說，「超議會制」是一種嚴重違背憲政分權與制衡原則的畸形政體制度，核心是立法（國會）至上，而不是三權分立與制衡。權力之間缺少互相制約的關係，行政權對立法權不能發揮平衡作用、司法權對立法權也不存在制約作用，立法權卻可以過度侵佔行政權與司法權，凌駕在兩權之上，形成立法對行政、司法權力單向的制約關係。不言而喻，這種憲政制度如果實施，將會給國會議員們帶來巨大的政治權力。正如麥迪森評論立法機關集權現象時特別指出：「立法機關往往擴大自己的活動範圍，把一切權力拉進自己的洶湧的漩渦。我們共和國的締造者……似乎從未一時忽視在一幫世襲的立法當局支持維護下，一個世襲行政首長大權獨攬對於自由的威脅。他們似乎從未想到立法機關的擅權對於自由的威脅；立法機關由於集中一切權力，也一定會走向專制，一如行政機關的擅權一樣。」[61]

殷嘯虎《近代中國憲政史》第 145-147 頁；徐宗勉、張亦工《近代中國對民主的追求》（安徽人民出版社，1996 年）第 125-126 頁。承認民初憲政制度缺陷對政治現實的消極影響的學者，作者僅見朱勇先生有關民初議會政治失敗研究的論文，參見朱勇〈論民國初期議會政治失敗的原因〉，《中國法律的艱辛歷程》（黑龍江人民出版社，2002 年）。

[59] 王印川雖然與袁世凱長子袁克定關係不錯，但是他在制憲過程中並沒有提出任何威權政治主張。王在草案公佈後不久，就進行了反省，認為草案在制定過程中的確產生不少問題，其中書生議政尤為嚴重，危害也極大。而憲法起草委員會選擇的是一種「極端議會政治」，草案的有關內容就是這種制度選擇的結果。王印川：〈致湯議長論憲法〉，胡春惠編《民國憲政運動》，正中書局，1978 年，第 194-195 頁。

[60] 莫瓦特編《新編劍橋世界近代史第 12 卷》，中國社會科學院世界歷史研究所組譯，中國社會科學出版社，1999 年，第 451 頁。

[61] 查理斯‧A‧比爾德：《美國憲法的經濟觀》，何希奇譯，商務印書館，1984 年，第 111-112 頁；另一種中譯文參見漢密爾頓、傑伊、麥迪森《聯邦黨人文集》（商務印書館，1995 年）第 252-253 頁。

（二）政體選擇失敗與「超總統制」

「超議會制」政體並沒有滿足北洋派的總統權力目標。1913年 8 月 19 日，袁政府憲法研究會向制憲會議提交一份憲法草案大綱，提出的總統權力主要有：1、有任命國務員及駐外公使，無得議會同意之必要；2、對於兩院之議決有複議權及拒絕權；3、有發佈緊急命令權；4、有令國會停會權；5、得參議院之同意，有解散眾議院權；6、行政最高權委任於大總統，內閣總理及各部總長輔助。[62] 在憲法草案披露後，袁世凱對草案全文最深慮者有兩點：1、大總統任免國務員有無得國會同意之必要；2、大總統對於國會有無解散之權。[63] 10 月 16 日，袁在《增修臨時約法案》中就提到取消參議院對國務員及外交大使的同意權，改為「大總統任免文武職員」。袁還振振有詞地認為：「查國務員同意權不容於內閣制之國，惟總統制美國始有此規定。」[64] 應該承認此時北洋派提出的制憲要求，除要求總統行政主導權外，基本上屬於法國責任內閣制中總統權力範疇，與當代法國半總統制度總統權力安排更加相似，並沒有超出憲政框架。

但是國會制憲會議拒絕考慮北洋派的政治利益要求，其總統權力目標在憲法草案中基本上落空。對此，袁世凱及其支持者的反應是非常強烈的。袁在 10 月 25 日、11 月 4 日兩次通電中公開抨擊憲法草案的政體設計。對於設立國會委員會，袁認為國會委員會美國兩院規則內有之，但憲法並無明文規定，如果讓國會委員會行使職權，「僅僅四十委員，但得二十餘人之列席，與十八人之同意，

---

[62] 張學繼：〈民國初年的制憲之爭〉，《近代史研究》1994 年第 2 期。

[63] 張玉法：〈民初對制憲問題的爭論〉，《中央研究院近代史研究所集刊第 12 期》。

[64] 袁世凱：〈咨眾議院彙提增修約法案並逐條附具理由請從速討論議決見覆文〉，《政府公報》1913 年 10 月 23 日。

便可操縱一切。試問能否代表兩院意見？以少數人專制多數人，此尤侮蔑立法之甚者也。」對於審計權，「審計員專以議員組織，則政府編制預算之權，亦同虛設。」不信任權表決標準過低也引發袁的不滿，認為「必使各部行政事事仰承意旨，否則國務員即不違法，議員喜怒任意可投不信任之票。眾議院議員數五百九十六人，以過半數列席計之，但有一百九十人表決，即應免職，是國務員隨時可以推翻，行政權全在眾議員少數人之手。直成為國會專制矣。」[65] 對緊急命令權的限制性規定，袁表示：「名予大總統以此權，而實操諸委員會少數議員之掌握。」袁認為彈劾權的規定「審判既由議院彈劾，復由議院審判，無異以原告為問官，罪名又由其認定，而其同意人數，比約法則大行減少。凡皆所以達其容易推倒政府之目的。」對草案取消了原來《臨時約法》中總統有制定官制官規的權力，袁又滋生不滿，「此條文中隱含有官制官規為普通法律之解釋。則行政機關之組織，及職權之運用，無復敏活之餘地矣。」關於憲法解釋權，袁忿忿不平地說：「而憲法之提案修正及解釋，統納入國會權力範圍之中。行政機關無復裁量之餘地。」[66]

北洋派的地方都督與擁袁勢力，除一部分惡意攻擊國會與國民黨以外，也有相當多的人在制度層面表達對憲法條文的不滿。江蘇都督馮國璋認為：「憲法起草委員會所擬草案對於行政權一方面箝制剝奪殆盡無餘地。甚至國會閉會後重要如國務院，合以國會委員十數人即可否決之。是行政官一舉一動率操縱於少數人之手，議會專制至於此極。」[67] 河南都督張鎮芳一方面反對同意權，一方面也質疑不信任權的對象界定，「國務員果有違法之事，自可依第四二條作正當之彈劾。若其並無違法，即係無過之人，豈可因少數之不

[65] 電一，李根源：《中華民國憲法史案》，民國 3 年，國聞編譯社，第 34-35 頁。
[66] 袁世凱：〈對於憲法第二次通告〉，轉見胡春惠編《民國憲政運動》第 193-194 頁。
[67] 〈馮國璋劉若曾電〉，李根源：《中華民國憲法史案》，民國 3 年，國聞編譯社，第 45-46 頁。

信任，遂為罷黜。」[68]浙江都督朱瑞則認為國務員責任有政治與法律責任兩種。不信任權針對的是政治責任。而且為保持兩權平衡，責任內閣制度中總統也應該有不受限制的解散權。[69]其他意見也多是反對議會專制，支持總統有權解散議會。[70]

此外，「憲法規則之所以重要，在於其有助於確定在政治鬥爭中哪些特定集團將獲益或受損。」[71]憲法草案中弱勢總統權力的規劃，還意味著北洋派政治權力在未來制度實施後將進一步喪失，其既得政治利益也會受到重大損害。所以袁世凱認為憲法草案是「消滅行政獨立之權，比較臨時約法弊害尤甚。」這種削弱大總統與政府的威信作法，「使對內對外均無以保其獨立之精神，而為國會之役使。」[72]當然是袁斷然所不能接受的。

在制度主義者看來，政治制度變遷的實現要通過制度主體的創新行為來實現。「制度創新成功的關鍵在於新制度能夠增進創新集團的利益，同時得到其他行動集團的支持。」[73]當時決定中國政治制度變遷的最重要力量並不是國會，而是袁世凱的北洋政治集團。對於袁世凱這樣的實用主義政治人物來說，以較少的代價，攫取更多的政治利益是其最主要的政治目的。袁在 1912 年接受共和制度，其實就是建立在這種判斷之上。以他不多的現代政治知識，當然會期望民國國家元首的權力與地位要遠遠超過他在前清的職

---

[68]　〈張鎮芳電〉，李根源：《中華民國憲法史案》，第 47 頁。

[69]　〈朱瑞屆映光電〉，李根源：《中華民國憲法史案》，第 52 頁。

[70]　張玉法的統計。張玉法：〈民初對制憲問題的爭論〉，《中央研究院近代史研究所集刊第 12 期》。

[71]　達爾語，轉引自 P・C・奧德舒克：〈立憲原則的比較研究〉，劉軍寧編《市場社會與公共秩序》，第 95 頁。相似譯文參見達爾：《民主理論的前言》，三聯書店、牛津大學出版社，1999 年，第 188 頁。

[72]　袁世凱：〈對於憲法第二次通告〉，轉見胡春惠編《民國憲政運動》，第194 頁。

[73]　何增科：〈新制度主義：從經濟學到政治學〉，《市場社會與公共秩序》，第348 頁。

權，在民國為自己謀求比舊制度中更多的政治利益。[74] 如果這一期望受挫，袁自然就會改變最初對共和民主制度的不反對態度。民初的兩年，就是袁對民國新政治制度態度發生轉變的一個過程。

但是《天壇憲法草案》，特別是其中的「超議會制」政體，既沒有充分承認當時左右中國政壇的北洋集團的政治利益，也沒有從制度創新方面實現北洋集團提出的正當的權力目標，從而失去了北洋派對政治制度變遷的支持。正是因為缺乏這種政治制度變遷的動力，民國初年憲政制度變革最後的失敗也是在所難免。而在隨後的制度選擇中，1914 年《中華民國約法》（新約法）走向了立法權力弱化的另一個極端。在新約法中，立法權力大大縮小。立法機關採用一院制。擁有議決法律、預算、彈劾總統等立法與行政監督權。但是與總統制美國國會比較，參議院同意權被取消，最重要的彈劾權被分割。新約法規定國務卿、各部總長有違法行為時不受立法院彈劾，而是肅政廳彈劾，平政院審理。新約法對立法權力的規劃，完全改變了《天壇憲法草案》中「超議會制」的設計，立法機關不僅不再是「國會至上」，而且一些正常權力也被剝奪，獨立性被嚴重削弱。立法權力的過度削弱正是對「超議會制」最好的回應。

與此相應的最重要變化是「超總統制」政體的出現。新約法規定大總統總攬統治權。國務卿、各部總長對總統負責。參政院應總統之諮詢，審議重要政務。參政院是新約法創制的一個權力機關。雖然從表面看，總統在行使權力時，經常受到參政院的限制，新約法賦予參政院相當大的立法與行政監督權。如解散立法院同意權。

---

[74] 在友人徐非兄的提醒下，作者強調的是以袁世凱為代表的舊官僚集團在制度變遷中的實用主義立場，如在晚清新政時期，「袁支持立憲主義與地方自治，目的並不是希望得到積極的成效，而是僅僅把它們作為一種手段，可以為進一步強化政權與中央集權贏得更多的支持與資金。」Stephen R.Mac Kinnon, *Power and Politics in late Imperial China: Yuan Shi-Kai in Beijing and Tianjin, 1901-1908.* Berkeley and Los Angeles, California: University of California Press, Ltd, 1980, P222.

公佈立法院通過之法律。發緊急教令代替法律。為財政緊急處分等。推舉民國憲法起草委員，審定民國憲法案，在立法院未成立前代行立法院職權。但是由於參政純由總統任命，實際上也是對總統負責，並不能發揮有效限制總統權力的作用。所以有論者指出：「夫以總統指定之一諮詢機關，其權力之大乃如是，此為何種政治制度耶？蓋袁氏欲奪立法院之權盡歸於已。」[75]

與總統制美國總統權力相比較，新約法中的總統除有立法提議權、委託立法權、軍事權、榮賞權、赦免權、戒嚴權以外，[76]總統袁世凱還擁有其他特權：1、解散權。約法規定總統經參政院同意，解散立法院。2、外交權。締結條約、宣戰、媾和不須經立法院批准。3、絕對否決權。約法第 34 條規定，在總統否決立法院法案後，如立法院仍持前議，而大總統認為於內治外交有重大危害，或執行有重大障礙時，經參政院之同意，得不公佈之。4、財政處分權。一是緊急財政處分權。為國際戰爭或戡定內亂及其他非常事變，不能召集立法院時，大總統經參政院之同意，得為財政緊急處分權。一是特定財政處分權。法律上屬於國家義務、法律上規定所必需、履行條約所必需、陸海軍編制所必需的支出，非經大總統同意，不得廢除或裁減。5、憲法起草與修正權。參政院為憲法起草與審定機關。總統有權提出增修憲法案。6、緊急命令權。大總統為維持公安，或防禦非常災害，事機緊急，不能召集立法院時，經參政院之同意，得發佈與法律有同等效力之教令；但須於次期立法院開會之始，請求追認。前此教令，立法院否認時，嗣後即失其效力。7、獨立任免權。總統直接任免文武官員，不需要立法院批准。[77]

[75] 陳茹玄：《中國憲法史》，第 73-74 頁。
[76] 美國總統與戒嚴權相似的是宣佈緊急狀態權。吳大英：《西方國家政治制度剖析》，經濟管理出版社，1996 年，第 116 頁。
[77] 《中華民國約法》，《政府公報》1914 年 5 月 2 日。

以上這些行政權力都是美國總統所沒有的。美國總統的外交權是受制於國會的，官員任命需要參議院同意，也不擁有絕對否決權。所以，有學者認為新約法雜採美國、日本、歐洲大陸各國憲法中最偏重行政之條文，再加以別出心裁，獨自創作之集權制，以實行「一人政治」主義。[78]「其要者則為取消內閣制，採用總統制；復將立法部許可權縮至極小，大總統許可權擴至極大。」[79]

此外，行政與立法機構之間不再形成制衡關係。[80]總統擁有超級權力自是不必說，在立法行政監督方面，雖然立法院有彈劾總統權力，但這只是徒具形式。一方面彈劾難度提高，需要立法院議員五分四以上出席，四分三以上可決，明顯高於美國國會彈劾總統標準。一方面，新約法規定大理院負責審理彈劾總統案，但是大理院法官又全部為總統所任命，這樣袒護總統勢所必然。「故彈劾案即能得立法院高額之多數通過提出，大理院亦未必能以無偏無黨之態度，繩總統以法。」[81]而在對國務員彈劾問題上，由於平政院、肅政廳官員都是大總統任命，並不是獨立的司法機關，彈劾效果可想而知。[82]新約法又仿照議會制規定，賦予總統解散議會權，但相應地議會卻沒有不信任權，這顯然是一種失去制約與平衡的權力關係，「行政權特別擴大，而立法僅為大總統之附屬機關。」[83]

因此，在新約法設計的政治制度中，總統行政權力極大，立法權與司法權相當弱小，嚴重違背權力分立與制衡原則。這種總統制

---

[78] 楊幼炯，《近代中國立法史》，第 201-202 頁。

[79] 顧敦鍒：《中國議會史》，蘇州木瀆心正堂，1931 年，第 219 頁。

[80] 由於司法機關沒有憲法解釋權，大理院法官又完全由總統任命，司法權不具有獨立性，在三權關係上也不能發揮制衡作用，因此此處司法權力不作單獨分析。

[81] 陳茹玄：《中國憲法史》，第 76-77 頁。

[82] 關於平政院、肅政廳的簡介參見錢實甫《北洋政府時期的政治制度上冊》（中華書局，1984 年）第 130-132 頁、202 頁。

[83] 楊幼炯：《近代中國立法史》，第 203-204 頁。

已經不是美國式的總統制，而是類似於近現代南美國家阿根廷的
「超總統制」。[84] 與新約法中總統權力相似的是，阿總統也有獨立
任免權、緊急命令權、絕對否決權等。[85]「超總統制」的核心原則
就是總統行政權力至上。

（三）1923 年憲法與「超議會制」的繼承

與《天壇憲法草案》比較，1923 年正式憲法中國會主要權力
從 10 項減為 9 項，分別是立法權、質詢權、受理請願權、建議權、
彈劾權、不信任權、財政權、修正憲法權與解釋憲法權。其中設立
常設委員會權在 1917 年憲法會議討論時被刪除。國會的修正憲法
權與憲法解釋權仍然保留，並沒有借鑒 1922 年國是會議憲法草案
的規定，增設專門司法機構解釋憲法。[86] 大總統的法律公佈權、命
令權、外交權、軍事權、戒嚴權、赦免權都沒有變化。在副署權規
定方面，正式憲法汲取過去「府院之爭」的教訓，特別指出任免國
務總理，不在此限。總統的權力更接近於法國第三共和國的總統權
力。[87]1875 年法國憲法雖然是責任內閣制，但該憲法也賦予總統極
大的權力。[88]

---

[84] 有學者亦認為新約法與臨時約法正好相反，設計了堪稱「超總統制」的政
　　體。徐宗勉、張亦工：《近代中國對民主的追求》，第 131 頁。

[85] 《阿根廷超總統制與憲政改革》，Arend Lijpart & Carlos H.Waisman：《新興
　　民主國家的憲政選擇》，蔡熊山等譯，韋伯文化事業有限公司，1999 年，
　　第 201-202 頁。

[86] 國是會議憲法草案增設了擁有解釋憲法權力的國事法院。這是一個重要創
　　舉，相當於二戰後法、德等在憲法中設立的憲法委員會或憲法法院。

[87] 其中法律公佈權、命令權、外交權、軍事權、赦免權、解散權內容基本相
　　同。但是仍然沒有法國總統的憲法修正提議權、國務總理單獨任命權。《天
　　壇憲法草案》中緊急命令權被取消，因該權力受國會委員會限制，並不
　　是總統權力的擴大。那種認為總統權力比《天壇憲法草案》縮小的看法是
　　不準確的。徐矛：《中華民國政治制度史》，第 113 頁。

[88] 吳國慶：《世界各國政治體制──法國》，第 24 頁。

在立法與行政關係上，經過 1916-1917 年國會第一次復會時期的激烈爭論，1923 年憲法會議終於對總統解散權達成共識。有議員深刻地指出：「反對解散權者，大都蔽於一時政象，謂政府如此專橫，若憲法賦予以解散權力，則利器在握，任何屆國會將永無立足之餘地。」但制憲者應該高瞻遠矚，超出於一時政象之外。從戰後九國憲法來看法，除俄、匈為蘇維埃體制外，其他德、捷、奧大利、普魯士、波五國憲法都有解散權規定。[89] 同時解散權正符合民國主權在國民全體的精神。雖然國會議員是人民選舉產生，但是「含有自利性之成分，不知不覺間而使制度有偏於保守之傾向，既失內閣制運用之機能，亦即違反政治上進化之原則。」所以解散權正是政府給予國民表現主權的機會。[90] 與 1913 年不同的是，國會對總統解散權作了一定的修正，參議院同意標準從草案三分之二改為過半數同意即可解散眾議院。

但是與法國憲法明顯不同的是，民國憲法明確行使解散權的前提是在國務員受議會不信任決議時。從法國的實踐經驗來看，參議院過半數的同意標準，對解散權的行使制約仍然極大，效果與英國議會制中無限制的解散權截然不同，議會制中不信任權與解散權的制衡關係仍然沒有建立。在這方面正式憲法並沒有重視 1919 年憲法草案與國是會議憲法草案的制度設計。在立法與行政關係上，後兩部憲法草案都規定總統可以在任何情況下直接解散議會，不再受到參議院同意權等限制。此外，在彈劾權設定上，國務員因違法被彈劾後依然要剝奪公權，仍然由參議院單獨審判被彈劾的總統、副總統、國務員，這與國是會議憲法草案的改進也不同。[91] 在立法與

---

[89] 「眾議員駱繼漢為憲法原案第七十五條解散權問題徵求兩院同人贊否意見書」，《憲法會議公報第 55 冊》。

[90] 李克明：《對於憲法草案第七十五條解散權意見書》，《憲法會議公報第 58 冊》。

[91] 在《國是會議憲法草案甲種》中，第 55 條規定國事法院審判關於大總統、

司法關係方面，解釋憲法權並不專屬於大理院，還是由國會憲法會議行使。此外國會與過去一樣，獨自擁有對憲法的修正權。

因此，1923 年民國憲法雖然對「超議會制」作了一些修正，如削減了國會的個別權力，增加了一些總統權力，但是立法權力仍然極大，依舊超越於行政、司法權力之上，分權與制衡的憲政結構並沒有建立起來。在這個意義上，《天壇憲法草案》「超議會制」的政體並沒有發生根本改變。對此，張東蓀的評論一針見血，他認為：「國會議員來議決國會制度自身，必是決不會好的。第一，國會議員決不願減輕國會的權力。若是草案上本來沒有倒也罷了，若是本來草案已有的權力，有人主張削除，他們必是不能通過的。第二，凡與他們將來的活動有不利的，他們總是不願通過，例如減少議員名額或改兩院制為一院制。因為減少名額便是削除他們將來的啖飯地方，而況名額減少了，則競爭更烈，而當選便愈難了。」[92]

（本文刪節稿發表於《開放時代》2003 年第 5 期）

國務總理或國務員之彈劾案。第 54 條規定司法機構享有憲法解釋權。這些規定取消了過去議會的審理彈劾案、解釋憲法權，實際上增強司法權，可以有效發揮制衡立法機關的作用。《國是會議憲法草案甲種》（1922 年 8 月），《東方雜誌》，第 19 卷第 21 號。

[92] 張東蓀：〈憲法上的議會問題〉，《東方雜誌》第 19 卷第 21 號。

聯邦制度的中國特色
——1923 憲法的國體模式

　　與政體制度選擇不同的是，在國體制度選擇方面，[1] 國會經過 1916-1917 年、1922-1923 年兩次制憲努力，取得了積極的成效。在 1923 年民國憲法（以下簡稱民國憲法）中，國權與地方制度兩章最具聯邦特色，「國權一章列舉中央與各省所有權限各若干條，其未經列舉事項，性質之關係國家者，屬於國家。關係各省者，屬之各省。……此章無異承認中國已改單一為聯邦。但其條文中則避免聯邦或聯省名詞耳。」[2] 中國特色的聯邦制度第一次也是唯一一次正式出現在國家憲法中。

一、國家（中央）與地方權力 [3]

　　民國憲法對國家權力與地方權力各自採取列舉方法。「中華民國之國權，屬於國家事項，依本憲法之規定行使之；屬於地方事項，依本憲法及各省自治法之規定行使之。」這種規定與 1867 年加拿大憲法相似，[4] 而與美國憲法不同。美國憲法只是列舉聯邦權力，

---

[1]　國體制度，即通常所稱的國家結構形式，一般分為單一制與聯邦制兩種。

[2]　陳茹玄：《中國憲法史》，上海世界書局，民國 22 年，第 136 頁。

[3]　本節國權內容引自 1923 年民國憲法第 22、23、24、3、32、138 條；省縣地方權力內容引自憲法第 25、126、127、128 條。憲法全文參見王世杰、錢端升：《比較憲法》，商務印書館，1999 年，附錄六。

[4]　加拿大憲法第六部分為立法權力分配，分別列舉中央國會權力 29 項（第 91 條）、省立法權力 16 項（第 92 條）。儲建國：《當代各國政治體制——加

凡憲法未明確授予聯邦政府或沒有禁止州政府行使的權力，皆由州政府保留之。

（一）國家立法並執行的事項

計有外交、國防、國籍法、刑事、民事及商事之法律、監獄制度、度量衡、幣制及國立銀行、關稅、鹽稅、印花稅、煙酒稅其他消費稅、郵政、電報及航空、國有鐵道及國道、國有財產、國債、專賣及特許、國家文武官吏之銓試、任用、糾察及保障，其他依本憲法所定屬於國家之事項。此外，國軍之額數，由國會議定之。

這些外交、國防、立法、貿易、財政方面的權力也是當時美、德國聯邦政府所享有的。魏瑪德國憲法中聯邦專屬立法權包括對外關係、殖民事務、國籍旅行及定住之自由，入國出國及罪人引渡、國防之組織、鑄造、關稅制度、郵電；聯邦立法權包括民法、刑法、司法制度、護照及居留人之監視、救貧制度及遊民管理、出版結社及集會、人口政策、公共衛生、勞動保護、國家職業代表機關設立等。[5]

美國聯邦權力首先是憲法授予聯邦的權力，如徵稅、借款、發行貨幣、管理對外貿易和州際貿易、制定統一的歸化法和破產法、規定偽造合眾國證券和貨幣的罰則、設立郵政局和興建郵政道路、頒發專利權和版權、設立聯邦法院、規定和懲罰公海上的海盜行為和違反國際法的犯罪行為、宣戰、頒發捕獲敵船許可證、制定關於陸上和海上捕獲的規章、建立陸軍和海軍、徵召民兵、管理領地、管理財產、釐定度量衡、辦理外交和締結條約、接納新州加入聯邦、提出憲法修正案。其次是聯邦的默示權力，包括建立銀行和其他公司；為道路、學校、健康、保險等提供經費；設立軍事學院和海軍

拿大》，蘭州大學出版社，1998年，第309-312頁。
[5] 魏瑪德國憲法第6、7條，布倫乃特：《德國新憲法論》，張卓立等譯，商務印書館，民國15年，附錄德國新憲法條文。

學院；發電和出售剩餘物資；幫助和管制農業。[6] 不過，中央政府的經濟職能，如管理省際貿易和對外貿易管理權，民國憲法卻沒有給予足夠的重視。[7]

（二）由國家立法並執行或令地方執行的事項

計有農、工、礦業及森林；學制；銀行及交易所制度；航政及沿海漁業；兩省以上之水利及河道；市制通則；公用徵收；全國戶口調查及統計；移民及墾殖；警察制度；公共衛生；救恤及遊民管理；有關文化之古籍，古物及古蹟之保存。

（三）禁止國家行使的權力

憲法中明文禁止國家行使的權力不多。如國土及其區劃，非以法律，不得變更之；全國稅率應行劃一之租稅；國家軍備費，不得愈歲入四分之一，但對外戰爭時，不在此限；常備軍之駐在地，以國防地帶為限；國體不得為修正之議題。

與此相反，美國憲法中卻有不少關於禁止聯邦行使的權力，其中重要的有聯邦不得對從任何州輸出的商品徵稅；間接稅稅率全國應一致；權利法案所作的保證不得剝奪；在商業上，不得給予任何一州優惠於他州的待遇；未得到州的同意，不得改變州的疆界；不得把新接受的州置於低於創始州的地位；不得允許奴隸制；不得授予貴族爵位；不得通過公民權利剝奪法案或追溯既往法律；不得中止人身保護狀的特權，除非發生叛亂和入侵；不經正當法律程序，不得剝奪任何人的生命、自由和財產。[8]

---

[6] 李道揆：《美國政府和美國政治上冊》，商務印書館，1999 年，第 60-61 頁。

[7] 管理州際貿易和對外貿易管理權被稱為美國聯邦政府職能擴張的三大憲法支柱之一。參見詹姆斯·M·伯恩斯等：《美國式民主》，譚君久等譯，中國社會科學出版社，1993 年，第 77 頁。

[8] 李道揆：《美國政府和美國政治上冊》，商務印書館，1999 年。第 61 頁。

（四）省縣地方權力

1.省的權力

省立法並執行或令縣執行的事項共有 11 項：省教育、實業及交通；省財產之經營處分；省市政；省水利及工程；田賦、契稅，及其他省稅；省債；省銀行；省警察及保安事項；省慈善及公益事項；下級自治；其他依國家法律賦予事項。省除沒有憲法修正提議權以外，其他教育、經濟、市政、水利、財政、內政、金融、社會福利、地方自治方面的權力，通常都是聯邦制國家地方政府享有的權力。如美國憲法保留給州的權力也包括管理州內工商業；建立地方政府；保護健康、安全和道德；保護生命、財產和維持秩序；批准憲法修正案；舉行選舉；改變州憲法和州政府等。[9]

民國憲法還特別規定省自治法由省議會，縣議會及全省各法定之職業團體選出之代表，組織省自治法會議制定之。省自治法會議代表除由縣議會各選出一人外，由省議會選出者，不得超過由縣議會所選出之代表總額之半數。其由各法定職業團體選出者亦同。省有立法權是聯邦制度的重要特徵，「憲法上從根本上影響中央與地方關係的方法之一是，給予或不給予下屬司法機關制定法律的權力。在單一制國家，通常不給予這種權力。」在美國，州和聯邦政府同時擁有制定法律的權力。[10]

在省的權力結構設計中，省議會採一院制，議員直接選舉產生。省務院為省行政機構，由省民直接選舉的 5-9 名省務員組成，省務院院長由省務員互選之。憲法還特別規定現役軍人非解職一年後，不得被選為省務員。

---

[9] 同上，第 61 頁。

[10] 伊夫‧梅尼、文森特‧賴特主編《西歐國家中央與地方的關係》，朱建軍等譯，春秋出版社，1989 年，第 27 頁。

2. 縣的權力

在縣的權力結構中，縣長由選民直接選舉產生，執行縣自治行政。縣議會於縣內之自治事項，有立法權，並且參與省自治法的制定工作。與憲法中詳細規定省權比較，縣自治權並沒有列舉規定。不過，聯邦憲法概括規定縣自治權的做法是正常的，如當代德國基本法規定保證縣、市鎮地方自治。這些地方有權在法律範圍內對地方集體的一切事務由自己負責地作出規定。鄉鎮法是各州的事務。[11]

二、中央與地方權力關係 [12]

中央與地方權力關係的制度設計，一直是困擾政治家與憲法學者的難題。民國憲法繼承了 1922 年國是會議憲法草案避免地方過度分權的做法，並進行了更加符合中國國情的探索。[13]

（一）法律與政治層面

首先，規定國家立法與省立法的關係。憲法規定在國家立法並執行，或令地方執行的事項中，省於不抵觸國家法律範圍內，有權制定單行法。有的國家權力，在國家未立法之前，省得行使其立法權。這與當時各省省憲（省憲草案）沒有明確國家立法高於省立法的規定不同。如湖南省憲強調：「省法律未公佈以前，中華民

---

[11] 吳志成：《當代各國政治體制——德國和瑞士》，蘭州大學出版社，1998 年，第 56 頁。

[12] 本節有關內容分別引自 1923 年民國憲法第 24、125、28、35、133、37、34、32、27、29、30、132 條。

[13] 如國是會議憲法草案在外交、軍事方面，明確規定外交、陸海軍、鐵路及國道事項由聯省機關立法或執行。省權中不包括當時各省省憲中的省軍事權、修築鐵路權等。立法方面，則強調聯省憲法的效力在各省法律效力之上。

國現行法律及基於法律之命令，與本法不相抵觸者，仍得適用於本省。」[14]

其次，規定國家法律與省法律的關係。省得自制定自治法，但不得與憲法及國家法律相抵觸。省法律與國家法律抵觸者無效。省法律與國家法律發生抵觸之疑義時，由最高法院解釋之。前項解釋之規定，於省自治法抵觸國家法律時得適用之。這些都是聯邦制國家普遍遵循的原則。並且與魏瑪憲法第十三條非常相似，即聯邦法規之效力在各邦法規之上。各邦法規對於聯邦法規有無抵觸，如有疑義或爭執時，則聯邦之適當機關或該邦之中央官廳得根據聯邦法律要求聯邦最高法院判決之。[15]

再次，規定國家與省的政治關係。主要內容有：1、省因不履行國法上之義務，經政府告誡，仍不服從者，得以國家權力強制之。前項之處置，經國會否認時，應中止之。這一條與魏瑪憲法第48條相似，各邦中如有不肯實行聯邦憲法及法律所賦予之義務，聯邦大總統得用兵力強制之；2、省縣自治行政機關，執行國家行政有違背法令時，國家得依法律之規定懲戒之；3、國體發生變動，或憲法上根本組織破壞時，省應聯合維持憲法上規定之組織，至原狀回復為止。這是借鑒國是會議憲法草案中有關條款，「中華民國之

[14] 湖南省憲法第128條。此外浙江省憲草案第31、32條分別規定國家立法事項，其施行有不適用於本省者，得以省法更定其施行之程序，但不得與其本法相抵觸。國政府所定法律或對外締約，有損及本省之權利，或加重本省之負擔時，應先取得本省之同意。廣東省憲草案第131、23、30條分別規定省法律未公佈以前，中華民國現行法律及基於法律之命令，與本法不相抵觸者繼續有效。廣東省之事權包括省內之軍政軍令事項。國家遇非常事變，不克依法行使其事權時，其在本省以內之國家行政，得由本省收管至事變平定之日為止。湘浙粵三省憲法參見《東方雜誌》第19卷第23號附錄。
[15] 布倫乃特：《德國新憲法論》，附錄德國新憲法條文。

國體發生變動,各省得互相聯合維持憲法上規定之組織,至原狀恢復時,各省之行動應即停止。」[16]

(二)軍事層面

聯省自治運動中各省省憲(省憲草案)均把軍事權納入省事權。湖南省憲中省的事權包括「省內之軍政,軍令事項」。「全省軍務,為省行政之一部。」「中華民國對外國宣戰時,本省軍隊之一部,得受國政府之指揮。」省有權設立一萬人以內的常備軍,由省長全權統率;省外軍隊非經省議會決定省政府允許,永遠不得駐紮或通過本省境內。浙江省憲草案與湖南省憲相似,也要求國家之軍事行動,及設備,有涉及本省之利害者,應先取得本省之同意。廣東省憲草案規定本省海陸軍俱為省軍;國家對外宣戰時,本省軍隊之一部分得受國政府之指揮。本省內之要塞建築或武庫軍港及兵工廠造船廠等均為本省所有。[17]民國憲法一改過去做法,把軍政與軍事權力徹底收歸國有。主要內容包括:1、省不得自置常備軍,並不得設立軍官學校及軍械製造廠;2、各省除執行兵役法所規定之事項外,平時不負其他軍事上之義務。義務民兵依全國徵募區,分期召集訓練之。

(三)財政層面

中央與地方財政關係設計比較簡略。一是國家對各省課稅徵收方法作出限制性規定。內容包括地方妨害國家收入或通商;二重課稅;對於公共道路或其他交通設施之利用,課以過重或妨礙交通之

---

[16] 《國是會議憲法草案(甲種)》第 10 條,胡春惠編《民國憲政運動》,正中書局,1978 年,第 484 頁。

[17] 湖南省憲第 25、87、55、88、89 條;浙江省憲草案 33 條;廣東省憲草案第 115、117、118 條。

規費等。這些完全抄自魏瑪憲法第十一條。[18] 二是當國家預算不敷，或因財政緊急處分，經國會議決，得比較各省歲收額數，用累進法分配其負擔；三是地方財力不足或遇見非常事變之地方，經國會議決，得由國庫補助之。這是一種典型的中央與地方財政合作式做法。

（四）行政層面

省及縣以內之國家行政，除由國家分置官吏執行外，得委任省縣自治行政機關執行之。因外交權在聯邦制度下應該屬於中央，而湖南省「更於省憲上設置交涉司，已明明侵犯國政府之外交權，尤為錯誤。」[19] 所以憲法非常明智地取消省憲中省的外交權。

一般認為處理聯邦與聯邦成員之間權力關係的共同規則包括：1、聯邦地位高於各聯邦成員。具體表現為：其一，某些重要的權力為聯邦所專有。其二，聯邦憲法和根據聯邦憲法制定的基本法律為全國最高之法律，各州之憲法或法律不得與其相抵觸。2、聯邦與聯邦成員實行分權。3、通過司法途徑解決聯邦與聯邦成員之間權力劃分的爭議。[20] 由此可見，民國憲法是符合以上憲政規則的。

---

[18] 魏瑪憲法第十一條聯邦對於各邦之租稅、公課及其徵收方法，為免下列諸弊或為維持公共利益之必要時，得依立法權之作用定其原則。（一）妨害國家收入或通商；（二）二重課稅；（三）對於公共道路或其他交通設施之利用，課以過重或妨礙交通之規費；（四）各邦間及各地方間之交通，因保護其產物，對於輸入商品為不利之課稅；（五）輸出獎勵金。參見布倫乃特《德國新憲法論》，附錄德國新憲法。

[19] 羅敦偉：〈湖南省憲法批評〉，《東方雜誌》第 19 卷第 22 號。湖南省憲草案制定者李劍農也有類似批評。李劍農：〈由湖南制憲所得的教訓〉，《太平洋》第 3 卷第 6 號。

[20] 周民鋒主編《西方國家政治制度比較》，華東理工大學出版社，2001 年，第 213 頁。

三、地方權力關係 [21]

（一）省與省權力關係

1. 政治法律方面

省與省爭議事件，由參議院裁決之；省不得締結有關政治之盟約。省不得有妨害他省或其他地方利益之行為；省有以武力相侵犯者，政府得以國家權力強制之。

2. 財政方面

憲法限制各省及各地方間，因保護其產物，對於輸入商品，為不利益之課稅；各省及各地方間，物品通過之課稅；地方事項，有涉及二省以上，除法律另有規定外，得共同辦理。其經費不足時，經國會議決，由國庫補助之。

（二）省與縣權力關係

1. 政治法律方面

縣之自治事項，有完全執行權；除省法律規定懲戒處分外，省不得干涉之；省不得對於一縣或數縣施行特別法律，但關係一省共同利害者，不在此限。縣有奉行國家法令及省法令之義務。民國憲法特別規定省縣權力關係的做法與一般聯邦制度國家不同。在美國、德國等聯邦國家，憲法一般沒有明確規定州與地方政府之間的職權劃分。如當代德國基本法僅強調地方當局有權「按照自己的職權，在法律規定的範圍內，處理所有地方社區的事務。」地方政府的結構、職能和活動受州立法的限制。[22]

---

[21] 本節有關內容分別引自 1923 年民國憲法第 31、33、36、27、25、131、130、128 條。

[22] 伊夫・梅尼、文森特・賴特主編《西歐國家中央與地方的關係》，第 111 頁。

2. 財政方面

縣於負擔省稅總額內，有保留權，但不得逾總額十分之四；縣有財產及自治經費，省政府不得處分之；縣因天災事變或自治經費不足時，得請求省務院，經省議會議決，由省庫補助之。

綜上所述，民國憲法借鑒了當時國外聯邦制度國家的制度設計，特別是魏瑪德國憲法的許多規定。同時國是會議憲法草案亦對民國憲法產生了一定的積極影響，「其制度精神酷類民國十一年上海國是會議所起草之聯省憲草第二章中所規定也。」[23]

四、聯邦制度的中國特色

關於聯邦制度的現代研究表明，雖然聯邦國家中央權力可能被削弱，形成地方分離的傾向。但是從二戰後多數聯邦國家實踐來看，中央政府的權力並沒有減弱，反而加強了。只要處理得當，地方分裂主義傾向就會逐漸克服。[24] 此外，與集中政府權力相比，聯邦制在很大程度上更好地顧及地區的特點和問題，保持地區的多樣性。各州通過聯邦參議院的作用分擔國家的責任，參與聯邦立法和聯邦政治意志的形成，維護自身的利益。聯邦制加強了民主原則，「當公民能夠在他較熟悉的本州範圍內通過選舉和投票來參加政治生活時，民主就會更加生動活潑。」聯邦制能夠防止濫用權力。在聯邦國家，除了橫向的分權，立法、行政和司法三權分立之外，還有縱向的聯邦各州之間的分權。聯邦制促進競爭。「聯邦國家保證各地區有必需的發展空間；它要求各州之間以及州與聯邦之間進行競爭，並使小範圍內的試驗成為可能，如果這些試驗成功，便會

23　陳茹玄：《中國憲法史》，第 136 頁。
24　趙全勝：〈論聯邦制和民主化與中國統一之關係〉，趙全勝編著《分裂與統
　　一：中國、韓國、德國、越南經驗之比較研究》，桂冠圖書公司，1994 年，
　　第 42 頁。

被整個聯邦採納。」[25] 簡而言之，「聯邦制通過憲法保障中央與地方之間的分權，既保證國家的統一性，也保證地方政府的地域性。聯邦被認為是介於極端的中央集權和鬆散的邦聯之間的一種中間形式。」[26]

與此相似的是，民國憲法注重對民國建立以來憲政制度實踐經驗的汲取，「但就該憲法本身而言，它綜合體現了西方近代憲法理論和憲政原則以及中華民國十年共和歷史的政治實踐和立法經驗。」[27] 並且遵循聯邦制度原則，設計出一種體現中國特色的國家結構形式，其核心是在確保國家統一的原則下，創立合理的聯邦分權制度模式，彰顯聯邦制度的優越功能。

第一，中央與地方分權體制。聯邦國家通常有兩種分權模式，一類聯邦國家列舉國權，概括規定州（邦）權，如美國、澳大利亞等國。另一類國家國權與州（邦）權均采列舉方式，其他未明白列舉的權力保留給某一方。如加拿大憲法分別列舉聯邦議會和各州議會的立法權，但凡憲法未賦予各州議會專有的權力，仍屬聯邦議會。民國憲法分權模式與以上兩種略有不同，有學者曾批評中國憲法這種含糊的規定不如加拿大憲法明確。[28]

其實民國憲法混合以上兩種分權模式，是一種妥協的結果，在處理中央與地方權力爭執時更加靈活。一方面主要是仿照加、德國的模式，採取中央與省的權力共同列舉式，「凡中央事權，無論中央行使與否，各省不得行使；反之，各省事權中央亦絕不能行使。」[29] 這樣易於操作，避免產生權力糾紛；一方面創造性地規定

[25] 吳志成：《當代各國政治體制──德國和瑞士》，第 50-51 頁。

[26] 周民鋒主編《西方國家政治制度比較》，第 208-209 頁。

[27] 朱勇：〈中華民國立法史序言〉，謝振民編著《中華民國立法史上冊》，中國政法大學出版社，2000 年重印本。

[28] 潘樹藩：《中華民國憲法史》，第 135-136 頁。

[29] 王世杰、錢端升：《比較憲法》，第 362 頁。

了中央與省的剩餘權處理原則。如有未列舉事項發生時，其性質關係國家者，屬於國家，關係各省者，屬於各省。遇有爭議，由最高法院裁決之。「它既不像加拿大憲法，因為加拿大憲法把沒有提到的剩餘權力，全部歸屬於中央政府；也不像美國憲法，在美國憲法中，那些剩餘權力都明確地規定屬於地方各州。中國憲法規定，對憲法中任何沒有說明的事項，有關國家性質的事項，它的解釋權屬於中央，有關省的性質事項，它的解釋權屬於省。在解釋的過程中產生爭議，則由最高法院來決定。此外，當地方法律與國家法律相衝突時，最高法院有權決定是否廢除省的法律。」[30]

第二，地方二次分權體制。考慮到中國省區面積遼闊，容易形成地方割據。為防止省的權力過於集中，憲法創造性進行了省與省、省與縣的兩級權力劃分，主要體現在政治法律與財政關係方面，其中最重要的是給予縣自治權力憲法地位。在當時聯邦制國家憲法中，州以下地方政府並不具備憲法地位。例如在美國，地方自治雖然是美國的政治傳統，但是美國憲法從未提及地方政府的獨立地位或自治權利。「到 19 世紀將近結束之前，各州憲法亦只把管轄範圍內的地方機構視為州政府的下級分支，其形成、結構、地位和許可權完全受制於州議會的規定。」[31]民國憲法將縣制大綱規定在國憲中，目的是為了實現地方權力的二次分權，避免省權的集中與不受制約。

第三，地方過度分權矯正體制。「地方過度分權是中央與地方許可權劃分的一種變態形式或『矯枉過正』現象。這種現象如果長期存在，必然導致國家的衰亡。」[32]各聯邦國家都非常重視遏制地

---

[30] Franklin W. Houn, *Central Government of China 1912-1928, An Institutional Study,* Madison: The University of Wisconsin Press, 1957, p146-147.

[31] 張千帆：《西方憲政體系（上冊）美國憲法）》，中國政法大學出版社，2000年，第 630 頁。

[32] 薄貴利：《集權分權與國家興衰》，經濟科學出版社，2000 年，第 78 頁。

方過度分權現象。美國憲法曾列舉 12 項禁止州行使的權力，其中
包括不得鑄造貨幣，在和平時期不得保留軍隊和兵艦；不得締結條
約；不得制定損害合同義務的法律；不得否定人民享有法律的等保
護；不得違反聯邦憲法或阻撓聯邦法律的實施；不得因種族、膚
色和性別而剝奪公民的選舉權；不得對進口貨和出口貨徵稅；不
得允許奴隸制；不得授予貴族爵位；不得通過公民權利剝奪法案
或追溯既往的法律；不得中止人身保護狀的特權，除非發生叛亂
和入侵；不經正當法律程度，不得剝奪任何人的生命、自由和財
產。[33]

　　20 年代在湖南等省省憲中，也存在類似問題。如省權中的軍
事、外交權的規定明顯違反聯邦制原則，當時即使是聯邦論者也承
認外交軍事權絕對屬於國家。[34] 省的立法、財政與經濟權力也有不
少地方侵奪國家權力，事實上企圖架空中央政府的權威，「而且省
憲中將原應屬於中央政府的事權劃歸各省所有，在省憲制定者而
言，雖認為是國憲未制定前的過渡辦法，卻頗予人以割據分裂的疑
慮。」[35]

　　民國憲法在保障省權的同時，在立法、軍事、財政、行政等方
面對省權又做出了許多限制性規定，而對國家權力限制性規定較
少。司法與軍事都屬於國權，不在省自治許可權之內，以至於這種
做法受到了聯省自治派學者的批評，認為國權過大，而省權過小，
特別偏重中央許可權。[36] 其實憲法在處理國家與地方關係上已經採
取調和的立場，適當地保持了國家與省的權力平衡，為國家保持高
度統一奠定了政治基礎。同時這種做法也與魏瑪憲法相似，「德國

---

[33] 李道揆：《美國政府和美國政治上冊》，第 61 頁。
[34] 《省憲概論》，愚廠：《省憲輯覽》，甲編，上海自治學會，民國 10 年。
[35] 李達嘉：《民國初年的聯省自治運動》，弘文館出版社，1986 年，第 204 頁。
[36] 潘樹藩：《中華民國憲法史》，商務印書館，民國 24 年，第 133 頁。

雖仍是個聯邦國，但是中央政府在憲法上的權力，卻較美國的中央政府大得多了。」[37]

第四，許可權爭議解決體制。在實行地方分權的制度建設中，最容易發生的事情就是中央與地方發生許可權爭議。對此憲法作了有益的探索，分別規定三個機關解決許可權爭議。第一，最高法院解決省自治法或者省法律與國家法律抵觸之疑義，裁決國家與省許可權的爭議；第二，參議院裁決省與省之間的爭議；第三，國會兩院議員組成的憲法會議解釋憲法的疑義。[38]最高法院、參議院、憲法會議，三個機構各司其職。雖然國會權力至上的特點沒有大的改變，「而裁判國會法與憲法衝突之權，則由憲法會議行使。是憲法會議之權，遠在最高法院之上。」[39]但是與過去憲法草案相比，至少最高法院獲得了部分司法審查權。

第五，中央與地方合作體制。與美國聯邦制度不同的是，民國憲法在政治、行政、財政方面，著重強調中央與地方的合作關係。如明確地方與中央共同的護憲義務。針對民國建立以來，國體兩次變更的教訓，憲法第 37 條特別規定，國體發生變動之，或憲法上根本組織破壞時，省應聯合維持憲法上規定之組織，至原狀回復為止。「這是總結了辛亥以來多次發生國體蛻變的教訓而訂立，意欲防止類似事件再次出現。」[40]國權條款中特別列出由國家立法並執行或令地方執行的事項。這些經濟、教育、金融、水利、內政、公共衛生、文化方面的內容，並不是德國式的地方與中央並行立法權，而是特指國家可以命令地方執行的權力。財政方面也有中央與地方互相配合與支持的規定。顯然，這種合作體制特點的聯邦制度比較類似於當代德國的「合作聯邦制（Cooperation Federation）」，

---

[37] 程學愉：〈德意志之新憲法〉，《東方雜誌》第 19 卷第 22 號。
[38] 潘樹藩：《中華民國憲法史》，第 139 頁。
[39] 陳茹玄：《中國憲法史》，第 138 頁。
[40] 徐矛：《中華民國政治制度史》，上海人民出版社，1992 年，第 444 頁。

而不是美國式「二元聯邦制（Duality Federation）」。德國式合作聯邦制，即聯邦與各州均忠於合作與信任的原則。在此原則下，德國聯邦與各州並不相互獨立，而是在聯邦與州以及州與州之間建立起彼此合作的政治關係。[41]

在現代化進程中，近現代聯邦國家除美國等自發形成的聯邦國家以外，也有德國等主動選擇形成的聯邦國家，「聯邦制是處於分裂與統一張力之下的一種現實的制度選擇。」[42]同時「聯邦制既是一種觀念又是一種制度。作為觀念形態的聯邦制主張建立統一國家，強調一定程度的權力集中，實際上是一種特殊形態的民族主義，建立統一的民族國家是其目的。在建立民族國家這一根本目標上，聯邦制與單一制是一致的。」[43]並且「權力的相對集中才是聯邦制的根本目的，分權只是實現民族國家統一的一種手段。」[44]在當代世界，「沒有一個國家完全是單一制，同樣沒有哪個國家是完全的聯邦制。」時代發展的趨勢是單一制國家努力向稍帶聯邦制的方向轉變，而聯邦制國家則向更加單一的方向緩慢演進。法國、西班牙是兩個權力高度集中的中央政府向半聯邦制轉化，而美國聯邦政府權力的增強，則呈現出單一體制的某些特徵。[45]

同樣地，在 20 世紀初中國憲政制度試驗中，1923 年民國憲法主動進行了一次從分治的邦聯中國到統一的聯邦中國的制度創新。當時就有論者認為：「聯邦制是使各省人民各向軍閥收還本來應有的權。⋯⋯一旦國憲許各省人民自定憲法，現在所潛伏的願欲

---

[41] 周民鋒主編《西方國家政治制度比較》，第 219 頁。美國式二元聯邦制即聯邦和州擁有各自的職權範圍，二者分離，彼此相互獨立，州權是縱向分權並制約聯邦的一種手段。

[42] 王麗萍：《聯邦制與世界秩序》，北京大學出版社，2000 年，第 81 頁。

[43] 同上，第 3-4 頁。

[44] 同上，第 3 頁。

[45] 邁克爾·羅斯金等著《政治科學》，林震等譯，華夏出版社，2001 年，第 274 頁。

和能力,自然發洩出來,那時各省人民驅逐軍閥,為勢極順。」作者以湖南人民成功驅逐張敬堯為例,說明「近來一二軍閥初欲利用省自治的名義以對抗中央,然發動以後,民氣蓬勃,結果適以自縛。」所以聯邦制是不利於軍閥,不但不致造成割據之局,反而可以打破現存的割據狀態。[46]

---

[46] 孫幾伊:〈制憲問題底理論和實際〉,《東方雜誌》第 19 卷第 21 號。

「聯省自治」運動中的省憲研究

　　民國初年的「聯省自治」運動又稱省憲運動，省憲制定無疑是「聯省自治」運動的重要標誌，「聯省自治運動中，各自治省份所推行最力的是省憲的制定，所獲致的唯一成果，也是省憲的制定。」[1]不過長期以來學界研究多是集中在省憲制定背景與過程，至於省憲內容僅是概述其要點，鮮有從比較憲法與政治發展的新視角剖析省憲的制度特色。[2]與以往研究不同的是，本文的重點在於分析當年省憲制度設計與創新之處，並進一步揭示省憲政制對中國憲政發展的歷史作用。

一、地方憲政制度規劃

　　在當年出臺的各省憲法或草案中，以湖南、浙江、廣東省憲最具代表，其他各省憲法草案多以三省憲法為藍本。[3]所以本文的省憲制度分析也是以三省憲法或草案為依據。

---

[1]　李達嘉：《民國初年的聯省自治運動》，弘文館出版社，1986 年版，第 202 頁。
[2]　相關論述參見李劍農《中國近百年政治史》(復旦大學出版社再版，2002 年版)、胡春惠《民初的地方主義與聯省自治》(中國社會科學出版社，2001 年版)、李達嘉《民國初年的聯省自治運動》；個案分析參見張朋園《湖南省憲之制定與運作 (1920-1925)》(《中國近代現代史論集第二十一編民初政治 (三)》，臺灣商務印書館，1986 年版)、馮筱才〈理想與利益——浙江省憲運動新探〉(《近代史研究》2001 年第 2 期)。
[3]　湖南、浙江、廣東三省憲法或草案內容參見《東方雜誌》第 19 卷 22 號。

（一）省政體制度

省政體制度的核心是行政、立法、司法三權的分立與制衡。此外人權、教育、縣自治條款也是不可缺少的內容。

1. 省行政權力結構

三省省長產生的方式各不相同。湖南省長由省議會選出 4 位候選人，再由全體公民投票選舉 1 人。[4] 浙江省長由全省選民分區組織選舉會直選。廣東省長由全省各縣縣議會及特別市市議會議員總投票選舉。顯然，湖南省長是由間接選舉與直接選舉相結合的方式產生，浙江省長更接近於直接選舉，而廣東省長仍是通過間接選舉產生。

在省行政權行使方面，三省省憲都規定省行政權由省長及省務院（政務院）行使。同時，省長擁有法律公佈權、軍事權、任免官吏權、解散議會權、戒嚴權、提出法律議案權與法案否決權等。[5] 不過，與浙江、廣東省不同的是，湖南省長在政府受到議會不信任投票時，並不能立即解散議會，重新舉行選舉。

省務院（政務院）的產生與運作是行政權力結構中的關鍵環節。湖南省憲草案規定省務院長與省務員皆由省長任免。但是省長

---

[4] 湖南省憲法草案中省長是由 4 種社團（省議會、省級各社團、縣級各社團、一等市各社團）投票產生。

[5] 湖南省憲明確規定行政權由省長及省務院行使之（第 46 條）。省長擁有法律公佈權、軍事權、任免官吏權、戒嚴權（第 55 條）、提出法律議案權（第 64 條）、法案否決權（第 67 條）。浙江省長也有否決權（第 96 條）、執行省政務（第 63 條）、解散權（第 67 條）與戒嚴權（第 66 條）。廣東省長執行省行政並公佈法律（第 52 條）、命令權（第 53 條）、統率全省海陸軍及管理全省軍務之權（第 54 條）、任免全省文武官吏（第 55 條）、提出法案權（第 57 條）、戒嚴權（第 58 條）與否決權（第 72 條）。陳定炎先生認為廣東省憲取消省長否決權說法有誤。參見陳定炎《陳炯明研究·研究資料》，www.chen-jiongming.com/chinese/Chinese.htm.

任命省務院長時，須得省議會同意。但是正式省憲修改為省議會選出各司司長（司長為省務員）各二人，由省長決定 1 人。省務院長由省務員互選產生，不再需要省議院同意。同時省長享有對省務員的直接罷免權。省務院政務會議結果，須由省務院長報告省長。浙江省憲草案允許省長兼任省政務院長，同時省長主持省政務會議。省政務員全由省議院按其兼職，分別選舉。廣東省政務院長與政務員由省長任命，但須得省議會同意。省政務院長按照政務會議所議決與省長所治事方針，指揮一切事務。

2. 省議會權力

省議會權力包括立法與行政監督權，主要有議決省的各項事權、議決預算決算權、選舉官吏、受理人民請願權、質問權、對省務院全體或省務員個人的不信任權、對省長、高等審判廳長、高等檢察廳長、省務員、審計院長的彈劾權、查辦官吏權等。[6]

3. 省司法權力

省憲強調司法機關獨立審判，對省內訴訟享有終審權。有關法官產生方式與省憲解釋權規定，三省各不相同。湖南省憲規定高等審判廳長由省議會選舉產生，改變草案中高等審判廳長由省長任命，須得省議會同意的做法。高等審判廳長任期 8 年，有賄賂或其他違法行為時，省議會得彈劾之，受彈劾後即需退職。浙江省法院院長、審判員由全省選民分選組織選舉會選舉產生。省法院院長任期 4 年，得連任 1 次為限。與湘憲不同的是，浙江省憲草案中另設有監察院，其中監察員 11 人由全省選民直接選舉產生。監察員參與對省長、政務員、省法院院長、審判員、審計員彈劾案的審判，為特別法庭的成員。此外還有權查辦行政司法官吏、監視各項選政與官吏考試。廣東省法院院長由省長任命，但須得省議會同意，省

---

[6] 有關內容參見湖南省憲第 39 條、浙江省憲草案第 48 條、49 條、廣東省憲草案第 33 條、34 條、35 條、36 條。

議會對法院院長擁有彈劾權。湖南、廣東兩省憲法解釋權均由省高等審判廳、省法院行使。浙江省憲則是由省議院、省法院、監察院各選三人合議解釋。[7]

（二）人權、教育制度

　　省憲重視保護公民的人權、教育權利。湖南省憲草案制定者充分認識到過去《臨時約法》的不足，如關於人權條款的限制性規定，「有認為增進公益，維持治安，或非常緊急必要時，得依法律限制之。」這種規定其實是為政府剝奪民權製造藉口。自民國成立以來，已經有政府制定的限制言論自由的法律，所以「本草案對於人民各種權利之規定，力求其實際之明確，法文形式之參差在所不計。」[8]湖南省憲忠實地貫徹了這一原則，特別強調保護公民人權。如關於人身自由權，憲法提出「除現役軍人外，凡人身自由被剝奪時，施行剝奪令之機關，至遲須於二十四小時以內，以剝奪之理由，通知本人，令其得有即時提出申辯之機會；被剝奪人，或他人，皆得向法庭請求出庭狀，法庭不得拒絕之。」[9]此外，人民在不抵觸刑事法典範圍內，享有言論出版自由，不受何種特別法律的限制，或檢查機關的侵害。在不抵觸刑事法典之範圍內，有結社集會自由權，不受何種特別法令之限制。男女皆有選舉權。人民有保護其私有財產之權，甚至規定「人民或人民之自治團體，有購置槍支、子彈，以謀自衛之權。但須經官廳之許可登記。」有論者認為湖南省憲「其二是民權的擴張。選舉權普及於男女兩性，省長的

---

[7]　有關內容參見湖南省憲第 8 章、12 章、浙江省憲草案第 6 章、7 章、17 章、廣東省憲草案第 7 章、14 章。

[8]　《湖南省憲法草案說明書》，《太平洋》第 3 卷第 1 號，轉引自胡春惠編《民國憲政運動》（正中書局，1978 年版）第 351 頁。

[9]　湖南省憲第 6 條。相似內容參見浙江省憲草案第 7 條、廣東省憲草案第 6 條。

產出須經全省公民決選的程序，公民或法團之享有創制權、複決權與直接罷免權。」[10]

在教育制度方面，湖南省憲要求公民從六歲開始，必須接受四年義務教育。每年教育經費至少占全省預算支出的百分三十；每年提出的教育基金，至少須占全省預算案百分之二。與此相似的是，浙江省要求教育經費比例為百分之二十，教育基金至少占到百分之三。省政府有權強制地方推行義務教育。廣東教育經費比例為百分二十，規定教育經費獨立，所劃定之教育經費，由教育機關保管之，無論何項政費，不得挪用。

（三）縣自治制度

省憲關於縣的性質規定相同，都認為縣為省之地方行政區域，並為自治團體。同時，在不抵觸省法令之範圍內，縣有教育、交通、實業、警察、公產處置等自治權力。縣議會議員也由公民直接投票選舉。[11]

值得注意的是，省憲設計的省縣關係卻表明地方自治只是一種有限自治，並未建立類似省與國家之間的分權體制。如省立法機構採用一院制，不是美國州或德國邦的兩院制度，沒有代表各縣利益的省上院。在縣長產生方式上，湖南省縣長由縣議會選出 6 人，經由公民投票選舉 3 人，最後呈送省長選任 1 人。廣東省縣長由公民直接選舉產生，呈請省長任命。浙江省縣知事由省長委任。因此，縣長即使是經過直接民選，最終還是要經過省長委任。省長在縣長任命問題上的影響力是相當大的。而且縣長受省長指揮監督，執行省地方行政及縣自治行政，並同時監督縣以下各自治機關。縣長或由省長免職或縣議會彈劾，呈請省長免職。

---

[10] 李劍農：《中國近百年政治史》，第 490 頁。
[11] 有關內容參見湖南省憲第 10 章、浙江省憲草案第 14 章、廣東省憲草案第 13 章。

二、地方與國家（中央）權力關係

（一）地方合理分權規劃

首先，省憲堅持國家統一原則。三省憲法第一條均標明本省為中華民國之自治省。其次，列舉一些合理的省權。省憲中省的合理權力包括行政、文官考試、監督地方自治、司法、稅收、財政、警察、教育、實業、衛生等。[12]第三，以聯邦制原則處理某些地方與國家關係。湖南省憲規定，在於國憲不相抵觸的範圍內，省得制定法規，並執行之。省政府受國政府之委託，得執行國家行政事務，費用須由國庫承擔。浙江省也有相同的規定。同時浙江省憲草案還強調屬於國家立法事項，而國家法律尚無規定者，得由省規定暫行法；國家法律已規定而尚未施行者，得以省法定期施行。對此，有學者特別讚賞「湖南省憲法中將省權採列舉之方式，使中央得保有較廣泛之概括權，又頗能切近我國之歷史與國情。」[13]

（二）地方過度分權設計

地方與國家關係的不合理內容，主要體現在地方過度分權的制度設計。

1. 軍事權

湖南省憲中省的事權包括「省內之軍政，軍令事項」；「中華民國對外國宣戰時，本省軍隊之一部，得受國政府之指揮」；「全省軍務，為省行政之一部」；省有權設立一萬人以內的常備軍，由省長全權統率；省外軍隊非經省議會決定省政府允許，永遠不得駐紮或通過本省境內。

---

[12] 省事權的列舉參見湖南省憲第 25 條、浙江省憲草案第 28 條、廣東省憲草案第 23 條。
[13] 胡春惠：《民初的地方主義與聯省自治》，第 200 頁。

廣東與湖南相似。省憲草案要求國家之軍事行動，及設備，有涉及本省之利害者，應先取得本省之同意。本省海陸軍俱為省軍；國家對外宣戰時，本省軍隊之一部分得受國政府之指揮；本省內之要塞建築或武庫軍港及兵工廠造船廠等均為本省所有。與湖南、廣東省憲不同的是，浙江省的事權中沒有關於省軍事的條款。

2. 立法權

在湖南，「省法律未公佈以前，中華民國現行法律及基於法律之命令，與本法不相抵觸者，仍得適用於本省」；「國憲未成立以前，應歸於國之事權，得由本省議決執行之。」浙江規定國家立法事項，其施行有不適用於本省者，得以省法更定其施行之程序，但不得與其本法相抵觸。國政府所定法律或對外締約，有損及本省權利，或加重本省負擔時，應先取得本省同意。廣東要求在省法律未公佈以前，中華民國現行法律及基於法律之命令，與本法不相抵觸者繼續有效。顯然，省憲在立法方面的設計明顯偏向省法律效力，沒有明確國家法律的至上地位，不符合聯邦制國家聯邦法律效力高於地方法律的原則。

3. 財政經濟權

湖南對於省府與國府之財源無明白之劃分，只是規定「在國憲未成立以前，省政府得徵收國稅」；「省以內之鐵道、電話、電報支線之建設；但為謀交通行政之統一，聯絡省際商業之發達，及應國防上之急需，國政府之命令，得受容之。」[14]

4. 外交權

主要是湖南省「更於省憲上設置交涉司，已明明侵犯國政府之外交權，尤為錯誤。」[15] 因為外交權在聯邦制國家中應該屬於中央政府。

---

[14] 湖南省憲第 25 條。

[15] 羅敦偉：〈湖南省憲法批評〉，《東方雜誌》第 19 卷第 22 號。湖南省憲草案制定者李劍農也有類似批評，李劍農：〈由湖南制憲所得的教訓〉，《太平洋》

三、省憲政制特色與啟示

首先是省政體制度特色，主要表現在權力的分立與制衡方面。

第一，行政權力的雙首長制。在省行政權力結構方面。有學者認為湖南草案與正式憲法均有內閣（制）精神，省長無實權。[16]草案說明書中也表示仿照英法責任內閣制，於省長下設省務院，使對於議會負責任。[17]但實際上省長並非沒有實權。遇有特別重大事件，湖南省長有權在省務院召開聯席會議。而浙江省長更是直接兼任省政務院長，主持省政務會議。以上規定均明確了省長直接參與政治決策與政務處理。雖然省長任命省務院長時，須得省議會同意。但是省長對省務院長仍有直接免職權。這一點與《臨時約法》中總統對國務員的任免權規定基本相似。實際上省務院長同時受制於省長與省議會，是對二者的雙重負責。浙江、廣東省憲草案中省長也握有相當大的實權，至少是與省政務院分享行政權力。必須指出的是，在近代中國憲政制度發展歷程中，這是一項重要的制度創新，非常類似於今天法國的雙首長制政體。

第二，行政與立法關係的失衡。如何在行政與立法機關之間建立一種制衡關係，一直是近代中國憲政制度設計的一個難點。湖南省憲草案起草專家比較清醒地認識到這一點，省憲草案說明書在討論行政與議會關係時，特別強調兩權平衡適中，「方不至有一方壓制他方之弊。如美之議會不能改造行政部，則總統亦不得解散議會；英之議會可以推倒內閣，則內閣亦可以解散議會，此兩相抵衡之道也。吾國臨時約法所定之責任政制，為防制袁世凱一人之故，將總統之解散議會權削去。卒之袁氏之野心不能防制，而國會再遭

第 3 卷第 6 號。

[16] 張朋園：《湖南省憲之制定與運作（1920-1925）》，第 407 頁。

[17] 〈湖南省憲法草案說明書〉，《太平洋》第 3 卷第 1 號。

解散，並約法而亦根本破壞之。此兩部權衡失中之反動也。」草案說明書表示要汲取臨時約法的教訓，務求兩權平衡。[18]

但是遺憾的是湖南省憲卻沒有實現這一憲政原則。省憲規定省議會對政府均有不信任權，但是行政部門卻沒有直接解散議會的權力，都只能是間接方式。如湖南省憲提到四種解散議會的方式：全省公民百分之一之連署，經全體公民投票過半數可決，即行解散；全省縣議會過半數連署提議，呈由省長交全省公民總投票過半數可決，即行解散；省長以省務院全體之副署，提出理由書，經全省公民投票過半數可決，即行解散；省長在任期未滿時，省議會提議，交公民投票表決，令其退職。但是如果公民投票對此項提議多數否決，則省長同於新當選舉，須即解散省議會，但三個月必須重新選舉產生新議會，一年內不得解散議會兩次。

同樣地，浙江省議院對省長行使不信任權，必須經出席議員三分二以上議決，再經全省公民投票過半可決，省長去職，但如果遭到公民投票否決，省議院即應自行解散；各選舉區選民十分之一以上，得提出不信任省議院案，付全省選民總投票表決，如過半數可決時，省議院應即自行解散；省長有提出解散省議院之權，但其實現需由全省選民投票表決，過半數議院自行解散，否則省長即退職。

廣東省憲規劃三種解散省議會方式：省議會有違法失職時，由全省縣議員三分之一以上連署提出解散省議會案，經全省公民總投票過半數可決時，省長應即解散之；政務員全體受省議會不信任投票時，省長非解散省議會，即應令政務員全體辭職。同時規定省長解散省議會須經全省縣議會及特別市議會議員總投票過半數可決方得行之；省長受省議會彈劾時，應於十日內將此項彈劾案交由全省縣議員及特別市議會議員總投票表決，過半數可決時，省長即須

---

[18] 〈湖南省憲法草案說明書〉，《太平洋》第 3 卷第 1 號。

退職；多數否決時，即解散省議會。解散省議會後三個月內選出新一屆省議會。

以上解散省議會都是通過訴諸選民或縣市議會的間接方式，實施的難度是相當大的。而最關鍵的是在議會行使不信任權時，卻沒有相應賦予省長直接解散權，「此外湖南省憲未付予內閣解散議會之權，而卻給予省議會倒閣之權，使省議會權力過大，反而在議會與省務院意見衝突時，無法馬上將此一爭端訴之於選民」[19]對此，當時的聯邦主義者李劍農也承認「省議會權力極大。」[20]

第三，司法權力的增強。與《天壇憲法草案》相比較，由於省憲賦予司法機關憲法解釋權，司法權力的獨立性獲得極大的增強。在司法實踐中，司法機關通過行使憲法解釋權，可以判定議會通過的法律違憲，發揮司法機關對立法權力的制衡作用。唯一的缺憾是法官的任期不是終身制。當法官謀求連任時，難免不會取悅於議會，這樣就會削弱司法機關的制衡作用。

第四，直接民主制的廣泛採用。公民投票方式在省憲中頻繁出現。如省憲法要經過全民投票才能成立，省議員選舉的官吏要經過他們投票認可，他們可以罷免省議員、省長、省務員，要求解散省議會。「這可以說是古今中外罕有的激進參與。」[21]但正如有學者指出，憲法陳意太高，則不容易實行。憲法隨處強調全民意志，事事由全民投票決定。這種極端的民主政治只是一個理想，實際上難以做到。[22]「公民投票之濫用。公民投票本為民權之表現，但湘省憲中用之過濫，如省議會之解散，省憲之修改，省長之選出，省長

---

[19] 胡春惠：《民初的地方主義與聯省自治》，第 201 頁。
[20] 李劍農：《中國近百年政治史》，第 490 頁。值得一提的是湖南省憲草案第 59 條有解散權的規定。
[21] 張朋園：《湖南省憲之制定與運作（1920-1925）》，《中國近代現代史論集第二十一編民初政治（三）》，第 409 頁。
[22] 同上，第 410 頁。

之召回，法律之複決等，俱由人民總投票表決之，結果反失其真實之作用，成為有名無實之具文。」[23]

其次是省憲在處理地方與國家關係時，凸顯地方合理分權與過度分權並存特色。省的事權中軍事、外交權力的規定明顯違反聯邦制原則，當時即使是聯邦論者也認為外交軍事權絕對屬於國家。[24]省的立法、財政與經濟權力也有不少地方侵奪國家權力，事實上企圖架空中央政府的權威，「而且省憲中將原應屬於中央政府的事權劃歸各省所有，在省憲制定者而言，雖認為是國憲未制定前的過渡辦法，卻頗予人以割據分裂的疑慮。」[25]當時有論者批評湖南省憲為「畸形的地方分權。」[26]

不過，從政治發展的視野來看，有缺陷的制度設計在憲政試驗中出現，不僅非常正常，而且可以為後來的制度變革提供歷史經驗教訓。例如，在 1922 年國是會議憲法草案中，為避免省憲中地方過度分權的做法，就明確規定外交、陸海軍、鐵路及國道事項由聯省機關立法或執行。省權中不再包括過去省憲中有關省軍事權、修築鐵路權。立法方面，強調聯省憲法的效力在各省法律效力之上。明確規定國稅稅種，即關稅、鹽稅、印花稅、煙酒稅、消費稅及其他全國一律之租稅。不僅於此，1924 年民國憲法在此基礎上作出了更加符合中國國情的探索，創立了具有中國特色的地方過度分權矯正體制。民國憲法在保障省權的同時，在立法、軍事、財政、行政等方面對省權又做出了許多限制性規定，而對國家權力限制性規定較少。司法與軍事都屬於國權，不在省自治許可權之內。憲法在處理國家與地方關係上採取調和的立場，適當地保持了國家與省的權力平衡，為國家保持高度統一奠定了政治基礎。

---

[23] 楊幼炯：《近代中國立法史》，上海書店影印本，1989 年版，第 289 頁。

[24] 《省憲概論》，愚廠：《省憲輯覽甲編》，上海自治學會，民國 10 年。

[25] 李達嘉：《民國初年的聯省自治運動》，第 204 頁。

[26] 愚廠：《湘浙省憲比較觀》，愚廠編《省憲輯覽丁編》。

　　所以後人在論及省憲運動的影響時，就認為：「中國每受一次衝擊，則更為接近民主的正途。」[27] 省憲在政體與國體制度方面富有創造性的試驗，其制度實踐的意義是不可低估的。

　　　　　　　　（本文刪節稿發表於《學術界》2005 年第 6 期）

---

[27] 張朋園：《湖南省憲之制定與運作（1920-1925）》，第 411 頁。

政治利益與制度設計

民初國會制憲會議與政體選擇

　　過去人們評價 1913 年國會議員制憲活動，主要看法是放在道德層面，認為制憲議員們都是為了民主政治的理想投身制憲活動，他們的制憲工作也被描述為一次民主與獨裁的鬥爭。[1] 很少有人注意到制憲議員自身的利益。即使有人考慮到利益因素，一般也只是注意到議員們各自的政黨利益。如《臨時約法》「因人立法」的制憲策略，就是對同盟會與國民黨利益動機最好的說明。同樣，國民黨在南北議和之後的活動也充滿政治利益色彩，當時的外交家顧維均推測孫中山督辦鐵路的政治動機，「也許是為了取得政治活動及國民黨革命事業的基地。」[2]

　　但是，《天壇憲法草案》中「超議會制」政體中國會至上的權力規劃，卻很好地表明「憲政的建構者追求其自身的個人利益高於其他所有的利益。」[3] 從理性選擇的視角觀察民初的制憲活動，國會議員與北洋派都是為了實現自身政治利益最大化而參與制憲活

---

[1] 如李學智先生就認為「憲法起草委員會中的革命黨人及某些原立憲派人士，懷著把中國建設成一個民主法治的共和國的理想，為制定一部資產階段共和國憲法進行了積極的努力乃至鬥爭」。參見李學智〈關於天壇憲草制定中的幾個問題〉(《歷史教學》2001 年第 6 期)；張學繼先生則認為二次革命後，起草委員會中進步黨與原國民黨議員「攜手合作，起草憲法，以抑制袁世凱急劇膨脹的獨裁野心，以維持和保障辛亥革命後建立以來的民主共和制度」。參見張學繼〈民國初年的制憲之爭〉(《近代史研究》1994 年第 2 期)。

[2] 《顧維均回憶錄第一分冊》，中華書局，1983 年，第 93-94 頁。

[3] Arend Lijpart & Carlos H.Waisman：《新興民主國家的憲政選擇》，韋伯文化事業有限公司，1999 年，第 7 頁。

動,「從利益角度的分析來看,人們追求民主制度的動機是因為,
在大多數時候民主制度能夠實現每個人的利益。」[4] 所以,民國時
期曾有學者在總結制憲失敗經驗教訓時沉痛地指出,「然因當時立
法者多偏於私利私見,致使內閣制與總統制之爭論,一變為國會多
數黨對少數黨及袁世凱個人之爭鬥,立國根本大法之規定,不以適
合國民一般之需要為前提,徒以迎合個人意旨」。[5] 事實上,與政治
權力密切相關的民國政體制度,在歷時三個半月的制憲會議上成為
制憲議員們爭論的主要議題。

一、政府體制:總統制或內閣制 [6]

在制憲會議上,除參議員何雯主張總統制外,其他議員幾乎一
致主張內閣制(議會內閣制),就連與袁世凱親近的參議員王庚、
曹汝霖、陸宗輿等人也沒有異議。以至於眾議員汪榮寶自信地說:
「此問題本員思全場主張幾於一致採內閣制,絕對無主張採總統制
而反對內閣制者。」汪認為民國總統在政治上應該不負責任,而由
內閣代其負責。當行政與立法發生衝突、受到國會彈劾時,應該由
內閣承擔責任並重新改組,以保持總統的地位不變更。

主張總統制的何雯在發言中指出,從法國經驗來看,內閣制容
易造成政府頻繁更替,政局動盪。這種危險正好是美國總統制可以
避免的。「故欲國家盛強,必先立強有力之政府。使總統無權則政
治極不穩固。若為元首地位起見,設內閣以當其衝,亦未為不可。
然不能盡仿英國法國為極端之內閣制」。何還特別提到近來法國總
統經常運用實權的政治現象,認為這是法國人心理上的新變化。

---

[4] 黃文揚主編《國內外民主理論要覽》,轉引自周葉中《論民主與利益、利益
集團》,《學習與探索》,1995 年第 2 期。

[5] 楊幼炯:《近代中國立法史》,上海商務印書館,民國 26 年,第 4 頁。

[6] 有關政府體制的發言參見《憲法起草委員會第 6 次會議錄》。

但是內閣制仍然是制憲會議的主流意見，議員們當然不喜歡一種能夠與國會處於平權地位的總統制政體，所以在經過 6 位議員簡短發言後，迅速完成了表決。如此重要的議題在不到 4 個小時內竟然就完成了，速度真是讓人吃驚。與此相反，在 1787 年美國制憲會議上，圍繞總統制度的辯論足足持續了 10 天，有關總統的選舉辦法，會議至少進行了不下 60 次的表決。[7] 在討論內閣制特點時，就有代表把經過立法機關產生的行政首長稱之為「立法機關的寵兒或是奴隸的行政首腦」，人們害怕行政首長受制於國會，從而破壞憲政權力的制衡原則。這一切充分反映出美國制憲代表對這一問題的深思熟慮。[8]

二、國會立法權

立法機關的權力是憲政制度的核心內容。制憲會議主要爭議與分歧都來自於制憲議員對國會地位與權力的不同見解。最後的表決意見，則是議員們對不同國會制度模式理性選擇的結果。

制憲會議對國會普通立法權與憲法修正權專屬於制定憲法機關沒有異議，出現意見分歧的是憲法修正程序與總統有無憲法修正提議權。[9]

參議員朱兆莘主張仿照《臨時約法》規定，憲法修正必須經過國會三分之二以上的同意。或者大總統有提議權，但其修正案需要有國會三分之二以上出席，並且出席議員四分之三以上同意。參議員陳銘鑒也同意大總統有提議權，但是事先要經過兩院過半數同

---

[7] 凱撒林・敦肯・包恩：《制憲風雲》，孫北堂譯，聯經出版事業公司，1994 年，第 234 頁。

[8] 有關論述參見王希《原則與妥協：美國憲法的精神與實踐》，北京大學出版社，2000 年，第 105-106 頁。

[9] 有關憲法修正問題的討論參見《憲法起草委員會第 20 次會議錄》。

意，才可以提出修正案。眾議員黃贊元提出大總統經兩院三分之二以上出席，四分之三以上多數表決同意，才可以提出修正案，眾議員黃雲鵬表示贊成。但是眾議員黃璋、伍朝樞反對大總統有憲法修正提議權。黃的提議是兩院各有四分之一以上提出修正案，三分之二以上表決通過。伍主張依照尋常立法手續，由兩院通過動議才能提出修正案。眾議員徐鏡心主張效仿美國制度，由各省議會三分之二以上提議，方能提出修正案。

　　會議最後折中了黃璋、朱兆莘的意見，決定兩院各有四分之一以上提議，而修正案表決時兩院議員必須有三分之二以上出席，四分之三以上同意，方可通過。大總統憲法修正提議權則被否決。於是憲法提議權與修正權一樣，都成為國會專有的立法權力。這種做法顯然不同於當時美、法憲政民主國家。在美國，憲法修正權並不專屬於國會。法國憲法修正提議權則分別屬於總統與國會。

三、國會監督權

　　國會監督權是指國會監督政府的權力。重要的監督權主要是彈劾權和不信任權。但是與當時各民主國家不同的是，民國國會又增加了設立常設委員會權。

（一）彈劾權

　　國會彈劾對象是總統與國務員。制憲會議首先討論的是總統被彈劾罪名。[10] 在這個問題上兩種對立的看法針鋒相對，互不讓步。
　　一種意見是主張仿照美國總統制國家規定，列舉大總統在任內應該擔負的刑事責任。伍朝樞主張大總統除大逆罪外同時負其他刑事責任。大總統犯罪時，應受參議院的彈劾，在其解職後，再提起

---

[10] 關於總統彈劾罪名的討論參見《憲法起草委員會第 12、13 次會議錄》。

普通訴訟定罪量刑。他認為有的議員所稱的重罪界限並不清楚。「所謂重罪應當列舉，如巴西國之列為八條，加以正當解釋方為完善。」黃雲鵬表示大總統的權力太大，也非常危險。他建議：「（總統）但犯大逆罪時當然自負其責任，至於受賄殺人等罪亦應受刑事上審判。它如關於民事在任期內可不負責。」眾議員張耀曾的觀點富有爭議性。他提出應該仿照美國憲法的規定，「大總統若犯重罪及納賄等事，須按普通法律手續審判之。倘判定有罪，按法宣告後當然褫奪大總統官職上之種種特權。大總統解職後再向司法機關依按法律審判罪狀。」

另一種看法是建議參照法國的規定，大總統除大逆罪外不負其他刑事責任。汪榮寶認為大總統在任期內除大逆罪外，應該不負其他刑事責任。如果有其他罪狀應該等到解職後提起公訴。陳銘鑑也反對列舉重罪的必要，認為應該等到總統解職後再進行審判。質疑張耀曾觀點的是眾議員張國溶，他認為既然民國政體已經採用法國責任內閣制度，大總統除大逆罪外，不應該負其他責任。而張耀曾主張又採用美國總統制度的有關規定強使總統負刑事上的責任，這樣豈不是自相矛盾。對此，張耀曾辯解說，在法國內閣制中，總統所負的是一種職務上的責任。而刑事責任，則是個人的責任。「國務員對於大總統只能負內閣職務上責任，不能負總統個人上責任。」

雖然表決結果勉強贊成依照法國憲法有關內容，規定大總統除叛逆罪外其他刑事罪非解職後不受訴。但是關於國務員的彈劾與制裁方式卻沒有完全以法國內閣制為範例。[11]

參議員段世垣聲稱：「以彈劾案之提出，非因政府違法即屬失職，政治上已有敗壞之現象，所以不得已而為事後之糾正。」眾議員谷鍾秀建議應按照《臨時約法》的規定，國務員違法失職，眾議

---

[11] 有關討論參見《憲法起草委員會第 15 次會議錄》。

院都可以彈劾。參議員盧天游主張受彈劾的國務員應該歸參議院審判。「眾議院彈劾，乃對政府之行為監督於前也。參議院審判，乃對政府之行為監督於後也。」對於其他國家參議院與最高法院組織特別法庭共同審判的做法，盧並不同意。他不認為參議員缺少法律經驗，需要最高法院的幫助。反而以為國務員被彈劾多屬政治上的責任，沒有必要讓司法介入。而且參議院的審判也是追究國務員政治責任。至於法律責任，可以等到解職後由法院追究。眾議員易宗夔持有同樣的看法，建議由眾議院彈劾，參議院審判。因為國務員是對眾議院負責，所以眾院應該擁有此權。而參議院富有經驗，比較能夠做到公平審判。

汪榮寶介紹了各國彈劾國務員的三種方式，即下院專有、兩院分別行使與兩院一致行使彈劾權。汪贊成第三種。因為「國務員對於議會負責任，非對於一院負責任，既非對於一院負責任，則彈劾國務員時必須兩院一致始能行使之」。汪認為臨時約法中關於國務員失職時應受彈劾的規定不妥當。失職是政治問題，國務員既同意於前，為什麼又不信任於後。更何況失職的標準很難界定。「國務員既負憲法上責任，應彈劾之事實亦限於違犯憲法，失職當然不在彈劾之內」。汪建議兩院都有權提起彈劾，審判應由特別機關處理。不過在全會表決同意由眾議院提出彈劾後，汪改變了特設機關審判的看法。陸宗輿贊成汪榮寶的看法，認為彈劾權專歸眾議院，審判專歸參議院等規定中國現在辦不到，「因各國上下院之組織與中國兩院不同，若歸上院審判，恐因黨派之關係，審判難得其平。」

眾議員汪彭年反對汪榮寶的建議。他認為眾議院是民意的代表，國務員應該專對眾議院負責，自然也應該專受眾議院的彈劾。從各國經驗來看，「以法國言，彈劾理由僅屬於法律上責任，政治上責任則以不信任票行之。以美國言，其彈劾範圍較廣，政治問題亦包括在內」。汪強調《臨時約法》的規定適合中國國情，國務員

無論政治責任還是法律責任，對他們使用彈劾手續比較妥當，可以避免不信用（任）投票容易造成內閣朝成而暮倒的結果。谷鍾秀也主張應按照《臨時約法》的規定，國務員違法失職，眾議院都可以彈劾。他認為汪榮寶的看法並不準確，縮小了彈劾的範圍，「事實上政治罪惡往往與法律問題相牽混，在彈劾範圍之內，而後施行國會監督之權。」眾議員王敬芳認為兩院均享有彈劾權，「由眾議院提出者須得參議院同意，由參議院提出者須得眾議院同意，同意後歸最高司法機關審判。」

至於如何制裁受彈劾的國務員，谷鍾秀建議免職之外不加制裁，其他犯罪應歸司法機關辦理。汪榮寶表示不同意谷的看法。他認為應該加重處罰。除免職之外以剝奪公權為止，「剝奪公權者，即剝奪其為官吏之權」。參議員金永昌強調剝奪公權是刑法上的一種從刑，「參議院為立法機關，萬不能侵越司法權限以內之事。」金主張國務員違法制裁只能以免職為止，如有餘罪必須移交司法機關辦理。眾議員孫潤宇不同意金的意見，他認為這樣做處罰太輕，而且「於造法之時，蓋法律萬能，各機關的許可權皆法律所付予。今依法律付予之於參議院，又何不可？」孫還舉例說，如果財政總長沒有得到國會的同意，私借外債，受彈劾後僅給予免職處分，未免太輕。他認為除免職外，還必須褫奪國務員的公權。陳銘鑒同意孫的意見。而張耀曾更是斷言：「國務員犯罪，若止免職，恐生藐法之心而啟違法之漸，故非於免職外並得剝奪其公職不可。」

會議最後表決取得四點共識：1、國務員有違法行為時，兩院得彈劾之；2、眾議院有權提出彈劾案；3、參議院為審判機關；4、國務員免職外尚得褫奪公權。其中第二、三點與法國憲法有關規定相同，但是第一、四點與法國制度不同，其中第四點是部分效仿總統制國家美國憲法有關內容。

（二）不信任權

　　二讀會時主要是討論了國會對國務員的不信任投票權。[12]汪榮寶主張刪去不信任權。汪認為英法議會的不信任權，雖然可以「強制大總統免其（內閣）職，既如此終不能保行政部與立法部之平和」。民國與英法不同，國務總理任命必須經過眾議院的同意，如果國會還擁有不信任權，那麼「在議會方面，因黨派關係，今日不信任則推翻另組，明日復然。如此，則內閣無安然之一日也」。汪認為在行政與立法發生衝突時，立法機關可以憑藉優勢的地位，迫使行政機關辭職，這種做法「誠非善法。」最後汪強調草案第43條規定是針對國務員全體而言。伍朝樞反對汪榮寶的意見。他認為如果眾議院對於國務員沒有不信任投票權，那麼眾議院的監督權就等於虛設。「如一內閣之政治方針與眾議院不相合，認為其有害國家時，若無此條規定於憲法上，則議院一方面雖不信任內閣，而內閣一方面仍可不辭職。是則內閣之精神全失矣。」

　　陸宗輿對立法權的過於強大表示憂慮。他認為眾議院出席人數過半就可以倒閣是非常危險的。朱兆莘更一步指出，如果按照草案條文的規定，「將來推翻內閣之舉必致頻頻，既或無推倒之必要，亦必欲達其推倒之目的。」朱還清醒地認識到這種制度的不公正性。朱舉例說，如果不信任投票已經通過，即將要求內閣辭職。此時政府要求解散眾議院的提案又被參議院否決，「是行政部之議未成，而眾議院之投票反獲良美效果，未免不公。」陳銘鑒提出修正看法，「國務員果有不信任之事，一次不能經議員過半數之同意時，大總統可以再交國會復議。」不信任表決條件，陳提出以三分二多數較合適。但是意見被否決。最後會議表決還是贊成原案。

---

[12] 汪榮寶、伍朝樞、陸宗輿、朱兆莘、陳銘鑒的發言參見《憲法起草委員會第29次會議錄》。

（三）常設委員會權

在 24 次會議時，正當全會準備討論憲法全部條文時，忽然起草員張耀曾加入國會委員會一章。[13] 張解釋說國會委員會是在國會閉會時設置，其議員是由兩院公選。參照兩院人數比例，參議院 9 人，眾議院 16 人。國會是監督政府的機關，為保證在國會閉會時職權的正常行使，張認為有必要設立國會委員會這一機構。國會委員會作為國會的代表，行使國會權力，保證在國會閉會時，還能發揮立法對政府的監督作用。張認為設立國會委員會，還可以限制政府國會閉會期間發佈緊急命令的權力。張反對「美國大總統有發給假委任狀之權，又有政府一時變通辦理便宜行事之例」。張認為中國不可以仿照美國，因為這樣做會使政府濫用行政權力。

朱兆莘對國會委員會組織方法提出疑問。他認為委員會既然是在國會閉會期間代行國會職能，而兩院職權本是平等，為什麼兩院選出的人數不同。朱又認為國會委員會的性質是否與國民會議的性質相同。如果是兩院的影子會議，那麼就應該與憲法起草委員會、兩院協議會一樣，選出同等數額的議員才能代表兩院。張耀曾回應說是按照兩院議員的比例確定國會委員會的議員名額。

在關於國會委員會有無設置必要的表決時，易宗夔、谷鍾秀都表示贊成。出席議員中只有孫潤宇一人表示反對。孫的理由是國會委員會權力太大，不啻為國會的影子，假如政府違反憲法，「國會委員會二十餘人之意見，絕不能與大多之意見相同，是時可否提出彈劾案彈劾之」。孫認為國會委員會通過的法律是否有效也成問題，畢竟委員會少數人主張比不上大多數人意見周密。孫還質疑國會委員會議決緊急事項的權力。如果政府處理財政緊急事項的命令

---

[13] 關於國會委員會的討論參見《憲法起草委員會第 24 次會議錄》；〈憲法起草委員會開始討論〉，《申報》1913 年 10 月 19 日。

被國會委員會否決，那麼是不是要等到國會新會期開始時再議。「但此案又為緊急之事項，且國會委員會與國會又為同等之性質，若此議案不能求成立，則推立法機關之效用，與法律亦不合也。」

張耀曾對此解釋說國會委員會是代表國會的機關，其性質與國會相同，權力也與國會相同。在國會閉會時，無論何事，非經國會委員會的議決，不能發生效力。如果政府有違犯憲法的事情，國會委員會仍然有彈劾的權力。至於國會委員會人數較少，議事可能有弊端的問題，張認為不必憂慮，因為國會委員會的議決，最後都必須由下期國會追認才有效。如果被國會否決，國會委員會的決定就失去法律效力。在當天表決時，會議多數同意設置國會委員會。

（四）財政監督權

國會財政監督權中最重要的內容是預算權與審計權。[14]關於預算案的爭論，反映出制憲議員對兩院權力關係的不同看法，來自參議院的制憲議員希望參議院擁有預算案修正權，而來自眾議院的制憲議員則要求眾議院獨佔預算權。

眾議員龔政主張：「眾議院對於預算有完全議決權，反對參議院有修正權。」他特別提到法國，指出「法國下院移交預算於下院時，往往在將閉會之時，使上院無修改之時日。」而且在責任內閣制度中，「內閣之負責任僅對於眾議院……內閣所持政策能否施行，恒視眾議院信任與否為斷。」在龔看來，參議院的修正權，正是與責任內閣制度相背離。

參議員向乃祺對龔政的觀點不以為然。他認為預算案交給眾議院先議決，就是政府對眾議院負責的體現。參議院有修正權，對責

---

[14] 關於預算問題的討論參見《憲法起草委員會第 17 次會議錄》;〈十三日之憲法起草委員會〉,《申報》1913 年 9 月 19 日。

任內閣制度並沒有阻礙作用。「今各國制度參議院對於預算案只有分兩派，一為全體可否決，一為修正權，不出於此即出於彼。斷無使參議院不得過問預算者。」向認為在兩院制度下，參議院對國權擴張主義與民權擴張主義的衝突可以起到很好的調和作用。他還特別提到法意美日等國上院都有預算修正權。

眾議員易宗夔反對參議院有修正權。他擔心如果出現眾議院同意預算、參議院反對的局面，這樣反而造成政局混亂。參議員楊永泰認為易的看法偏頗。他指出各國眾議院都是在參議院即將休會的時候，把預算案交給參議院，迫使參議院只能草草通過。「故此規定變成具文，而眾議院遂以專制手段出之。各國有鑒於此，故最近學者之主張謂並此先議權亦將剝奪之，而倡先議權相間之學說。」楊認為賦予參議院修正權，有利於監督政府與眾議院，防止雙方狼狽為奸，提出不正當的預算案。

眾議員張耀曾反對楊永泰的意見。他還是堅持自己對責任內閣制度的理解，認為政府只對一院負責，參議院沒有介入審議預算的必要。他指出即使是法國的上院也只是有否決權，而沒有修正權。而英國則是因為歷史上的慣例，上院才有修正權。而這些作法均不適合中國。參議員丁世嶧建議預算案可以在參議院先提出。一是因為民國參眾兩院區別不大，「眾議院為一般平民之代表，則參議院何嘗非一般人民之代表。其性質既屬相同，則又何必故為分別？」二是責任內閣制度中政府必然是政黨內閣，是由下院的多數黨組成。「既為政黨內閣，難保內閣與眾議院無狼狽為奸之弊。」因此分權給參議院，可以補救政黨政治的缺陷。不過丁聲明如果自己的建議失敗，他將接受張耀曾的看法。

眾議員劉崇佑認為這個問題不必依據各國的制度。關鍵是民國未來是否會保全責任內閣制度，如果保全責任內閣制度，預算案應該是眾議院專有的權力。劉對兩院制仍有意見，認為民國兩院並沒有多大的區別。「現在社會對於兩院多所訾議，然名譽壞自議員，

而咎何可歸之議院，更何可以今日之議院預測將來之議員，故本員甚望諸君從國家根本上著想，不必只圖救目前之弊，至於所謂學理與歷史則非本員所知也。」參議員朱兆莘認為預算應該與普通法律案相同，手續也與普通法律相同，所以兩院都應該擁有預算案修正權。

在會議最後表決時，以上各種意見都先後被否決。最後兩院議員達成妥協，按照參議員陳銘鑒、饒應銘與眾議員谷鍾秀等人提出的新辦法，預算案由眾議院先議，參議院對於眾議院議決的預算行使同意權。但是在參議院否決後，如果眾議院仍然堅持前議，那麼參議院就不得再次否決。這一意見被會議多數通過。

審計權的核心是審計院組織與審計官員的任命，各種意見多達7種之多。[15]

孫潤宇指出，世界各國除英美將審計作為財政部的工作部門之外，其他大陸國家都是把審計作為獨立的機關，如法、德、比各國。「審計之設置，原屬司法監督之意。若附於行政機關以內，受行政權力之影響，恐於實行檢查會計時多所窒礙。」孫表示中國應該取審計獨立制。關於審計院長的任命，他歸納為三種。一是由國家元首任命，如德、日等國採用；二是由下院選舉，如荷蘭、比利時。三是「由下院開單，咨請元首任命者，如丹麥採用之」。孫強調審計院長原本就是為檢查會計而設置，其職權往往容易與行政權力衝突，所以審計機關不宜作為行政機關。中國應該效仿歐洲大陸國家，讓下院選舉審計院長。

與孫對立的看法是主張應該由參議院選舉審計院長。向乃祺主張由參議院選舉審計員。「參議院立於第三者地位，審計員由其選出，始不為議院內閣所左右，而保其獨立。」向還認為審計員有法

---

[15] 關於審計院的討論參見《憲法起草委員會第 18 次、第 20 次會議錄》；〈二十日之憲法起草委員會〉，《申報》，1913 年 9 月 26 日。

官的性質，審查的工作結果「儼然為對於國務員之一種判決。」參
議員徐鏡心對此極表贊成，他補充說「眾議院既有預算決算之專
權，則審查之權當然歸之參議院。」

張耀曾持另一種看法，認為：「責任內閣將來必出於眾議院中
之多數黨，故以眾院與行政部密切之關係，財政上司法之監督，宜
取材於眾院關係之外」。所以張主張大總統任命審計院長，但必須
經過參議院的同意。張耀曾還建議審計長為終身官，但是應該由參
議院選舉產生。丁世嶧改變了以前主張由參議院選舉審計院長的看
法。丁提議審計院長由總統任命，然後尋求參議院同意。丁表示審
計院長「不在乎選舉與任命，而其根本問題在法律上有一定之資格
及保障與懲戒。將來任命此等官吏若必依於法律，則即由總統任命
有何不可，而更輔之以議會同意尤為密。」關於「審計院長由總統
任命則總統必能以其權左右之」的看法，丁提出批評，他認為「此
說純由推測而出。」易宗夔主張仿照法國制度，審計院長經過總統
任命後提交參議院同意。「因審計院不過一種審查歲出歲入決算之
機關，其職權不可過於重大。」

谷鍾秀的不同意以上所有看法。他強調必須通過兩院選舉任命
產生審計官員，審計員的行為，無一不關係行政部門的行為。如果
由行政部門任命，就很難保證審計部門的獨立性。谷強調：「且按
中國之國情，政府之所以專橫，國會監督力之所以薄弱，莫不由財
政上無相當監督之機關」。伍朝樞認為審計員可以由總統任命，但
必須徵得眾議院同意。「蓋審計院長須有財政學問、法律學問，實
係一種專門人才，總統知人較數百議員為易」。伍認為審計員是終
身官，非依法不得罷免。關於選舉機關，伍朝樞主張審計長是終身
官，不須選舉，但是任免需要國會同意。解樹強又是另一種與眾不
同的看法，他主張總統任命審計官員，而不必經國會同意。因為「審
計院非為同意及選舉之關係。且審計院又非附屬之機關。其性質與

財政部同且完全為獨立之機關。」而且由於國會中黨派的關係，選舉肯定會遭遇眾多障礙。

審計院組織問題在 18 次會議上沒有取得共識，20 次會議開始後又重新提出討論。盧天遊指出：「荷蘭、比利時之制，由議會選舉。至於美國直由議會內之常任議員會專司審查會計之事是為一種特別辦法，其純由選舉更無論矣。即英國當初亦由議會選出議員司審計之職」。他認為審計員由議會選舉的目的，是「審查財政內容乃係人民所願而政府所不願之事。政府委任之人使之審查政府之財政，竊恐不能十分取信於民，自應由議會選舉為妥當」。盧不贊成眾議院選舉，主張參議院選舉審計官員。劉崇佑主張審計員由參議院選舉產生，院長由審計員互選產生。

最後會議同意參議院選舉產生審計官員，任期九年一任，每三年由參議院改選三分之一。這種做法是當時各國所沒有的，「審計員之選舉，亦與委員會相等，在各國頗乏先例。各國之例，大抵審計員對於政府為獨立，各國皆有審計員之規定，然其地位略與法官相同，為政府所任命，而不為政府所罷免。英國之審計長，法官之審計員，皆其例也。」[16] 在美國，20 世紀 20 年代設立的總審計局，雖然是作為輔助國會的獨立審計機關，但是審計長還是由總統提名經參議院批准任命。

綜上所述，多數制憲議員在監督權規劃方面是別有用心的。在國會不信任權設計上，議員們希望未來能夠與法國議會一樣，可以頻繁地行使不信任權，使政府完全聽命於議會，所以不惜將不信任案表決人數標準壓低為過半數。國會委員會的設立，更是制憲議員們的一項「獨創」，「其意在不欲以行政之全權，委託之於大總統。」[17] 而國會選舉審計員的組織方式，「此條目的，在以參議院

---

[16] 古德諾：〈中華民國憲法案之評議〉，胡春惠編《民國憲政運動》，正中書局，1978 年，第 210 頁。
[17] 同上，第 210 頁。

嚴重監督政府財政而已……今以隸於參議院之下，有若參議院中之一委員會，專以政治目的監督政府會計。」[18]

四、行政機關組織與權力

（一）總統選舉與任期

圍繞總統選舉方法的討論雖然短暫卻異常熱烈。議員們各執己見，不同的觀點頻頻交鋒，互不相讓。[19]

第一種意見是主張總統由國會直接選舉產生。何雯在自己擬定的總統選舉法案中就堅持這種意見。他的選舉草案第 1 條是關於總統資格。何參考的是美、法、葡萄牙等國規定，要求候選人是中華民國男子，年滿 35 歲，完全享有公權，並在中國領域內居住滿 10 年。第 2 條規定大總統由參眾兩院選舉產生；第 3 至第 8 條是關於選舉日期、選舉程序等。第 9 條至第 11 條為選舉方法。其中特別規定兩院出席總統選舉會議員須在總數四分之三以上，用無記名投票法選舉。當選門檻是投票總數三分之二以上。不滿三分之二以上時必須進行第二次選舉。第二次選舉仍然不滿三分之二以上多數時，必須進行第三次選舉，第三次選舉以得票最多的二人對決，以多數者當選。朱兆莘提出三個理由支持國會選舉總統的方法。一是「中國教育未能普及，人民智識幼稚，不能行使直接選舉之制」；二是「由國會選舉大總統係法國制度。而吾臨時約法亦有規定臨時大總統由參議院選舉之。昔日之參議院即今日之國會也」，因此可以仿照法國制度，由國會組織特別機構選舉總統；三是「憲法大綱已議決內閣制，總統不過一名義元首，權力甚小。以後爭政權者，

---

[18] 有賀長雄：〈論憲法草案之誤點〉，胡春惠編《民國憲政運動》，第 218 頁。
[19] 各位議員關於總統選舉問題的討論參見《憲法起草委員會第 7 次會議錄》。

其目的必在總理,而不在總統。故對於總統之選舉可無須用繁重之手續,以致騷動全國。」

伍朝樞認為由於地方議會中黨爭同樣激烈,而且存在地方狹礙性,因此大總統實在不適合由地方議會選舉產生,只能由代表全國性民意的國會選舉。陳銘鑒也同意由國會選舉總統。他認為由於目前中國教育沒有普及,交通不便利,人民直接選舉或者地方議會選舉恐怕要到幾十年後才可以實施。陳反對直接選舉總統,認為在內閣制度下虛位總統的選舉並不值得勞民傷財。陳也反對由眾議員初選當選人為總統候選人的主張,認為這些候選人「來自田間者,則不免囿於鄉曲之見,未必有國家觀念,則所選擇之人果足與謀國利民福與否,正不可知。」易宗夔害怕直接選舉造成社會動盪不安。他支持間接選舉。建議仿照法國的總統選舉方式,參眾兩院組織特別選舉機關公民議會,地點放在北京以外如天津等處。選舉總統應放在眾議院開始集會時,這樣或者可以稍微杜絕威脅利誘的弊端。

參議員王用賓非常熟悉美、法兩國總統選舉制度,並且認真地比較了美、法兩國的選舉制度。他談到美國的制度比法國的制度要複雜得多,因為一是「美取三權分立之制,總統為行政部首領,若由近於立法部者選舉之,足以減殺行政之獨立,而使隸屬於立法部」;二是「美總統負政治責任,其責任向全國負之,故一切制度皆以總統接近國會為大戒。不以議員兼選舉人,而由各州選定選舉人,尤其精義所在者」;三是美國是聯邦制國家,必須兼顧各州的利益。而法國總統只要兩院組成的國民議會以過半票數選出就可當選。不過他的結論是中國沒有效法美國選舉制度的必要。還是應由民國議會組織選舉會選舉大總統。

黃雲鵬、段世垣等人代表了要求讓地方議會、國會共同選舉總統的第二種意見。黃認為美、法兩國選舉制度都有缺陷。美國選舉競爭過於激烈,無異於一場不流血的革命;而法國「行政由立法所產出,不免失卻三權分立之精神,而行政部動承國會意旨,不能獨

立發揮行政之權力，以促國家之進步。」黃主張先由地方議會選出總統候選人，然後由參眾兩院在參議院選舉 3 名大總統候選人，最後兩院組織選舉會再從 3 名候選人中選出正式大總統。整個選舉歷經曆 3 個過程。谷鍾秀贊成黃雲鵬的看法。黃的這種看法明顯表示了對地方權力的重視，這與美國制憲會議中擁護州權的代表觀點是比較相近的，主張在各州的立法機關指揮下挑選選舉人，再由選舉人選舉總統。[20] 段世垣承認從理論上來說，直接選舉與學理最相符合。可是考慮到民國的現狀，選舉手續過於煩重，容易衝擊社會的穩定，造成社會紛擾不安。段認為折衷的辦法是「以各地方最高立法機關為選舉總統的機關，而以國會為核算票數及決選的機關。」雖然直接選舉不適合中國的國情，但採取這樣的辦法，實際上比單純由國會選舉更接近普選原則，同時也可以保持社會穩定。此外，還可以使不知道民主共和為何物的普通人民直接感知共和政治。段非常有遠見地指出，「總統之選舉為認識共和政治之標準」。不過根據目前臨時政府任期早已屆滿，各省議會多已閉會，爭取外交承認非常迫切的形勢，段認為第一任正式大總統還是應該由兩院合會選舉產生。

張耀曾表示與黃雲鵬意見一致。他補充說，選舉大總統事關重大，必須使中央與地方的意思一致，共同參與，「方合普遍之精神」。國會是中央的根本，地方議會是地方的根本，所以選舉總統必須讓國會與地方議會都參加。張的意見又得到了孫鍾的附和。孫主張調和各方意見，所以他認為應該定省議會為初選機關，「選出數人，由國會決選之。」

---

[20] 馬克斯‧法侖德：《美國憲法的制訂》，董成美譯，中國人民大學出版社，1987 年，第 100 頁。有趣的是美國制憲會議的一些代表也同樣的對人民參與政治的能力表示懷疑，如埃爾布里奇‧格里（Elbridge Gerry）在會議中就講過：「人民通常並不懂得政治，很容易為一小撮居心叵測的人所誤導」，轉引自王希《原則與妥協：美國憲法的精神與實踐》第 104 頁。

第三種意見是建議讓人民間接選舉總統。劉恩格堅決反對總統由國會選舉產生。他認為這樣做不符合共和政治的原則。國會的權力本來就不小,如果把選舉大總統的權力也讓與國會,勢必造成政治上的公共權力幾乎全部讓國會獨攬,「行政之措施事事仰國會之鼻息,而人民絲毫不得與聞」。劉認為如果人民直接選舉不易實行,最好的措施應是人民間接選舉總統。而夏同和關於人民選出初選人組織選舉機關選舉總統的看法,顯然是借鑒了美國總統選舉制度。他表示這樣比較符合共和精神。一是能夠喚起人民的國家觀念,二是「其選舉人由多數人民之公意,必為全國所信仰之人。較之由各議會選出者為易得適當之真才」;三是由全國人民選舉產生的總統民意基礎比較堅實,施政容易獲得人民的支持。

第四種選舉方法是對前三種意見的折衷。孫潤宇主張對總統選舉可以分為兩種辦法,一是永久辦法,一是臨時辦法。永久辦法是由人民直接選舉大總統。但是孫堅持認為中國人民程度不齊,所以目前不宜採用直接選舉。切實可行的辦法還是在各省設立初選機構,以眾議員初選當選人為選舉總統的選舉人,然後「各省初選機關將投票結果通告國會,由國會將各省比較多數之二人舉行決選。」關於臨時辦法,還是由國會組織國民議會選舉大總統,這樣做比較迅速便利。

眾議員王紹鰲對於不能讓人民直接選舉的理由與眾人相似,也是藉口交通不方便,教育不普及,人民鄉土觀念非常嚴重。王對劉恩格、黃雲鵬等人主張均不贊成。不過他也認為仿照法國以國會為選舉機關,直接選舉總統的做法也有缺點。如在第一次投票中,「國會分子信仰不能一致之時」,候選人票數就很難超過法定標準。那麼在第二輪投票時,「則必有一部分或二部分人犧牲其向所信任者,移而信任第二人。然則一國元首如此重大之事,立法者竟陷今投票分子今日信任此一人,明日信任彼一人,無一定之意思,其為危險」。對孫潤宇的意見王一開始並不同意,認為:「此法實際上與

國會選舉同而手續非常困難」，但後來又轉變態度，表示還是支持孫的間接選舉辦法，「以眾議院議員初選當選人為選舉人選出大總統候補若干人，再由國會決選之。」

最後一種奇特的選舉方法是楊永泰提出。楊的主張與孫正好相反，他建議仿照葡萄牙憲法，由國會選舉大總統，但必須獲得三分之二的票數才可以當選。假如當選者都不超過三分之二的票數，那麼「以比較最多數者兩人咨送各地方自治團體，如今日之省議會者決選之。以得票最多者為當選」。但是楊不同意省議會作為初選機關，他認為「省議會地方觀念太深，眼光不能貫注全國，選出不得其人。」

當天在表決時，仿照法國總統選舉制度的意見還是占了上風，多數議員贊成兩院議員組成國民議會或者國民公會選舉大總統。會議的結果與美國制憲會議開始是一樣，美國制憲代表們在會議剛剛舉行時提出的佛吉尼亞、新澤西方案，都是主張行政首腦由國會選舉產生。佛吉尼亞方案中提出行政首腦應該由國家立法機關挑選。新澤西方案則建議「授權給合眾國議會選舉由若干人組成之聯邦行政部。」[21]但是美國人在分權與制衡原則指引下，反覆權衡利弊之後，還是放棄了原先主張，最終選擇了選民選舉總統的方式。

在大總統任期長短與可否連任問題上，議員們的意見更是不一。[22]主要有 10 年、7 年、6 年、5 年與 4 年等 5 種意見。有的議員雖然在總統任期年限上意見相同，但是在總統是否可以連任問題上又出現分歧。

主張 10 年不連任的是張國溶與王印川。王認為既然在責任內閣制下總統不負責任，而且內閣變動也不影響總統任期，所以總統任期不必過短。何雯介紹了各國憲法上對總統任期的規定。法國規

---

[21] 馬克斯・法侖德：《美國憲法的制定》附錄二、三，第 139、142 頁。

[22] 有關總統任期的發言參見《憲法起草委員會第 8 次會議錄》。

定是 7 年，美國、巴西、是 4 年，智利、墨西哥、阿根廷、尼加拉瓜都是 6 年。何認為總統任期應該與議員任期相表裏，「眾議院三年，參議院六年，至第七年兩院議員多屬新選分子，此時選舉總統甚為相宜」。所以法國總統任期七年的做法「與吾國國情相合，正宜採用」。陸宗輿也主張效法比利時，任期 7 年。他認為內閣制度國家，「總統立於一國代表地位，不應常有動搖之時」，這不同於美國等總統制度國家。特別是在內閣如果經常變換，總統的穩固就顯得非常重要。陸建議總統連任內容可以參考美國，不必在憲法中作出明確規定。丁世嶧主張 7 年不連任。他認為任期 5 年可以連任的做法，容易造成總統的任期長達 10 年，如果總統連任成功的話，而這往往又比較易做到。李慶芳贊成丁的意見。

易宗夔主張效仿墨西哥與阿根廷的規定，總統任期 6 年不連任。因為國會組織法規定眾議員任期 3 年，參議員任期 6 年，如果總統任期規定 6 年，此時正值眾議員初選出之時，又值參議員新換三分之一之時，兩院議員都是新選議員，代表最新的民意，此時選舉總統比較合適。伍朝樞稱自己的意見正好與易相反。他認為在總統制度國家，選舉總統與選舉議員的時間一致是非常完美的。但是在內閣制度國家，兩者是不能相容的。因為「內閣籍國會之勢力，以為與人民有直接關係。而總統從新國會選出，亦謂與人民有直接關係，於是總統與內閣必有衝突」。劉崇佑認為任期不宜太長，5年比較合適，還可以連任一次。

段世垣認為任期 5 年或 6 年，但不得連任。他的主要理由是總統既然是國會選舉產生，那麼任期的長短以兩院議員的任期而定。在 5 年或 6 年之內，眾議員至多不過隔一屆選舉，參議員則是每屆任期中都有行使選舉總統的機會。段還指出「任期之長短與政治運用之善惡極有關係。……發生政治運用惡者非忍耐至任滿之日不能變更。以任期內變更國家行政元首於國體上甚非宜也」。段反對總統連任，認為政治的運作一定要有調和，在民權微弱的時代，在野

勢力與當權派競爭是沒有優勢的。段還比較了美、法兩國的總統任期制度，認為美國是總統制度的聯邦國家，總統是人民直接選舉產生，而各州又很大的權力，所以總統的連任與權力不會危害民主制度。這是美國國情與中國不同的地方。反觀法國經驗，由於實行的是內閣制度，總統是虛位元首。歷年來法國的選舉表明，沒有一任總統可以連任。中國未來既然要與法國一樣採用內閣制度，因此總統任期也就沒有必要連任。

向乃祺主張總統任期 5 年，只能連任 1 次。他也特別重視兩院議員任期與總統任期的關係，認為國會是代表國民的共同意識的機關。「所謂共同意識即是國民之心理與個人心理相同，分感情與智力二者。眾議院代表感情，富於奮勇猛進之力，任期必短。參議院代表智力，以審慎周詳鄭重謹守為責任，任期必長。」如果總統任期如果定為 5 年，就可以介於參眾兩院議員任期之間，調和猛進與保守兩種精神。向也意識到行政與立法之間的關係是非常棘手的，而議員往往又習慣於感情用事，與行政部門發生衝突。如果總統可以連任 1 次，屆時正值眾議員已經改選一次，而參議員也改選三分之二，「其多數新份子皆來自田間，既對於行政部無感情作用，又不如當局者之疏於觀察」，這樣比較容易選出總統。

金兆棪不贊成國會選舉總統。他認為既然總統是民意所托，現在不能直接選舉，而由國會選舉其實是不得已的辦法。如果讓國會選舉總統，就必須讓每屆國會都有選舉總統是機會，這樣才能充分代表不斷變化的民意。金認為法國總統任期 7 年是一個「絕好先例」。因為法國憲法規定，「代議院議員任期為四年，上議院院議員任期為九年。當選舉大總統之時，其時代議院為第二屆議員，上議院又已改選三分之二，只餘舊份子三分之一，故定大總統任期為七年，尚為適當。」參照法國經驗與民國兩院議員的任期，金認為民國總統任期為 5 年比較合適。金並且反對總統連任，只同意每間隔一任，才可以再被選。他並以智利、阿根廷、巴西這些國家憲法為

例。出於對民主政治剛剛建立、舊勢力依然非常強大的害怕，金認為總統連任或者任期過長都是有害的，其結果「勢必至變中華民國為中華帝國矣。」朱兆莘主張任期 5 年可以連任一次。他認為如果短期又不連任，就會造成「政策變更過於頻繁，終非國利民富」。根據美國與法國憲法規定，總統都是可以連任的，而且沒有規定連任次數。而美國總統連任不超過二次，則是長期形成的慣例。劉也指出墨西哥總統連任多次為時近三十年的做法是不可取的，現在已經釀成革命風暴。

劉恩格的也是主張任期 5 年可再任不得連任。他駁斥了認為 5 年任期過短，不如 7 年、10 年的看法。認為民國已經採用責任內閣制，「責任內閣制的原則即在總統不負政治上責任，其政策當然由內閣行使」。因此總統的去留對政府政策變更的影響是無關緊要的。所謂任期延長有利於總統施政是不準確的。此外，即使是責任內閣制下的總統畢竟還有一定的權力，如果任期過長，又希望連任，「則運用政治之勢力愈加強大。如定為連任則尚可挾此勢力以干涉選舉而出其種種不法之行為。此固非內閣所得與聞。勢必至陷一國之政治於危險現象。」陳銘鑒主張總統任期 5 年，但可以連選連任 1 次。這樣有利於國家大政方針的貫徹，任期過短不利於總統施政。眾議員吳宗慈與陳的看法一致。他認為任期過長弊端太多，也不符合中國從帝制轉變為民國、人才匱乏的國情。吳認為既然上次討論中已經決定國會組織不必依據國會組織法，所以在討論總統任期時，不必受到議員任期的束縛。

龔政認為既然是責任內閣制度下的總統，就沒必要讓他有機會實施政見，因此任期 4 年已經足夠了。陳景南建議總統任期 4 年，但可以連任 1 次。從中國歷史來看，古代考官常 3 年舉行 1 次，「且據科學家言數理以三為極數，故三載考績之舉或根據於科學上之原理，非古人之自為武斷者。今若大總統任期為 4 年，則適於考績之後舉行選舉。」如果發現總統不合時勢，就可以更換，重新選出代

表新時代精神的總統。最後眾人表決總統任期 5 年不得連任可以再任。[23]

美國由於採用的是總統制度，因此在 1787 年制憲會議上一般認為如果總統是單獨一任，6 年或 7 年似乎是較為能接受的長度，但人們又認為如果允許連任，則 4 年較為方便。[24] 對當時的美國制憲代表來說。他們關注的是如何建立一個強有力的、而又不危害人民自由的政府。漢密爾頓在《聯邦黨人文集》中曾專門論述行政首腦的任期，認為總統任期關係到其行使憲法規定權力時個人是否堅定；也關係到總統採用的管理體制是否穩定。當然如果任期過長，總統「就會更加容易敗壞其品德，墮落其意志」。[25] 同時，漢密爾頓也強調任期過短會影響總統對立法機構的獨立性，「任期四年，或者任何有限的任期，要想完全達到所提目標，都是不能肯定的；但是可以在達到目標上起到一定作用，即對政府的精神與性質具有實質性的影響」。但是「四年任期會有助於總統具有充分的堅定性，使之成為整個體制中一個非常寶貴的因素；另一方面，四年並不過長，不必因之擔心公眾自由會受到損害」。[26]

在總統選舉方式上，雖然主張人民間接選舉總統的議員比較傾向美國式選舉制度。而且從權力相互制衡的角度出發，表達了對立法機關權力過度擴張，壓制行政權力，破壞權力平衡的憂慮。這種看法與麥迪森比較相似。後者認為總統必須由民眾直接選舉，而不能由國會議員來選舉，理由是「如果行政部門依賴於立法部門而存在，等於立法可以既為執法者又為立法者。」在麥迪森的看來，總統民選可以使總統權威直接來源於人民，使總統擺脫國會的控制而

---

[23] 不過在第 18 次會議討論大總統選舉法時，又將任期改為 6 年。參見《憲法起草委員會第 18 次會議錄》。

[24] 馬克斯・法侖德：《美國憲法的制訂》，第 104 頁。

[25] 漢密爾頓、傑伊、麥迪森：《聯邦黨人文集》，程逢如、在漢、舒遜譯，商務印書館，1995 年，第 363 頁。

[26] 同上，第 365-366 頁。

具有獨立性，總統只有在具備獨立性的基礎上，才可能不受立法機關的控制，也才可能對立法機關進行有效的鉗制。[27]但是主張這種意見的議員人數很少，影響力不大。

　　贊成國會選舉總統卻是一種主流的看法。顯然這些議員比較傾心於法國制度，同時也是對人民政治能力的不信任。表面上的意見是聲稱減少選舉成本，維護政治秩序的穩定，但實質上還是為了維護國會制約總統的權力。一旦總統由國會選舉產生，僅從謀求連任的目的出發，就很難保持行政的獨立性，而不得不對國會俯手稱臣。至於讓地方議會與國會共同選舉總統的方式，其實質上還是由立法機關主導總統選舉，以利於立法機關對行政部門的掌控。從當時的政治可行性來說，由國會選舉產生總統，只能是一種權宜之計，並不可能長期實行下去。當然問題的要害並不是總統的選舉，而是總統的實權到底有多大，政府體制是總統制還是內閣制。不過如果總統一直由國會選舉產生，其實就意味著雙方的地位在一開始就是不平等的，總統的權威與權力在一開始也就被削弱了。

　　不過，在隨後的憲法審議會與憲法會議上，多數議員在總統任期問題上作出妥協。1913 年 9 月 30 日討論總統任期，議員們共提出 8 種修正案，內容與理由與起草會議基本相似，其中 3 種反對總統連任。擁袁派議員陸宗輿提出任期 4 年可以連任一次。最後審議會否決原案，贊成 5 年連任一次。[28]憲法會議對總統任期再次產生爭執，仍有一些議員反對總統連任。不過，多數議員最後作出妥協，同意總統可以連任，「大總統任期五年，如再被選得連任一次。」[29]

---

[27] Max Farrand, (ed.), The Records of the Federal Convention of 1787, 3vols, (New Heaven: Yale University Press, 1911-1937), vol.2, p34　轉引自王希《原則與妥協：美國憲法的精神與實踐》第 104 頁。

[28] 《憲法會議審議會會議速記錄第二號》，《憲法會議審議會第一冊》，上海圖書館館藏。

[29] 《憲法會議速記錄第七號》，民國 2 年 10 月 1 日，《兩院會合會速記錄》，上海圖書館館藏。

（二）副總統設置[30]

朱兆莘雖然承認政府組織採用的是法國內閣制，現在又參用美國制度而設置副總統，給人一種非驢非馬的感覺。但是「吾國國情變故百出，一旦總統出缺，而效法國辦法，以國務會議代行總統職權，恐不俟總統補選，而國基搖動不堪問矣。」此外選舉副總統可以與選舉總統同時進行，並不麻煩，因此還是設置為妙。解樹強也建議仿照美國憲法規定副總統兼任元老院院長，如果大總統有事故，可以讓副總統一面代理，一面另選新總統。

谷鍾秀強調中國國情不能不設置副總統。「中國一般人民之感情，國家不可一日無元首。……若大總統一旦死亡，新大總統一時未能舉出，照法國制度由內閣代行其職權，恐一般國民有陷於無元首之感想」。不過谷不同意美國式繼承制度，主張代理制度，即一方面副總統代理死亡的大總統，一方面召集國會重新選舉新大總統。易宗夔也提議設置副總統。他認為中國國情不同於法國，與美國土地遼闊、政事繁多的國情倒是相似，所以有必要設置副總統。特別是在總統出訪或生病死亡時，更有必要。在易看來，民國的副總統不同於美國副總統，應是普通機構，不是非常機構。總統在生病、死亡、出訪時都必須由副總統代理總統職務。

龔政主張不設置。他認為在內閣制度中，幾乎沒有國家設置副總統。而且副總統的設置並不是輔佐的作用，其實是代理的作用，因此無關緊要，完全可以讓內閣會議代理總統。「況美國之規定總統副總統同時虛位時，仍以國務卿代理。」設置副總統並不能達到完全代理的作用，因此還不如用內閣會議代替。伍朝樞支持借鑒法國制度，認為沒有設置副總統的必要。伍特別提到從美國的歷史來看，副總統多是平庸之輩，實在不堪重任。而且「副總統之職乃預

---

[30] 有關副總統應否設置的討論參見《憲法起草委員會第 13 次會議錄》。

備大總統之用。而大總統在位副總統鮮有權務，恐以地位逼近而起覬覦大總統之心，反而有礙國家秩序。」

建議應該設置副總統的意見成為多數議員的共識。但是在副總統是否可以兼任參議院議長問題上，激烈的討論一直延續到二讀會上。[31] 易宗夔批評美國副總統兼任參議院議長的方式，認為：「副總統乃附屬於大總統之機關，以附屬行政機關之人為立法機關議長，美國之例已違法理」，其後果是造成行政機關蔑視立法機關。黃贊元同意易的看法，也認為這是美國憲法的一大缺陷，「行政機關資格兼為立法機關之議長，就法理上而論，實有未合此。」何雯也認為沒有必要兼任，因為「從職權來看，副總統本與大總統同一職權，副總統已處於行政最高之地位，與立法機關並無關係，何以為參議院議長？」黃贊元提出疑問，既然規定參議院審判正、副總統，但是如果參議院議長是副總統，那麼何種機關可以審判有謀叛行為的副總統。

丁世嶧同意易的看法，認為參議院議長完全可以在參議員中互選產生，沒有必要讓副總統兼任。夏同和同時提出疑問，「謂副總統兼任參議院議長，憲法上未嘗不可規定。但法律與事實不合以至發生違憲事情，彼如何辦理？」伍朝樞反對易的意見，認為是副總統兼任參議院議長，而不是議長兼任副總統。

汪榮寶更是讚賞美國模式，稱：「副總統本係對於國家負重要之職務，與國家政治上甚有關係，可見兼任參議院議長之外，實係無法位置。」汪認為黃贊元的疑問是多餘的，表明他不明白美國憲法中對兼任參議院議長的副總統行使權力的限制。[32] 陳銘鑒認為副總統兼任參議院議長有許多好處，「副總統若無一定之位置，極為

---

31 有關討論參見《憲法起草委員會第 25 次會議錄》。
32 美國憲法第一條第三款在規定副總統兼任參議院議長時，特別規定除在贊成與反對票數相等時，無表決權。

不妥。」但是如果副總統兼任參議院議長,「則大總統不能妄加干涉。」

很少發言的委員會主席湯漪,也發表了自己的看法。湯贊成美國式副總統兼任參議院議長,認為:「某人當選副總統,仍係一國民,並無補助行政之權力,即有他事不能兼任亦可辭議長職。」最後全會否決副總統兼任參議院議長的提案,仍維持「兩院議長由兩院議員互選取之」的原議。

第 14 次會議變更議題,討論大總統死亡後繼承問題。[33] 朱兆莘建議借鑒美國制度,大總統有事故時,由副總統代行職務至任期滿。朱的意見遭到王敬芳、汪榮寶、伍朝樞等人的反對。伍認為美國副總統之所以可以繼承總統任期,是因為「美國選舉總統手續甚為繁難,每期選舉總統,各工商界亦受絕大之影響,所以美國選舉大總統皆視為畏途。」伍認為民國採用是的法國制度,由國會選舉總統,重新選舉總統比較容易,所以副總統不必繼承總統的任期。汪榮寶也提出疑問,如果副總統繼承總統任期很長,「中又亡故,如何辦理?」陸宗輿不同意汪的看法。他認為:「副總統亦係素有名望者。大總統有事故,當然由副總統繼承任期,並代理大總統執行總統之職務……且大總統亡故之後,副總統代行其職權。」陸補充說,如果重新選舉大總統,恰逢國會休會時,「中國地甚遼闊,如召集國會非兩三月之久不可,於事實上必多窒礙。」最後折中方案是大總統出缺時,一方面以副總統代理大總統,一方面另選新總統。

議會內閣制度國家是不設置副總統職位的,制憲議員們也明白這一點。他們的動機顯然與美國制憲代表不同。當時漢密爾頓希望通過副總統兼任參議院議長的方式,以保證參議院經常採取確定決議的可能,避免任何一州參議員在擔任議長時,從利己的動機出

---

[33] 有關討論參見《憲法起草委員會第 14 次會議錄》。

發，頻繁使用關鍵的表決權。[34]而民國制憲議員們則希望通過設置副總統這一常設機關，來牽制總統。同時，出於維護國會利益需要，他們還拒絕仿照美國規定，實行副總統繼承制度，以及副總統兼任參議院議長。

（三）國務員制度[35]

議員們首先討論的是國務員議事方式。黃璋主張合議制。他認為由國務總理單獨議事的作法，不符合內閣制度的精神。至於有人批評合議制效率不如單議制，黃反駁說在政黨內閣制度中，「國務總理必為政黨之黨魁，國務員亦同黨人物。平日既為信仰之心於黨義，亦有匡助之義務，決不至於掣總理之肘。」所以內閣會議是可以取得意見一致的。朱兆莘認為合議制與單議制沒有討論的價值。汪榮寶附合說既然國務總理對國會負責，國務員也應該對國會負責。贊成以各部總長同為國務員，對於國會俱負責任的意見獲得全會絕大多數議員認同。

議員是否可以兼任國務員的問題是第二個重要議題。黃璋主張議員可以兼任國務員。他認為這樣做一是可以讓議員明瞭行政事務，有利於政府議案在國會通過。同時議員兼任國務員可以減少行政與立法的衝突。更重要的一點，黃露骨地表示這種安排有利於國會全方位的監控政府，所謂「國務員非政府之代表，乃議會之代表，國會不獨於政府之政略，須監督之。及政府之特權，亦須監督之。」易宗夔也認為議員兼任國務員，各國都有先例，不存在多大的弊端。議員可以兼任國務員，但不可兼任司法職位。

而陳景南、王敬芳反對黃的看法。前者認為行政、立法各有獨立的精神，千萬不可以合而為一。議員如果一身兩任，難免顧此失

---

[34] 漢密爾頓、傑伊、麥迪森：《聯邦黨人文集》，第 349 頁。
[35] 有關討論參見《憲法起草委員會第 15 次會議錄》。

彼。更嚴重的後果是「議會於政府又難免有勾通之弊。」陳強調：「若議員如兼任國務員，則行政立法兩權絕對不能分立，此乃根本上最大之錯誤……與三權分立原則有絕大關係也。若相混合，則與立法之真正精神甚有妨礙。」陳的見識非常正確，可惜只是空谷足音，沒有多少人回應。後者認為議員代表立法，國務員代表行政，如果議員兼任國務員，那麼在出席議會時，「是否代表人民抑代表政府，殊難判斷。」在 16 次會議上，多數同意兩院議員可以兼任國務員。

五、總統權力及其與國會關係

如何在未來的憲政制度框架中盡可能地有力地限制總統的權力，成為制憲議員們討論總統權力的主要興趣所在。至於行政部門是否擁有足夠的活力與施政能力，議員們似乎不屑多加考慮。主要的爭執包括五個方面的總統權力。

（一）總統人事任命權 [36]

朱兆莘主張任命國務總理必須獲得眾議院的同意，其他國務員任命可以不受這種限制。朱認為：「同意權本為各國所無，而美國所獨有者。因美國係總統制，自不能不有同意權。我國現行之約法折衷於美法兩制。」為避免國務總理「提出數次皆不能通過，則一國之政治將陷於無政府境象」，朱建議國務總理同意權只限於眾議院，而不必經兩院通過。作為留美學生，朱很熟悉美國參議院行使同意權的慣例，「在美國同意權本不成問題，美國自開國以來，對於國務員只有一次否決，一人且未正式提出之先，上議院已先通知大總統矣。然此由美國之政治習慣」。但是朱認為中國國情不同於

---

[36] 《憲法起草委員會第 9 次會議錄》。

美國，為防止參議院對國務總理行使同意權之後，而眾議院反而立即彈劾總理的不正常現象，同意權還是歸於眾議院比較合適。

劉恩格表示同意朱的意見。劉認為雖然在法國這樣的內閣制國家，內閣閣員任命在形式上不需要議會同意，「然以法國政治之習慣言之，其內閣之組織事實上是否為政黨內閣，大總統之任命國務總理是否須先期與下議院院長商定，議會中多數黨所不同意者大總統是否不得任命。故法國政治上既有此確守之信條，自不必規定同意權，而其實際仍與規定等」。劉認為只有國會擁有同意權，才能保證責任內閣制的真正穩固。

眾議員王敬芳、王用賓都主張國會沒有同意權。王敬芳特別提到在內閣制中，閣員「係由總統自由任命，只有美國係須經上議院之許可。」王用賓對憲政制衡原則的闡述極為精彩。王認為：「立憲政治之精神在行政立法兩部之權力平衡，以進一切制度以適足維持其權力平衡為限界。故既與立法部以推翻內閣之權，即不能不與行政部以解散議會之權，此之謂互為節制。互為節制之權相抵即平」。王認為任命國務員權力應該完全屬於行政部門，這才符合立憲的真精神。如果「立法部一面既可推翻於後，若一面再許其同意於前，是行政組織解散之權全歸立法部，即不異立法部有生殺行政部之權力矣，何平衡之有？」王還一針見血地指出責任內閣制與政黨政治的關係。他認為：「責任內閣之發揮必在穩大政黨發達之日。穩大政黨發達，則閣會一體，政黨政治成矣，尚何同意之必要。否則政黨幼稚，而欲恃同意權逼出責任制度之效，結果適反，將為政治大累。故責任內閣之運用，在政治可活用而不可死用，故各責任制之憲法無同意權且明禁同意權」。對美國參議院行使同意權的情況，王也是非常瞭解。他認為美國參議院任命的其實是事務員，而不是國務員，而且「任命以後，國會無論何時，不能問責」，並且美國這一制度含有聯邦意味。

眾議員孫鍾主張眾議院應有不信任總理投票權，而總理同意權則屬於多此一舉。孫認為同意權是一種非驢非馬的制度，「去年內閣經過之苦況甚多，現在制定憲法無論如何必須將此同意打消，方免行政上種種窒礙」。孫認為國務員國務總理「可以由大總統任命，俟其任命之後政風若有不合，則亦可事後不信用投票，自無不妥」。

易宗夔反對孫鍾的建議，支持朱兆莘的看法。易認為事先監督不如事先牽制，如果在國會休會期間，總統任命一個庸碌無能者為國務總理，國會雖不信任，但是也要等到明年開會的時候才能投不信任票，但是「國家前途為其所破壞者已不堪設想」。易還特別強調製憲的原則是「折衷各國之制度，而就已國之歷史與國情相為損益。必謂采何國之制度，即應將其國之一切制度盡行採用，則何如將他國憲法抄襲成帙，不須再在此討論矣」。孫潤宇更進一步提出總理應該由眾議院選舉產生。他的看法遭到伍朝樞的批評。最後反對議會同意權的意見被多數否決，而朱兆莘的看法獲得通過。

對國會同意權的分析，也是當年漢密爾頓解釋參議院權力的重點。關於同意權的行使，他曾指出：「總統的提名亦不會常被駁回。參議院並不可能由於有所偏愛而駁回其提名，因該院並不能保證總統的第二次或以後再提的人必符合已意。甚至，他們也不能保證未來提名一定比已提的人選更為滿意。」而同意權的目的，漢的看法與許多民國制憲議員是明顯不同的，他認為只是可以形成對總統用人唯親的制約，防止任何不合宜的委任，促使總統在提名時更加審慎。同時，徵得參議院的同意還有助於政局的穩定。[37]

在關於國務總理同意權的討論中，許多議員明明知道在法國內閣制度中議會是沒有同意權，總統任命包括國務總理在內的國務員，在手續上是不必經過議會同意的。但是為了建立國會至上的權威，議員會卻以調和美國與法國制度為藉口，強行規定了眾議院的

---

[37] 漢密爾頓、傑伊、麥迪森：《聯邦黨人文集》，第384-385頁。

同意權。關於眾議院不宜行使同意權，漢密爾頓曾頗有先見地指出：「一個變動性大、人數眾多的機構不宜行使任命權……總統與參議院各具一定的穩定性，由此產生的優點，由於眾議院的參與，定將化為烏有，而拖延、窘困情況必將因而產生」。[38]

（二）總統解散國會權 [39]

黃雲鵬、朱兆莘、王家襄相繼發言，主張大總統擁有解散眾議院的權力，但必須事先獲得參議院的同意，而且在任期內最多只能解散一次。黃對解散權的理解是「內閣所定政策經議會一再否決，人民認為內閣政策甚當。而議會則每與之衝突，不能一致。此時之議會已與民意不符，當然不能代表民意，故為尊重民意起見，則不能不解散議會，以待人民最後之裁判」。如果新議會仍然反對內閣政策，這表明政府政策確實為民意所否定，則內閣應該辭職。黃認為中國實行的是責任內閣制，不同於美國「極端分權，行政立法判然為二，絕不相容」。

王用賓認為：「總統能否解散國會或一院，與立法部能推翻內閣為對立之交互節制權。立憲精神在保持立法行政兩權平衡，然平衡而無交互節制之道，則走於分權之極端。故推翻與解散即為救濟分權，維持平衡之必不可缺少者」。王的意見是總統只能解散一院，這樣可以減少急劇的改革。比較好的制度安排是「總統以下設有負責任之內閣，眾議院以外設有保守性質之上院，內閣可倒，而總統不倒，眾院可散，而上院不散」，這樣就可以避免行政立法機關相持不下的僵局。因為參議院具有保守的性質，所以比較適合行使解散眾院同意權。

---

[38] 漢密爾頓、傑伊、麥迪森：《聯邦黨人文集》，第 388-389 頁。

[39] 關於總統解散權的討論參見《憲法起草委員會第 9 次會議錄》、《憲法起草議員會第 10 次會議錄》。

　　伍朝樞也主張大總統有限制地解散眾議院,但限制條件並不是必須徵得參議院的同意。他認為在內閣制度下,內閣對於眾議院負責,眾議院處於監督行政的地位。對於幾乎成為眾議院一個委員會的內閣,「眾議院得以不信用之表決隨時隨意推翻內閣,此固內閣制之優點,然使議院濫用此權,則是亦內閣制之缺點」。在伍看來,賦予行政部門解散權,可以彌補這一缺點,保護行政部門免受立法機關過度侵害。伍也提到民國成立僅一年半以來,平均一屆內閣任期不到八個月,政局動盪觸目驚心。因此,總統行使解散權,可以警告議員不要過於浮動,避免「今日推舉內閣,明日顛覆之,如法國之景象也」。伍還認為解散權不必得到參議院的同意。一是如果參議院有解散同意權,「是眾議院受參議院之監督矣,進而言之,內閣亦受參議院之監督矣,豈非與內閣制有礙」;二是受到政黨政治的影響,參議院在與眾議院同黨時,恐怕會不應同意而同意,兩院不同黨時,又可能出現不應同意而同意的現象。伍還以法國為例,指出:「法國解散下議院須得上議院之同意,而自一千八百七十年至今,四十餘年矣,僅得使解散權一次,足以證此條件之不良」。留學英國的伍建議借鑒英國的做法,在議會表決不信用內閣、對於預算案不完全通過或政府不接受議會修正後的預算案,以及預先聲明關於內閣政策法案議會不會通過時,內閣才可以行使解散權。

　　張耀曾與伍朝樞意見相似。他承認議會經常使用倒閣權的弊端確實不少,造成內閣「朝成夕倒」。因此解散權是必需的。但是考慮到「中國數千年專制之國家,若於解散權,恐政府不能免濫用。」張認為僅僅須得參議院的同意方能解散眾議院仍有不足。只有在政府預算案被國會否決、國會對內閣投不信任票時,總統才可以在徵得參議院同意後,解散眾議院。張的建議得到王庚、段世垣的同意。

　　劉恩格強烈反對總統擁有解散權。因為解散權與代議制度是不相容的,「必欲有解散權,即不啻將代議制度根本推翻」。他承認在

絕對三權分立的國家，行政機關有權解散立法機關，但是如果採用責任內閣制度，「則行政立法兩機關及相關係的而非相分立的」，因為內閣是由議會中多數黨組織的，取得眾議院同意，方可成立。並且內閣直接對議會負責。如果內閣有權解散眾議院，這真的是對代議制度的侵害。此外，劉在後面的發言中還認為參議院的解散同意權，其實也是破壞了立法機關兩院職權與地位平等的原則。如果參眾兩院政見或者黨見不同，參議院就會動用同意權，唆使政府行使解散權，危害眾議院的地位。

黃璋、谷鍾秀都在發言中提出總統不必擁有解散國會的權力。黃認為：「總統復議權即可以代解散權，與責任內閣制並不衝突」。至於以民意變化為由解散議會，重新舉行選舉，黃認為也是不必要的，畢竟在三、四年內民意不會有大的變化。解散權的危害還在於「數月後乃能招集國會，使國家一切要政皆不能議，國民無以監督政府，未免有流弊」。向乃祺認為解散權是不必要的，總統覆議權完全可以取代之。向批評解散權是一種投機行為，特別是在「人民程度現如此幼稚，而解散議會重行選舉又為政府投機行為，容易惹起行政官干涉選舉自由之弊」。在現實政治中，解散權不是無用就是失於濫用，如「法國中年間內閣更迭九次而解散權至今只用一次。……而日本自開議會以來，至今不過二十六、七次，而議會已解散七次，其解散權大抵失於濫用」。

陸宗輿逐條反駁伍朝樞有條件解散的意見。關於伍的第一條限制（議會反對內閣的政策），陸認為：「政策一語過於空泛，即如民國自成立以來，凡國務總理皆曾出席參議院發表政策，而其所發表之政策將來是否果能實行，尚不可知，又從而表示贊成反對乎」；關於伍的第二條限制（議會否決內閣預算的全部或修正之處與內閣政策不合），陸認為就中國的情形而言，「十年以內預算，眾未必即有一定之方針，倘若議院修正之處內閣遽謂為反對其政策，即據以解散議院，豈非予內閣以壓制議會之端？」關於第三條限制（議會

對於內閣投不信任票），陸認為政府政策不當，議會對政府表示不信任，是正常行使監督權力，政府不應該以此為由解散議會，況且中國交通不便，組織一次選舉是相當不容易的。

劉崇佑強調總統制可以沒有解散權，但是內閣制萬萬不能沒有解散權。劉不贊成參議院有同意解散權，他提到如果兩院同屬一黨，「則參議院必不會有同意解散眾議院之事」，這樣解散權是形同虛設。劉還對民國兩院的差異區別表示困惑，他不明白在中國這樣統一國（單一制國家結構）裏，參議院既然不是聯邦議會，究竟是什麼性質？陳銘鑒主張總統有完全解散權，「惟只限於眾議院，且一個內閣只能行使解散權一次」。但是他並不同意必須徵得參議院之同意。因現在的參議院之資格與眾議院不同之處僅在於年齡不同，其他並無差別。如果「參眾兩院溝通一氣以抵抗政府，屆時政府解散案之提出，必不能得參議院之同意」，這樣所謂的解散權只是一具空文。

最後朱兆莘等人有限制解散權的意見獲得通過。同時張耀曾、陳銘鑒補充的事先須得參議院三分之二多數同意的修正案也獲通過。[40]

（三）總統緊急命令權 [41]

褚輔成、龔政、谷鍾秀、劉崇佑、朱兆莘、張耀曾等主張總統沒有這種權力。褚輔成認為總統沒有發佈緊急命令的必要。「緊急命令發佈後所有一切法律皆失其效力。夫法律為保障人民權力而設，如法律可隨時搖動，失其效力，則人民之權力將無所保障。」褚認為國家在非常變故之時，戒嚴法已經夠用。龔政認為：「緊急教令之內容為立法事項。以教令而為立法事業，不啻以行政部而侵

---

[40] 《大公報》1913 年 8 月 21 日。
[41] 關於總統緊急命令權的討論參見《憲法起草委員會第 10 次會議錄》。

犯立法部矣」。龔擔心如果行政部有緊急命令的權力，行政部門就可以借緊急之名變更或廢除法律。谷鍾秀表示絕對反對緊急命令權，他認為「國會每年開會會期四個月，若再延長兩個月，計算已有半年。此半年期中盡可議決一切法律，並可防止非常事變而制定法律。」如果總統可以發佈緊急命令，谷稱「恐不免蹂躪法律」。朱兆莘提醒眾人，只有君主國元首才會擁有這種權力。「若大總統有緊急命令權，則大總統之口即為法律，恐於共和國體抵觸」。張耀曾認為：「共和國立法權全應屬於議會，豈能以效力與法律同等緊急教命發佈授諸總統」。張表示即使賦予總統發佈緊急命令權，也應該效仿英國，不必規定在憲法中。

易宗夔、伍朝樞意見基本一致，都是建議對行政首腦緊急命令權的行使作出限制性規定，以防止濫用權力的現象發生。這些規定包括：1、為維持治安；2、有非常變故；3、國會不能召集；4、所發命令不得與憲法抵觸；5、請求國會追認。孫潤宇與伍朝樞的看法相似。也列舉了五條限制性規定，「（一）非常事變或非常凶災；（二）緊急需用不能召集兩院議員時；（三）內閣全體連帶責任；（四）不抵觸憲法；（五）次會期開會之時，即須提出國會追求承諾。」

與眾人看法不同的是，汪榮寶強調：「（緊急命令權）非正當規定於憲法中不可」。汪認為所謂緊急命令是指在議會閉會期間，國家如果有立法必要，行政部門可以暫定一種命令取代法律。「立憲各國如英國法國於明文雖未規定於事實，亦嘗有之。」緊急命令不同於戒嚴法，後者是因為「國家有一時變故狀況，普通法律效力一時喪失，故適用一種戒嚴法」。不過，汪還是堅持緊急命令必須事後追求議會同意，並且以不違反憲法為限。

在眾人發言完畢後，會議最後達成共識，總統發佈緊急命令僅限於下列事項：一是維持公共安寧；二是防禦非常災難；三是因故障來不及召集國會；四是不抵觸憲法；五是國會下次開會第一周內追認；六是全體閣員署名負連帶責任。

（四）總統赦宥權[42]

　　一種意見是主張總統有限制地行使赦免權。如汪榮寶認為司法
事件與人民權利義務均有關係，為保障司法權起見，大總統行使特
赦權之時，必須獲得最高法院的同意。朱兆莘認為大總統可以擁有
赦宥權，只要經過國務總理、司法總長的副署，而不必加入其他限
制。另一種意見則是主張不必加以限制。谷鍾秀就認為不需要國
會、大理院的同意。他認為：「赦宥權乃政治問題，無牽涉法院之
必要。」但是他主張司法總長必須在總統特赦令上副署。

　　陸宗輿認為總統行使赦宥權，並不會影響法院的信用，因為特
赦並不是表明對象沒有罪名，只不過是不執行刑罰而已，從根本上
來講，與法院信用毫不相干。汪彭年表示絕對不贊成陸的意見，他
認為特赦權的行使會變更判決，而大赦權的行使則會變更立法。易
宗夔認為汪榮寶的看法有不足之處。因為最高法院並沒有服從總統
的義務，而且審判權與同意權性質不同，絕不能混為一談。

　　第 13 次會議上繼續深入討論。陳銘鑒反對赦宥權應該經過參
議院同意。「比如多數黨在參議院最優勝地步，則必致因黨派關係
不免濫用其權」。陳主張為避免國會多數黨操縱議事，應該規定必
須出席三分之二以上的參議員同意才能有效。陳建議可以「仿照智
利國設立國家顧問院之法，於憲法上規定條文另組一特別機關以代
決此事」。陸宗輿贊成汪榮寶的看法，不同意易宗夔的意見，主張
應加限制。陸認為大總統行使特赦權，並不是大總統個人意思，而
是行政部門所呈請，「大總統既為行政部之主體，而特赦乃關係司
法一方面之事，自應以司法一方面之限制。」因此陸認為大總統有
特赦權，非得最高法院的同意不得行使，「以防政權之濫用，而求
法治之平允。」最後汪榮寶的意見在第 13 次會議上被全院接受。

---

[42] 關於總統赦免權的討論參見《憲法起草委員會第 12、13 次會議錄》。

（五）總統外交權 [43]

　　朱兆莘認為凡是宣戰媾和都應該兩院合會議決通過。易宗夔與
龔政爆發了激烈的爭論。易認為應對總統宣戰媾和的權力加以限
制。理由是宣戰媾和關係國家存亡，對人民財產的安危影響更大。
因此必須經過國會同意。至於締結條約的權力要視情況而定。凡是
締結通商、增加國家負擔之類的條約，可以仿效美國，「締結條
約無須得上議院之同意」。易不同意法國憲法中要求凡特定的條
約必須經兩院議決後才可以締結。易認為「蓋締結條約，最貴靈
活，或求議決於締約之前，或求議決於締約之後，若必先經議決
而後締約，則不免坐失事機之弊」。因此易主張各種特種條約必
須經以參議院議決通過而後有效，其他普通條約盡可以委任給行
政首長。

　　龔政抨擊易宗夔的主張。他認為宣戰媾和不必經過國會同意。
因為這些事情一般都是發生在外交緊急的時候，是政府被動時的不
得已的反應。如果受到國會鉗制，行政部門就會失去靈活與時效
性。龔強調：「若俟議院議決後方圖施行，勢必延緩，深恐坐失時
機或漏泄秘密於外交上，極其危險，其結果必致失敗」。至於立法
與國民義務權利問題的締約，則可以讓議會議決比較合適。

　　谷鍾秀主張宣戰媾和締結條約當然應該獲得國會的同意。不過
政府在緊急狀態時的宣戰決定，可以在事後請國會追認。何雯的建
議比較麻煩，他認為這類事情非常重大，最好召開國民會議來解
決。黃雲鵬建議防禦戰爭可以不必交國會議決。締結政治類條
約，應交參議院同意。因為參議院年限較長，參議員對於政務閱

43　《憲法起草委員會第 11 次會議錄》，朱兆莘、汪榮寶、李慶芳的發言又見
　　〈憲法起草委員會討論大總統宣戰媾和權〉，《申報》1913 年 8 月 27 日；
　　關於締結條約等討論發言參見〈憲法委員會討論總統許可權〉，《申報》1913
　　年 9 月 6 日。

歷亦深。關於財經類條約如借款、通商、交通等條約,應交眾議院表決。

伍朝樞認為宣戰應得國會的同意,只是關於防禦戰爭,在國家緊急時可以先行宣戰,然後請求國會追認。媾和一般也是在緊急的時候,為避免國會議決時走漏消息,也不必得國會的同意。伍還引用國際法、國際外交慣例,建議:「締結條約凡通商條約、關於國民權利義務條約、增加國庫負擔條約,當然應得國會批准同意」。但是政治類條約可以不必經國會批准,「如與某國締結同盟條約或協商條約均以秘密敏捷之手腕出之。若交國會批准恐有種種不便之處」。汪榮寶主張與伍朝樞略同。他認為宣戰是一種問題,而媾和卻不成為一種問題,因為媾和的結果肯定是締結條約,所以應該屬於締約一類的問題。汪稱世界上除專制國家外,沒有宣戰不經過國會同意的。但防禦戰爭不在此例。關於立法事項的條約,必須得到國會的批准,媾和的結果就是締結條約,不必另行規定。

李慶芳反駁汪的意見。他主張可以賦予行政部門在外交充分活動的權力。不過關於國家增加負擔的條約,必須獲得國會的同意。他認為如果議員們顧慮「行政部之專擅,欲加以限制」,那麼只要注意兩條就可以了。一是領土的變更,二是國家的負擔。關於領土變更,前次已經議決非經法律不得變更,已有一層限制。要強調除這兩點之外,對行政部門不必過於掣肘,以保證外交的靈活。

王用賓旁徵博引,指出美國總統宣戰必須經過議會同意,智利總統在宣戰之前,必須獲得議會事先許可。墨西哥總統只能依照國會議決宣戰。瑞士則由聯邦議會擁有宣戰權。巴西則是「外兵入侵可以立時宣戰,否則當此危急非違憲則誤國」。葡萄牙總統是在議會裁決之後,對外宣戰。這些國家的總統對外宣戰權都是受到議會的限制。在權衡各國做法的利弊之後,王建議採用巴西的規定。孫

潤宇指出條約立法有三種模式。一是英國制度,「即一切條約不經
國會同意即可成立」。二是美國制度,「即商訂條約屬於行政權,而
批准必得上院之同意」。三是比利時制度,也就是法國制,「即商訂
條約雖由行政部行之,而效力發生則須國會之同意」。孫贊成法
國制。

　　最後大總統經國會之同意得宣戰,但為防禦戰爭時得先宣戰再
請求國會追認的意見,獲全會通過。但是總統締約權的規定,在第
一次表決沒有通過。12 次會議時多數同意大總統可以締結條約,
應得民國議會之同意。

　　在圍繞總統權力的討論中,雖然有議員認識到「共和國家三權
分立,各不相侵,實立憲之真精神。如主張任命總理須得下院同意,
是以立法部而侵行政部之權,不但不能保障三權鼎立,且與立憲之
原則不合。」所以立法部門對於行政部門有彈劾權,相應的行政部
門對立法部門就應該有解散權。[44]但是多數議員還是不顧議會內閣
制度規定,對總統權力作出許多更加嚴格的限制性規定。這充分表
現出議員們對總統權力的敏感,對總統行使行政權力抱有一種無知
的偏見,總是希望把行政權力減少到一種想當然的地步,全然不顧
行政、立法權力之間的平衡與制約關係。

　　制憲議員們在制憲過程中,只願意給予未來民國總統作為名義
元首的虛權,但是在規定總統的義務與責任時,卻又要求虛位元首
必須履行總統制下實權總統的實責。僅從理論設計來說,總統的權
力與責任其實是明顯不對稱的,不符合一般的憲政原則。而且這種
錯誤的制度設計在現實中也是根本無法實行的,不僅是袁世凱這樣
的弄權人物,就連孫中山也不願做有名無實的民國式內閣制度中的
大總統。[45]因此,所謂法國制憲理論的影響僅僅是表面和有限的,

44　《憲法起草委員會第 9 次會議錄》。
45　孫中山在就任南京臨時政府大總統前,曾與宋教仁就臨時政府組織形式發

更多的情況下議員會偏愛的卻是一種推崇立法權力獨大，漠視權力制衡的先驗性制憲理論。

在立法與行政權力關係設計上，無論是要求各部總長對國會負責的做法，還是議員兼任國務員，都反映許多議員處心積慮地限制行政權力，就是對國務總理的權力也不放心，一有機會仍要通過國會壓制行政權力，維護「國會至上」的權威。在彈劾權設計上，民國制憲議員動機也與美國制憲代表不同。美國人從權力的分立與制衡的角度出發，既希望給予參議院彈劾權糾正行政領導人的違法行為，同時也注意到應避免不公正的彈劾案，維護行政部門的權威，遏制立法部門的權力氾濫。但是民國的參議院的做法卻是超越必要的立法界限行使司法權。雖然從彈劾權的行使程序來看，參議院有必要擁有一定的司法權力，與最高法院一起審判被彈劾的總統、國務員。但是在這種特定情況下參議院行使的司法權力，只能是有限的，否則便會破壞權力分立的原則。遺憾的是民國制憲議員們卻無視這一點，一廂情願地盡最大可能擴充國會使用彈劾權的範圍，排斥司法機關參與彈劾案的審判，給予參議院剝奪國務員公權的不當司法權力。從而增強國會使用彈劾權的隨意性，以保證國會在處理立法與行政關係時，掌握主動權和決定權。顯然，多數議員並且沒有從內閣制的制度設計合理性原則考慮，僅僅是著眼於自身利益最大化，從美國總統制中選取彈劾權有關彈劾條件的規定，罔顧總統制中實權總統不同於議會內閣制中虛位總統的事實。

生爭執。宋主張責任內閣制，而孫主張總統制。後來在孫的堅持下，《臨時政府組織大綱》在修訂後，還是實行總統制。參見殷嘯虎《近代中國憲政史》，上海人民出版社，1997 年，第 127 頁。而且孫在此後的護法運動中擔任非常大總統時，也堅持總統制，而不是內閣制。

六、憲法解釋權 [46]

　　在憲法解釋權規定問題上，只有少數議員在發言中力主解釋權歸屬最高法院。朱兆莘認為解釋憲法權應該屬於最高法院。「因憲法條文雖簡而含義甚富，故往往有事件發生，按之憲法有無抵觸或是否根據憲法，實為最難解決之問題。」朱還舉例說，在美國歷史上曾發生過政府開鑿運河計畫被批評為違憲，後來最高法院行使解釋權，指出開鑿運河與人民權利有關，與憲法前言中公共福利（General Welfare）的意思相吻合，並沒有違憲。這樣運河計畫才得以順利進行。汪榮寶也認為憲法是國家的根本大法，關係重大，不可隨議會黨派而變更。從維護憲法的穩定性考慮，還是法院行使憲法解釋權比議會妥當。汪特別表示自己與王寵惠所擬憲法草案中的觀點一致。汪的意見得到了伍朝樞的支持。

　　龔政代表了多數議員的意見，不同意最高法院行使憲法解釋權。他特別批評英國憲法學家戴雪（Dicey）主張解釋憲法權應該屬於法院的觀點，認為法官雖是終身制，但也在任期內也難免會去職或調任，所以與議員一樣，都有不穩定的特點。法院解釋雖然是一種判決，但是議會解釋也可以作為一種定例。關於立法機關不可以自行解釋的觀點，龔反駁說：「然就憲法之效力而論，法律抵觸憲法，法律當然無效，必不能執法律之疑義以變更憲法之疑義者。否則必先變更憲法效力之規定而後明乎？此即由立法機關解釋又何慮？」龔強調立法機關擁有憲法解釋權與擁有的憲法修正權一樣，都是對憲法的有力保障。

　　孫潤宇主張憲法由什麼機關制定，就應該有什麼機關解釋。憲法既然由多數人議定，就不應該讓少數人輕易變更，而解釋憲法實際上又有變更憲法的作用。孫認為「誠以制定憲法者對於其所制定

---

[46] 有關討論參見《憲法起草委員會第 16 次會議錄》。

之法用意必能明瞭，不至生出意外疑竇。」汪彭年竟然提出法院、
國會、行政機關都可以有解釋憲法的權力，這樣做才是符合三權分
立的宗旨。何雯提出一個折中的方法。他建議組織特別的機關-參
事會解釋憲法。參事會可以由眾議院推出 5 人，參議院推出 5 人，
法院推出 4 人，大總統派 5 人共同組成。

盧天遊認為法院享有法律審查權是沒有必要的，「民主國主權
在民，議會為全國人民意思機關，以議會制定之法律而猶斥斥質疑
其形式之未備，必使其他機關干涉，殊不可解」。盧強調歐洲國家
法院就沒有審查法律的權力，一百多年來也沒有聽說議會制定過違
憲的法律。因此賦予法院審查法律權，純屬多餘。「以議會數百人
之意思，經若干時日，再三討論之法律，猶未足為確定。而法院竟
得以少數人持其後，殊侵害立法部之尊嚴。」

會議多數贊成解釋憲法權屬於制定憲法機關。而此時的制憲機
關就是全部由國會議員組成的憲法會議。這樣國會擁有憲法解釋
權，也即司法審查權，隨之而來的就是國會在三權分立的制度框架
中佔據重要的支配地位，既便於解釋行政、司法的權力是否違憲，
也可以借助憲法解釋權，為自己侵犯兩權機關的行為尋找藉口，形
成一種一權獨大、三權失衡的畸形政治現象。

1913 年民國國會制憲會議關於憲政制度的爭論發人深省。與
1789 年法國制憲議會不同的是，民國的制憲議員們中極少沉溺於
哲學思辯，他們一般也不直接引用當時知識精英比較熟悉的盧梭、
孟德斯鳩的政治理論，更多的還是談論憲政制度基本原理、概念與
各國憲法條文。[47] 雖然一些議員習慣引用法國憲政制度理論，但是

---

[47] 關於這一點，有法國學者也指出，「1911 年以前的中國革命青年，很少利
用盧梭的道德主義，盧梭的著作把道德置於政治之上，這一點對於這些青
年來說，並無多大吸引力。」瑪麗安‧巴斯蒂：《辛亥革命前盧梭對中國政
治思想的影響》，劉宗緒主編《法國大革命二百周年紀念論文集》，北京三
聯書店，1990 年，第 63 頁。此外，根據作者統計，在憲法 22 條重要條款

一些重要的憲政制度設計，卻是違背議會制原理，忽視國外的制憲經驗，臆想出一些新花樣，進行有利於國會權力的大幅度修正，完整的責任內閣體制被修改得面目全非。

為什麼國會制憲會議做出這種畸形的制度設計？平心而論，在當時的時空環境下，雖然有一些議員自身理論素養欠缺，不重視歐美國家的憲政經驗，沒有過多的從經驗角度去選擇正確的制憲理論。但是多數議員的憲政理論水平還是不錯的，具備一定水平的憲政常識。在議員會有關憲政學理的辯論中，很少有議員犯過常識性的錯誤。畢竟在當時學界，包括歐美學者對憲政制度的研究還沒有達到現在的水準。他們不僅通曉美、法、英等歐美先進國家的憲政制度，而且也明瞭巴西、阿根廷等南美發展中國家的憲政體制概況。雖然多數議員並不重視國外憲政歷史的經驗教訓，但還是有少數議員比較關注各種制度模式的利弊。制憲會議中曾有議員指出法國的責任內閣制度造成內閣更迭頻繁，政局動盪不安。更為難得的是還有少數議員在反思民國臨時政府一年半來憲政運作的經驗教訓。

但是多數國會議員還是摒棄了他們所熟悉的議會制度，最終進行了「超議會制」的憲政選擇。從理性選擇的視角來觀察這種政治現象，其實是非常合理的。行動者總是追求一定的目標的，這種目標總是與個體自身的利益相聯繫。所謂理性可以看作是「對自身利益的有效追求」。[48] 從行為結果來看，理性行動者趨向於採取最優策略，以最小代價取得最大收益，因為「行動者只有一個行動原則：

中，借鑒法國憲法的有 9 條，美國憲法的有 5 條，英國的有 2 條，日本憲法的有 2 條，普魯士的有 2 條，其他歐洲國家的有 2 條，南美巴西的有 1 條。同時借鑒兩國憲法以上的有 7 條。議員個人意見有 8 條（含 1 條同時借鑒臨時約法與議員個人意見）。詳細情況參見表二。

[48] 胡榮：《理性選擇與制度實施——中國農村村民委員會選舉的個案研究》，上海遠東出版社，2001 年，第 29 頁。

最大限度地實現個人利益。」[49]民國的國會制憲議員概莫能外。在實現自身利益最大化的目標激勵下,任何理論上的優勢,都抵擋不住利益的誘惑。真正主導制憲會議進展的恰好是國會利益至上的原則。一切議題的表決結果其實都是確保憲政制度設計有利於實現國會與國會議員利益的最大化,而不僅僅是所謂的民主政治理想的追求。對此,袁政府的法律顧問、日本法律學者有賀長雄見解頗為深刻,他認為國會議員利用制定憲法全權,「務擴張國會權力。」[50]憲法草案最後的完成則是制憲主體－國會－政治利己主義選擇的結果,「這種政治上的利己心態,驅使他們贊成某些制度,而反對其他制度。」[51]制憲議員們建立國會至上的憲政制度,其目的就是謀求自己在未來憲政制度中利益的最大化。

雖然在追求自身利益最大化的過程中,國會制憲議員們也付出了一定的政治成本,如通過總統可以連任一次的《大總統選舉法》、選舉袁世凱擔任正式大總統。但是這種妥協是有限的,是對政治現實的承認,並不具有實質意義。特別是與未來的政治收益相比較,更是微不足道。北洋派也充分認識到這一點,認為天壇憲法草案設計的政體制度,「蓋其宗旨,本欲使大總統處於無權之地位。今則宗旨固已貫徹矣。」[52]這種政治制度只要實施,必然是「行政實權,在眾議院而不在大總統。所謂大總統行政權獨立,亦有名無實,其真正獨立者,只餘國會與法院而已。故此種制度,只能稱之為二權分立主義,不得謂之三權獨立主義。」[53]

---

[49] 科爾曼:《社會理論的基礎》,鄧方譯,社會科學文獻出版社,1990 年,第 45 頁。

[50] 有賀長雄:《共和憲法持久策》,胡春惠編《民國憲政運動》,第 138 頁。

[51] Arend Lijpart & Carlos H. Waisman:《新興民主國家的憲政選擇》,韋伯文化事業有限公司,1999 年,第 21-22 頁。

[52] 古德諾:〈中華民國憲法案之評議〉,胡春惠編《民國憲政運動》,第 205 頁。

[53] 有賀長雄:〈共和憲法持久策〉,胡春惠編《民國憲政運動》,第 138-139 頁。

《天壇憲法草案》重要條款所受外國憲法影響情況表

條款	主要內容	議決時外國憲法的影響	備註
第二條	民國領土規定	普魯士憲法第一章、荷蘭憲法第一、二條、土耳其憲法第一條、俄羅斯憲法第一條、葡萄牙憲法第二條。	
第二十一條	兩院制度	美國憲法第一條第一款	
第四十三條	國會不信任投票權	英國憲政制度慣例、法蘭西第三共和國憲法(《關於政權組織的法律》第六條)	
第五十六條	內閣制度	法國憲政制度慣例	
第五十九條	總統選舉	法國憲法(《關於政權組織的法律》)第二條	
第六十條	總統任期		議員個人意見
第八十一條	國務總理同意權	美國憲法第二條第二款	
第七十六條	總統解散議會權	法國憲法(《關於政權組織的法律》)第五條	表決人數規定為議員個人意見
第六十七條	總統發佈緊急命令權	普魯士憲法第六十三條、日本憲法第八條、英國、法國的憲政慣例	
第九十三條	總統覆議權	美國憲法第一條第七款	
第七十、七十一條	總統外交權	巴西憲法第四十八條、法國憲法(《關於政權機關間關係的法律》)第八條、第九條	
第七十四條	總統赦宥權		議員個人意見
第七十七條	彈劾總統罪名	法國憲法(《關於政權機關間關係的法律》)第十二條	

第六十二條	副總統設置	美國憲法第二條第一款	
第三十條	副總統不兼任參議院議長		議員個人意見
第六十二條	總統繼承問題	折衷美國第二條第一款、法國憲法(《關於政權組織的法律》)第七條有關規定	
第四十二條	議會彈劾國務員權		議員個人意見
第一百一十三條	憲法解釋權		議員個人意見
第九十七至一百四條	議會財政權	日本憲法第六章、法國憲法(《關於參議院組織的法律》)之第八條	
第一百八、一百九條	審計院	荷蘭憲法第一百七十九條、比利時憲法第一百一十六條	
第一百、一百一十條	憲法修正問題		折衷臨時約法與議員個人意見
第五章	國會委員會		起草員個人意見

資料來源:

1. 《憲法起草委員會第 4-24 次會議錄》;

2. 西第三共和國憲法參見《一八七一～一九一八年的法國》(北京:商務印書館,1989 年),頁 8-13;美國憲法內容參見詹姆斯‧M‧伯恩斯等:《美國式民主》(譚君久等譯,中國社會科學出版社,1993 年)附錄;當時的巴西、日本、普魯士、荷蘭、比利時、俄羅斯等國憲法參見《世界現行憲法》(上海:商務印書館,1913 年 2 月)。

集權或分權

——民初國會關於省制與政體制度的爭辯

    1916 年 8 月民國第一屆國會重開後，制憲再次成為國會政治中引人矚目的政治活動。過去在論述這段史實時，即使是專業的憲法史著作，通常都是比較簡略，[1] 一般只是提及國會各黨派關於憲法草案內容，特別是省制（地方制度）與政體制度爭執的要點，更多的關注是對國會制憲失敗與最後解散命運的評論。與對三年前制憲失敗原因解釋相似的是，時人又歸咎為段祺瑞與督軍團作亂的外因，認為：「第二次國會解散的原因，完全因為以武力為後盾的段內閣不能和國會合作，結果使黎總統進退維谷，而被迫解散的。」[2] 至於「國會議員目擊環境的危殆，而仍競尚意氣，玩視職責」卻僅列為次要因素。[3]

    與人們對制憲結局的較多關注相比較，國會從 1916 年 9 月開始的近 9 個月的制憲過程卻長期被忽略，事實上也並不為後人熟知。但是當年的制憲活動畢竟經歷了一個完整的過程，最後的結局

---

[1] 過去較詳細的敍述如《近代中國立法史》，也只是列出國會關於省制論爭的要點。參見楊幼炯《近代中國立法史》（商務印書館，民國 25 年）第 234-236 頁。近年來有關研究論文僅見李國忠〈民初國會制憲中中央與地方關係論爭述評〉（《山西師範大學學報（社科版）》2003 年第 1 期）。該文在論述 1916 年國會有關省制論爭時，主要還是羅列不同觀點，並且強調西方政治思潮對國會制憲成敗的影響。

[2] 潘樹藩：《中華民國憲法史》，上海商務印書館，民國 24 年，第 81 頁；陳茹玄：《中國憲法史》，世界書局，民國 22 年，第 98 頁。

[3] 王世杰、錢端升：《比較憲法》，上海商務印書館，1999 年，第 424 頁。

也清楚地表明，督軍團、段祺瑞與國會的衝突都是發生在 1917 年
5 月以後，此前的制憲活動一直是由國會完全主導。制憲主體是國
會議員而不是北洋軍人。對制憲結局與國會命運的探討，其實是與
事件主角國會密不可分的。

一、省制（地方制度）選擇

　　從 1916 年 10 月 20 日憲法審議會討論省制問題開始，關於省
制的爭執經歷了省制是否加入憲法、表決方法討論、省制案投票表
決與衝突四個階段。[4] 在 10 月 20 日審議會上，圍繞省制問題各派
展開激烈辯論。益友社議員呂復、焦易堂等主張絕對加入，研究會
議員湯化龍、陳善、憲政討論會議員孫潤宇等主張絕對不加入。10
月 25 日討論省制表決方法。研究會議員劉崇佑建議以加入或不加
入憲法先付表決。韜園議員葉聲夏建議用多次表決方法，包括不加
入、除省長任免問題外加入、除省長問題外先由起草委員會起草再
付審議等。[5] 11 月 17 日憲法審議會一開始，審議長提出目前各黨派
建議的表決方法分為甲乙兩種。甲種即省制加入與不加入兩項；乙
種即省制不加入憲法另以法律規定、除省長任免問題另以法律規定
外主張憲法內加入地方制度大綱、除省長選舉任命問題外所有地方
制度交憲法起草委員會起草後提出審議三項。在討論中，許多議員
們不顧議事規則紛紛發言，意見大起衝突，會場秩序非常混亂。[6]
　　11 月 29 日，審議會取得進展。平社、丙辰俱樂部、憲法協議
會、蘇園等政團立場開始鬆動，認為前次提出的甲乙兩種表決辦法
似太武斷，「均主張立於調和之地位。」審議長提議表決已經提出

4　吳宗慈：《中華民國憲法史前編》，上海大東書局，民國 23 年，第 275-279 頁。
5　〈省制問題又一場論戰〉，《申報》1916 年 10 月 29 日。
6　〈審議會討論省制無結果〉，《申報》1916 年 11 月 20 日。

的表決方法，如果不能通過再提出新辦法。表決結果甲種方法被否
決。[7] 12 月 4 日再開審議會，政學會議員韓玉辰又提出甲乙丙丁四
種意見：「（一）為除省長任免問題無庸規定外地方制度大綱加入憲
法（二）將憲法公佈後以制憲手段制定地方制度（三）為省長由大
總統自由任命加入憲法地方制度大綱（四）為省長由民選加入憲法
地方制度大綱」。經過眾人表決，甲乙兩種意見均不足三分之二多
數被否決。[8] 12 月 6 日審議會對丙丁兩種意見表決結果是，討論會、
平社、益友社、協定會、蘇園部分議員贊成省長自由任命，研究會
與丙辰俱樂部反對。益友社、蘇園等另有部分議員贊成省長民選，
其他各派均反對。省長由大總統自由任命加入憲法地方制度大綱僅
以一票之差未能通過。[9]

為使己派主張獲得審議會通過，各派代表人物在憲法審議會上
紛紛發言，闡述支持或反對省制入憲的理由。益友社議員呂復、張
我華、焦易堂、政學會議員韓玉辰等人是支持省制入憲的代表人
物。呂復認為各國政治制度有二重政府與集中政府之分。「二重政
府制度係中央與地方所有權利義務之關係均有憲法為之保障。集中
政府制度則地方政府無強固之保障，所有地方對於中央之權利義務
皆由通常法律為之規定。」中國是一個大國，應該完全採用二重政
府制度。而且從民國初年的政治實踐來看，倒袁的成功也說明行省
制度的有力。呂強調省制加入憲法並非是聯邦制度，「蓋聯邦制度
須有許多小國，各有本國之憲法聯合而成。聯邦國家另有一種憲法
聯邦憲法以為結合之根據。」中國絕對沒有這種情形。省制入憲後
中國仍然是中央與地方共有一部憲法。[10]

---

[7] 〈二十九日之憲法審議會〉，《申報》1916 年 12 月 2 日。

[8] 《憲法會議審議會會議第 22 號》，憲法會議編《憲法會議公報第 19 冊》，
上海圖書館館藏。

[9] 〈六日之憲法審議會〉，《申報》1916 年 12 月 9 日。

[10] 吳宗慈：《中華民國憲法史前編》，「論壇異同集粹」，第 287-288 頁。

　　張我華對研究系議員重視各省督軍省長反對省制的意見不以為然，認為制憲權是國會專有權力。「（一）主觀上理由，現在我中華民國之組合幾無不認省為一個單位，由辛亥及本年兩次共和實以省的關係而作成之。（二）客觀上理由。即如前所言，欲謀國家統一地方發達必宜將地方位置明瞭規定於憲法之內。」不過張不堅持省長民選規定在省制之中。[11] 韓玉辰指出：「中國省制並非絕對行政區域，亦非絕對自治團體，乃兼而有之，為構成中國之中心點，有偉大之勢力雄厚之歷史，」省制入憲時機已經成熟。[12] 韓強調省制入憲可以劃清中央與地方之許可權，養成人民自治的習慣。[13]

　　焦易堂也列舉四種理由支持省制入憲。一是從民國成立以來中央與地方關係來看，「中央責地方之跋扈，地方責中央之專橫。此皆無法律為之限制。」二是世界各國的先例，無論是單一國還是聯邦國，無不將地方制度加入憲法。三是中國歷史傳統，秦漢以前，中國已經有地方制度，體現出一定的民治精神。四是對現實政治的好處。省制加入憲法，「則地方人民視國事如家事，無不自行負責。」[14] 作為對焦易堂看法的支持，益友社議員程修魯強調省制入憲有三種利益。一是以憲法為標準，可以劃清中央與地方許可權；二是黨爭雖然激烈，但入憲後省的地位如故，「黨政雖變遷而省之許可權如故」，省的自治地位充分發展，不隨政局的紛擾而變化；三是省的地位確立後，憲法實施就更加有保障。[15] 政學會議員高仲和進一步指出省制入憲不同於聯邦主義，單一國家也有規定省制入憲。同時省制雖規定於憲法內，但省制大綱以外之法律皆完全

---

[11]　同上，第 293 頁。
[12]　同上，第 294-295 頁。
[13]　〈憲法審議會之省制論戰〉，《申報》1916 年 10 月 24 日。
[14]　吳宗慈：《中華民國憲法史前編》，「論壇異同集粹」，第 287 頁。
[15]　同上，第 290 頁。

由中央制定，對省的權力中央也有變更的可能，不同於聯邦國家各邦自定權力。[16]

湯化龍與孫潤宇集中闡述了反對省制入憲的理由。湯化龍以為從理論上說，政治可以試驗，國家根本大法憲法卻不可以試驗。因政治試驗不良而修改憲法，「是徒使憲法日動搖而於政治上毫無裨益。」中國對地方制度目前尚處於初步研究時代，貿然加入是對憲法不忠，也是對國民不忠。所以制憲原則應該是：「（一）不可因憲法成立致惹起政治上之風潮；（二）憲法非徒具文字之觀瞻，必提綱挈領，期於事實之可行。」目前各省議會來電主張省制入憲與省長民選者甚多，而各省督軍省長來電主張省制不必加入憲法，省長不可民選者亦為不少。各省情形如此，國會如果不詳細研究，「遽作主張，豈非與各省議會督軍之間增一政潮耶？」[17]

孫潤宇主張以單行法律規定省制。從中國歷史上來看，行省制度是造成中央與地方關係矛盾的「政治上一種暗礁。」省制問題非常複雜，也非常重大。目前當務之急是儘快制定出憲法，使國家政治走上正常軌道。省制爭論至少要費時三五個月不能議決，如果因為省制的爭論而延遲憲法不能完成，實在有負國民希望，這是現實上的考慮。[18]

在評價關於省制入憲的不同主張時，必須清醒地認識到與這種政見密切相關的時代背景。晚清以來隨著地方主義的興起，省作為最重要的地方單位，在 20 世紀初中國政治中的重要性是不能低估的。當時的中國國家結構面臨著從傳統中央集權向現代地方分權的轉變趨勢。關於未來在民國實現地方分權、地方自治的必要性，各派的看法其實是基本一致的，所謂「各政團對於加入省制一層，均

[16] 同上，第 295-296 頁。
[17] 同上，第 291-292 頁。
[18] 同上，第 290-291 頁。

表示贊同，不過有時期之先後耳。」[19] 湯化龍也認為：「試查最近廿年來政治變遷之陳跡，便知省之地位在事實上有不可侮之勢力，非中央所能任意存廢。」[20]

　　雙方在理論上的主要分歧在於對改革的時機、條件與方法的不同看法。以益友社為代表的原國民黨人主張立即實現省制入憲與省長民選的政見，是比較激進的。對中國這樣一個中央集權長達二千年的國家來說，完成類似聯邦制的地方分權的改革，決不可能是一朝一夕的事情。一些發達國家的歷史也說明了這一點。例如，一向以中央集權著稱的法國，從 1789 年大革命開始的地方制度變革，歷經 200 多年三次改革，一直到 20 世紀的 80 年代，才實現大區地方議會直接選舉、省行政首腦由省議會選舉等自治目標。[21] 此前法國地方省長由總理和內政部長提名，部長會議討論通過，總統任命，並且「省長是中央政府駐省的唯一代表，也是省的最高行政長官。他以中央政府代表的身份，監督法律和法令的執行，確保中央政府決議的貫徹」。第五共和國憲法也規定：「政府在各省、各領地的代表負責維護國家的利益、監督行政並使法律得到遵守。」[22]

二、政體制度選擇

　　1916-1917 年國會關於政體選擇的爭論主要集中在國會權力及其與政府關係方面，其中包括國會彈劾權、國務總理同意權、國會不信任權與總統解散權、國會憲法解釋權等。最後除總統解散權未決外，其餘各條均在憲法審議會與憲法會議二讀會上通過。

---

[19] 〈政團協會二次討論省制〉，《申報》1916 年 11 月 10 日。
[20] 〈湯濟武先生之省制談〉，《晨鐘報》1916 年 10 月 29 日。
[21] 胡康大：《歐盟主要國家中央與地方的關係》，中國社會科學出版社，2000 年，第 246、250 頁。
[22] 洪波：《法國政治制度變遷——從大革命到第五共和國》，中國社會科學出版社，1993 年，第 235 頁。

（一）國會彈劾權

　　國會議員們主要討論的是彈劾總統與國務員的罪名與程序。眾議員呂復認為憲法草案中大總統謀叛行為的罪名比較模糊，有人認為是指袁世凱那樣變更國體的犯罪，有人則定義為刑法上內亂與外患罪，對本國有謀叛行為。呂復擔心「或以大總統副總統有謀叛行為，國會提起彈劾時，而司法機關謂謀叛行為不適用內亂外患罪之條文，則大總統之野心必變本加厲矣。」呂引用民國初年袁非法解散國會的先例，「或謂如果謀叛行為係專指變更國體而言，則憲法所定之彈劾案權，只能防備大總統之變更國體及大總統稱帝，而不能防止大總統之專制行為。」呂建議將草案原文謀叛行為四個字修改為關於內亂外患之犯罪九個字。「一方面可以使憲法與刑法之名詞得以一致，於法律解釋上不發生困難。一方面係將內亂外患罪作廣義的解釋，不致以謀叛行為作變更國體之狹義的解釋。」而且依照美國與葡萄牙的規定，大總統應該負刑事責任。

　　眾議員汪彭年以為事實上國務員是對眾議院負責，所以眾議院應為彈劾機關。關於彈劾的範圍，各國都不相同。「以法國言，彈劾理由僅屬於法律上責任，其政治上責任則以不信用票行之。」美國彈劾範圍較廣，政治上責任也包括在內。「臨時約法規定失職二種，本員以為頗合於吾國之國情，因吾國政黨變遷無常，若對政治責任行不信用投票，則恐內閣朝成而暮倒。」因此仍可適用《臨時約法》的規定，國務員無論法律責任還是政治責任，都可彈劾，最後由參議院行使審判權。

　　眾議員易宗夔強調憲法草案與《臨時約法》相比較，雖然已經放寬彈劾國務員出席議員人數的標準，但是「仍未免有過於嚴格之弊。」因為草案中總統已經有解散權，彈劾權規定嚴格，恐難以實際運用。易建議修改列席議員三分二以上之同意改為過半數同意即可彈劾。劉彥雖然贊成易的修正案。但公正地指出解散權因限於參

議院三分之二同意的人數，難得通過，「是政府無武器解散國會矣。」
「國會與政府權力實為不平等，法律上殊屬不當。」雙方權力也不
均等。如果國會不信任決議權再通過，國會又有彈劾權，「權力亦
云偉大矣，乃政府之解散眾議院之限制以三分二之同意，雙方權力
甚不平均。」劉贊成易的主張，建議彈劾權、不信任權、解散權合
併討論，目的是使政府與國會權力保持平衡。[23]

（二）國務總理同意權

與 1913 年制憲會議不同的是，此時已經沒有反對同意權的意
見，議員們的分歧在於同意權的適用範圍。

在討論中，參議員居正提出修正案，建立恢復《臨時約法》中
全體國務員任命都需要參議院同意的規定。眾議員葉夏聲則主張將
原案修正為國務員之任命須得眾議院之同意。葉認為各國內閣制度
分為兩類，一是英法制度，一是德美制度。「德美制度其內閣由國
務總理一人負其責任，所謂大宰相制度是也。英法制度則反是。」
大宰相制度是指德美的內閣總理係以一人負完全責任，國務員對國
會不負責任，對國務總理負責，國務總理對大總統負責。而英國不
同，總理與國務員地位平等，國務員對眾議院負責。憲法草案規定
國務總理與各部總長皆為國務員，國務員對於眾議院負責，這是不
同於德美制度的內閣模式。「夫國務總理既須經眾議院之同意，而
國務員則否然，則將何以對眾議院負連帶之責任？既謂國務員係全
體對於眾議院負責，則國務員全體既須經眾議院之同意。」為了使
內閣對國會負連帶責任，葉認為全體國務員的任命都應該通過眾議
院，否則「內閣永無推倒一日。」[24]

---

[23] 以上發言參見吳宗慈《中華民國憲法史前編》，「論壇異同集粹」，第 74-77 頁。
[24] 《憲法會議第 40 次會議速記錄》（1917 年 4 月 2 日）》，《憲法會議公報第
42 冊》。

不過，多數議員贊成草案中國務總理任命須經眾議院同意的規定。參議員蘇毓芳反對居正修正案，認為居正的修正案實際上是將國務總理等同於國務員。「責任內閣之原則即在於國務總理負其責任，國務員任國務總理之所邀集。」所以必須保證國務總理有自由用人權。眾議員李有忱稱：「全體國務員之同意與政黨內閣制絕不相容。查各國實施政黨內閣之國家往往無對於全體閣員同意之先例。」[25]

參議員朱兆莘也表示贊成原案，並重複了自己過去的看法，稱同意權本為各國所無，美國獨有。因為美國是總統制，不能不有同意權。民國是折衷美法兩制。如果經兩院通過，難度極大，如果總理數次提名不能通過，一國政治將陷於無政府境地。美國自開國以來只否決過一次閣員提名，而且是在未來正式提出之前，參議院已告知總統，這是美國的政治慣例。但是中國情況則不然，如果同意權屬於參議院，「但參眾兩院黨派不同，設參議院已投同意之票，而眾議院立即提出彈劾案，恐不免啟兩院衝突之端。」從中國國情考慮，同意權應歸於眾院。[26] 眾議員伍朝樞同意國務總理必須通過眾議院同意，不贊成由眾議院選舉。從中國政黨政治情況考慮，國會中未必有一大黨能占絕對多數。「中國政黨現在正當幼稚時代，若總理由大總統提出，由下院同意，尚可強迫小黨聯合大黨而為一致之承認。若行選舉方法，則恐小黨中亦有組織內閣之野心矣。」[27]

參議員湯漪認為草案中有關國務員的規定，並不能表示國務總理與其他國務員在地位上的岐異。總理同意權的理由有二：一是在責任內閣制度中，國務總理為眾議院多數黨領袖，所以組織內閣必

[25] 《憲法會議第 40 次會議速記錄》（1917 年 4 月 2 日）》，《憲法會議公報第 42 冊》。
[26] 吳宗慈：《中華民國憲法史前編》，「論壇異同集粹」，第 133-134 頁。
[27] 同上，第 134 頁。

須給予國務總理自由選擇國務員的權力。國務總理一般會選擇與所代表政黨意見一致的閣員。湯特別舉出英國多數黨領袖出任首相，並決定閣員的做法。至於責任內閣制度中國務員經過元首任命，只是制度上的形式。「而國務員之政見類於眾議院多數黨相同者，乃其制度上之精神。故吾國草案規定僅云國務總理之任命，須經眾議院之同意，正以舉責任內閣制之精神而不襲其形式也。」二是在責任內閣政府中，國務總理是內閣領袖，與其他國務員在政治上負連帶責任，「故所選擇國務員與一己之政見當然相同，則課以連帶責任，乃能名副其實。」湯認為眾議院可以行使國務總理同意權，但關鍵必須是眾議院多數黨領袖組閣。[28]

眾議員陳家鼎稱如果要求國務員同意權，責任內閣制度將不免因此而中絕。「夫國務總理之任命須得議會之同意，各國本均無此明文，惟英法習慣上有之，而凡行內閣制之國家幾成共同習慣。至其他國務員亦須一律要求議會同意之說，則除中國而外，皆無此項習慣上之先例。故主張此制者實與英法習慣上總理負責任之原則大相背謬。」而且從民國建立以來的政治實踐來看，施行約法上全體同意所得的結果，不但不能改良政治，而且還為國務總理脫卸責任制造藉口，「蓋自施行全體同意以來，前後提出之國務員，既已完全經兩院之同意，於是國務總理處此地位，可因國務員全體已經議會同意之故，其所負責任遂亦籍此可以脫卸。」英法內閣制原則中國務員對議會負責，實際上是負連帶責任，表明總理之外還有國務員同負責任，而不是國務員各自對國會負責。所以英國的責任內閣制同時也是總理內閣制。陳認為國務員人人必須經過國會同意的規定，「不啻即為破壞內閣制之精神。」[29]

---

[28] 同上，第 134-135 頁。
[29] 同上，第 136-137 頁。

（三）國會不信任權與總統解散權

會議多數意見都贊成國會不信任權與總統解散權。而對解散權
爭論要點在於總統行使此項權力有無限制，或者限制程度如何，這
也是本次制憲的主要熱點之一。

第一種看法是大總統遇眾議院否決預算案或不信任決議成立
時得解散之。眾議員駱繼漢主張有條件的限制，不贊成參議院同意
權的限制。駱提出的限制條文第一項：「大總統遇眾議院否決預算
案或不信任決議成立時得解散之。但同一會期不得為第二次之解
散。」針對秦廣禮反對解散權的兩個理由：有傷民權、與民主國體
不相容。駱引用法國學者狄驥、福偶的學說，稱狄氏認為政府有解
散眾議院之權，是代議制國家不可少之要件，是選舉制度最貴重的
保障，也是國民統治權最確實的擔保。福偶也認為解散權正是尊重
民權的體現，「因解散之後，勢必重行選舉，其欲重行選舉者，正
所以尊重民權而欲使全國人民評判其解散之理由。」所謂共和國憲
法無解散權，是指仿照葡萄牙共和國憲法，葡為後起的共和國，與
法國相比較，有關制度設計並不符合責任內閣制度規定，是一大缺
點，是共和國家的例外。同時參議院三分之二以上人數同意的限
制，更使得解散權不易實現，「夫以參議院一時之不同意，而即推
翻內閣，在事實上觀察亦有失之公允。」[30]

湯漪稱美國作為總統制國家，總統沒有解散權，是由於行政與
立法部門之間並無密切的關係。法國總統有解散權，是因為法國是
責任內閣制國家，「其立法與行政兩部關係異常之密，設無此解散
權，即不得謂之為責任內閣，故解散權之有無，實為責任內閣制成
立與否之條件。」針對反對者強調眾議院代表多數民意，不能憑少
數以解散多數的看法。湯反駁說民意代表機關與民意代表截然不

---

[30] 《憲法會議第 36 次速記錄(1917 年 3 月 23 日)》，《憲法會議公報第 40 冊》。

同，「不能因其機關即謂其組織之分子為真能代表民意也。」政府
行使解散權，目的是「以訴諸全國國民之判決而徵求其同意，以定
內閣之去留。」同時，湯認為解散權限制太嚴，「蓋立法貴乎平衡，
此項規定揆之於理，實欠公平。」與此相反，不信任權就沒有任何
限制，所以有關解散權的限制規定或者刪去，或修改為過半數即
可。[31]

　　湯漪在發言中還指出：「是以不信任決議規定之意義，為政治
運用最良之武器。假如內閣對於不信任決議不辭職時，即須解散眾
議院，則解散權與不信任決議權係立於對等地位，而不信任決議即
為解散之條件。」而且，「解散權即為增進全國國民政治智識之機
會。」因為眾議院解散之後，所有是非，議員必告訴選民，而選民
對於政治知識即可因此增加一層，民國憲政程度也即增加一步。同
時，湯警告說如果規定參議院同意的限制，將會使解散權徒有虛
名。湯也舉法國的歷史，實際解散權有等於無，在二十次倒閣中，
「十二次均係一經國會疑問，內閣自行辭職。」[32]湯漪贊成駱繼漢
修正案，只有在眾議院提出不信任決議時，才可以解散。他對呂復
兩院制調和作用的看法，特別是參議院的實際作用表示懷疑。湯委
婉地表示討論時不要受到前日公民團事件的干擾。最後湯強調：「制
憲為百年之業，非為一日計，即使為今日一時計，本席亦敢斷言憲
法上規定解散權較不規定解散權實能免莫大之危險也。」[33]

　　伍朝樞依然持過去看法，主張大總統有解散權。他認為議會濫
用不信任權，其實是內閣制的缺點，所以應該給予行政部解散權，
「以保護行政部免其過受立法部之侵擊。」法國不像英國的兩黨

31　吳宗慈：《中華民國憲法史前編》，「論壇異同集粹」，第78-79頁。

32　同上，第88-89頁。

33　《憲法會議速記錄第52號（1917年5月14日）》，中國第二歷史檔案館編
　　《中華民國史檔案資料彙編第三輯政治（一）》，江蘇古籍出版社，1991年，
　　第548-549頁。

制，因多黨林立，各黨沒有確定的政見，「於是內閣無可恃之後盾，亦隨政黨之變態而變。」所以政局動盪，內閣平均壽命不過八個月。民國應該汲取法國的經驗教訓，賦予政府解散權，這樣議會就不會濫用不信任權。伍建議效仿英國，政府在三種情況下行使解散權：1、表決不信用內閣；2、對於預算案不完全通過，或對於預算案有修正但政府不接受；3、對於內閣預先聲明關於政策之法律案議會不通過。[34]

眾議員張耀曾對解散權主張有兩點理由。「第一議院本為代表民意之機關，然有時其所主張者是否真正民意，不無可疑，於是不得不設法求國民為判斷之。此方法即解散現議院另行選舉是也。第二解散議院乃對於責任內閣之救濟方法，使政治上有伸縮之餘地。」當然議院是否善用不信任權是一大問題，「善用此權，則國家食其福；不善用之，則內閣朝成夕倒，其弊不可勝言。而解散權者即所以救議院不善用其權之失也。」張承認像日本政府那樣濫用解散權的危害，應該有所限制。考慮到黨派政治的因素，參議院出於黨見並不能公正地處理解散問題，所以不必獲得參議院的同意。只有當眾議院否決預算案之全部時，或投不信任票時，政府才可以行使解散權。[35]

眾議員王侃特別舉出日本因政府解散權沒有限制，在日俄戰爭宣戰問題上，僅僅因為議會向政府提出宣戰的建議，就被天皇解散，王當時正在日本，感觸頗深。「由彼時日本內閣總理桂太郎係一武人，不顧輿論，蔑視立法，利用憲法中天皇解散眾議院之大權，遂將眾議院解散。」王希望以此為鑒，解散權應該加以限制，中國不能重蹈日本覆轍。他還反對三分二或過半數的限制，贊成駱繼漢修正案，即在預算案被否決與不信任決議通過兩種場合，政府才可以解散議會。[36]

[34] 吳宗慈：《中華民國憲法史前編》，「論壇異同集粹」，第95頁。
[35] 同上，第96頁。
[36] 同上，第90-91頁。

　　第二種看法是大總統在眾議院通過不信任決議時，可以解散眾議院，但須獲得參議院過半數同意。眾議員葉夏聲認為各國規定解散權的理由是「大概皆係因議會對於內閣投不信任票時始有解散眾議院之問題發生。簡單一言以畢之，即眾議院對於內閣為不信任之投票，政府欲徵之輿論，則非改組內閣即解散眾議院，二者非出其一不可。」關於以預算案被否決作為解散案的理由，葉認為不可取，因為「世界上無一國家無預算否決之事故。」只有眾議院不信任決議才是解散權的唯一原因。葉同時主張解散須經參議院的同意。參議院代表地方政治參與，可以發揮調和的作用。不過葉反對三分二多數同意，認為只要過半數即可。[37]此外葉認為不信任權是針對國務員對於國會所負的政治上責任。「所謂政治上之責任者，例如某部長對於一事並非違法，乃一種在法律外之行為致全國人皆不滿意。」因草案中國會對於總理以外的國務員不再有同意權，所以不信任權可以補救同意權的缺點，避免閣員的任意跋扈。[38]

　　眾議員褚輔成強調憲法全部精神在於採用責任內閣制度，只要是責任內閣制度，解散權就不能不給予政府。」「僅就政治家眼光論之，凡採責任內閣制者，不僅採取民意而已，即對於眾議院亦須負完全責任。既對於眾議院負完全責任，倘有時眾議院與內閣之政見衝突時，有何方法以善其後，勢必為不信任投票以推翻內閣，而內閣認為所定之政治方針必須實行，可以負責任之時，則解散眾議院權又不能不與之也。」褚贊成葉夏聲的意見，當不信任決議通過時，政府才可以行使解散權，但要經參議院過半數同意。此外為防止政府與議會濫用這兩種權力，如在法國所發生的倒閣頻繁。政府方面的解散權，必須在一定的場合，及參議院的同意後方能行使。[39]

37　《憲法會議第 36 次速記錄（1917 年 3 月 23 日）》，《憲法會議公報第 40 冊》。
38　吳宗慈：《中華民國憲法史前編》，「論壇異同集粹」，第 78 頁。
39　《憲法會議第 36 次速記錄（1917 年 3 月 23 日）》，《憲法會議公報第 40 冊》。

　　呂復同樣贊成葉夏聲修正案，反對解散權不受任何限制。呂特別以日本為例，指出在解散權不受限制的日本，眾議院往往提出一項建議案即遭政府解散。反之，在有限制規定的法國，眾議院僅被解散過一次。同時，解散議會後議員重新選舉的費用也使得國家財政困難不堪，「屢試即社會之治安關係亦將受其影響。」[40] 此外，解散眾院如果不經參議院同意，則是反對兩院制度，失去全部憲法精神。[41]

　　眾議員黃雲鵬表示支持有條件的解散權，理由是中國實行責任內閣制度，不同於美國極端分權制度。「故一方面既定眾議院有彈劾權，則一方面必認政府有解散權，使其互為限制，以保權力之均衡。內閣議會皆不許各有絕對無限之權力而陷於專制。必以人民之意為意，兩相牽制，庶能兩相調和，實為救濟一機關專橫，唯一無二之良法。」由於參議院與眾議院性質不同，較為穩健，不偏於黨派及感情，「既不能使立法部偏於激進，亦不能使行政部流於專橫，甚為妥當。」[42]

　　第三種看法與第二種略有不同，主要是反對參議院對總統解散權的限制。參議員章士釗表示不僅要規定不信任決議於憲法，還要標明結果即非內閣總辭職，則眾議院便須解散。「政治為物，貴乎流動，憲政運用，期其進化，如望將來政府與國會俱立於水平線上，使其平流而進，其勢必一方政府有解散權，一方議會有不信任決議權不可。」而且政府解散權不應該有任何限制，如有限制則形同虛設。法國就是明證，「自三次共和以至於今，從無解散下院之事，而其內閣之更迭，則三兩閱月發現一次，且其內閣更迭之原因，非出於國會動議不信任決議之時，即出於國會正事討論不信任決議之

---

[40] 吳宗慈：《中華民國憲法史前編》，「論壇異同集粹」，第80-81頁。
[41] 《憲法會議速記錄第52號（1917年5月14日）》，《中華民國史檔案資料彙編第三輯政治（一）》，第548頁。
[42] 吳宗慈：《中華民國憲法史前編》，「論壇異同集粹」，第94-95頁。

時。」這些都導致世人所詬病的法國政治現象不穩定。中國如果也
加以限制，更不如法國，「因吾國政府決不能如法國政府之肯尊重
民意。」只要議會借機頻繁使用不信任決議權，內閣或者違憲不辭
職，或者違憲解散眾議院，「則憲法效力完全喪失，不啻等於僵死。」
「故不如先讓一步，俾政府得以負責，勿令憲法全部皆亡，是在制
憲之始，預留伸縮餘地，為將來萬一之救濟。此憲法之所以貴有彈
性也。」章認為雖然日本因為解散權無限制，經常發生議會被解散，
但是日本民主政治畢竟還是在進步。[43]

眾議員張知競指出眾議院監督政府共有五種，同意權、預算權
案是為事前監督，彈劾、不信任決議、決算案否決是事後監督。「但
立法部之行動固未必皆愜人意也。」「倘眾議院感情用事，則政府
必致不能舉責任內閣之實。」所以必須規定政府解散眾議院的權
力。如果只有立法部門對於行政部門的種種束縛，而政府完全沒有
抵抗的武器，「則是行政部為立法部之附屬機關矣。」草案既然取
責任內閣制度，政府當然應該有解散權，而且絕對不可加以限制。
參議院與眾議院性質沒有什麼區別，「欲得三分二之同意，乃萬不
可能之事。」如果政府行使解散權失敗，「是行政部與立法部遇事
必彼此牽制，暗潮激盪，政治必無進化之日。」張表示不必擔心政
府濫用解散權，因為解散權只限於不信任決議通過之場合，而且同
一會期不得為二次解散。[44]

參議員陳光熹特別指出因政府對於國會負責任之名，必有國會
監督政府之實，而國會監督政府之實的最後行為就是不信任投票
權。「蓋不信任決議與解散權二物為議會政治上相衡相抗之妙用，
若國會不贊成政府政策，政府又深信其政策可致國家於富強，國民
大多數心理亦深以政府之政策為然，國會對於國務員為不信任之投

---

[43]　同上，第 87-88 頁。
[44]　同上，第 91-92 頁。

票時，解散之問題於是乎發生。」參議院三分二同意權的限制，「則解散權徒有形式，殊難實行」。[45]

眾議員李慶芳以英國憲政為例，指出英國數百年來憲政運用沒有發生流弊，其原因有二：一是下院對於國務總理沒有同意權；二是政府解散下院不必經上院之同意。「故行政與立法兩機關得以保其平衡，而造成議會內閣制之政局。」民國的做法在世界各國是獨特的。美國國會有同意權無不信任權；法國國會無同意權有不信任權，「今我國共和新建，乃欲於憲法案中玉石競陳，以拓展國會之許可權，其結果使內閣變為國會之附屬機關，破壞三權之分立，流為議會之專斷。」而且同意權、預算否決權、彈劾權都可以致內閣於死地，況且在國會黨爭激烈時使用不信任權，經常會導致短命內閣的出現，中國政局惡象將會比法國更加嚴重。[46]

此外，參議員孫光庭也認為解散權無須徵得參議院同意。「即以現在事實言之，所以發生公民團體包圍國會者，亦半因憲法未公佈、解散權未解決，行政、立法兩部互執已見，相持不下，故有此意外之舉。」[47] 參議員蔣義明持相似看法，「夫欲求行政、立法兩部之無衝突，須先求職權上之平衡，如不規定解散權，須先刪去不信任決議權，二者均不定入憲法，一循政治慣例行之，亦無流弊。」但現在不信任決議權已經入憲，而解散權竟被廢棄，「且不信任決議定入憲法既無何項條件之限制，則於解散權似亦不應別有條件，仍應限於眾議院提出不信任決議之場合行之，兩方互為限制，能使眾議院增加責任心，而一切政治均易平穩進行也。」[48]

[45] 《憲法會議第 36 次速記錄(1917 年 3 月 23 日)》，《憲法會議公報第 40 冊》。
[46] 吳宗慈：《中華民國憲法史前編》，「論壇異同集粹」，第 97 頁。
[47] 《憲法會議速記錄第 52 號 (1917 年 5 月 14 日)》，《中華民國史檔案資料彙編第三輯政治（一）》，第 547 頁。
[48] 同上，第 547-548 頁。

最後一種意見是反對憲法草案中規定不信任權或解散權。反對解散權的是眾議員秦廣禮，他以人民主權論為由，認為解散權是與內閣制精神相背離，「查本草案規定主權屬之國民全體，國會為人民所選出之代表，今乃予政府以解散權，是無異使政府侵害主權。且以眾議院與內閣比較，眾議院組織約四五百人，改選一次非常困難，內閣僅十數人，改組一次甚為容易。」秦特別欣賞法國與葡萄牙的做法，「法國自規定解散權後，亦僅行使一次，可見解散權只通行於君主國家，最近葡萄牙制定憲法，係取法於法國，亦即無解散權之規定。此實優於取法國之點。」[49]

眾議員李載賡特別指出日本議會解散 8 次，每次改選反對黨都失敗。李主張刪除解散權條文。「近月以來往往見有不法電報聯絡軍人，倡言解散國會。因約法上無解散權之規定，尚未能見諸事實。今若於憲法上規定有解散權，則今日憲法成立，明日國會即解散矣。」[50] 眾議員劉恩格同樣反對總統解散權，認為解散權與代議制度根本不相容，議員為國會中多數人民選出的代表，內閣解散眾議院，是對代議制根本的破壞。[51] 眾議員孫潤宇表示民國總統無解散權的必要。一是中國不同於法國，法國解散權的規定是受到過去憲法的影響，而中國過去卻沒有憲法。因此沒有必要借鑒法國經驗。二是解散眾議院訴諸國民，原先議會中多數極有可能再次獲勝，仍然無濟於事。況且一次選舉，全國騷動，國民經濟無形受其損害。葡萄牙共和國實行責任內閣制，就沒有規定解散權，就是深知這種危害。所以責任內閣制必採用解散權的說法並不成立。[52]

此外，參議員吳蓮炬還提出不信任權不需要規定在憲法中，如果明文規定在憲法中，「其結果必致政府對於議會不為敷衍即行遷

49　《憲法會議第 36 次速記錄（1917 年 3 月 23 日）》,《憲法會議公報第 40 冊》。
50　同上。
51　吳宗慈：《中華民國憲法史前編》，「論壇異同集粹」，第 93 頁。
52　同上，第 97 頁。

就或存顧忌之心。以中國現在之國情觀察，一二十年之內，政治必
難就於軌道，徒令政府敷衍遷就或存顧忌之心，決不能收良好之結
果。」憲法上規定不信任權的前提是議會中必須有堅強的政黨。從
最早行使不信任權的英國先例來看，其良好效果正是因為英國有堅
強的政黨為之運用。反觀法國，「係用明文規定於憲法之中，但
自立馬漢（譯音）當選之後，至一千八百十六年，於十年之中，
倒閣計至三十四次，以平均計算每次內閣之運命，只有八閱月而
已。」[53]

　　本來解散權是一種正常的行政權力，戰後英國歷屆議會，除
1992-1997 年以外，其餘都是提前解散。正常任期 5 年，實際任期
只有 3 年 4 個月，「提前解散議會成了現代議會政治中通常的做
法。」[54]而解散權的積極作用，正如當時研究系議員易宗夔在憲法
會議中指出：「立憲政體之精意，立法與行政部須立於極平等之地
位，方有互相牽制互相調解之妙用。用以保權力之均衡，有時行政
部流於專橫，議會得彈劾以倒之。有時立法部偏於激急，內閣得解
散以去之。於是乎一國政治始有進步可言。」[55]

　　解散權限制性規定顯然也是不合理的。當時就有美國學者認為
限制性解散權大大阻礙有力的責任內閣制度的發達。英國責任內閣
制度的實行有力，就是因為內閣可以直接解散下院，面法國政治經
驗「足證明解散下院之必經上院同意者，其解散之請求為事實上絕
無而僅有者也。」[56]學者張東蓀同樣認為：「上院與下院本屬同氣，
決不肯為解散之同意，此勢使然也。」又何況加上三分二多數的同
意的限制。「依原文之規定，直謂使民國永不見有是之事實。未嘗

---

[53] 《憲法會議第 36 次速記錄(1917 年 3 月 23 日)》，《憲法會議公報第 40 冊》。
[54] 劉建飛等編著：《英國議會》，華夏出版社，2002 年，第 95-97 頁。
[55] 吳宗慈：《中華民國憲法史前編》，「論壇異同集粹」，第 86-87 頁。
[56] 韋羅貝、韋羅壁：《中華憲法平議》，中華書局，民國 8 年，第 74 頁。

不可。果永無解散，則不如規定不得解散為直截了當，不必設此朝三暮四之法也。」[57]

（四）憲法解釋權

在憲法會議上，一種意見主張借鑒美國模式，由最高法院行使憲法解釋權。眾議員曹玉德建議憲法有疑義時，由大理院解釋。他介紹說解釋憲法機構，世界各國分為兩派，一派為英美派，一派為大陸派。「大陸派以解釋權屬於造法或立法機關，英美派乃委之法院。蓋大陸派不認憲法為法律，故解釋憲法機關亦與普通法律有別，而英國認憲法與法律同一輕重，故解釋法律機關亦與普通法律無異。獨美利堅視憲法與普通法律略有不同。」民國憲法草案屬於大陸派，一般認為理由有三：「（一）憲法制定既為造法機關，此後發生法律上之衝突，自應由造法機關解釋之。若委之於其他機關，則憲法根本或有動搖。（二）制定憲法為一機關，而解釋憲法又為別一機關，統係不明，法例紊亂，而憲法精神乃蒙其影響。（三）制定憲法屬之多數人民代表，而解釋憲法乃委之於少數任命法官，揆諸定憲原則，未免不合法。」但是曹認為制定憲法與解釋憲法不同，解釋憲法是依據憲法原有的意思進行判斷。判斷的意思正表明不必屬於原造法機關。憲法雖然是最高法律，但畢竟還是法律的一種，司法機關又為什麼不能解釋。所謂根本動搖乃是過慮。關於第二條理由，曹反駁說憲法會議議員定期改選，人員必然發生變動，新任與前任議員意思當然會不一致。這樣雖然仍是同一機關，對憲法看法差異前後自然也會不一致。況且由其他機關解釋憲法，見解與原意未必相背。從理論來看，憲法頒佈後，造法機關職務即告終了，此後解釋權當然屬於司法機關，表明「三權分立，各不相侵」。所以解釋權屬於最高

---

[57] 張東蓀：《憲法草案修正案商榷書》，第 20-21 頁。

法院，不僅沒有以上弊病，還可發揮監護憲法的作用。「且法院為常設機關，遇有疑義，立可判決，非憲法會議之手續繁重者可比。」[58]

參議員王正廷指出憲法會議解釋憲法將會產生三個問題：第一，四分之三表決標準太高，難於行使解釋權。「倘將來解釋憲法時議事上亦有如今日之事實，則應行解釋之問題恐無解釋之日矣。」第二，不便處理普通法律與憲法抵觸。」因為憲法會議是由國會議員組成，「將來對於國會內一般議員過半數通過案件，發生抵觸憲法之問題，在國會議決時已經過半數議決為不違背憲法者」，這樣憲法會議就很難處理判決抵觸憲法問題。第三，受到國會內政黨政治因素的影響，憲法會議開會表決是非常困難的。王同意曹玉德的修正案，建議採用英美模式，由最高法院行使解釋憲法權。[59]汪榮寶也強調法院應有審查法律權，發揮保障法律的效力。「假使法律上生出問題時，無正當機關解決之，恐致行政與司法有許可權之衝突。」而解釋歸於法院非常妥當。汪特別說明自己在美國時曾見過最高法院行使憲法解釋權的先例。[60]

另一種意見是採用歐洲大陸模式，由國會行使憲法解釋權。秦廣禮認為法院擁有憲法解釋權僅是學理上的解釋，事實上並不可行。因為大理院法官不一定能夠勝任，也不一定有實力行使解釋權。過去的事實證明這一點，在民國二年，如果大理院能夠依法解釋約法，則國會不至於被非法解散，袁也不敢帝制自為。「總之，近一二十年以內，殊難斷決大理院必能超脫立於行政部之外，既不能超脫立於行政部之外，即無實力可以依法解釋。」秦認為還是憲法會議比較合適，「憲法會議議員即國會之議員，當制憲時之取義

---

[58] 吳宗慈：《中華民國憲法史前編》，「論壇異同集粹」，第 191-192 頁。
[59] 同上，第 196-197 頁。
[60] 同上，第 200 頁。

若何，必能深悉底蘊，絕不致有抵觸之發生，使憲法條文因解釋而失其效用也。」[61]

湯漪稱憲法本身之疑義完全由憲法會議自己解決。如果不能有結果，可以變成憲法修正問題處理。改為三分之二列席，三分之二表決標準。「主張採用過半數之說不能承認，因解釋憲法萬不能比較復議為簡略也。」[62]湯還指出美國實行大理院解釋憲法是歷史上的原因，認為這種制度是最好的制度，其實是根本的錯誤。美國最高法院解釋憲法，並不能加以絲毫的判斷，所以最後仍然以議會旨趣為歸。[63]孫潤宇表示解釋憲法實際上屬於變更憲法，還是應該由制定憲法機關解釋之。「誠以制定憲法者，對於其所制定之法，用意必能明瞭，不至生出意外。」[64]眾議員龔政雖然承認議員三年一次選舉，發生變動，但是終身法官也會因故去職或調任而發生變動。雖然法官解釋可以作為一種不能更動的判決，但是議會解釋同樣可以作為一種判決與定例。況且法院無權，並不能起到救濟的作用。「然就憲法之效力而論，法律抵觸憲法，法律當然無效，必不能執法律之疑義以變更憲法之疑義者。」所以由憲法會議解釋憲法是沒有問題的。[65]

第三種調和的意見是大理院行使最初解釋權，憲法會議享有最終裁定權。參議員蔣義明認為贊成原案者看法有誤。1、誤認為解釋修正因此使憲法動搖。「殊不知解釋者，斷不能出乎法理法意以外，縱有擴充解釋，類推解釋，總以適合法理，貫徹精神為原則。」2、輕視大理院，認為大理院權力微弱，不足以解釋憲法。但是從分權原理來說，草案中已經規定大理院為最高法院，行使國家司法

---

[61] 同上，第 192 頁。
[62] 同上，第 195-196 頁。
[63] 同上，第 199 頁。
[64] 同上，第 200 頁。
[65] 同上，第 200-201 頁。

權，足以證明有實力地位。3、認為大理院僅有六七人，不及憲法
會議幾百人之眾，「以六七人解釋憲法上之疑義，恐不及數百人較
為清晰。」但是解釋憲法的關鍵不在於人數多少，而是法律專門知
識。蔣還特別強調憲法會議解釋憲法其實困難甚多，如議員出於黨
見，就很難公正處理。憲法會議又不能常年開會，在憲法發生疑義
時，在中國幅員廣泛，召集議員開會，也不是一件容易的事情。最
初解釋權給予大理院，憲法會議保留最終解釋權。[66]

陳家鼎在發言中強調大理院的法律地位，認為大理院是全國最
高法院，關於判決人民訴訟違憲事件，如不給予解釋憲法的權力，
「則究竟人民是否違憲，彼可自由主張判決。其判決主義是否與憲
法抵觸均不得而知也。」所以當憲法發生疑義時，應該由大理院解
釋。如果憲法會議行使解釋權，從現在的制憲情況來看，三分之二
的出席率與四分之三的表決率，是極難達到的，「如果如原案規定，
恐雖有解釋之名，無解釋之實。」不過，陳也提出折衷辦法，即如
人民不服大理院判決，最終解釋權仍然歸於憲法會議。[67] 參議員楊
永泰承認憲法會議行使解釋權表決人數限制太高，但是如果改為人
數過半，「恐憲法會議中有意圖修正案者必且避重就輕，提出修正
案，而用解釋名義反將憲法根本上意味變更，則非常危險。」楊認
為這樣一來，不出十年，憲法條文制憲時意義已經大不相同。解釋
權由大理院行使，但是議會如果認為有三分之二以上者認為解釋為
當，即可再加解釋。[68]

回顧 1916-1917 年國會關於制憲問題的爭辯，其中省制問題從
表面上看，雙方分歧是對學理、國情、現實的不同看法。有當事人
也回憶說：「雙方所舉理由甚多，涉及郡縣分佈，州路沿革、藩鎮
利弊，督撫得失，分權集權之輕重，兩級三級之虛實，向心離心之

---

[66] 同上，第 193 頁。
[67] 同上，第 198 頁。
[68] 同上，第 199-200 頁。

強弱，乃至省憲自治，聯邦邦聯……這一場論戰，各黨派全力以赴，贊成者圖久大，反對者重現實，大都從國家利害著眼。」[69]然而背後原因並非如此簡單。過去已有學者注意到省制之爭的利益動機，指出省制入憲與省長民選爭議，實際上這是中央集權與地方分權的爭端。研究系代表的是當權的北洋派的利益，反對派則代表地方軍閥的利益。[70]不過這種看法並不十分準確，因為國民黨與各省督軍看法並不一致，後者基本上是反對省長民選。

省制案爭執的真實原因還是各派從實際政治利益考慮──特別是對未來權力前景的規劃──而採取的政治行動。袁世凱死後的約法之爭就是這樣，「雙方對新舊約法的爭議並非出自法的觀念，而純粹是基於現實層面的政治考慮……在南方的考慮則認為舊約法國會權力較大，革命黨占國會議員的多數，足以控制政府。」[71]省制爭執也是如此，李劍農曾指出：「省長的配置與各黨派勢力的伸張，有密切關係。」[72]有輿論也認為：「今南北兩方之偉人，挾有總次長及督軍省長之欲望者，不可以僂指數。必欲一一如願以相償，內則須分為數十部，外則須分為數百省，始可使之各得其所。」[73]時任政學會領袖張耀曾秘書的梁漱溟回憶說，1916年國會重開後，在政局中，權勢鬥爭仍居第一位。最後還是政爭覆滅了國會。[74]

在國民黨方面，國會重開後孫文就認為：「政局變動靡常，徐州會議現雖消泯，而段、孫爭執正劇，我輩正須團結黨員團體，益

[69] 韓玉辰：《政學會的政治活動》，《文史資料精選》（第三冊），中國文史出版社，1985年，第121頁。
[70] 陶菊隱：《北洋軍閥統治時期史話》（第三冊），北京三聯書店，1958年，第84頁。
[71] 李達嘉：《民國初年的聯省自治運動》，弘文館出版社，1986年，第28頁。
[72] 李劍農：《中國近百年政治史》，第433頁。
[73] 〈閒評一〉，《大公報》1916年10月9日。
[74] 梁漱溟：〈有關民國初年政史的見聞紀實〉，全國政協文史資料委員會編《文史資料選輯第一輯》，中國文史出版社，1986年重印本，第78頁。

謀多吸集黨員，擴張黨勢，以收他日有事時之效果。」[75]因此時的
國民黨在國內的勢力已經不同於民國初年，二次革命後曾經擁有的
數省地盤全部喪失。國會重開後國民黨在中央政權被北洋派把持之
後，對拓展地方勢力非常重視，對地方勢力的消長也極其敏感。當
1916年浙江省政局發生變動時，在一些民黨人士看來，「浙江本民
黨地盤，近因內部小有齟齬，中央即命楊善德為督軍，齊耀珊為省
長，而浙江已入官僚勢力之中矣。」國民黨要人譚人鳳因此非常憂
慮地指出：「然則內地各省，其尚有容民黨駐足之地哉？」[76]

　　益友社等原國民黨人倡導地方分權的政治考慮是如果省制入
憲，省長民選目標得以實現，國民黨憑藉在地方多年經營的優勢，
完全有可能獲得不少省區省長選舉的勝利，這樣既可以削弱地方上
北洋派督軍的力量，也有實力與北京中央政權分庭抗禮。同時在地
方自治名義的掩護下，國民黨可以從容地鞏固與擴大政治地盤，攫
取更多的政治資源，尋找新的機會東山再起。省制入憲與省長民選
的實質，「就是反對北洋軍閥集權，維持南方實力派的半獨立地位，
以使國民黨得到生存和發展。」[77]

　　與國民黨相似的是，研究系在地方制度上的政治主張也沒有始
終一致，在朝與在野時的立場截然相反。在護國戰爭開始時，進步
黨反對中央集權，提出「劃定中央地方許可權，圖各省民力之自由
發展。」[78]其目的在於發展進步黨在西南的地方勢力。但是在1916

---

[75] 〈致黃德源饒潛川等函〉，《孫中山全集第3卷》，中華書局，1984年，第
385頁。國會重開後，孫中山就決定國民黨議員赴北京參加國會，與北洋
派進行議會鬥爭，分化北洋派。參見周震鱗《北洋軍閥時期國會概述》（全
國政協文史資料委員會編《文史資料選輯第82輯》，文史出版社，1982年）
第126-127頁。

[76] 石勞勤編《譚人鳳集》，湖南人民出版社，1985年，第177-178頁。

[77] 李新：《中華民國史第二編第二卷》，第41頁。

[78] 梁啟超：〈雲南檄告全國文〉，《盾鼻集》，公文，第8頁。轉引自李新《中
華民國史第二編第二卷》第29頁。

年南北重新統一後，研究系的政治目標發生變化，此時「目的在
爭取議會席次，在議院中控制多數，進而組織政府，負責國家大
計。」[79] 為實現這一目標，研究系認為必須依靠北洋派才能有所發
展，才能防止國民黨勢力的抬頭。[80] 於是採取與段祺瑞等北洋派充
分合作，借助其幫助，擴充本係的勢力，進而奪取政權的政治策略。
在孫洪伊與徐樹錚的衝突中，研究系堅決支持段，段也給予回報，
任命與研究系關係密切的張瀾、胡瑞霖二人為四川、福建省長。在
省制問題上，研究系也是這樣，提出與昔日主張相反，但是卻與北
洋派相一致的中央集權政策。而到了 1922 年，在野的研究系又開
始重提地方分權與聯省自治，反對單一國家制。[81] 所以激進與溫和
兩派制憲目標都是各自的利益優先，不同時期的政策訴求，都是因
不同的政治形勢而調整。「當他們越迫切得到政治權力時，當他們
離政治權力越近時，當他們手中的權力越多時，他們就變得對地方
自治、聯省自治與聯邦主義越反感。」[82]

北洋軍人集團反對地方分權的政治考慮也是如此。醉心中央集
權與武力統一的段祺瑞自是不必說，各省督軍雖然在省制入憲上一
度表示不反對，但是反對省長民選的立場卻是一直堅持的。主要原
因還是害怕未來民選省長侵奪他們在地方上的權力。按照激進派的
制度設計，省長在行政、軍事、財政等方面擁有一定的實權。即使
北洋派能夠奪取省長職位，但是如果省議會被民黨控制，仍然會受
到省議會彈劾權的有力制約。所以在省制問題上，「各黨議員爭論
之，各省督軍反對之。雖然余以為此事之爭議，非兩方見解不同，

---

[79] 張朋園：《梁啟超與民國政治》，食貨出版社有限公司，1980 年，第 300 頁。

[80] 李新：《中華民國史第二編第二卷》，第 28 頁。

[81] 金珍煥：《五四時期研究系的政治主張》，博士學位論文，臺灣大學政治學
研究所，1996 年 5 月。

[82] 劉軍寧：〈聯省自治：二十世紀的聯邦主義嘗試〉，《戰略與管理》2002 年
第 5 期。

乃兩方存心不同也。……蓋主張民選者，以為省制非即今日之督軍制。軍事將另定區域。而省制則以省長為主任者也。反對民選者，以為省制即今之督軍制，以督軍為一省之主任，省長而由民選恐不能與督軍和衷共濟也。」[83]

同樣地，國會在立法與行政權力設計上依然延續了 1913 年的作法，仍然以國會利益優先，忽略了北洋政治集團的利益訴求。所以督軍團在呈請總統解散國會電文中特別提到解散權、總理同意權、兩院議決法律效力等問題，「查責任內閣制，內閣對國會負責，若政策不得國會同意，或國會提案彈劾，則或令內閣去職，或解散國會，訴之國民，本為相對之權責，乃得持平之維繫。」關於解散權的限制，「我國參、眾兩院，性質本無區別，迴護自在意中，欲以參議院之同意，解散眾議院，寧有能行之一日？是既陷內閣於時時顛危之地，更侵國民裁制之權，憲政精神，漸滅已盡。」[84]馮國璋認為解散權不宜加以限制，當政府與議會相持不下時，正好以此來訴諸民意，而且「英國憲政實以此為進化之路。」[85]就連西南實力派劉顯世也反對總理同意權與限制總統解散權。[86]強硬派倪嗣沖更是認為國會制憲仍是「因人立法」，「其尤異者，天壇草案於袁大總統為對人立法之條文，今則移其對待袁大總統者，專對現任之總理而立法，不惜舉總統制進退僚屬之精神，開大總統命令副署之例外，對人立法，何以立國家無疆之基。」[87]

---

[83] 《省制與民選》，《申報》1916 年 11 月 3 日。

[84] 丁中江：《北洋軍閥史話》（第二集），中國友誼出版公司，1992 年，第 385 頁。〈各省督軍反對憲法之文電〉，《晨鐘報》1917 年 5 月 20 日。

[85] 〈副總統對於憲法之請願〉，《晨報》1916 年 12 月 14 日。

[86] 劉顯世認為「解散國會，原求最後輿論之真評，限制解散次數，極表贊同。惟元首行使此權，但不可受他機關之限制」「國務總理果任職無狀，質問、否決提案、不信任投票、彈劾等項，均國會所以裁制政府之法，就理論言元首任命總理，自無國會同意之必要。」〈劉顯世之憲法意見電〉，《申報》1916 年 12 月 7 日。

[87] 倪嗣沖致王士珍電（1917 年 5 月 28 日），來新夏主編《北洋軍閥（三）》，

　　最後守舊勢力乘機指責國會「至制憲之事，乃復激於偏見，行其陰謀，削一切行政之權，悉收而納諸國會，舉從來統一之局，必取而剖為聯邦，為暴民開專制之新圖，陷國家於分崩離析之地。」[88]稱民國不亡於真專制之政府，而亡於假共和之國會。[89]立場比較溫和的直系軍人，同樣認為國會因內訌而延誤制憲，「實失人民信仰之心。信仰既弱，疑誤滋焉。疑誤既滋，攻擊起焉。」[90]總統黎元洪1917年6月12日通電中對國會制憲失敗的批評比較中肯，指出國會開會將近一年，專鬧意氣，「乃者國會再開，成績尚鮮，憲法會議，於行政立法兩方權力，畸輕畸重，未劑於平，致滋口實。」[91]

　　第 450 頁。

[88]　同上。

[89]　〈安徽倪嗣沖勸告國會議員電〉，《申報》1916 年 12 月 19 日。

[90]　〈李純勸國會議員釋爭電〉，《申報》1916 年 12 月 17 日。

[91]　丁中江：《北洋軍閥史話》（第二集），第 412 頁。

民初國會憲法會議與省憲之爭

在 1922-1923 年國會最後的政治活動中，人們雖然已經注意到國會議員的自身利益，但主要以此來分析總統「賄選」，而忽略對制憲政治的利益分析。實際上，持反省憲立場基本上是親直派議員，而反直派議員多是省憲主張。1923 年 5 月兩派國會議員又先後成立省憲同志會與反省憲同志會，鬥爭更趨白熱化。雙方在省憲問題上的爭執與衝突，掀起本次國會制憲新的波瀾。

一、國家（中央）權力及其與地方關係

多數議員同意以列舉方式規定中央權力。國權章提案人參議員陳銘鑒提出國權有列為專章的必要，「國權者包括國家一切事權在內，憲法草案上規定之立法行政司法各權乃行使國權方式之問題。」陳認為國權列為專章是指國權實質問題，與國會章規定國權行使方式內容不同。[1] 參議員楊永泰同意增加國權一章，「省對於中央之關係，即是省對於國家之許可權，此等許可權如不劃分清楚，則政治永無澄清之日。」民國建立以來中央政府毫無實權，因為屬於中央政府的國家事權未經明瞭規定，又因人的關係而其許可權大小反覆變化，「強有力者入居中央，則中央權大。強有力者外居地方，則地方權大。」如果中央許可權不列舉，「致各省長官之狡者因

---

[1] 吳宗慈：《中華民國憲法史後編》，「論壇異同集粹」，第 10 頁。

某事之不便於已也，其事屬於中央所責辦者，則假地方名義以反抗之。」[2]

眾議員姚桐豫等人雖然不贊成另外增加國權一章，但也同意在憲法中列舉中央權力。[3] 姚在地方制度大綱條文案中列舉的中央權力包括：「外交權、海陸軍權、司法權、郵政權、電信權、鐵道幹線敷設權、航空及航行江海准許權、邊地拓殖權、推行國際通商權、關稅權、鹽務權、煙酒公賣權、發行印花權、劃一幣制權、國立銀行權、國立學校權、全國共同法規實行權。」[4] 眾議員呂復也主張在地方制度中列舉中央權力，包括外交、對外貿易、人口稅、鹽稅、煙酒稅、印花稅、規定幣制、海陸軍徵募與編練等 13 項權力，基本與姚桐豫相同。[5] 眾議員黃樹榮提出地方制度案，其中第一條規定地方為省縣二級制。中央權力列舉，省事權概括。中央權力除外交、國防等外，還包括郵電及空中之交通、拓殖邊地、國債、國家之考試任用及保障等。[6]

另有一些議員反對憲法中專設國權章明確中央與地方關係，主張將國家事權列入國會章內，「因國家事權係立法權之基礎，即國會根據列舉事項，先行制定法律而後行政司法乃次第發生。」[7] 眾議員駱繼漢的態度也是如此，他雖然不贊成國權專章加入憲法，但是卻改變過去反對立法分權的主張，轉而同意立法分權，並規定三種限制：1、國會容許省議會所行使的職權；2、省議會所定的法律，必須得到國會的認可；3、國會與省議會同時制定的法律，國家法

---

[2] 《憲法審議會第 50 次會議錄（1922 年 8 月 22 日）》，《憲法會議公報第 53 冊》。

[3] 同上。

[4] 《眾議院議員姚桐豫提出地方制度大綱條文案》，《憲法會議公報第 52 冊》。

[5] 《眾議院議員呂複提出地方制度條文案》，《憲法會議公報第 52 冊》。

[6] 《眾議院議員黃樹榮提出地方制度案》，《憲法會議公報第 54 冊》。

[7] 呂復發言，《憲法審議會第 50 次會議錄（1922 年 8 月 22 日）》。

律優先有效。[8] 眾議員王有蘭反對另設立國權,「各國憲法對於中央事權以立法事權占多數,如澳洲,如美國,如葡萄牙,均於國會一章之下規定國權。」[9]

議員們雖然對是否加入國權章看法各異,但是支持在憲法中明確中央與地方關係的立場卻是一致的。呂復斷言:「從前憲法草案關於中央部分完全採用中央集權之規定,但揆諸現在之潮流,欲謀中華民國之長治久安,斷非中央集權所能辦到。」呂認為現在人們對地方制度加入憲法已經沒有多少異議。民六草案是中央授權的自治,現在實行的是地方固有的自治制度。這種制度是仿照各聯邦國家二重政府二重憲法的體制。二重政府是指中央政府與地方政府;二重憲法是指國憲與省憲。[10]

湯漪進一步提出劃分國家與地方權力的四條標準。1、事權屬於國家者,應由國會立法,政府直接執行。2、事權之屬於中央及省者,由國會立法由政府直接行使或任命各省執行。3、事權之屬於各省者,可由省議會自行立法,省政府自行執行,不過中央以憲法或法律規定其大原則,以求各省之整齊與平均。4、省權取概括主義,對國憲概括範圍內之事權以省憲法規定之。[11] 湯認為增加國權一章,「目的不在表明憲法採用三權分立之制度,而欲表明憲法採用中央與地方劃分事權之原則。」國家事權分為兩類,一是「凡事權之屬於中央者由國會立法由政府直接執行之。」二是「凡事權

8　《憲法審議會繼續討論省制》,《申報》1922 年 8 月 25 日。

9　《憲法審議會第 51 次會議錄(1922 年 8 月 24 日)》,《憲法會議公報第 53 冊》。

10　《憲法審議會第 45 次會議錄(1922 年 8 月 10 日)》,《憲法會議公報第 52 冊》。

11　《憲法審議會第 50 次會議錄(1922 年 8 月 22 日)》,《憲法會議公報第 53 冊》。

之屬於中央及省者，由國會立法由政府直接執行或令省執行之。」
湯最後建議以德國新憲法第五條為立法參考。[12]

針對地方可能出現過度分權的現象，呂復設計出一系列對省權
的限制條款：「一、辦理交通水利，不得對於他省或地方為妨害之
處置；二、對於他省或地方入境之貨物，不得賦課通過稅或落地稅；
三、對於他省或地方所需之貨物，不得抑留或禁止出境；四、本省
產出或由他省運入之米糧及切要民食，不得許其運往國外；五、本
省有關歷史學藝美術之古書古物，須加保護不得運往國外，其舊有
古跡時加修葺不得毀廢；六、對於本省以外人民之入籍或僑居，不
得歧視或徵收入境稅；七、對於本省以外人民之營業或作工於本省
者，不得加以與本省人民異等待遇，或加以特別負擔；八、逃亡罪
犯潛入本省，經該管官署請求交出時不得隱匿；九、對於駛入本省
口岸之船舶，非依國家法律規定不得徵收噸稅；十、辦理交通事項
非設施實在之工事，不得對於通過人物徵收公費；十一、不得以省
有財產為國外借債之抵押品。」其他省與中央關係、省與省關係處
理原則包括：第一，省官署必須執行國家法律；第二，省之警備隊
遇戰爭或內亂時，必須服從中央調遣；第三，永遠禁止省際之間的
戰爭；第四，各省永遠不得締結攻守同盟條約；第五，省與省之間
爭議由參議院解決；第六，國家軍隊平時駐地在國防境界軍事要
塞，省會城鎮平時不得駐軍。[13]

眾議員王源瀚提出自己關於處理省與國家及他省關係的構
想：1、省對於國家法令委任事件有執行的義務，但經費由國庫支
付；2、省警備隊或義務民兵和編制訓練有遵守國家法律和義務；3、
省警備隊或民兵，遇國家對外戰爭時有服從國家調遣的義務；4、

---

[12] 《憲法審議會第 51 次會議錄（1922 年 8 月 24 日）》,《憲法會議公報第 53
冊》。

[13] 《眾議院議員呂複提出地方制度條文案》,《憲法會議公報第 52 冊》。

省除國防要塞外不得屯駐國軍；5、省除內亂不能平止，經省議會議決請援或緊急請援外，不得請求國軍入境，國軍平亂仍退回原防；6、省與國家發生法律解釋或許可權爭議時。由參議院、國家最高法院各選舉同等數額的委員若干人裁決之；各省發生爭議解決方式同上；各省不得締結攻守同盟或發生戰爭，如有違反，國家得以兵力制止。[14]

參議員蔣義明反對增加國權一章，認為省與地方有兩層關係：一是關於中央的行政，省負責執行。二是省的自治事項。「省與國家之關係，一對於地方自治行政，省有自動制定法律之權；二對於國家行政事件有被動執行之義務。」如果允許各省自行制定省憲，唯恐國家將有分裂的現象。[15]蔣強調德國是聯邦國家，中國是單一國家，中國憲法沒有採取聯邦國家規定的必要。[16]

1922 年 8 月 22 日審議會最後同意增加國權一章。國權章中有關省與中央關係內容在憲法起草委員會起草後，1923 年 10 月 4 日省略審議手續，二讀會通過。[17]

二、省的權力

（一）反直派：省憲與省權概括規定

參議員丁佛言（丁世嶧）提出：1、省依國家憲法的賦予，在不抵觸國憲的範圍內，得自制定省憲法；2、省的事權，取概括規

---

[14] 吳宗慈：《中華民國憲法史後編》，「訟壇異同集粹」，第 12 頁。
[15] 《憲法審議會第 50 次會議錄（1922 年 8 月 22 日）》，《憲法會議公報第 53 冊》。
[16] 《憲法審議會第 51 次會議錄（1922 年 8 月 24 日）》，《憲法會議公報第 53 冊》。
[17] 吳宗慈：《中華民國憲法史後編》，第 436 頁。

定，國權取列舉方式。[18]丁雖然承認「先邦後國」與「先省憲後國憲」是一種倒逆手段，制定省憲是一種過當的要求。但是從現實考慮，卻有利於憲法施行，「故不得已開放省得制憲，而又聲明為國憲賦予，且限以不得抵觸國憲之範圍內。」丁強調列舉國家事權，概括規定省事權的必要性。「當國政府一權不存，與各省爭攘無厭之時，第一著手即不能不先借國家憲法之威靈，命令各省將彼盜僭國家之事權逐件點交，其他一面即不能不將省事權為概括的保留，以閉其口而平其氣。」這樣做的真實目的不是地方分裂，而是完成真正的統一。制憲一線生機能否延續，「實不在憲法之有無，而在制憲時國與省事權之分配名實之審量是否得當。」[19]

湯漪提出地方事權取概括保留方式，贊成丁的看法，並提出補充意見。省可設置警備軍，軍官的任用根據國家法律的規定。[20]參議員陳銘鑒贊成丁的意見，反對聯邦與聯省。強調先有國憲後有省憲，不是章太炎所謂先有省憲後有國憲的聯省。「國憲制定後即為統一國家之憲法，省憲制定於統一上，當然不致生何種妨礙。」[21]眾議員褚輔成同意湯的意見，各省不得設置常備軍。國憲中必須有此詳細規定，這樣軍閥勢力方能打破。制定省憲不可緩行。「因省憲可因國憲之承認遂制定條文限制各省不得設置常備軍也。」[22]

呂復表示民國開國前後保路運動、護國運動的歷史表明，省有對抗國家不法行為的能力。省事權為省固有，而非國家賦予。憲法上省事權「宜取渾括保留之規定，國家事權宜取明白列舉之規定。即在憲法上明白規定何項事權為屬於國家之事權，其餘事權即為地

18 《憲法審議會繼續討論省制案》，《申報》1922 年 8 月 18 日。
19 《參議院議員丁佛言說明省權提案理由書》，《憲法會議公報第 55 冊》。
20 《憲法審議會繼續討論省制案（續）》，《申報》1922 年 8 月 19 日。
21 《憲法審議會第 47 次會議錄（1922 年 8 月 15 日）》，《憲法會議公報第 52 冊》。
22 《憲法審議會第 52 次會議錄（1922 年 8 月 26 日）》，《憲法會議公報第 53 冊》。

方保留事權。」[23] 呂復針對有議員認為民國以來，人民受虐於地方專制的說法，反駁說：「不知所謂地方專制者，實非地方本體，而為中央派到地方之文武官吏。地方因不能自定自治組織以發揮其自治精神。」[24] 眾議員林長民贊成丁佛言的意見，建議「省憲法之制定，省內之地方及人民參與之，起草權不專屬於省議會。」[25] 駱繼漢提出省的許可權取概括規定，「省對國憲有與聞之權。」省有提出修正國憲之權、批准國憲的權力。當一省的法定團體發出修憲倡議，得到七省以上贊成連署，得以提出修正案，請願於國會，要求國會組織憲法會議議決之。「不知在今日制定國憲，非得各省之同意，事實上不易見諸實行。」[26]

眾議員張樹森認為「省憲自治」不是「聯邦聯省」，他的主要理由是：1、「省憲自治為的是人情風俗不同之自治團體之自由發達。」2、「省憲自治為的是政務處理之不得已。」廢省改道等行政區域改革是非常困難的，現在實行也是不可能的。3、省憲自治不至於破壞統一。省憲自治是國家對於地方自治權力所允許範圍內的一種。4、「省憲自治不至於助成軍閥割據。」「因而漸以法律的手段使軍閥所侵佔之省權漸移歸於省會與省住民之手。」湖南趙恒惕的事例說明，趙恒惕從總司令變為省長，說明省權重心有發生轉移的可能。這種權力移轉「其勢不能不任法律的力量逐漸擴大也。」5、省憲自治不至於省集權。省的集權與不集權全在於省憲與縣市鄉村條例的內容如何規定。只要是實行分權與縣鄉地方自治，就不會出現省集權的情況。6、省憲自治與分權於縣市鄉村及分權與民

---

[23] 《憲法審議會第 46 次會議錄（1922 年 8 月 12 日）》，《憲法會議公報第 52 冊》。

[24] 吳宗慈：《中華民國憲法史後編》，第 374 頁。

[25] 《憲法審議會第 47 次會議錄（1922 年 8 月 15 日）》，《憲法會議公報第 52 冊》。

[26] 《憲法審議會第 46 次會議錄（1922 年 8 月 12 日）》，《憲法會議公報第 52 冊》。

可以相通。實行省自治,「則省憲會議與省長選舉須歸下級地方自治與省住民參與。」只要縣市鄉村保持選舉行政首長、財賦等自治權力,這兩種分權就可以相通。最後張對省縣自治法制定表示樂觀,「今日國憲省憲皆法律引進之具也。引進之頃,糾紛實其幼稚之暴露。」省憲自治猶如孩子學步一樣,都是進化必經的階段。[27]

(二)親直派:省自治法與省權列舉規定

眾議員郭涵反感在憲法中出現「省憲」兩字,也不同意增加國權一章。他建議:1、省於不抵觸國憲範圍內得制定省自治法;2、省的許可權取列舉規定。郭舉出事實與立法兩方面的理由。在事實方面,中國各省並不是聯邦制國家的邦,只是一種地方最高自治團體。在立法方面,憲法已經規定中華民國永遠為統一民主國,如果採用聯邦國家的精神,增加國權一章,這樣造成憲法條文互相矛盾。[28] 參議員王試功著重指出:「憲法一物應注重事實,不應注重法理。誠以憲法為革命以後之結果,承認現狀之典章。」因制憲而造革命乃極大之錯誤。因兩院制憲權是國家法律明文規定,「若許各省自製省憲,是將約法及國會組織法完全推翻,應認為一種革命行動。」在地方大綱內只能允許省有自治法,不能承認省憲。[29]

參議員李素在商榷書中認為承認省憲是錯誤的,一是違背約法,約法沒有規定憲法起草權分別行使;二是破壞統一,「若國憲既成,省憲未定,其中稍有不便利之處,必多方設法使其擱置。省憲一日不成,即保持一日之現狀。省憲數年不成,即保持數年之現狀。」三是引發革命。如果實行省憲,必須經過三重革命,即各省軍隊與外省軍隊戰爭、本省軍隊與本省軍隊戰爭、本省人民與本省

---

[27] 張樹森:「省憲自治釋論」,吳宗慈:《中華民國憲法史後編》,第375-378頁。
[28] 《憲法審議會第47次會議錄(1922年8月15日)》,《憲法會議公報第52冊》。
[29] 同上。

軍隊戰爭；四是背逆潮流。美、德各國都是分而合之,「昔之採取分權,今亦漸趨於集權。」五是違反國情；六是助長外患。當各省自置軍隊,截留國稅,「外債之擔保動搖,內地之跋扈愈恣,國際共管之說必從此實現。」[30]

眾議員徐際恒對於憲法是否有規定省憲的必要也提出強烈質疑,他不贊成極端中央集權,也不同意極端地方分權。關於中央與地方許可權,主張由憲法平均分配。徐還舉出三個理由反對二重憲法:一是有推翻二讀會通過草案之嫌。與前面條文互相矛盾；二是有立法革命之嫌。統一民主的國體是不能修正的；三是與中國歷史國情不合。因為兩重憲法的國家,都是先有地方憲法,後有國憲,「由分而合,絕無先有國憲,後有地方憲法。」[31]徐同時指出聯省自治全是各省武人攻守同盟之約,容忍省憲就是憲法造成獨立狀態,為軍閥提供合法保障。分權不應該集中於省,應該下放到縣,體現主權在民,直接民意。[32]

眾議員裴清源在發言中指出:1、省憲與國民心理相違；2、國權分配與中國國情不合；「中國為單一國,地方為中央支體,地方之權即中央賦予之權,本無規定憲法之必要。」地方事權應該列舉,而不是草案中國權列舉,地方事權概括規定。這種做法勢必造成各省權力無限與地方割據,國家統一無望。[33]參議員彭邦棟在反對省憲意見書中稱:「若省憲乃各省軍閥謀割據之堡壘,方且憑籍省憲以構成其二重政府之省集權,而為吾民實行自治之大障礙。」德美聯邦國是歷史的產物,與中國單一傳統不同。在彭看來,「湖南省

---

[30] 《參議院議員李素對於省憲與兩院同人商榷書》,《憲法會議公報第 60 冊》。

[31] 《眾議院議員徐際恒對於憲法是否有規定省憲之必要意見書》,《憲法會議公報第 55 冊》。

[32] 《眾議院議員徐際恒對於憲法容認省憲問題意見書》,《憲法會議公報第 56 冊》。

[33] 吳宗慈:《中華民國憲法史後編》,第 411 頁。

憲者乃湖南少數軍人一種割據地盤之主張,所云民意純為強姦偽造之產物。」[34] 眾議員王恒同樣認為:「美國原本為十三國而合為一國,德國原本為二十餘國而合為一國,瑞士原本為二十餘國合為一國,而中國則原本為一國,實無法使之分為二十餘國而再與之講聯邦或聯省也。」[35]

蔣義明痛斥省憲派主張,「殊不知現在所謂要求制定省憲者,仍為各省少數之人,並非各省全體之人群起力爭也。」蔣僅僅同意地方憲法由國會制定,或者各省各縣代表集會上海或北京制定地方憲法。而丁佛言、湯漪主張勢必造成省自為政,中國變成聯邦國。[36] 眾議員畢維垣稱現在中央號令不出都門,又有何權可分?集權與分權並無研究的價值,應該在過去的基礎上從速制憲。[37] 此外,畢還進一步認為聯省自治是破壞國家統一,「而使各省隱然獨立也。」「蓋現在倡省憲之說者,不過終為少數獨立之省分,倘因此少數獨立之省分而即謂為潮流所趨,遂造成中華民國二十二種之憲法,倘將來各縣亦藉口於潮流所趨,勢必造成中華民國一千餘種之憲法。申言之,異日城鎮鄉亦藉口於潮流所趨,豈非將造成數十萬種之憲法?」[38] 同樣地,眾議員李景和認為近年來各省地位的變化只是一種假像,並不是真實民意的反映,只是少數軍閥操縱政局的結果,不是省的地位真正發生變化。[39]

---

[34] 同上,第 414 頁。

[35] 同上,第 418 頁。

[36] 《憲法審議會第 52 次會議錄(1922 年 8 月 26 日)》,《憲法會議公報第 53 冊》。

[37] 《憲法審議會第 47 次會議錄(1922 年 8 月 15 日)》,《憲法會議公報第 52 冊》。

[38] 《憲法審議會第 52 次會議錄(1922 年 8 月 26 日)》,《憲法會議公報第 53 冊》。

[39] 《憲法審議會第 46 次會議錄(1922 年 8 月 12 日)》,《憲法會議公報第 52 冊》。

（三）調和派：地方分權與省制變革

參議員籍忠寅表示應該專注地方分權內容，而不是「省」或「邦」之類名詞。「承認省有自製省憲權者，乃係取地方分權主義，不過將限度放大而已。」就維持現狀而言，也不應贊成與現狀相反的中央集權制度。易承認民國五、六年自己主張中央集權的看法是錯誤。[40]

一些議員還提出省制變革的具體建議。眾議員狄樓海、王廷弼在地方制度修正案中，反對以省為地方最高自治團體的規定，並提出三點改革建議。第一，以省為國家行政區域，即單純官治行政區域，「今以省為國家行政區域，凡軍事外交司法諸行政悉由中央任官直接辦理而不於省。」「若以省為單純官治行政區域，而以監督地方自治，讓之於道，在國家無冗員，在地方實效。」第二，以道為最高級地方自治團體兼國家行政區域。「而以道為地方之中心，則向之奔赴於省者，皆容納於道，即人材不至消耗於無用，而地方受益國本亦因以充實矣。」第三，「以縣為地方自治行政區域，縣知事採用民選制度也。」好處除了利用人民的自愛心積私為公，民選縣知事，不同於上級任命，「不至有罔民諛上之行為」等作用以外，採用民選「是一縣之中，不啻為一國雛形而於運用民主政治，即不啻為十年之普及教育。」[41]眾議員杜師業提出析省意見書，認為省區域問題是省制的先決問題，指出三種分權說：縣分權說、廢省存道說、廢督說。目前省制不適於統一，這是軍閥割劇原因中的原因。必須縮小省區。[42]

---

[40] 《憲法審議會第 47 次會議錄（1922 年 8 月 15 日）》，《憲法會議公報第 52 冊》。

[41] 《眾議院議員狄樓海王廷弼提出地方制度修正案》，《憲法會議公報第 52 冊》。

[42] 《眾議院議員杜師業提出析省意見書》，《憲法會議公報第 55 冊》。

眾議員樂山對於地方制度提出廢省存道案。樂的理由有三：1、省為專制根苗，帝制取消，省宜廢除。2、從財政角度，各省機關不但無益於國家人民，反致國家人民於亡命，廢省才能節用而愛民。3、國家內亂，也是因為「各省長官任意跋扈，縱橫攬權，以致中央許可權亦受莫大侵迫。」[43] 參議員黃佩蘭、眾議員金燾認為民國以來督軍專橫，不僅是其擁有兵權，還由於握有省權。今後即使廢都督，只要省不廢，「省權之大如故，省長又何不可為變相之督軍。省之危害終不得免。」所以應該廢省存縣，縮小地方行政區域，以縣道直隸中央，為地方行政區域。這是第一要務。[44] 眾議員景耀月也主張廢省。「地方區域應以道為範圍，因道之地方較小，既易治理，更無割據之慮。」[45]

眾議員杜華提出省不得設置省軍案。杜認為這樣做一是避免武人割據，省與省之間的戰爭；二是減輕人民的痛苦，戰爭「以致商民交困，十室九空。」三是欲達人民自治之目的。審議會通過各省自由制定憲法。自治是以人民為主體，不是軍人的自治。「若不廢除省軍，推其所極勢，不致釀成武人割劇。」四是保全國庫的收入。全省收入盡供軍費，「於是將應解之款，悉數截留，以致中央借款度日。」[46] 眾議員王葆真提出縮小行政區劃，以便於更容易實施民權。從議會政治實踐來看，近日山東省議會議長經年未能選出，其他地方各省也有歷一年或半載未能選出。「其故因地方區域過大，議員情感多有隔閡，利害關係亦不一致，故疏通維艱。」[47]

---

[43] 《眾議院議員樂山對於地方制度提出廢省存道案憲法》，《憲法會議公報第55冊》。

[44] 《參眾議院議員黃佩蘭、金燾提出草案規定縣制違反審議會之議決絕對否認案》，《憲法會議公報第60冊》。

[45] 《憲法會議速記錄第61號(1923年1月20日)》，《憲法會議公報第60冊》。

[46] 《眾議院議員杜華提出省不得設置省軍案》，《憲法會議公報第55冊》。

[47] 《憲法會議速記錄第61號（1923年1月20日）》。

三、縣的權力

在各派提出的 20 個關於縣的權力提案與動議中，共有三種意見：一、憲法內規定縣制大綱、地位、組織、許可權等；二、縣為自治團體，其職權於省憲中規定；三、縣為自治團體，國憲規定縣之地位，省憲規定縣制大綱，其縣制度以法律定之。[48]

（一）親直派：憲法詳細規定縣制

眾議員王敬芳表示縣制度應該在憲法中詳細規定。地方既是省也是縣。「夫中央集權固不可也，然各省集權尤為不可。」「既反對中央賣國之集權，尤反對各省虐民之集權。」地方分權應取徹底主義。[49] 王敬芳對此提出動議，「縣取分權主義，其原則由國憲規定，交憲法起草委員會擬定條文後再議。」他的理由有三：1、縣制度歷經千年，是國家穩固的根本。2、目前中央集權已經變成各省集權，為實行真正民治主義，應該分權於縣。3、欲貫徹分權於縣，必須在憲法上確立保障的條文。[50] 眾議員蔣義明、吳蓮炬提出地方制度修正案並說明書，他們稱世界潮流重於全民政治，「地方分權不應單分於省，而應平分於縣。」因為省集權為害於民甚於中央集權。主張已設省的地方為省縣兩級制。最好還是廢省為道縣兩級制，列舉省縣事權。[51]

黃佩蘭認為現在討論的是縣制度如何規定，而不是應否規定，這與民六表決並無衝突。黃認為主要有兩種不同看法：一是主張在

---

[48] 《縣制度如何規定提案及動議一覽表》，《憲法會議公報第 58 冊》。

[49] 《憲法審議會第 53 次會議錄（1922 年 8 月 29 日）》，《憲法會議公報第 54 冊》。

[50] 《憲法審議會第 56 次會議錄（1922 年 9 月 7 日）》，《憲法會議公報第 54 冊》。

[51] 《眾議院議員蔣義明吳蓮炬提出地方制度修正案並說明書》，《憲法會議公報第 55 冊》。

國憲中詳細規定縣制度;一是主張在國憲中只規定縣制度大綱。中國是單一制國家,不能說縣非國家地方行政區域,所以不能由省憲規定縣制度。[52] 在縣制度意見書,黃強調「吾國革改錯誤之點皆在於革上級不革下級。」「大軍閥憑藉數省尤作中央集權之夢,以統一國家為標幟。小軍閥憑藉一隅則欲變中央集權為省集權,以聯省自治為號召。」所以縣的事權必須完全規定在國憲中。[53] 參議員鄭江灝表示縣制無論規定在省憲還是國憲,對於縣的事權不能縮得太小,應該看得極大。[54] 參議員江浩聲稱沒有縣自治,只是將大專制化為二十二個小專制。但是考慮到省可能阻礙縣自治,最好還是在國憲中規定縣自治大綱,地方才有希望進步。[55]

(二)反直派:省憲規定縣制大綱

呂復竭力反對將縣制度詳細規定在國憲中,認為組織、事權等可以規定在省憲之中,國家不必干預。[56] 在國憲中詳細規定縣權,其實是侵犯省權;縣的事權應該在省憲中規定,而不是在國憲中規定。呂特別提到廣東、江西兩省雖然在陳炯明、陳光遠軍閥統治之下,但是議會制定的縣自治法卻是比較完備。如果按照徹底的原則,那麼縣以下的自治區應該如何辦理?[57] 湯漪認為立法上可以將縣制度原則概括規定在國憲中。國憲應以發達縣自治為目標。「在

---

[52] 《憲法審議會續議縣制》,《申報》1922 年 9 月 15 日。

[53] 《參議院議員黃佩蘭提出縣制度意見書》,《憲法會議公報第 56 冊》。

[54] 《憲法審議會第 63 次會議錄(1922 年 10 月 26 日)》,《憲法會議公報第 55 冊》。

[55] 《憲法審議會第 53 次會議錄(1922 年 8 月 29 日)》,《憲法會議公報第 54 冊》。

[56] 同上。

[57] 《憲法審議會第 56 次會議錄(1922 年 9 月 7 日)》,《憲法會議公報第 54 冊》。

地方制度章內規定省憲大原則條文內，應有關於縣制之一項，其條
文為縣制須以發達縣自治之旨趣制定之。」[58]

眾議員范殿棟指出縣自治法如果各縣自定，「難免各縣自為風
氣，不能使全省一律。」縣自治法應該由省議會起草後，再由國會
審定。[59]眾議員梁昌浩認為縣不過是一普通的地方自治團體，地方
自治是內務行政的內容，屬於行政法學的範圍，所以與其規定在憲
法上，不如規定在普通法律上。[60]梁在縣制度無加入憲法之必要的
意見書中還指出，目前難解決者為中央與省的關係，英美分權制度
不適用於中國。[61]

（三）調和派：國憲與省憲分別規定縣制

參議員藍公武建議在憲法上將縣自治制度明白規定，遵循完全
貫徹分權原則。[62]眾議員馬驤認為：「民國十年以來，大家已有一
種覺悟，以為中央集權為萬不可能之事。因集權而今中國四分五
裂，根本上應予反對。以十年以來之經驗，不得不出於分權之一途。」
分權一說，有主張分之各省；有主張分之各縣；不如分之人民。馬
主張國憲規定縣的地位，省憲概括規定縣的事權，縣之根本法由各
縣自定。[63]眾議員鍾才宏指出，考慮到縣的性質既是國家行政區
域，也是地方自治團體。縣的地位，應該一方面由省直接賦予行政

---

[58] 同上。

[59] 《憲法審議會第 63 次會議錄（1922 年 10 月 26 日）》，《憲法會議公報第 55
冊》。

[60] 《眾議院議員梁昌浩對於地方制度全章意見書》，《憲法會議公報第 55 冊》。

[61] 《眾議院議員梁昌誥提出縣制度無加入憲法之必要意見書》，《憲法會議公
報第 56 冊》。

[62] 《憲法審議會第 53 次會議錄（1922 年 8 月 29 日）》，《憲法會議公報第 54
冊》。

[63] 《憲法審議會第 56 次會議錄（1922 年 9 月 7 日）》，《憲法會議公報第 54
冊》。

權，另一方面由中央間接賦予行政權。國憲規定縣之地位，省憲亦只能規定縣制大綱。全部條文應在省專門法律規定。[64]

四、省長產生與省憲制定

參議員黃樹榮在地方制度案中提出省長選舉的建言。省長民選三人，由總統擇一任命。有違法或溺職者，除受省議會彈劾外，大總統得罷免之；省長之被選本籍人二人為限。[65]在憲法審議會第一次會議上，姚桐豫也主張省長民選三人，由中央擇其一人任命。省長如果違法溺職，除省議會彈劾外，經中央參議院同意後，也有權罷免。[66]

參議員向乃祺聲明代表湖南全省要求省有制憲之權，省政府組織與省長產生方式由省憲自由規定。[67]褚輔成認為：「以憲法會議之先議國憲，而後再以憲法之賦予，許各省自定省憲，顯見非聯邦制度之所宜然。」只要是先國憲後省憲，省雖然有制定省憲之權，但仍然不出於國憲範圍，中國仍不失為統一國。褚特別提到自己參與的浙江省憲法的起草經歷，最早是省議會提議制憲，督軍盧永祥表示贊成。[68]關於省憲制定方法，褚認為：「但各省制憲權決不宜委諸少數人之手，如省議會等機關，應普及於各縣縣民或即由各縣之議會及其他民意機關選出之代表為之。」[69]參議員楊永泰認為：

---

64 同上。

65 《參議院議員黃樹榮提出地方制度案》，《憲法會議公報第 54 冊》。

66 《憲法會決定修正地方制度》，《申報》1922 年 8 月 13 日。

67 《憲法審議會第 50 次會議錄（1922 年 8 月 22 日）》，《憲法會議公報第 53 冊》。

68 《憲法審議會第 52 次會議錄（1922 年 8 月 26 日）》，《憲法會議公報第 53 冊》。

69 《憲法審議會第 53 次會議錄（1922 年 8 月 29 日）》，《憲法會議公報第 54 冊》。

「制定省憲原係省民要求為自己之保障，並非為各省之行政長官或
有力者或軍閥之保障。」「中國現在各省既已成為割據形勢，即不
如直接認為邦，將事權之界限明確而劃分之。尚屬名符其實。」[70]

參議員丁佛言要求「省依國家憲法之賦予於不抵觸國憲之範圍
內得自制定省憲法。」在當前省憲盛行時代，取折衷主義，先國憲
後省憲。[71]在制定省憲法時，要有省憲會議，不許官廳與省議會包
辦，讓各縣公民團體均可參加。同時省長選舉也不能委託省議會，
而應該由各縣分別投票選舉。「是人民意思完全可以於省憲大原則
中透出也。」[72]駱繼漢提出地方制度全章條文案，提出省是民國最
高自治團體，並有制定省憲的權力。[73]眾議員胡源彙對「省依國家
憲法之賦予於不抵觸國憲範圍內得自製省憲法」提出補充看法：1、
省憲法之制定省內之地方團體與人民須參與，其起草權不得專屬於
省議會。2、省政府不得有公佈省憲法之權（由制憲機關公佈之）；
3、現役或退役未滿一年的軍人；現役警察官吏與宗教領袖不得當
選為省行政首長；省長與縣知事皆為民選。[74]

參議員金兆棪表示省雖然可以自定憲法，但國憲中不能不有一
種限制規定，特別是由國憲規定省憲制定方法。制憲機關名稱或是
省憲會議或是行政委員會都可以，但是不能使各省各自為政。[75]馬
驤強調省對國家政府應依法負其義務，關於省自治及省行政之根本

---

[70] 《憲法審議會第 52 次會議錄（1922 年 8 月 26 日）》，《憲法會議公報第 53
冊》。
[71] 《憲法審議會第 45 次會議錄（1922 年 8 月 10 日）》，《憲法會議公報第 52
冊》。
[72] 《憲法審議會第 53 次會議錄（1922 年 8 月 29 日）》，《憲法會議公報第 54
冊》。
[73] 《憲法審議會第 52 次會議錄（1922 年 8 月 26 日）》，《憲法會議公報第 53
冊》。
[74] 吳宗慈：《中華民國憲法史後編》，第 409 頁。
[75] 《憲法審議會第 50 次會議錄（1922 年 8 月 22 日）》，《憲法會議公報第 53
冊》。

法於不抵觸國憲範圍內得各省自行制定。[76]姚桐豫雖然贊成省憲法制定權屬於省議會或集合其他法定團體，由省自決之，但是「省憲制定後須經國會特別審查委員會之審查，以糾正抵觸國憲為限。」[77]

1922-1923 年國會反直派與親直派圍繞省憲的制憲鬥爭，從表面上來看，「第一，為雙方意見相同者，即為地方分權主義。此點雙方表示一致贊成。第二，為雙方意見不同者。省憲派偏重於省，認省為比較最大之團體，應自省著手以發展地方分權。反省憲派以為最初級之地方團體為縣，如欲地方分權，應分縣為單位。」[78]其實反省憲派所謂分權於縣只是藉口。主要還是直系中央集權政見的反映。表面上是省憲之爭，實際上仍然是派係利益之爭。

在 1922 年 12 月底地方制度草案交付憲法會議之後，就已傳出直系實力派對草案中地方分權的制度設計不滿，認為地方分權是「縮小中央許可權，且有聯省自治之嫌。」[79]希望國會自行取消草案，否則將強力干涉憲法制定。[80]1923 年 5 月，《申報》透露直系長江某省督軍反對省憲，並收買議員以不出席為抵制，阻撓制憲進行。其理由有四：一是省憲制定與省長民選損害其地位；一是憲法上對軍費開支的比例限制，與其利害衝突；一是國防軍每年應調換防地，妨礙軍閥割據；一是「不欲在黃陂任內發佈憲法，致無形之中，為其增加許多聲望。」要讓發佈憲法的榮耀，讓本系領袖（即曹錕）享受。[81]當時張君勱也觀察到：「憲法之所以遲至今日而未

[76] 《憲法審議會第 52 次會議錄（1922 年 8 月 26 日）》，《憲法會議公報第 53 冊》。
[77] 《眾議院議員姚桐豫提出地方制度大綱條文案》，《憲法會議公報第 52 冊》。
[78] 顧敦鍒：《中國議會史》，第 359 頁。
[79] 〈實力派干涉憲法之醞釀〉，《申報》1923 年 1 月 7 日。
[80] 〈實力派將干涉憲法〉，《晨報》1923 年 1 月 5 日。
[81] 〈實力派反對省憲〉，《申報》1923 年 5 月 14 日。

成者，雖議員之意見參差為之，而實出於軍閥之唆使。」軍閥不滿意者有三：軍費比例、省憲、先憲後選。[82]但是張只看到直系一方的利益動機，但卻沒有注意到反直一方同樣的政治考慮。

反直方面，國民黨關於中央集權與地方分權的政策變化，一直是出於現實政治目標考慮，具有非常強烈的實用主義色彩。1913年，國民黨內關於中央集權與地方分權出現爭議。胡漢民倡導地方分權，主要考慮是希望利用各省勢力來防制袁世凱的野心。宋教仁主張中央集權，則是認為總統制度改成內閣制後，總統所擁有的政治權力已極有限，即使是野心家也難有所為，無須用各省監製。[83]「兩人所言都是著眼於如何限制袁氏的權力，可以看出同盟會主張地方分權或聯邦制度的用心所在。」當國民黨在國會選舉中獲勝，有望組織責任內閣，執掌中央政權時，地方分權的聯邦制主張就被宋的中央集權綱領所取代。[84]

此後每當國民黨在野時，地方分權的政見就會成為黨內主流。1914 年國民黨出於反袁的需要，又傾向於聯邦制，儘管聯邦並非國民黨的黨綱。[85]1920 年聯省自治運動高漲時，孫文一度對聯邦制表示贊成，在 1921 年發表的《統一南北意見書》中，稱自己「亟亟從事於聯省制」，並以聯省製作為與北京政府談判的兩大條件之一。但是「孫中山贊成聯省，說到底只是尋求力量的需要而非目標的追求。因而當他在 1922 年 8 月找到了更可靠的政治力量——蘇俄與中國共產黨人進行聯合後，他便鮮明地表示了反對聯省制的政治決定。」[86]

---

[82] 〈政變與憲法〉，《東方雜誌》第 20 卷第 11 號。

[83] 胡漢民：《胡漢民自傳》，傳記文學出版社，1969 年，第 72-73 頁。

[84] 李達嘉：《民國初年的聯省自治運動》，弘文館出版社，1986 年，第 21 頁。

[85] 徐矛：《中華民國政治制度史》，上海人民出版社，1992 年，第 436 頁。

[86] 同上，第 436-437 頁。

各地方反直實力派的動機更是如此。他們贊助省憲運動，目的就是希望割據分治，不受北京政府的管轄干預。[87] 如在浙江，「聯省制度對盧永祥而言，是抵制直系中央集權者的武器。」[88] 來自浙江的反直派國會議員褚輔成等人既希望以省憲作為實現其政治理想的工具，同時又有以此來對抗當時北京政府的企圖。有學者關於浙江省憲運動的研究表明，「提倡者固然不純為自治理想，而包含有許多的自私動機；而反對者之攻擊省憲亦不單為省憲本身，另有利益之爭隱藏其中。」[89]

不過與過去兩次制憲不同的是，最後的國權與地方制度兩章卻是兩派妥協的結果，雖然反直派的意見一度在憲法審議會上佔據上風。1922 年 8 月 19 日，審議會通過憲法概括規定省權。[90] 8 月 26 日，審議會同意各省於不抵觸國憲範圍內得自制定省憲法。[91] 9 月 26 日審議會最後議決：「縣制於國憲內規定大綱。」[92] 但是隨後遭到親直派的頑強抵制，致使憲法會議不斷流會。

經過數月的反覆協商，雙方終於以妥協的方式互相做出讓步。一方面反省憲派同意將省憲名稱改為自治法，保留地方制度章，並在憲法中明確「如有未列舉事項發生時，其性質關係國家者，屬之國家；關係各省者，屬之各省。」這在一定程度也滿足了省憲派要求在憲法中概括規定省權的要求。另一方面省憲派容納反省憲派一

---

[87] 胡春惠：《民初的地方主義與聯省自治》，中國社會科學出版社，2001 年，第 331 頁。

[88] 碩巴（K. Kelth Schoppa）：《省與國：浙江省的聯治運動（1917-1927）》，張玉法主編《中國現代史論集第五輯軍閥政治》，聯經出版事業公司，1980 年，第 373 頁。

[89] 馮筱才：〈理想與利益——浙江省憲自治運動新探〉，《近代史研究》，2001 年第 2 期。

[90] 吳宗慈：《中華民國憲法史後編》，第 211 頁。

[91] 同上，第 213 頁。

[92] 《憲法審議會第 63 次會議錄（1922 年 10 月 26 日）》，《憲法會議公報第 55 冊》。

些主張,在憲法中列舉部分省權,將省長獨任制改為省務院合議制。省不設省長或省務委員,而是設省務院執行省自治行政。省務員五到九人由選民直接選舉產生,任期四年。省務院設院長一人,則省務員互選之。[93]而在縣制問題上,反直派也作出重要讓步:1、取消省憲法會議制定縣制的規定;2、增加憲法中縣制度的內容。其中包括縣長由選民直接選舉產生,依縣參事會之贊襄執行縣自治行政;縣於負擔省稅總額內有保留權,但不得逾總額之十分之四;省不得對於一縣或數縣施行特別法律;縣之自治事項有完全執行權,除省法律規定懲戒處分外,省不得干涉之;省及縣以內之國家行政,除由國家分置官吏執行外,得委任縣省自治行政機關執行之。[94]經過雙方達成的制度性妥協,1923 年最後的國體制度選擇是一種具有中國特色的聯邦制度。

---

[93] 吳宗慈:《中華民國憲法史後編》,第 226、228 頁。
[94] 同上,第 229-231 頁。

政治策略與憲政實踐

民初制憲政治中的對抗互動策略

　　在政治轉型進程中，「制憲立即成為轉型過程中變數最大和最引人注目的政治活動。政治策略、交易與協商都發生在制憲過程中，各個政治團體與領導人之間的政治立場、一致與爭執一目了然。憲法起草者如何處理這些問題，可以告訴我們轉型與建立政體的關鍵所在。」而且「制憲過程與結果的一般特點，都會暗示未來政體的穩定或動盪。」[1]

　　策略互動論關注的就是具體的政治過程，分析的焦點是過程中的政治行動者。「政體轉型的政治過程不是受制於總體靜態結構的因果關係，而是一個高度不確定的過程，一個威權政體一旦展開轉型，或許會轉型到民主體制，但也可能轉型到另一個威權政體。換言之，一個政體崩潰的任何充分與必要條件，都不是保證另一個政體出現的充分與必要條件。在這個過程中，包含了無數機遇、意外與矛盾，而居其間的『政治行動者』，往往能影響此一不確定過程的最終結果。」[2]

　　策略互動論者一般將政府中實力派區分為強硬派與改革派，反對陣營分為激進派與溫和派。各派的政治差異是明顯的。強硬派「有些是企圖維護既得利益的機會主義者，恐懼轉型將會以出賣他們作

---

[1] Andrea Bonime-Blanc, *Spains Transition To Democracy, The Politics of Constitution-making,* P13.

[2] Donnel & Schmitter 看法，轉引自倪炎元：《東亞威權政體之轉型——比較臺灣與南韓的民主化歷程》（月旦出版社股份有限公司，1995 年）第 30 頁。

代價；有些則懷有高度使命感，認為其有責任消滅所有體制『病原』與『失序』。在轉型過程中，強硬派所可能採取的最極端行動就是政變與謀反。」而改革派則是「可能在某方面也會支持採取鎮壓的手段，但相對於強硬派而言已意識到必須以民主的手段來獲取正當性，因而傾向開放若干限制」。與此同時，「屬於反對陣營的激進派可能因堅持某種道德性的政治訴求，而在行動上鬥志旺盛並拒絕妥協」。「至於溫和派的主要意圖在於參與，因而他們多半願意在被保證參與的前提下接受妥協，此參與特別是指有權參與界定民主規範與程序的過程」[3]

　　政治行動者不同的策略組合產生不同的政治後果。對抗或協商是策略互動論的兩個基本類型。在政治轉型理論學者看來，協商策略互動的出現可能性取決於三個因素：「首先，改革派與溫和派能否協商建立一個同時擴大其社會支持基礎的制度機制；其次，改革派能否獲得強硬派的同意，或是促使強硬派中立化；再其次，反對陣營的溫和派能否掌握激進派的集體行動。」當執政當局內的改革派與強硬派結盟，同時反對陣營的溫和派與激進派結盟，則會出現全面對抗的態勢；而執政當局溫和派願意採取協商的立場，而反對陣營內部亦充分結盟，則可能形成不具保證的民主體制。[4]

　　民國初年的制憲活動，不僅是一次憲政制度變革與理性選擇，同時也經歷了一個制憲政治互動過程，當時主要表現為國會制憲會議與北洋派的對抗互動。[5]

---

[3]　倪炎元：《東亞威權政體之轉型》，第 31 頁。

[4]　Przeworski 看法，轉引自倪炎元：《東亞威權政體之轉型》，第 318 頁。

[5]　在民初制憲活動中，憲法起草階段是國會制憲會議（憲法起草委員會）與北洋派的策略互動。而在憲法起草之前，主要是國會與北洋派的策略互動。在激進派議員佔優勢的情況下，國會與其制憲會議的政治立場是一致的。

一、制憲目標：單一性或雙重性

制憲目標是當時各政治派別在制憲問題上最初的分歧。國民黨人主張民權主義，「主權在國民，乃共和國體最重要之原理，不妨特為規定，使國民曉然於共和之所以為共和，全在此點。」[6] 同時強調民權能否發展，國力能否強固，以及政治良善與否，「胥視此為轉移。」[7] 在政體選擇上，國民黨堅決反對總統制，希望通過削弱總統與政府的行政權力，擴大代表民權的國會立法權力，制憲「要以極端伸張民權，防專制之復興，制總統之叛逆為第一要義。」[8] 在第一屆國會中國民黨人佔優勢的情況下，國會的制憲目標與國民黨是基本一致的，「此憲法之目的，在束縛行政權，使為國會之役使，將一切威權給諸國會。使其為立法獨尊。」[9] 真實目標是企圖建立一種立法權力至上的「超議會制」政體。

北洋派與一些擁袁的地方都督均主張國權主義，目的在於擴大總統權力，建立一個強有力政府，實現國家富強。其中最具代表性的是雲南都督蔡鍔的意見。蔡認為根據民國的現狀，不建立一個強有力的政府，就不能統一內政，而內政不統一，「即國防外交必因之廢弛失敗」。所以「民國憲法應宜以鞏固國權為主義。國權鞏固，國力自張，然後有發達民權之可言。」[10] 蔡鍔的國權主義也是袁世凱等北洋派的制憲目的。馮國璋稱蔡的主張「實為民國救亡關鍵」，要求政府組織的憲法研究會以蔡電為編纂憲法的依據。[11]

---

[6] 王寵惠，《中華民國憲法芻議》，轉見胡春惠編《民國憲政運動》，正中書局，1978 年，第 79 頁。

[7] 林學衡：〈庸言報主權所在說駁議〉，《國民》第 1 卷第 2 號。

[8] 〈哭宋遯初先生且詔吾黨〉，《民立報》，1913 年 3 月 28 日。

[9] 潘大逵：《中國憲法史綱要》，上海法學編譯社，民國 22 年，第 35 頁。

[10] 曾業英編《蔡松坡集》，上海人民出版社，1984 年，第 646 頁。

[11] 〈馮國璋督直時函電稿〉，未刊，中國社會科學院近代史所藏，轉引自張學繼文。

　　必須指出的是，袁世凱當時雖然主張國權主義，希望建立強有力的中央政府來渡過政治社會危機，但是袁在維護自己政治利益的同時，對民權主義主張也作出了一定的妥協與讓步。為了換取朝野政治勢力對自己的支持，曾公開表示只要憲法對於總統權力「無牽制過甚之弊」，那麼無論是總統制，還是內閣制，他「均無所容心於其間。」[12] 袁要求的自由任命國務總理權與不受限制解散國會權，正好是符合英國式內閣制度的相關規定。政府方面的憲法研究會也一致認為：「總統制不合中國國情」，「贊成內閣制」。[13] 近年來有學者認為制憲開始時袁與國會其實是內閣制與總統制之爭，而且「袁世凱蓄意實行總統制，也沒有逸出民主共和的範圍」。[14]

　　與北洋派政見相似的是，一些進步黨人提出國權與民權調和的主張。梁啟超在〈憲法之三大精神〉一文中一方面批評《臨時約法》不合中國國情，滯礙難行；另一方面建議「稍畸重國權主義以濟民權主義之窮」。[15] 梁堅持政黨內閣制度的同時，也主張加強政府的權力，「畀之以廣大鞏固之權」，以良善而強有力的政府領導國民，建設中國成為世界強國。[16]

　　在政治制度轉型時期的民國初年，蒙藏獨立、財政窘迫、社會動盪、行政混亂等嚴重的內憂外患，一直困擾著新生的民國臨時政府。特別是財政極端困難已經到了使中央政府難以維持的地步。[17]

---

[12]　〈袁項城之憲法談〉，《憲法新聞》第 2 期（1913 年 4 月 20 日）。

[13]　〈各政黨對於憲法最近之主張〉，《憲法新聞》第 1 期（1913 年 4 月 13 日）。

[14]　袁偉時：〈辛亥革命的是是非非〉，《二十一世紀》，2001 年 12 月號。

[15]　〈憲法之三大精神〉，《飲冰室合集》，文集之 29，第 100 頁。

[16]　〈中國立國大方針〉，《飲冰室合集》，文集之 28，第 63、76 頁。

[17]　1912 年初，南京臨時政府遺留庫存僅有 3 萬元，北京臨時政府只是這一數字的一倍。《民立報》1912 年 5 月 27 日。一年半之後，進步黨人熊希齡就任國務總理時，財政狀況更加惡化。「除海關稅實收可稽外，餘皆性質不明，或各地方收本自減少，或雖不減少而不能聽國家之指撥。」中央政府只能以借外債度日。〈政府大政方針宣言〉，《東方雜誌》第 10 卷第 10 號。

這種內憂外患的境況與 1787 年美國制憲會議時期的社會狀況頗為相似。「戰爭的結束使促成各州聯合的緊迫感減退了，而各州之間的衝突頻頻發生。各州內部，債權人與債務人之間的經濟爭執日趨緊張。外國的威脅也存在。英國人、法國人和西班牙人包圍著這個新國家；它內部四分五裂，沒有強有力的中央政府，於是新國家成了一個誘人的爭奪目標。」[18]

因此，1913 年的制憲目標原本應該與當年美國制憲會議召開的目的一致，都是需要創建強有力的共和制中央政府，因應嚴峻的政治經濟危機，維持轉型時期社會的穩定與團結，在實踐中確保憲政民主體制能夠頑強地存在下去，最終實現憲法條文規定的自由民主政治目標。制憲目標必須兼具民權主義與國權主義的雙重性，而不是紙上談兵，僅僅在理論上為未來中國設計一種完美的民主制度。從當時的政治實際出發，建設強有力的政府與共和民主制度並不矛盾。憲政制度選擇的目標應該是既防止任何威權主義政治的抬頭，同時又要避免立法權獨大的權力失衡體制的出現，如國會強力主導下的「超議會制」的推行。

檢視當時的政治現實，國會與國民黨人的制憲目標是不切實際的，從一開始就嚴重偏離這一制憲目的。極端的民權主義目標即使實現，最終也只能與《臨時約法》設計的有缺陷的內閣制度一樣，造成政治衝突不斷，政局動盪不安，無法使新生的共和國擺脫內憂外患的困境，也不能確保民主化進程的持續穩定發展。當然「國權與民權的爭論，不是純粹的制度運作問題，而是實際上權力鬥爭問題。」[19]國會與國民黨表面上是倡導民權主義，實際上是希望借助未來憲政制度中立法權力超過行政權的制度設計，以達到制約袁的

---

[18] 詹姆斯·M·伯恩斯等：《美國式民主》，譚君久等譯，中國社會科學出版社，1993 年，第 16 頁。

[19] 徐宗勉、張亦工：《近代中國對民主的追求》，安徽人民出版社，1997 年，第 116 頁。

權力，獨攬國家大權的目的，完成 1912 年辛亥革命南方黨人沒有實現的權力目標。這種目標當然是不可能被北洋派和其他擁袁政治勢力所接受。

二、制憲模式：封閉性或開放性

1913 年的民國制憲工作是一種法國式的國會制憲模式。這種模式完全以國會為主導，排斥其他政治利益集團參與。它不同於美國式制憲會議模式的開放特色，存在著嚴重的封閉性與狹隘性。

1787 年美國制憲會議是各國制憲史上的一個經典範例。當時制憲會議的 55 名制憲代表來自各州，不僅有國會議員、州議員，還有州長、法官、律師和軍人等許多利益集團的代表。美國人之所以沒有讓當時的邦聯國會制憲，其實是吸取了各州立法機關制憲的經驗教訓。在州憲制定過程中，「州立法機關魯莽的權力試驗，以及它們造成行政機關權威的黯然失色，這些都是權力分權理論衝擊革命憲政主義的極好證明。」[20]「顯然，合適的權力分立需要某種制度化的制約與平衡。縮小立法機構的權力成為 1780 年代憲政改革運動的主題」。所以 1787 年制憲會議不同於一般意義上的立法會議，實質上是一種中央與地方各種政治利益集團參與制定憲法的政治會議。

與制憲會議模式相反的國會制憲模式則是指當國會被單一政治集團控制時，憲法草案由國會制定，再經過國會批准的制憲。這樣做則完全排拆了其他政治利益集團參與制憲的可能性。因此，國會以外的政治勢力的利益要求在制憲過程中獲得表達的機會是很小的，體現在憲法草案條文中的困難就更大了。這種模式的特點是

---

[20] Alfred H. Kelly, Winfred A. Harbison, and Herman Belz, *The American Constitution: its origins and development*, New York: W. W. Norton & Company, Inc, 1991, P73-74。

封閉性的，缺陷是制憲結果往往流於形式與空談，並不能被包括政府在內的各個利益集團接受，憲法實施的可能性與持久性不強。法國在 200 年內，總計 12 部憲法，平均每 16 年產生一部，換言之，平均每一代人一生要經歷三次以上的憲法危機。「這一歷史現象，與美國革命一錘定音，首創 1887 年憲法，二百年不變，一以貫之，形成強烈反差」。[21] 其中原因之一就是大部分憲法都是由國會單方面制定，遵循議會至上的傳統，很少兼顧其他政治集團的利益。

關於國會制憲模式的弊端，當時梁啟超的看法非常有預見性。他有五個理由反對國會制憲模式。一是「國會人數太多，言龐事雜，有陷於築屋道謀之弊」；一是「國會公開集議，不易保密」；一是「宜將國中最有學識經驗之人網羅於起草員中，國會中未必盡網羅適於編纂憲法之人」；一是「宜聘請東西洋法學大家數人為顧問，以收集思廣益之效，國會若聘用外人為顧問，有失威嚴」；一是「起草員不可有絲毫黨派之意見雜乎其間，國會為政黨劇競之場，選舉委員勢不能不雜以政黨之臭味，委員會成立後，政黨分野亦終難消滅」。梁還特別談到美國經驗。也建議採用制憲會議模式，另設機關起草憲法，成員包括總統、國會、地方都督議會、政黨等代表。[22]「美之制定憲法，特設機關，不惟無改政之繁難，且籍以收統一之效果。法之制定憲法，由國會起草，盈庭聚訟，黨見紛歧，亘百年而未定。」「以事實上便利言，捨仿美之外，無他策矣」[23]

而民國從 1912 年末開始的關於制憲模式的討論，一開始就是美國式與法國式的爭論。章士釗在當時就提出仿效美國 1787 年費城制憲會議的先例，由各省都督派遣代表組織憲法起草委員會，以制定憲法。緊接著在 12 月 22 日，在章的策劃下，江蘇都督程德全通電各省都督，建議：「仿美國各州推舉代表之例，由各省都督各

---

[21] 朱學勤：《道德理想國的覆滅》，上海三聯書店，1996 年，第 183 頁。
[22] 梁啟超：〈專設憲法案起草機關議〉，《庸言》一卷三號。
[23] 〈制定憲法宜設特別機關〉，《憲法新聞》第六期，1913 年 5 月 18 日。

舉學高行修議宏才俊之士二人，一為本省者，一為非本省者，集為
憲法起草委員會。草案既立，然後提交國會再行議決」。[24] 北洋
派與擁袁派對此迅速作出積極反應，不少地方都督紛紛致電表示
贊成。

　　1913 年 1 月，程德全在稍為折衷各省都督意見的基礎上，提
出一個編擬憲法草案委員會大綱，主張制憲委員會由國會推舉 8
人、國務院推舉 6 人、各省都督推舉 2 人、各省議會推舉 1 人組
成。[25] 在得到多數地方都督同意後，程於 1 月 22 日致電北京政府，
正式提出。袁世凱接到大綱後，一方面將大綱諮詢交參議院審議；
一方面於 1 月 31 日通電各都督，要他們「先各推舉二員來京，在
此案未得參議院通過以前，暫作為研究憲法委員，共同討論憲法大
旨。如將來此案得到參議院通過，即以此專案人員作為編擬憲法草
案委員。」[26] 袁的命令下達後，各省都督推薦代表 48 人，國務院
推薦代表 6 人，組織憲法起草委員會。政府起草委員「絕大多數
是北洋派或政治上擁袁的人物，許多人還是總統府和國務院的秘
書。」[27]

　　但是北洋派與地方都督提出的美國模式被國民黨、臨時參議院
與國會堅決拒絕。國民黨制憲議員張耀曾就認為「憲法制定全權，
約法既付之國會，行政機關已無參事之餘地。」[28] 宋教仁也強烈批
評制憲會議模式，明確指出：「憲法問題，當然屬於國會自訂，毋
庸紛擾。」[29] 1913 年 3 月，黃興在上海表示極力反對都督干涉制憲。

---

[24] 〈程都督商榷憲法草案之通電〉，《申報》1912 年 12 月 27 日。

[25] The China Year Book, 1914, p540. 轉引自張玉法：〈民初對制憲問題的爭
論〉，《中央研究院近代史研究所集刊第 12 期》。

[26] 〈張鎮芳存電〉，轉引自張學繼：〈民國初年的制憲之爭〉，《近代史研究》
1994 年第 2 期。

[27] 張學繼：〈民國初年的制憲之爭〉。

[28] 〈京城飛絮錄〉《民立報》1913 年 3 月 1 日。

[29] 陳旭麓編《宋教仁集下冊》，中華書局，1981 年，第 467 頁。

國民黨刊物《國民報》、《國民》、《國民雜誌》等都聲稱擁護國會制憲，強調「制定憲法為議院唯一之權，無論何人不得干預。」[30]一些激烈言論甚至稱：「敢強奪國會制憲權者，請嘗吾刃。」[31]「是民國憲法之起草權議決權純粹的屬於國會，已為天經地義，無可改移。」[32]美國式制憲會議模式最後被否決是在 1913 年 4 月正式國會召開之後。由於國民黨籍議員佔優勢，「憲法應由國會制定」的主張獲得勝利，政府打算由各省都督推舉的委員入政府所派的代表組織憲法起草委員會的議案被國會否決。[33]

國會主導制憲工作的動機，主要也是為了擺脫其他利益集團的制約，進行有利於國會利益最大化的制度設計。[34]國會當然明白，多方政治勢力參與的制憲會議模式，最後實現的必須是各方政治利益的平衡，在憲法條文體現的只能是各種政治利益，而不會僅僅是國會的單一利益。這種制憲模式並不符合國會的政治目標，當然是它堅決反對的。其實在民國初年，最重要的政治利益集團不僅是國民黨等各黨派，袁世凱北洋政府、各地方都督更是不容忽視的政治力量，而後者在關鍵時刻還是決定民初政局走向的實力集團，「若就事實而論，大總統對於憲法有討論之權，實為極有裨益之事。」[36]

合理的制憲模式選擇是重要的，「民主轉型過程中的制憲由一系列至關重要的決策組成，它們在很大程度上將影響未來政體的穩

---

[30] 壽朋：〈咄！咄！！咄！！！民國之欽定憲法〉，《國民雜誌》第 1 號。

[31] 〈誓死擁護制憲權〉，《中華民報》1913 年 4 月 23 日。

[32] 心鼓：〈國會職權泛論〉《國會叢報》，第一期，1913 年 6 月

[33] 張玉法：〈民初對制憲問題的爭論〉。

[34] 這與法國大革命時期許多制憲代表的動機相似，法國制憲會議的許多代表之所以不願意給予國王否決權，主要原因也是利益考慮，他們太害怕失去立法權，不願意與國王分享立法權。參見維爾：《憲政與分權》蘇力譯，三聯書店，1997 年，第 173 頁。

[36] 有賀長雄：《論憲法草案之誤點》，《民國憲政運動》，第 211 頁。

定性。制憲模式也表明未來國內政治關係的態勢。」[37] 因此，當時唯一切實可行的只能是各方利益代表參加的開放式的美國制憲會議模式。這樣各種利益集團都可以廣泛介入，「參與立憲的利益（或利益集團）是多元的，立憲的過程必然是一個協商和妥協的過程，由此產生的憲法也必然是一個多元利益相互妥協的產物。」[38] 只有在開放的制憲會議模式中，各種利益才可以相容性的，而不是單一與排斥性的。正如麥迪森曾經精彩地論述對付政府野心的唯一辦法就是「以野心對抗野心」。而遏制利益最大化的唯一辦法也是「以利益對抗利益」。只有讓各種政治利益集團參與制憲工作，才能有效遏制任何單一性的利益訴求。

三、制憲方法：抗爭性或妥協性

政治妥協是制憲成功的關鍵。在 1787 年美國制憲會議上，妥協更是貫穿整個會議的始終，是憲法最後制定成功的決定因素。從會議一開始，制憲代表們在聯邦與州的權力劃分、總統選舉方式、議員代表比例、奴隸制等一系列重大問題上產生分歧，但是讓人欽佩的是，經過艱苦的談判，他們又在這些問題上達成了眾多歷史性的妥協。為解決大小州在聯邦國會中代表權問題爭議的康涅狄格妥協案，被後人尊稱為「大妥協」。關於眾議院席位分配的妥協，即所謂「五分之三條款」，更是一項妥協的力作。它是南北雙方在奴隸制問題上的第一個重要的妥協。如果沒有「五分之三條款」的妥協，其他後來的妥協是不可想像的。[39] 有學者在談論美國憲法的成

---

[37] Andrea Bonime-Blanc, *Spains Transition To Democracy, The Politics of Constitution-making,* Boulder and London, Westview Press, 1987, P13.

[38] 王希：《原則與妥協：美國憲法的精神與實踐》，北京大學出版社，2000 年，第 7 頁。

[39] 同上，第 102 頁。

功經驗時中肯地指出；「妥協而果的憲法本身也成為一種妥協的機制。利益的多元化迫使美國社會中的各利益集團之間、部分利益集團與公共利益之間、所有利益集團與公共利益之間始終就各自利益的定義和定位進行著一種多層次的、多方位的各連續不停的談判。」[40]

但是民國國會從討論制憲模式開始，就不願意與其他政治集團分享制憲權。在制憲過程中，更沒有興趣聽取袁世凱政府關於制憲的意見。國民黨人徐鏡心是制憲議員中堅持抗爭立場的典型。徐強烈地反對袁介入制定憲法活動，甚至對任何有關批評制憲活動的言論，也作出了激烈的反應。他曾對有賀長雄《共和憲法持久策》一文作出回應，強調：「蔑視憲法起草委員會，即為蔑視國會。蔑視國民與國會，即為蔑視國家，即為共和之蟊賊，即為國民之罪人。」[41]1913 年 8 月，當政府方面研究憲法委員會將制定的憲法草案大綱 24 條提交制憲會議時，聲明以供參考，國民黨議員猛烈抨擊，命令政府代表退席，雙方在制憲會議的衝突益趨表面化。[42]在袁世凱提出增修臨時約法的諮文後，國會的答覆是強硬的，認為憲法即將議定，約法沒有增修的必要。當袁重申總統法律公佈權時，國會的立場依舊，以憲法草案尚未完成，沒有開議的機會為由，拒絕答覆。政府方面赴會陳述憲法意見的委員也遭到拒絕。制憲會議的多數議員在「二次革命」後政治形勢相當嚴峻時，也不願意冷靜地思考妥協的必要性，即使只是暫時的實質性妥協。[43]

---

[40] 同上，前言，第 7 頁。

[41] 中國史學會濟南分會編《山東近代史資料》第二分冊，第 329 頁，轉見《中華民國史資料叢稿人物傳記》（第 20 輯）。袁世凱曾經抱怨說：「政府與政黨永遠無協商的機關，恐怕不是好事」。參見〈彈劾案與新內閣〉，《遠生遺著》卷二，第 144 頁。

[42] 李守孔：《民初之國會》，中國學術著作獎助委員會，1964 年，第 120 頁。

[43] 制憲期間，國會同意先選舉總統，後制定憲法，往往被後來的研究者視為一種妥協。其實這種做法是正常的，法蘭西第三共和國在成立之初，也是

在當時的制憲環境中，妥協的空間並不是沒有。1922 年有學者認為 1913 年制憲運動「其主要內容，本為議會政治與總統政治之爭論，在憲政原則上，亦甚重要，原有公平考究決定之可能性。」[44] 而從袁世凱當時的政治要求來看，雙方在權力分配上互相妥協的空間是相當大的。當在討論制憲模式時，袁與地方都督提議的憲法起草委員會也包括國會代表，而且同意憲法最後還是由國會批准。在政府體制設計方面，袁要求的是通常內閣制度中元首擁有的總理同意權與解散議會權，反對的是完全剝奪總統權力的「超議會制」。袁曾對楊度說：「假如他們不堅持責任內閣制，我也可以做革命黨，你也可以做革命黨。」[45] 在此前提下，袁甚至對內閣制度也表示讓步，只要能夠保證總統的實權。此時袁世凱認為如果能夠通過制憲方式改變現行的政體制度，達到加強總統權力的目的，他可以作出一定的讓步。而與袁關係密切的制憲委員王庚、陸宗輿、曹汝霖等人，在憲法會議中也不曾反對內閣制度。畢竟對於袁來說，和平的制憲手段是在 1913 年實現個人政治目標的一種捷徑。1913 年制憲環境的相對穩定，即使在二次革命發生時，制憲會議也沒有停頓下來，正是憲法草案完成之前袁溫和的政治選擇的結果。

此外，在實際政治中，「行動者特徵的歸屬並非固定不變的屬於某一特定團體，而是視其在轉型不同階段與時機的行動加以歸屬，也就是說，某一階段的改革派，可能是另一階段的強硬派，現

先選舉總統，後制定憲法。

[44] 陳啟修：〈我理想中之中國國憲及省憲〉，《東方雜誌》19 卷，「憲法研究號」。在 1913 年 12 月國民黨被解散，制憲工作停頓後，包括部分制憲委員在內的國會議員組織了「憲法期成會」，此時他們才表示妥協的意思，依照法國內閣制度規定，提出同意廢除國務總理同意權，總統經參議院同意就可以解散眾議院等主張，但是為時已晚。參見《憲法期成會動態》，《專電》，《申報》1913 年 12 月 7 日。

[45] 轉引自邱錢牧《中國政黨史》（山西人民出版社，1991 年）第 275 頁。

階段的溫和派，也可能是下階段的激進派。」[46] 辛亥革命前後的政
治發展表明，袁世凱是典型的實用主義政治人物，而不是特定的強
硬派或改革派。袁習慣於根據形勢的變化，採取包括妥協等一切政
治手段，靈活的追求自己的政治目標。辛亥革命爆發後，「當革命
勢力表明它們掌握了國家的時候，他承認了民國的必然性。在共和
制的最初幾年，他為避免同革命領導人完全決裂而討好他們，面臨
對抗就作策略上的退卻。」[47]

四、制憲會議與北洋派的策略互動

　　1913 年制憲過程中的政治行動者主要是國會制憲會議與袁世
凱的北洋派。國會方面的激進派與溫和派不能完全以國民、進步兩
黨為劃分標準，如一般認為國民黨屬於激進派，進步黨屬於溫和
派。而應該以制憲議員實際的憲政選擇，以及與北洋派在制憲問題
上互動關係為界定標準。一般來說，贊成國會權力至上，拒絕與北
洋派協商與妥協的議員屬於激進派。而支持國會與總統分權制衡，

---

[46] 倪炎元：《東亞威權政體之轉型》，第 31 頁。

[47] 費正清編《劍橋中華民國史上卷》，楊品泉等譯，中國社會科學出版社，1997
年，第 251 頁。本文作者還認為，民初的晚清新政派官僚不同於同時代的
國民黨人，一是他們沒有很強的意識形態觀念，而且基本上還是認同憲政
主義的。當然在具體政體形式上，有些人贊成君主立憲政治。二是他們在
處理政爭時，往往以利益為導向，政治手段靈活、政治經驗豐富，習慣於
政治妥協與交易。三是他們對付政敵的手段相比較革命黨人還是較溫和
的，保持著舊官場明爭暗鬥的習慣，武力手段並不是首選。因此這個官僚
集團在民主政治的立場上帶有濃厚的實用主義色彩，並不是通常人們所說
的政治觀念守舊，政治立場頑固不化，「是憲政路上的絆腳石」（胡春惠語，
參見《民國憲政運動》第 2 頁）。近來還有學者認為袁世凱在辛亥革命時期
是一個有限的共和主義者。馬勇：《袁世凱帝制自為的心路歷程》，《學術
界》，2004 年第 2 期。對晚清新政派官僚詳細分析參見《劍橋中華民國史
上卷》第 289-290 頁。對晚清新政派官僚詳細分析參見《劍橋中華民國史
上卷》第 289-290 頁。

願意與北洋派協商與合作的屬於溫和派。制憲會議關於「超議會制」的憲政選擇的結局表明，在制憲議員中，激進派佔有絕對優勢，一直掌握著制憲的主導權。他們雖然分屬不同黨派，但是「於憲法主張上遇事協商，毫無衝突」。[48]

溫和派議員中一些是參加政府研究憲法委員會的制憲議員，以及部分進步黨、公民黨議員。因在制憲會議只占少數，「在委員會中遂無主張之餘地矣」。有影響力的議員僅有汪榮寶一人。所以當事人吳宗慈認為即使民國二年憲法會議召開，「進步黨對於擁護自己之主張亦幾無衝鋒陷陣之人。」[49]這樣制憲會議在整體上表現出激進立場。北洋派方面並沒有改革派與強硬派之分，即使是後來的強硬派袁世凱，制憲時期對民主政治基本上是持一種懷疑與實用態度，表現出機會主義者政治立場。

在 1913 年制憲過程中，北洋派與溫和派議員之間雖然存在協商式策略互動，但是由於溫和派議員不是制憲會議多數派，這種理論上最好的策略互動並不具有實際政治效果。所以本文主要分析的是北洋派與制憲會議激進派之間的策略互動。

從可供選擇的策略空間來說，北洋派選擇的策略可以簡單地分為「協商」與「不協商」，制憲會議選擇的策略可分為「妥協」與「抗爭」。這樣在北洋派與制憲會議的博弈格局中，理論上可以存在四種策略組合模式：A 北洋派與制憲會議協商──妥協策略組合；B 北洋派與制憲會議協商──抗爭策略組合；C 北洋派與制憲會議不協商──妥協策略組合；D 北洋派與制憲會議不協商──抗

---

[48] 吳宗慈：《中華民國憲法史前編》，北京東方印刷局，1923 年，第 3 章，第 39 頁。1913 年 10 月民憲黨成立之後，激進派制憲議員更是佔有絕對優勢。當時制憲會議中民憲黨人約有 20 人，共和黨 7 人，國民黨 7 人，反袁的在 30 人以上，而當時在京制憲議員總數不過 40 多人。

[49] 同上，第 39 頁。學者張玉法認為憲法草案的完成是國民黨與進步黨合作的結果的看法是不準確的。與當事人吳宗慈的描述不符合。

爭策略組合。除第一種策略組合模式屬於協商式互動類型外，其餘三種策略組合均為對抗式互動類型。

激進派控制的制憲會議主導性策略選擇必然是抗爭。在制憲會議的激進派看來，當北洋派作出協商姿態時，最理想的結局是政府方面不斷作出讓步，而己方則可以一直堅持不妥協立場。他們並不喜歡協商互動的 A 模式，「因為那畢竟是『與虎謀皮』，是還沒有獲得全勝就鳴鑼收兵的敗筆」。即使北洋派放棄協商立場，可能致使雙方陷入全面衝突的糟糕結局，制憲會議也不會妥協。因為在那樣的情形下，他們採用 C 模式則表明前功盡棄，既得利益的喪失。[50]

與制憲會議不同的是，北洋派持一種靈活的實用主義立場。他們當然最喜歡 C 模式，不必作出協商讓步，就能得到制憲會議的妥協，實現自己的權力目標。但是這一模式如果沒有實現的可能，能以協商的方式爭取權力目標的實現，也不失為一種不錯的選擇。不過，在協商策略無效後，北洋派轉向強硬的不協商立場也是順理成章。因此，在四種策略組合中，B、D 模式最有可能出現。

事實也是如此，在實際的制憲進程中，A、C 模式根本沒有出現，北洋派與制憲會議之間全面對抗的 D 模式，則是出現在憲法草案完成之後。在制憲目標、模式、方法等策略互動方面，實際上出現的正是 B（協商－抗爭）策略組合模式，即北洋派對國會制憲會議採取協商策略，制憲會議對北洋派採取抗爭策略。這一策略互動模式在憲法起草階段表現得更加明顯。

制憲會議開會之前的 6 月 10 日，袁世凱命令法制局擬憲法芻言，並派員到兩院協商編纂憲法中的重要條款問題。6 月中旬，袁屢次召集國務員會議討論：政府預擬之憲法草案，兩院如不承認應

---

[50] 本節博弈模型建立與分析，主要得益於何高潮先生的《理性選擇方法與中國政治研究》（《香港社會科學學報第六期》，1995 年）第 106-113 頁。

如何辦法？將來兩院規定之憲法，如過於嚴苛應如何辦法？政府應如何與兩院疏通意見？並詢問憲法頒佈日期。7月初，袁令國務院會議顧問廳，條擬籌備選舉說明書一件。段祺瑞認為與憲法有密切的關係，決定函請憲法討論會到院開特別會議一次，並將說明書函送兩院。7月20日，袁將政府草擬的憲法大綱移交制憲會議。內容主權要有：廢除省制、改定行政區域、設置副總統、大總統對於國務員之許可權、大總統及國務員的懲戒法等。8月10日前，總統府會議將接到各處的憲法意見書80餘件，一律檢齊，移交參議院。[51]

在10月初當選為正式大總統後，袁世凱開始加緊干涉國會制憲。10月16日向國會提出《增修臨時約法案》。袁的理由是自己已經是正式大總統，但是職權仍然依照臨時約法中臨時大總統的規定，似乎不妥。在這個增修案中，袁的要求主要有五條：一是總統制定官制官規，不必徵得參議院的同意；一是總統任免國務員、外交大使，以及一切文武職員，不必徵得參議院的同意；一是總統宣戰、媾和及締約，不必徵得參議院的同意；一是總統享有緊急命令權；一是總統享有財政緊急處分權。袁提出的增修臨時約法主張，基本上屬於法國半總統制中總統權力範圍，並沒有超越分權與制衡原則。

10月4日《大總統選舉法》是由國會憲法會議自行公佈，國會此舉顯然是違憲行為。依照臨時約法的規定，法律公佈權專屬總統。袁以此為藉口，在10月18日即諮文憲法會議，重申憲法公佈權，認為臨時約法賦予總統公佈法律的權力，「則民國議會無論係議決法律事件，抑係制定憲法事件，皆應以臨時約法所暨國會組織法所定程序為准，實無絲毫疑義。」袁的目的主要是提醒國會，總

---

[51] 王葆真：《民國初年國會鬥爭的回憶》，《文史資料精選第3冊》，中國文史出版社，第4頁。

統在憲法問題上亦有權力,「民國議會對於民國憲法案,只有起草及議定權,實無所謂公佈權。」[52]

在憲法草案進入緊鑼密鼓的二讀會階段,連續二次干預制憲活動均遭失敗的袁世凱非常焦急。10 月 24 日,袁派施愚、饒孟任、黎淵、方樞等 8 位政府委員來到制憲會議,聲稱有大總統委任,來會陳述意見。袁在諮文中表示臨時約法效力等同於憲法,依照約法規定,總統有提議增修約法之權。並且袁也威脅的口吻談到:「大總統既為代表政府,總攬政務之國家元首,於關係國家治亂興亡之大法,若不能有一定之意思表示,使議法者得所折衷,則由國家根本大法所發生之危險,勢必醞釀於無形,甚或補救之無術。」[53]

此外,袁還策劃溫和派議員組織小黨派,以分散激進派勢力。在袁的授意與支持下,制憲議員王庚、朱莘、夏同和等紛紛組織小黨派,這些小團體「無政綱,無奮鬥目標,不但對國民黨起了一定的分散作用,同時也吸收了一部分進步黨分子。」[54]不過,這些擁袁的溫和派議員是少數,影響並不大。在憲法草案完成之際,袁又委託政界名流私下與制憲議員溝通,尋求政治妥協。在宣武門內的中華飯店,梁啟超、周自齊、朱啟鈐等人受袁之託,連日宴請制憲委員,「疏通意思,冀於草案有所改正也」。但是議員們不為所動,聲稱草案既經二讀會通過,就沒有修改的餘地。在連日不得要領後,袁請眾議院議長湯化龍從事疏通,並向制憲會議出示總統致各省軍民長官令條陳憲法意見書電稿,示意說如果疏通失效,就立即

---

[52] 《大總統咨憲法會議諮詢前咨所稱飭登之大總統選舉法案是否應依照約法公佈施行之規定辦理及將來制定憲法案應否依照國會組織法條文以起草議決為限等情請查照從速答復文》,《政府公報》,1913 年 10 月 23 日。

[53] 《大總統咨憲法會議特飭國務院派遣委員施愚等前往代達對於民國憲法意見,嗣後每逢開議希先期知照以便隨時出席陳述請查照文》,《政府公報》,1913 年 10 月 23 日。

[54] 韓玉辰:《民初國會生活散記》《文史資料精選第 3 冊》,中國文史出版社。第 45-46 頁。

發出電稿。但是多數議員還是堅持已見。[55]因此，袁的所有積極介入國會制憲活動的協商努力都沒有成功。

國會制憲會議中多數激進派議員的不妥協立場，以及《天壇憲法草案》「超議會制」政體制度的完成，最終粉碎了袁的政治企圖。在一切合法手段用盡，對制憲經歷了一個期望、失望到絕望的過程之後，袁的不滿終於在 8 委員被拒事件發生後達到了高潮。10 月 25 日袁世凱通電各省都督及民政長，憤怒地指責憲法草案內容的不良。至此，北洋派單向的協商策略完全失敗，對抗式的策略互動開始出現，原先在制憲活動中被動的北洋派一方的決定作用開始凸顯。11 月 4 日袁第二次發出指責憲法草案的電文，稱「該起草委員等於開二讀三讀會時，不惟不與修正改良，反較初次草案，變本加厲。」[56]袁又唆使各地親信出面反抗，為解散國會製造輿論上的準備。於是各地擁袁派力量群起響應，從 10 月 28 日至 11 月 4 日，各省都督、民政長、鎮守使等先後通電 73 次，指責憲法草案謬誤的 23 次，指斥國民黨人假憲草會從事破壞活動 11 次，主張解散國會 10 次，主張重訂或取消憲法 7 次，主張解散憲草會重組 7 次，主張將國民黨解散者 7 次。[57]袁此時終於意識到，1912 年以來建立的民國政府體制，已經不可能成為一種滿足自己個人政治利益的手段，「故袁世凱對於憲法上希望幾乎斷絕，欲挽回憲法，非破壞憲法會議不可，欲破壞憲法會議，非破壞國會不可。」[58]

過去人們對袁的干憲活動多持批評態度，但是事實表明，1913 年制憲活動的結局是國會制憲會議與北洋政治集團一次策略互動的失敗。在袁使用非法手段破壞制憲之前，已經盡其可能採用了一切合法的協商手段影響制憲進程。但是在激進派議員主導制憲會議

---

[55] 吳宗慈：《中華民國憲法史前編》，第 40 頁。

[56] 袁世凱：《對於憲法第二次通告》，胡春惠《民國憲政運動》，第 192 頁。

[57] 參見張玉法《民初對制憲問題的爭論》中的有關統計。

[58] 吳宗慈：《中華民國憲法史前編》，第 3 章，第 39 頁。

的態勢下，袁的政治企圖慘遭失敗。最後隨著《天壇憲法草案》的
完成，袁終於認識到溫和的協商策略是無法達到個人政治目的，這
樣威權專制與後來的君主立憲主義，就取代憲政民主政治，成為袁
政治策略中的新寵，制憲進程因此而黯然中斷。

（本文刪節稿發表於上海市社會科學聯合會編
《當代中國：發展‧安全‧價值下冊》，上海人民出版社 2004 年）

民初制憲政治中的協商
——對抗互動策略

　　1916-1917 年制憲策略互動主要是在國會各政黨之間展開。原國民黨人與原進步黨人在省制（地方制度）問題上的意見衝突，分別凸顯各自的激進與溫和色彩。力主地方分權，與段祺瑞內閣對抗的益友社、丙辰俱樂部等原國民黨議員屬於激進派，其中益友社在省制問題上尤為激烈。溫和派主要是主張中央集權，與段內閣合作的憲法研究會、憲政討論會等原進步黨人。其他政黨因政治立場比較靈活，主張介於激進、溫和兩派中間，可以歸為中間派。[1]

一、制憲目標：分權或集權

　　1916 年 9 月憲法會議剛剛開議時，國會內部政治派別林立，在制憲目標上的主要分歧是國體制度，即民國實行中央集權還是地方分權。溫和派支持中央集權，反對省制入憲。激進派意見相反，堅持地方分權，要求省制入憲。「自省制加入問題向審議會提出以來，各派均有極端之主張，不能互相融洽，致審議會屢無結果。」[2] 省制入憲與省長民選雖然是爭執的主要焦點，但是在主張省制入憲的黨派方面，針對省制內容也產生分歧。在承認省自治權的前提下，一些政團對省長選舉方式、省立法與行政權力關係都有不同的看法。

---

[1] 時人將國會黨派分為銳進派、穩健派與折中派。《兩院議員對於憲法之派別》，《要聞一》，《大公報》1916 年 9 月 11 日。

[2] 《省制問題之各派協商》，《申報》1916 年 11 月 6 日。

在國會重開前，中華革命黨的機關報《民國日報》在省制問題上態度非常強硬，稱：「苟不能解決省制問題，則憲法亦殊可不談。」[3] 該報還刊文表示不必縮小省區，「即以選舉省長權付諸人民者。」認為一國元首選舉都沒有紛爭，「則又何慮於縱橫不逾千里，同文同俗之省區乎？」[4]

憲法商榷會分化後，原國民黨議員林森、居正、田桐、馬君武等人組織的丙辰俱樂部表示極端贊成省制加入憲法，稱省長必由民選，「中國久成為一官僚政治，非從根本上改革補救不可。」省長民選、省制入憲可以讓更多的社會優秀分子參與社會事業，養成完全的人格。[5] 後來丙辰俱樂部在省長選舉問題上雖然做出讓步，同意「省長由省議會選舉呈請大總統任命之。」但是仍然堅持省議會擁有對省長彈劾權，「省議會認省長為違法溺職時，得以議員過半數之列席，列席員三分二以上可決彈劾之。」省長受彈劾應即免職，但是大總統認為不當時得以否交參議院裁決之。值得注意的是方案中省長卻沒有對省議會的解散權。[6]

原國民黨議會領袖張繼、吳景濂、王正廷等人組織的益友社，在 11 月中旬提出省制主張。強調省議會作為一省的立法機關，在省長違法溺職時，有權彈劾省長。省長被省議會彈劾後，大總統應該免除職務。如果認為彈劾不當，可以讓參議院審定。與丙辰俱樂部相似的是草案中省長也沒有解散議會的權力。此外，還增加了省的軍事權，即省有權徵集警備隊，其額數及經費由省議會議決。大總統在緊急必要時得調遣之。[7]

---

[3]　《省制觀》，《民國日報》1916 年 9 月 1 日。

[4]　《省長問題（續）》，《民國日報》1916 年 7 月 31 日。

[5]　《丙辰俱樂部之主張》，《申報》1916 年 11 月 1 日。

[6]　《丙辰俱樂部之地方制度》，《民國日報》1916 年 11 月 15 日。

[7]　《兩政團之省制草案內容》，《申報》1916 年 11 月 12 日。

　　成立於 1916 年 11 月的政學會，因領導人張耀曾、谷鍾秀等為北京政府要員，在與段祺瑞關係上，政學會一向被視為國會中溫和派。但是在省制問題上，政學會卻與益友社立場一致。總的來說，原國民黨人組成的政黨丙辰俱樂部、益友社與政學會在省制問題上見解大致相同，均要求省制列為專章入憲，省長民選。

　　憲法研究會（研究系）主張與原國民黨人截然相反，認為省制問題較憲法為重要，但不宜今日遽然加入憲法。「夫省制問題，絕非易事。省之機關如何組織而後完善。省之許可權如何分配而後可行，皆非憑空擬制或學理的推測即可實施。」研究會表示不是輕率地反對或否定省制加入憲法，「蓋反對匆忙之間不假以商榷之時間，實際之考查，詳細的討究，貿貿然而欲規定之。」在目前人心希望早定憲法之際，對最難解決的省制問題，不應該浪費最寶貴的時間討論。[8] 所以「省制之不加入憲法，乃不加入今次之草案而已。其仍用憲法之手續制定，省制以為憲法之一部分……憲法公佈之日即為制定省制之日，中間並無停頓。」[9]

　　關於省長民選，研究會反對態度亦非常堅決。「假令教育普及，多數人受較高之教育，而有判斷政治之能力，則為知識可以民選。又假令實業發達，多數人有相當之生計，而無取給於政治之欲望，則為品格可以民選。」考慮中國地方現狀，「今日乃為不宜民選省長之時代，現在之省制必應合現在之時代，其能應合與否，必有詳細之規定。」[10] 此外，梁啟超還重視當時的政治現實，認為如果省長民選，在地方是又增加一自治機關之首長，難免不與現在的督軍、省長產生衝突。[11] 憲政討論會、憲法協議會議員，以及若干無黨派人士也反對省制入憲。

8　醉翁：《省制問題》，《晨鐘報》1916 年 10 月 20 日。
9　《憲法研究會之省制另定宣言》，《晨鐘報》1916 年 10 月 30 日。
10　同上。
11　傖父：《梁任公先生之談話》，《東方雜誌》第 13 卷第 9 號。

　　國會中其他一些黨派對以上雙方意見持調和立場。如韜園主張省議會選舉省長，候補者二人呈請總統擇一任命。在省立法與行政權力關係方面，省議會有權彈劾省長，並請總統查辦之。省長在呈請總統提交參議院審查之後，可以解散省議會。此外，省長有權招募地方警備隊，總統在非常緊急時得調遣各省警備隊。[12]後來韜園進一步調和研究會與益友社兩派立場，主張省長由大總統任命；省議會認省長違法時，得以出席議員三分二以上之可決彈劾之。省長受彈劾時，大總統應免其職，如認為不當，則解散省議會，但同一會期不得為二次解散，三個月內重新選舉。[13]

　　另一中立政團平社雖然同意省制入憲，但在省立法與行政權力關係方面卻不同於益友社與內辰俱樂部，而是強調權力制約與平衡原則，要求賦予省長解散權。因此平社草案中一方面規定在省長違法時，省議會得以議員過半數出席，三分二以上多數可決彈劾。省長受彈劾後，大總統應免職。如認為不當，可送交參議院審定。另一方面省長也有解散省議會的權力，在經省參事會同意後，呈請大總統解散省議會，但同一會期內不得為兩次解散。在三個月內重新選舉。[14]

　　與此同時，北洋派督軍從一開始就反對省制入憲。[15]馮國璋認為省制入憲結果是「使二十二行省分立為眾小國，則分崩離析，馴至中央盡失其統馭之力，而終於滅亡。省長民選，地方官民選，尤足以啟地方紛擾之端，長豪猾攘取之謀，妨賢者登進之路，舉地方行政陷於黨爭之漩渦，政務停滯，國力不張，貽害一方。」[16]直系另一位代表人物江西督軍李純附和馮，反對省制加入憲法與官吏民

[12]　《參院提議省制加入憲法》，《申報》1916 年 10 月 17 日。
[13]　《韜園地方制度草案》，《民國日報》1916 年 11 月 19 日。
[14]　《兩政團之省制草案內容》，《申報》1916 年 11 月 12 日。
[15]　《各省又將有反對增加省制之電》，《大公報》1916 年 10 月 23 日。
[16]　《副總統對於憲法之請願（續）》，《晨鐘報》1916 年 12 月 15 日。

選，認為這種做法是破壞統一，擾亂地方，「議院變為鬻官市場，議員將為求官捷徑。」[17] 守舊派軍人態度與馮、李相似。1916 年 10 月初張勳干涉省制及省長民選加入憲法。11 月中旬，張勳、倪嗣沖雖然做出讓步，同意省制可以概括加入憲法，但仍然堅決反對省長民選。[18]

西南實力派在地方制度問題上的態度與北洋派非常相似。雲南督軍唐繼堯對地方制度案加入憲法提出異議，主張制定專門的行政法律來處理地方制度，「斷不可牽入憲法，一成不變，致阻礙地方之發達。」[19] 貴州督軍劉顯世反對省制加入憲法。認為聯邦制只是實現統一的過渡階段，統一是中國政治傳統的長處，如採用聯邦製作為國體，是「自召分裂」，況且與憲法草案中規定中華民國為永遠統一民主國的條款相抵觸。[20]

值得一提的是，一向標榜獨立立場的參議員章士釗原本堅持聯邦制度，此時也認為研究系省制緩議的主張比較務實，因為「蓋省為吾國之特別國情，問題異常複雜，無論何人皆不能有圓滿解決之提案。而憲法又為經世大業，一成未易變更。」更何況目前時機緊迫，「當此國論紛紜之際，布憲急切之秋，既乏審議之時間」。[21]

由此可見，與益友社等團體激進主張不同的是，憲法研究會在制憲目標上要溫和務實得多。後者認為在當時的政治現實制約下，地方制度改革應該循序漸進、省長民選必須緩行，以加強中央政府的權威。否則「所謂分權者，亦無非分權於個人，使得跋扈於地方，而形成藩鎮。」[22] 現代地方制度改革經驗表明，在改革過程中保持

17 《李純反對省制加入憲法》，《申報》1916 年 11 月 17 日。
18 《反對省長民選之武人》，《民國日報》1916 年 11 月 21 日。
19 《唐繼堯憲法主張之魚電》，《申報》1916 年 11 月 12 日。
20 《劉顯世之憲法意見電》，《申報》1916 年 12 月 7 日。
21 《憲法問題》，《甲寅日刊存稿》，章士釗：《甲寅雜誌存稿》，民國叢書第 2 輯，上海書店，1989 年影印本。
22 傖父：《集權與分權》，《東方雜誌》第 13 卷第 7 號。

中央政府權威是非常重要的，「通過地方分權的方式形成的聯邦制國家中，中央政府對權力的劃分行使更大的控制權。」[23]

二、國會各政黨的策略互動：從協商到對抗

自 1916 年 10 月底省制案在憲法審議會上陷入僵局以後，國會各政黨在會場之外進行了積極的斡旋。以 12 月 8 日審議會大衝突為限，可分為兩個階段。第一階段協商核心包括激進、溫和、中間派在內的國會各主要政團。第二階段黨派互動則以中間派政團為主體。

11 月 2 日各政團在眾議院召開憲法協商預備會，憲政討論會、憲法研究會、益友社、憲法商榷會、韜園、平社、丙辰俱樂部、憲法協議會等 8 政團的代表參加會議。各派代表依次發言，闡述各自的看法。憲政討論會堅持在二讀會後加入省制；憲法研究會提出憲法公佈後另以單章加入憲法；憲法商榷會、益友社、丙辰俱樂部要求省制大綱立即加入憲法；平社建議先提出省制大綱，各派研究內容後再討論加入憲法；韜園主張先提出地方制度大綱後討論，在二讀會結束後再加入憲法。[24] 值得注意的是，憲法研究會此時已經改變過去一直堅決反對省制入憲的立場，做出有條件同意省制入憲的妥協。

在 11 月 4 日第一次政團協商會上，憲政討論會代表孫潤宇表示該會希望憲法速成，不願在省憲問題上有所阻滯，呼籲雙方妥協，在憲法頒佈後，再以制憲手段制定地方制度大綱。憲法研究會、憲法協議會表示同意。但是益友社、韜園、商榷會強烈反對。商榷

---

[23] 格斯特：《聯邦制、地方分權與權利》，路易士·亨金、阿爾伯特·羅森塔爾編《憲政與權利》，鄭戈等譯，北京三聯書店，1996 年，第 14 頁。

[24] 《省制問題之各派協商》，《申報》1916 年 11 月 6 日。

會主張在二讀會內提出地方制度大綱加入憲法。益友社雖然同意省長民選可以暫不規定，但是地方制度大綱一定要在制憲時加入。[25]

11 月 9 日舉行第二次政團協商會，憲法研究會、益友社等 8 政團代表共 26 人參加。憲法研究會代表劉崇佑主張省制暫緩制定，俟憲法公佈後另定省制。朱兆莘表示憲法協議會討論結果還是認為在憲法三讀會結束後，再以制憲程序制定省制大綱。朱念祖表示商榷會主張不變。益友社仍然堅持二讀會時提出省制大綱。平社表現出靈活立場，認為省制內容最重要，而提出時間可以調整。憲法討論會代表辛漢提議各政團分別草擬省制大綱，提交協商會決定後再商定日期。對此各派均表示同意。此時協商前景似乎比較樂觀，「各政團主張似尚有互相接近之點，亦有漸思讓步之點，協商會之成績總算可觀矣。」[26]

在 11 月 10 日第三次政團協商會議上，研究會代表藍公武與益友社代表褚輔成意見相左，分別發表省制不入憲與入憲意見，對此，憲政討論會代表孫潤宇再次希望「各政團須稍犧牲向所主張，方可望有協商結果。」孫並表示憲政討論會願意讓步，改變原來主張以普通法律制定省制主張，同意「先行草就完全省制，再就完全省制之中擇其為省制大綱者，以制憲程序制定之。」[27]丙辰俱樂部代表建議各政團先提出大綱討論，在省制入憲問題上達成一致後，再討論省長民選等省制內容。商榷會為調和各方意見，贊成以平社省制大綱為討論底本。益友社做出讓步表示，強調省制加入憲法，但是省長民選亦非絕對的主張。最後憲法協議會與憲法研究會看法一致，而韜園、平社支持益友社主張，協商沒有結果。[28]

---

25 《政團協商會第一次開會詳情》，《晨鐘報》1916 年 11 月 5 日；《政團協商會第一次開會》，《申報》1916 年 11 月 7 日。

26 《政團協商會二次討論省制》，《申報》1916 年 11 月 10 日。

27 《政團憲法協商會協商破裂之始末（續）》，《民國日報》1916 年 11 月 22 日。

28 《各政團三次協商省制》，《申報》1916 年 11 月 13 日。

　　第四次會議於 11 月 13 日召開，平社代表黃雲鵬提出省長由大總統任命，另以法律規定。丙辰俱樂部代表馬君武、龔政仍然強調先召開審議會，就加入不加入省制進行表決，然後再討論地方制度的內容。憲法協議會表示贊成平社主張，在原先主張憲法公佈後再以制憲手段制定省制的立場上讓步。益友社主張省長簡任要加限制性條件，即必須獲得省議會的同意，而這一條款不應該在憲法上規定，只能以法律規定。憲政討論會表示省長應由大總統自由任命，不必加任何限制條件。韜園代表改變看法，同意省長由大總統任命。會議在省長任命問題上沒有取得共識。[29]

　　在連續兩次審議會又無結果後，各派認為還是應該繼續召開政團會協商省制。新一輪政團協商會於 11 月 25 日召開。會議決定省制內容緩議，主要討論審議會用何種方式表決。剛開始討論比較平和，「無前次紛爭之現象」。益友社、憲法研究會等都派代表參加。[30] 益友社代表韓玉辰建議以不加入、無限制加入、加入大綱、除某某問題外加入大綱四種方法付表決。憲法研究會代表藍公武主張以加入、不加入、有條件加入、憲法公佈後再以制憲手續制定省制付表決。會議最後達成一致意見，同意在審議會時進行兩次表決，第一次投票表決時，藍票表示省制不加入憲法，白票主張省制加入。第二次表決時，白票表示除省長任免問題外加入大綱，藍票主張憲法公佈後另以制憲手續制定省制。[31]

　　11 月 28 日，政團協商會繼續討論省制表決方法。益友、丙辰、商榷會、平社又提出修正意見，要求修改上次表決方法，將第二次表決內容改為省長民選、制憲後制定省制兩種意見。由於各派意見分歧嚴重，會議協商沒有結果。[32]

29　《昨日政團協商會開會情形》，《晨鐘報》1916 年 11 月 14 日。
30　《省制問題之表決方法》，《申報》1916 年 11 月 28 日。
31　《昨日之政團憲法協商會》，《晨鐘報》1916 年 11 月 26 日。
32　《政團憲法商榷會紀要》，《申報》1916 年 12 月 1 日。

在數次爭論都沒有達成共識後，到了 12 月 8 日，研究系與益友社在審議會上終於爆發了投票舞弊大衝突。這一天被稱為「省制問題之末日」。當天在表決地方制度加入大綱並省長由大總統自由任命意見時，審議會共發票 638 張，開票後投票議員登記 635 人，票數卻有 636 張，可能有 1 位議員作弊多投票 1 張。贊成省制加入者有 422 張，反對加入者 214 張，未投票 2 人，三分二多數為 426 張，贊成方以 4 票之差不達法定多數。不過即使加上棄票 2 張（發票數與投票數之差），以及將投票數多於議員數的 1 張從反對票中除去，仍然不到法定三分之二多數。因此投票數雖然與發票數不符合，但並不影響最後結果。按照憲法會議規則第四十條第三項的規定，表決視為未通過。這種現象雖然在以往會議中也曾多次出現，但這次因審議長陳國祥為研究系議員，素來反對省制入憲。激進派議員為此情緒激昂，憤怒地指責陳陰謀作弊。劉成禺、張我華、葉聲夏、王乃昌等人更是衝到發言席，毆打研究會議員劉崇佑等人，於是雙方發生激烈的肢體衝突，演變成暴力爭鬥。[33] 衝突之後研究會與益友社分別通電各省，指責對方滋事亂政，破壞制憲。暴力衝突的發生與制憲進程的中斷，為以後督軍團干憲製造了充分的藉口。

在益友社與研究會在憲法審議會發生暴力衝突之後，政團協商活動並沒有因此停頓下來。不過此時協商主體主要是中間黨派，益友社與研究會不再派代表參加。從 12 月 12 日開始，平社、憲政討論會、憲法協議會與新成立的憲友會、政學會、靜廬、潛園、蘇園等政團進行協商，決定先議省制以外問題，以期望憲法會議正常開會。[34] 13 日各政團經過商議，對解決 12 月 8 日審議會衝突取得五條共識：1、另定省制大綱，要求益友社、研究會承認；2、各團體

---

[33] 《八日之憲法審議會》，《審議會大鬨之別報》，《申報》1916 年 12 月 11 日；《憲法審議會中議員犯罪》，《晨鐘報》1916 年 12 月 9 日。

[34] 《審議會鬨鬧後之觀察》，《申報》1916 年 12 月 13 日。

各推起草 1 人，共同起草省制大綱；3、各團體派代表向兩會社通告會議情況；4、對兩會社懲戒案均不贊成；5、不許可檢察廳逮捕議員。對中間政團的協商活動，益友社與研究會都表示贊成，研究會還特別強調：「本絕對的主張俟憲法公佈後始另議省制，今為珍重各中立友團調停雅意，將來公同審定之省制草案，當可有商量餘地，並不堅持前此主張。」[35]

在 12 月 14 日的中立政團協商會上，憲政討論會與衡社意見相同，均主張「彈劾省長問題及解散省議會問題均由國務會議解決」。但是丙辰俱樂部意見相反。平社代表開始協調兩方看法。最後關於議會彈劾權與省長解散權各有兩種意見。一種意見是主張彈劾省長須有省議會議員三分之二出席，出席員三分之二同意可決之。解散省議會問題，省長得參事會三分之二出席，出席員三分之二同意得解散省議會。另一種意見強調彈劾案由參議院解決。解散省議會由國務會議解決。[36]

12 月 15 日協商會開始討論表決方法。中立政團商請研究會與益友社參加審議會，先審議地方制度以外問題，不能使制憲進程長期停頓。[37] 12 月 16 日，協商會議決省議會對於省長認為有違法行為時得有總員三分二以上出席，出席員三分二以上之可決彈劾之。省長受彈劾後應經由大總統提交參議院議決之。省長認為省議會有違法問題時，得省參事會同意提出解散省議會案，呈由國務會議議決之。代表們認為解散權與彈劾權的規定既體現出中央權威，又能在地方權力結構中發揮非常好的權力制衡作用。17 日，中立政團協商會決定派遣代表赴研究會與益友社，商議續開憲法審議會。後者也同意由各中立政團續議地方制度大綱，並召開審議會。[38]

35 《九政團調停審議會爭潮》，《申報》1916 年 12 月 14 日。
36 《昨日各政團協商地方制度大綱之情形》，《晨鐘報》1916 年 12 月 15 日。
37 《昨日各政團協商地方制度之情形》，《晨鐘報》1916 年 12 月 16 日。
38 《各政團協商會進行之情況》，《晨鐘報》1916 年 12 月 18 日。

12月18日，憲政討論會、商榷會、衡社、憲友會、憲政會、平社、潛園、靜廬、憲法協議會、蘇園等9政團召開協商會，討論通過黃雲鵬與與孫潤宇共同起草的地方制度大綱13條，內容要點有省長由大總統任命，不加限制；省參事贊襄省長，由省議會選出6人、省長推薦6人組成，省長為參事會會長。但是在解散權與彈劾權問題上，商榷會表示異議，主張省議會彈劾省長僅需議員過半數出席，由內務總長提交國務會議懲辦之。而省長解散省議會必須由參議院議決同意。這樣做的後果是省長一定會被彈劾，而「省會係參議院之母院，以解散省議會事謀諸其母院之，參議院必無結果，自不待言，省長之解散權開同虛設矣。」[39]

12月19日在上次13條大綱基礎上，協商會多數表決通過地方制度大綱16條。主要內容有：1、省議會擁有財政預算、稅收、立法等許可權；2、省議會對於本省省長認有違法行為時，得以出席議員三分二以上之可決提出彈劾案，經由內務總長提交國務會議處理；3、省長由大總統任命之（不加限制）；4、省議員質問權；5、省長認為省議會有違法時得省參事會之同意提出解散案，呈大總統咨交參議院議決之，但同一會期不得為二次解散。[40]會後，各政團決定派代表與研究會、益友社商議草案內容。

經過與中立政團多次協商，研究會做出重大讓步，一方面表明對於地方制度大綱加入憲法，「與本會原有主張根本相反，此次勉為贊成，實因早盼憲法成立，並尊重各友團調和之盛意。」另一方面提出一些修正意見：1、關於省議會彈劾省長以出席議員三分二以上者可決，「擬修正為以三分二議員之出席員三分二以上之可決」。2、關於解散省議會須咨參議院議決，「擬修正為呈請國務會議裁決」。3、「對於省參事會，本會主張明定職權或全行刪去，另

[39] 《昨日各政團協商會之情形》，《晨鐘報》1916年12月19日。
[40] 《地方制度大綱草案已定》，《晨鐘報》1916年12月20日。

以法律規定。」同時還提出規定省長復議權。與研究會態度不同的是，益友社態度含糊，只是表示大體贊成。[41]

中立政團多日的努力在 1917 年 1 月 10 日憲法審議會上終於有了回報。在會議對省制加入憲法問題進行表決時，出席議員 460人，贊成者 446 人，多數表決通過，決定將大綱交付憲法起草委員會起草具體條文。從 1916 年 9 月 15 日開始的憲法審議會歷時 4個月，圍繞省制問題開會 10 次，終於告一段落。

至此，針鋒相對的研究會與益友社都在原有的立場上做出讓步，各方達成最後協定似乎已經為時不遠。憲法起草委員會起草的地方制度條款主要也是對各派主張的折衷。其中第 5 條規定省議會對於本省省長認有違法行為時得以出席員三分二以上之可決提出彈劾案，經由內務總長提交國務會議處理之；第 9 條主張省長由大總統任命之（不加限制）；第 10 條提出省長依法令執行國家行政並監督地方自治；第 11 條同意省長認為省議會有違法時得省參事會之同意提出解散案呈大總統咨交參議院議決之，但同一會期不得為二次之解散。[42]

然而，樂觀的形勢並沒有維持多長時間，二讀會開始後，由於部分益友社激進派議員突然翻悔，推翻前議，制憲形勢又趨惡化。

1917 年 4 月 25 日憲法會議二讀會開始，憲法起草委員會提出《增加主權查辦權地方制度及憲法效力各條》。會議在通過主權、查辦權、憲法效力各條後，開始討論地方制度案。此時湯漪、秦廣禮、駱繼漢、呂復等又分別提出修正案。駱繼漢、呂復是參加政團協商會的益友社要人，秦廣禮是商榷會議員。湯漪雖然未列黨籍，但過去一直是國民黨議員團的中堅人物。湯漪修正案連署議員中有參加政團協商會的益友社張我華、商榷會蔣舉清、平社解樹強、向

[41] 《研究益友兩政團之復函》，《申報》1917 年 1 月 8 日。
[42] 憲法起草委員會：「增加主權查辦權地方制度及憲法效力各條」，憲法會議編《憲法會議公報第 47 冊》，上海圖書館館藏。

乃祺，未參加政團協商會的韜園汪彭年、郭同、金永昌、丙辰俱樂部居正、商榷會劉冠三、王法勤、呂志伊等多名激進派議員。[43]

激進派修正案內容主要是否決了先前各派關於省長產生、省議會彈劾權與省長解散權的重要協商成果。秦廣禮繼續堅持省長由人民選舉受任。呂復提出省長由省議會分次選出修補者二人，呈請大總統擇一任命之。駱繼漢雖然同意省長由大總統簡任，但是卻規定遇該省議會議員過半數議決反對時應由大總統遴選他人。只有湯漪、丁世嶧同意省長由大總統任命，代表中央政府監督地方行政。

由於省議會彈劾權與省長解散權的規定，涉及到未來省政體的權力結構關係。除湯漪修正案較注意省立法與行政權力平衡關係外，其他修正案在處理兩權關係時，或是規定省議會有彈劾權，而省長無解散權，形成立法權力單向制約行政權力的局面；或是規定彈劾與解散權最後由參議院決定。提案人當然明白，參議員由於是各省議會選舉產生，出於自身的利害考慮，參議院很難做出解散自己「母會」的決定。以上這些規定，都表明激進派議員不顧立法與行政權力互相制衡的憲政原則，過分突出省議會權力，造成立法至上的局面。[44]

二讀會失敗後，於是各方的意見又見分裂。地方制度僅僅通過標題，全章又被迫再次交付審議會審議。隨後研究會、討論會等溫和派議員認為激進派政團背約，紛紛以辭職表示抗爭。研究系「毀法造法」的政治構想也開始產生。在 5 月 20 日督軍團發出反對憲

---

[43] 議員黨籍資料來源：《省制問題之各派協商》，《申報》1916 年 11 月 6 日；《政團協會二次討論省制》，《申報》1916 年 11 月 10 日；《省制問題之表決方法》，《申報》1916 年 11 月 28 日；《昨日各政團協商地方制度之情形》，《晨鐘報》1916 年 12 月 16 日；《昨日之政團協商會》，《晨鐘報》1917 年 1 月 29 日；謝彬：《民國政黨史》，《近代稗海第 6 輯》（四川人民出版社，1987 年）第 56-57 頁。

[44] 四個修正案內容詳見吳宗慈《中華民國憲法史前編》第 297-309 頁。

法文電之後，益友社、民友社主張仍然不變，而憲法研究會、憲政討論會、平社、靜廬、憲政會、政學會等都主張地方制度緩議。[45]

從持續半年多的省制爭議中，不難發現益友社等激進派更習慣抗爭，不願意或不習慣於政治妥協。所以有學者指出：「極左派的議員，對於研究系的合理的主張不能容納，固未免有過當之處。」[46]在省制協商過程中，雖然益友社一度在省長民選問題上做出讓步，同意省長簡任。但是從省制具體內容來看，益友社所主張的是一種省議會至上的地方權力體制。因為過去國會與省議會選舉的成功經歷，使國民黨有信心在未來的選舉中控制地方行政與立法機關。即使是省長官派，只要省議會大權獨攬，地方實權仍然可以由民黨掌控，地方實權將不會被削弱。

總之，各派的妥協與抗爭互相交織，貫穿整個制憲過程。制憲進程一開始是激進派的抗爭，在 12 月 8 日審議會上達到頂點。然後各黨開始妥協，以求達成協定。不過這種妥協非常脆弱，隨後在二讀會時又出現抗爭場面，協商最後還是失敗。

省制爭議不決引發國會立法失職，制憲良機的喪失，實在是導致國會二次解散、民主轉型再次失敗的重要內因。黃興在死前就認為：「國會應注意立法，法立而政治有依據。只問政治，則政治癒紛亂而不可收拾。」[47]有輿論同樣指出：「國會之失職在於制定憲法之因循……第一次國會與平常之國會不同，其議事以建立國基為本，當有統系，有順序，然後能按步以進。」[48]但是國會「開會既數月寥寥曾不多見。吾人所習見者質問也，查辦也，彈劾也，舉外

---

[45] 《昨日各政團對於憲法之協商》，《晨鐘報》1917 年 5 月 23 日。

[46] 李劍農：《中國近百年政治史（1840-1926 年）》，復旦大學出版社，2002 年再版，第 448 頁。

[47] 《與李根源的談話》，湖南省社會科學院編《黃興集》，中華書局，1981 年，第 459 頁。

[48] 《國會之失職》，《申報》1916 年 11 月 28 日。

國國會數年數十年不一行使之職權，諸公月一行使之，日一行使
之。數月以內無日不在與政府交戰之中。」[49]

---

[49] 《敬告國會議員諸公》，《晨鐘報》，1917 年 1 月 10 日。

民初制憲政治中的協商互動策略

　　1922 年 8 月，國會第二次重開，宣稱繼續制憲。與以往不同的是，這次各實力派公開介入國會制憲政治，國會各政黨也隨之發生分化，「政團雖多，卻因直派與奉、浙、粵等係之對抗，政團歸屬何係反而較易於觀察。」[1] 根據與各實力派的關係，國會政黨明顯分為親直、反直與中間三個派別。親直政黨主要有新民社、全民社、誠社、宣外 200 號等，為溫和派力量；激進的反直政黨包括政學會係（黎元洪派）、中國國民黨（孫文派）、民治社（孫洪伊派）等；中間政黨主要是民憲同志會、研究系與討論會。[2] 在次年 6 月直系發動驅逐黎元洪政變之後，各個政治派別又迅速完成新的組合。反直政黨新增褚寓（浙系）、東三省議員俱樂部（奉系）、竺廬（安福系）。而民憲同志會、研究系、討論會等中間派政黨與政學會、民治社部分反直政黨議員轉投親直陣營，參加北京總統選舉與制憲。

一、制憲目標：反省憲或省憲

　　6 月 13 日政變之前，國會各政黨在制憲問題上出現立場分歧，主要有兩個方面，一是總統選舉與制憲優先問題；一是憲法中省制

---

[1]　方惠芬：《曹錕賄選之研究》，碩士學位論文，臺灣大學歷史學研究所，1982年，第 146 頁。

[2]　一般將政變之前的民憲同志會歸為親直政黨，但是該黨情況複雜。黨首吳景濂公開支持直系是在政變之後，此前態度一直曖昧。黨中要人褚輔成、呂複等人一直明確主張先制憲後選舉總統，並曾在要求制憲通電中列名（《國會議員主先議憲通電》，《申報》1923 年 1 月 18 日）。國會分裂後，褚、呂等人南下，從民憲同志會中分出，自組一新政黨（褚寓）。

內容。政學會、研究系等反直與中間派政黨是支持省憲的主要力量。他們不僅希望在憲法中劃分國家與省的許可權,而且堅持省得自動地制定憲法。[3]

但是直系堅決反對省憲。特別是吳佩孚,他反對聯省自治最力,至多容忍有限的地方自治,「須以單一之形式,貫徹分權之精神,若以一時之政象,特殊之幻狀,遂不惜分崩割裂以立法。」關於省長任命或民選,吳贊成省長由中央任命。[4] 在省憲問題上,吳認為聯省就是聯邦,而德美聯邦的形成是先有各獨立國,後結合成聯邦國家。「以憲法論,惟有割本來分立之邦憲一部,以成立國憲,未有強割本不可分之國憲,以成立邦憲者也。」「若如聯省省憲之說,省對於中央為分權,而對於省以下之縣及市鄉,仍為集權,中央集權不可,省集權獨可乎?」在吳看來,贊成省憲的人分為三派,除少數學者從純粹學理考慮外,還有「一、武人據一省為地盤,不願奉還中央,借聯省以自固。如西南各首領,其著者也。一、政客數量加多,以中央不足迴旋,群欲借一省為活動之憑籍,如國會議員及國內奔走政治者,其多數也。」[5]

在直系表明反省憲態度後,親直派議員中反省憲的人數逐漸增多,少數議員是主義上不贊成,多數還是受直系唆使。[6] 反省憲議員認為中國的國情,宜於分權,不宜於聯邦。具體主張是第一使省政府的組織與許可權規定於國憲;第二為防止省政府之專橫,不承認省憲為軍閥之保障;第三,分權於省,更要分權於縣,使縣、省各有固定財源,以有自治之實;第四,在不妨害國家統一範圍內,分權地方,發達自治。[7]

---

[3] 《制憲停頓與省憲的爭潮》,《東方雜誌》,第 20 卷第 9 號。
[4] 《吳佩孚請議員專意制憲》,《申報》1922 年 8 月 7 日。
[5] 《吳佩孚反對省憲之意見》,《申報》1923 年 2 月 25 日。
[6] 《憲草中之省憲問題》,《晨報》1923 年 1 月 10 日。
[7] 《反對省憲同志會亦成立》,《晨報》1923 年 5 月 14 日。

　　反直陣營方面，國民黨、奉系、皖系反對任何形式的中央集權，要求維持地方割據的現實。針對張紹曾的「和平統一論」，國民黨報紙《民國日報》12 月 21 日發表評論，指責北京政府僅是分裂中的一個實際政權，而不是政府。所以在北京政府時期，謀求統一必無結果。要實現真正的統一，必須廢除北京政府的名義。[8]1923 年 1 月 26 日孫文進一步提出直、奉、皖、西南護法四派地方割據，「在統一未成以前，四派暫時劃疆自守，各不相侵，內部之事，各不干涉，先守和平之約，以企統一之成。」[9]由於當時孫文剛剛恢復對廣州的統治，並且實力又是最弱，這種主張當然是有益於孫鞏固自己在廣東的統治。因此反直方面主張地方割據，反對北京政府與直系統一政策，對於省憲派主張至少是不反對的。

　　考慮到當時國內分治的局面，以及「聯省自治」運動興起後，各省紛紛制定省憲的事實，在直系實力尚不足以壓倒反直勢力的前提下，省憲主張更符合 20 年代初中國的政治現實。

二、制憲方法：「先選後憲」或「先憲後選」

　　政變之前直系內部在選舉與制憲優先問題上意見分野。津保派主張先選舉總統，後制憲，主要原因是黎元洪上臺後，以制憲為號召，議員多贊同，趨附黎者漸多。「直系害怕黎養成勢力，轉為賄選障礙，急欲去之。」[10]他們認為「先憲後選」，夜長夢多，黎元洪可能競選，將來不好對付。此外，黎派議員又意圖延長黎的任期到 1925 年 9 月，直系聞之，愈覺迫不急待。洛派主張先制憲後選

---

[8]　《統一與北庭底地位》，《民國日報》1922 年 12 月 21 日。

[9]　《和平統一宣言（1923 年 1 月 26 日）》，《孫中山全集第 7 卷》，中華書局，1985 年，第 50 頁。

[10]　汪建剛：《國會生活的片斷回憶》，全國政協文史資料委員會編《文史資料選輯第 82 輯》，文史出版社，1982 年，第 190 頁。

舉總統。特別是吳佩孚反對提前舉行總統選舉，堅持「先憲後選」。吳批評津保派鼓動選舉，是在搗亂，「應促議會先行制憲，憲法一日不成，即一日不提總統選舉。」[11]吳佩孚還反對以非法手段選舉曹為總統。如虛報選舉會議員出席人數。[12]國會黨派中親直派由於受到直系內部在總統選舉問題上爭執的影響，一般也分為「先憲後選」與「先選後憲」兩派。絕對贊成大選派的是全民社、新民社、群治社等，他們不願憲法成於黎元洪之手。[13]

反直陣營方面，黎派政學會主張先制憲後選舉總統，反對先選舉總統。1922 年 11 月，因直系運動選舉總統對黎派頗為不利，黎元洪授意召集制憲會議，提出由各省代表赴京參與制憲提議，「以延擱選舉之時期，是為其戀棧之一種政策。」11 月 5 日，議員江天鐸、呂復出面宴請國會議員中有力分子，進行疏通。但是遭到國會多數議員的抵制。[14]1923 年 5 月，政學會議員韓玉辰發表先制憲後選舉總統的通電，認為先制憲法後選總統是今日國是之所在。[15]政學會議員參加的省憲同志會，也是力主先制憲後選舉。[16]對黎來說，憲法「能由其一手促成，不無有多少之利益，直接則迎合多數心理，間接則緩和最高問題，一旦告成，於本身亦尚有奮鬥之餘地。」這是黎積極籌措制憲經費的利益動機。[17]

孫、奉、皖派方面主要是堅決反對曹錕選舉總統。1922 年 4 月，孫文與奉系達成協定，舊國會恢復議憲，在國事方面雙方主張一致。其中總統問題由南方辦理，奉天不予過問。[18]在雙方授意下，

---

[11] 《吳佩孚反對總統選舉》，《晨報》1922 年 11 月 3 日。

[12] 《大選絕望中之吳佩孚態度》，《大公報》1922 年 9 月 14 日。

[13] 《北京特約通信：最近總統問題之內幕》，《申報》1923 年 5 月 25 日。

[14] 《黎元洪之戀棧政策》，《民國日報》1922 年 11 月 9 日。

[15] 《韓玉辰發表先制憲法意見》，《申報》1923 年 5 月 24 日。

[16] 《最高問題最近之形勢》，《大公報》1923 年 5 月 20 日。

[17] 《北京通信：制憲前途之一線希望》，《申報》1923 年 5 月 30 日。

[18] 《直奉戰史第 1 卷》，第 6-7 頁，轉引自蘇全有《孫中山與三角聯盟》（河

國民黨議員與東三省議員聯合反對總統選舉。[19]同時，國民黨也不贊成憲法速成與黎元洪競選總統，「既不贊助保方，亦不贊成黃陂，且不欲憲法之速成，欲遷延時日，以待機會，別謀活動。故對於制憲問題，為研究政學民憲所贊同者，則不惜與全民民治取合作主義，以運用其破壞之能力。」[20]1922 年 9 月，孫中山對倡導制憲優先的吳景濂表示強烈不滿，要求免除吳的眾議院議長職務。[21]屬於孫文派的護法議員在 9 月 5 日悍然闖入憲法會議議場，破壞制憲，一些制憲派議員憤怒地指斥這種行為是「致國會於破裂，敗憲法於垂成，是以護法始者，以毀法終。」[22]當時就有論者指出「不贊成選舉總統並不贊成制憲者，大孫派主張。」[23]

驅黎政變成功後，直系為儘快實現曹錕當選總統的目標，除收買反直議員外，還開始在制憲問題上做出策略調整，願意以制憲為條件，換取部分制憲派議員對總統選舉的支持。在曹錕的指使下，吳佩孚、馮玉祥、齊燮元、孫傳芳等直系要人通電要求國會儘快制憲。[24]

而反直派在政變之後不僅反對曹錕選舉總統，並且也反對國會在北京制憲，擔心制憲成功，為總統選舉獲勝後的直系披上合法外

北人民出版社，1998 年）第 79 頁。

[19] 《憲法與總統》，《大公報》1923 年 5 月 26 日。

[20] 《北京通信：制憲前途之一線希望》，《申報》1923 年 5 月 30 日。

[21] 《孫中山主張免吳景濂議長職復焦易堂函》，《國父全集第 3 冊》，轉引自湯銳祥編《護法運動史料彙編（二）國會議員護法篇》，花城出版社，2003 年，第 516 頁。

[22] 《陳銘鑒等就國會問題致孫中山電》，湯銳祥編《護法運動史料彙編（二）國會議員護法篇》，第 517-518 頁。

[23] 《最高問題最近之形勢》，《大公報》1923 年 5 月 20 日。

[24] 馮玉祥、田中玉、齊燮元、吳佩孚制憲通電，《公電》，《申報》1923 年 7 月 31 日。其中吳佩孚在 7 月 27 日已經發出通電；孫傳芳制憲電，《公電》，《申報》1923 年 7 月 30 日。

衣。國民黨就認為先制憲是替曹錕作一層保障，是「助紂為虐」的行為，將成為憲法史上一大污點。此時，國民黨不僅質疑憲法的作用，認為中國的亂源，不在於無憲法，而是有憲法不能施行。而且質疑國會制憲的合法性，抨擊北京舊國會已是非法機構，已無尊嚴，制定出來的憲法人民是不能信從的。因此國民黨除主張護法議員南下開會以外，還發出呼籲：「在新憲法未公佈以前，一致擁戴孫中山為大總統。」[25]

一些國民黨議員也公開表明反對制憲的態度，如國會議員王恒稱：「故欲以制憲造幸福，真一種形而上的妄念，惟此妄念既普遍的起於全社會之中，而成為一種偉大的社會力，勢必供人利用。」欲求真正憲法，不能不革命。王批評湯漪、丁世嶧等積極促進制憲的溫和作法，只能被軍閥利用。特別是直系軍閥以制憲為名獲得總統職位，「使直派軍閥得如許便宜，使倒軍閥者增加重大之障礙。」[26]此外，國民黨更是重新提出中央集權的主張，反對省憲主張，1924 年 1 月國民黨一大宣言指責聯省自治派「欲借各省小軍閥之力，以謀削減中央政府之權能。」[27]

因此，6 月政變之前，反對制憲最有力的是直系，主張制憲的是黎派，國民黨反對曹、黎選舉總統，但是亦不熱心制憲。在政變之後，特別在曹錕選舉總統形勢明朗化之後，反對制憲最力的是包括國民黨在內的反直聯盟，主張制憲的僅有直系。綜合評估當時各方利益訴求與國內政治環境，較為切實可行應該是「先憲後選」。而直系也正是在政變之後採取這一策略，才促成憲法的完成與總統選舉目標的實現。

---

[25] 《辟「先制憲」說》，《民國日報》1923 年 6 月 30 日。
[26] 《王恒之制憲問題談話》，《申報》1923 年 6 月 30 日。
[27] 《中國國民黨第一次全國代表大會宣言》，《孫中山全集第 9 卷》，中華書局，1986 年，第 116 頁。

三、國會各政黨的協商互動：地方制度與制憲妥協

在地方制度問題上，1923 年 1 月，因直系反對憲法草案中省憲主張，指使親直議員拒不出席憲法會議，致使憲法會議數次流會，不能開議。[28]

1923 年 5 月 6 日，湯漪發起成立省憲同志會，湯為主席，兩院議員 230 多人參加。核心人物主要是政學會、研究系、民憲同志會、民治社議員，如李肇甫、林長民、褚輔成、呂復、馬驤、吳宗慈、駱繼漢、丁佛言（無黨派）等人。省憲同志會政綱主要有兩條：1、在憲法上劃分國家與省的許可權，詳細規定國家與省的事權；2、省得自動地制定憲法，實行「聯省自治。」[29]此前，省憲派議員黃雲鵬、褚輔成、丁佛言、湯漪、呂復、駱繼漢、沈鈞儒、白逾桓、李肇甫、林長民等人曾宴請新聞界，指責反省憲派議員利用憲法會議出席人數的限制，故意缺席造成憲法會議流會。他們主張第一步修改憲法會議規則，第二步修改院法。林長民還表示：「今何幸有許多先進國家可作吾人之模範，可以製成迎合世界新機之根本大法，以利國家社會之進步。」[30]

5 月 13 日，反對省憲同志會也宣告成立。核心人物除牟琳（民治社）外，主要是全民社議員，如黃佩蘭、谷芝瑞、王敬芳等人。[31]至此，國會中省憲與反對省憲兩大派別先後形成，各實力派政團圍繞省憲問題展開激烈爭執，「制憲事業，近因省憲問題，雙方爭執甚烈。」[32]

---

[28] 《憲法前途之危機》，《申報》1923 年 1 月 14 日。

[29] 《省憲同志會成立大會》，《申報》1923 年 5 月 10 日。

[30] 《省憲派議員招待新聞界》，《申報》1923 年 4 月 9 日。

[31] 《反對省憲同志會亦成立》，《晨報》1923 年 5 月 14 日。

[32] 《省憲同志會之兼籌並顧》，《晨報》1923 年 5 月 20 日。

不過，值得慶幸的是，對抗的局面並沒有持續多長時間。就在反省憲同志會成立的當天，省憲同志會迅速開會，討論因應方案。向乃祺歸納反對派意見的種類為三種：1、反對省憲之名辭，對於內容完全接受；2、根本反對；3、反對省憲之憲字，恐因省憲而惹起聯邦的危險。向主張為容納反對派意見，可以將省憲名稱改為省自治法與縣自治法。湯漪也提出與反對派協商的三種對策：1、主張憲法會議照常召開；2、對於議憲程序，主張即付表決，無論何種解決方法均不反對；3、對於地方制度內容問題，主張大會討論解決。這些意見均獲得會議多數同意。[33]5 月下旬省憲同志會作出關鍵性的讓步，同意在憲法公佈之日即舉行總統選舉，制憲與選舉總統兼籌並進。[34]

經過一個多月的談判，對立雙方終於在 6 月 12 日完成妥協，達成共識。反省憲同志會接受地方制度草案中的大部分條款，同意實行地方分權。作為回報，省憲同志會同意大選與制憲並進。經過政黨協商後的地方制度草案主要修改的地方有 4 處：1、將所有條款中省憲名稱改為省自治法；2、取消省憲法會議制定縣制的規定；3、增加縣制度的內容。其中包括縣長由選民直接選舉產生，依縣參事會之贊襄執行縣自治行政；縣於負擔省稅總額內有保留權，但不得逾總額之十分之四；省不得對於一縣或數縣施行特別法律；縣之自治事項有完全執行權，除省法律規定懲戒處分外，省不得干涉之；省及縣以內之國家行政，除由國家分置官吏執行外，得委任縣省自治行政機關執行之。4、將省長獨任制改為省務院合議制。省不設省長或省務委員，而是設省務院執行省自治行政。省務員五到九人由選民直接選舉產生，任期四年。省務院設院長一人，則省務員互選之。[35]

---

[33] 《省憲問題之爭潮》，《申報》1923 年 5 月 17 日。

[34] 《省憲同志會發表制憲主張》，《申報》1923 年 5 月 23 日。

[35] 吳宗慈：《中華民國憲法史後編》，北京東方印刷書局，1923 年，第 12 章地方制度專篇，第 226-230 頁。

四、直系與國會的協商互動：總統大選與制憲妥協

政變之後，反直派考慮到直系已經完全控制北京政局，而且親直派議員在國會中佔據人數過半的優勢，有能力操縱切合直系利益的立法議案。於是便設計國會人數問題進行杯葛，主張議員離京。國民黨系的護法議員聯歡會於 6 月 16 日集會，決定策劃議員出京南行，並在天津設立招待所，鼓動議員出京，阻撓直系大選與制憲。與民憲同志會決裂的褚輔成等人，聲明在北京不能自由發言，主張遷地開會。[36] 隨後在天津的反直議員又決定停開北京憲法會議，赴上海自由集會與制憲。[37] 反直各實力派頭面人物此時也紛紛露面，公開表態支持國會分裂。皖系浙江督軍盧永祥通電歡迎議員南下制憲。孫文發表講話，質疑政變之後北京國會的合法性，勸說議員離京南下。[38] 孫文還派汪精衛駐上海接待，吳稚暉、劉成禺北上遊說。[39]

反直三角同盟已有兩方開始行動。奉張表面上雖然沒有與直系發生正面衝突，但是暗中卻多方支持反直活動。在張作霖的授意下，東三省議員與安福、國民黨議員共同行動，一起離開北京。[40] 此外，張又拿出 70 萬元，收買議員，反對直系總統選舉。[41] 從法

---

[36] 《離京議員致兩院同人書》，劉楚湘：《癸亥政變紀略》，《近代稗海第 7 輯》，第 212-213 頁。

[37] 《在津國會議員之談話會》，《順天時報》1923 年 6 月 22 日。

[38] 《孫中山致各議員函》，孫曜：《中華民國史料中冊》，上海文明書局，民國 18 年。

[39] 吳稚暉來北京後詰問部分國民黨議員為什麼不南下，他認為吳景濂與直系合作，遲早必失敗。同時聲稱「欲於政治上求人格，舍民黨更無可求」。《吳稚暉力勸護法議員南下》，《申報》1923 年 6 月 25 日。

[40] 方惠芳：《曹錕賄選之研究》，第 151 頁。

[41] 汪建剛：《國會生活的片斷回憶》，第 191 頁。

律觀點來看，以上海為中心的反直實力派以金錢等手段拉攏議員，皆構成賄選。[42]

離京議員人數雖多，但心態複雜。除一些熱心制憲與企圖異地集會延長任期的戀棧議員外，即使是反直派議員，內部也矛盾重重，「其中大部分為國民黨，但並無組織，也不團結。」[43] 來滬後不久即爆發民六與民八議席之爭。由於反直派收買議員的經費不足，在滬議員北返者人數陸續增多。經常留滬的議員一般只有200多人。[44] 在 8、9 月間，不論直系或者反直派，對於國會議員的爭取都停滯在 400 人數邊緣。到 9 月 22 日，在滬兩院議員僅有 136 人。[45] 由於人數不足，上海國會始終無法開議，反直派拆臺計謀沒有成功，「而對於『反直』運動，除所謂『折臺』以外，也沒有什麼成績。」[46] 京滬對峙的政治僵局開始浮現。

國會分裂後，在總統選舉問題上，極端反對直系總統選舉的議員約有 200 多人，絕對贊成派約有 200 多人；以制憲為前提，既不極端反對，亦未表示贊成約有 300 人，為中間派。[47] 而在制憲問題上，中間派研究系與討論會議員堅持制憲，不願意國會分裂。研究系林長民就發表聲明，反對國會分裂，認為將引發武力衝突。國會應該持獨立立場，儘快制憲。林還提出修改總統選舉法、重新制憲等建議，內容包括重新起草憲法，現役軍人不得參選，省得制定省憲，中央為聯省政府；憲法解釋權歸最高法院；解散權無限制；修

---

[42] 對反直方面「賄不選」行為的評述，參見方惠芳：《曹錕賄選之研究》，第 3-4 頁、第 142 頁。

[43] 陳冰白：《上海臨時國會之一幕》，全國政協文史資料委員會編《文史資料選輯第 82 輯》，文史出版社，1982 年，第 175-177 頁。

[44] 《滬上有組織臨時政府之傳聞》，《順天時報》1923 年 8 月 21 日。

[45] 《大選急進與上海國會》，《東方雜誌》第 20 卷第 19 號。

[46] 《九月十三前的政局》，《東方雜誌》第 20 卷第 20 號。

[47] 《北京通信：急選聲中國會分裂之形勢》，《申報》1923 年 6 月 29 日。

改議員選舉法，重新舉行眾議員選舉等。[48]研究系議員除王家襄留京外，劉以芬也堅持先憲後選，不投票也不出京。[49]即使在反直議員中間，一直存在熱心制憲的議員。如民治社孫洪伊反對議員南下，認為：「吾常責北方破壞人之道德廉恥，其反對者之破壞道德廉恥，亦何異於北方。議員自有天職，保持已死初生之國會，完成將成未成之憲法。」[50]

在出現國會分裂的政治僵局後，直系考慮到總統選舉會必須有五分之三（520人）多數議員出席才能舉行，所以必須拉攏中間派議員與贊成大選派合作。於是直系將工作重心放在主張制憲的反直與中間派議員。在親直政黨的配合下，制憲宣傳與金錢賄賂成為直系運動制憲派議員最重要的兩個政治策略。

政變之後，直系中的大選派迅速放棄過去堅持「先選後憲」的強硬立場，容納議員先議憲法，後選舉主張，未再逼迫議員馬上進行大選。[51]曹錕接受留京政團協商會意見，同意暫停大選，先制定憲法。並且致電孫文，提議召開南北和平會議，商議統一。[52]7月23日曹又發出國會從速制憲電。[53]8月1日在保定光園會議上，津方王承斌支持「先憲後選」，保方曹銳反對。但曹錕同意津方意見，保方不再反對，而洛方吳佩孚此前一直主張「先憲後選」。於是直系內部意見趨於一致，均贊成「先憲後選」。在對外宣示上，直系在政變之後，閉口不提大選，一切運作都是在暗中密集進行。

國會方面，公開表示支持總統選舉的眾議院議長吳景濂為融和「先選後憲」、制憲與「先憲後選」三派人意見，宣示唯有先制憲

---

[48] 《林長民致國會同人書》，《申報》1923年8月4日。
[49] 劉以芬：《民國政史拾遺》，第43頁。
[50] 《孫洪伊反對議員南行》，《申報》1923年7月9日。
[51] 汪建剛：《國會生活的片斷回憶》，《文史資料選輯》第82輯，第190頁。
[52] 《停選聲中之和平空氣》，《申報》1923年7月8日。
[53] 《公電：曹錕通電》，《申報》1923年7月24日。

法，後選總統。從 7 月至 9 月底，憲法應該三讀通過，雙十節上午公佈，下午選舉總統。研究系與民憲同志會議員籍忠寅、林長民、藍公武、馬驤、陳銘鑒、駱繼漢等表示同意。[54] 吳也一直作出「先憲後選」的姿態，每週發佈召開憲法會議通知三次，一次不斷，一直流會 44 次，三個月沒有結果。後來竟招致大選派不滿，主張速選總統的副議長張伯烈甚至質問吳的用意，「乃足下又悍然不顧，日以憲法會議為事，絕不提及選舉總統。雖經兩院同人紛紛提案催促選舉，足下亦置若罔聞。誠不知足下之用意之所在。」[55]

6 月底至 7 月初，是議員出京赴津最多的時期，於是北京國會親直系將大選重點放在勸請議員回京，從速決定票價問題。主要辦法有：第一，贊成先制憲後選舉，以迎合一部分議員的心理；第二，派員勸請，或以重金利誘，或許以懲辦政變軍警長官為條件，或以官職相誘。1923 年 6 月 21、22 日，在吳景濂的策動下，留京的 35 政團代表舉行協商會，潘大道、王法歧、馬驤、牟琳、藍公武、張益芳、李肇甫、彭漢遺、駱繼漢、王敬芳、籍忠寅、金兆棪等人相繼發表意見，商定關於制憲問題的協議：1、勸告同人維持憲法會議；2、憲法會議不得變更議事日程；3、決定選舉總統與公佈憲法同時進行，日期定於 8 月 15 日；4、制憲經費正常發放。協商會還決定以制憲為號召，勸留津議員回京，並派牟琳、金兆棪、張益芳、潘大道赴津勸告離京議員返回。[56] 留京議員在宣言稱：「是以黃陂一人之進退，而犧牲國會以殉之，壞憲法於垂成。」[57]

[54] 劉楚湘：《癸亥政變紀略》，《近代稗海第 7 輯》，第 201 頁。

[55] 同上，第 318-320 頁。

[56] 《北京通信：三十五政團協商會之索隱》，《申報》1923 年 6 月 26 日；《留京議員續開協商會》，《申報》1923 年 6 月 27 日；《大選運動愈逼愈近》，《順天時報》1923 年 6 月 24 日。

[57] 《留京議員之宣言》，孫曜編《中華民國史料中冊》，上海文明書局，民國 18 年。

7、8 月間，兩地議員都陷入人數不足的困境。此時直系暗中籌集選舉經費，在 8 月中旬展開新的銀彈攻勢。8 月 24 日北京兩院常會居然成會，議決「臨時支給預備費辦法。」從此議員們在常會中也有 50 元一次的出席費了。[58] 由於受到湯漪等人通電反對，指責此舉是吳景濂為曹錕進行賄選。加上中立派研究系議員也反對支給辦法而紛紛出京。[59]9 月 6 日兩院談話會議決改為「歲費暫行支給法」，以容納反對派意見。與此同時，眾議員的任期到 10 月 10 日即已屆滿。7 月末參議員郭步瀛等提議延長國會第三期常會至眾議員第二屆召集開會之前一日止。如果不延長任期，憲法將無法完成。[60]於是在 9 月 7、26 日，眾參兩院相繼通過眾議院議員延長任期案，以安撫反直與中間派議員。

從 9 月底開始，直系合力猛進。「故最高問題與憲法問題，孰先孰後，實為憲法能否成功，唯一關鍵。」[61]9 月中旬，直系直隸省長王承斌進京操辦選舉事宜，與吳景濂商定，應該以憲選並進，容納研究系與反對派意見，制憲優先，主張制憲的研究系議員王家襄表示同意。[62]1923 年 9 月 17 日，政團協商會在眾議院小議場召開，30 個政團參加。藍公武、黃贊元、馬驤、葉聲夏、萬均、張魯泉、牟琳等先後發表意見，通過 3 項決定：1、因事實上之便利，決定先從促成憲法著手；2、由各政團議員全體聯名致電離京議員，促其即日回京，共成憲法；3、各政團代表分勸該團議員出席憲法

---

[58] 《九月十三前的政局》，《東方雜誌》第 20 卷第 16 號。

[59] 王家襄、籍忠寅等研究系議員就反對臨時支給辦法，認為於法無依，要求依法發給議員歲費。《留京議員王家襄致吳景濂函》、《留京議員籍忠寅致吳景濂函》，孫曜編《中華民國史料中冊》。

[60] 賈逸君：《中華民國政治史上卷》，文化學社，民國 21 年，上海書店影印本，第 354 頁。

[61] 《實力派將干涉憲法》，《晨報》1923 年 1 月 5 日。

[62] 《所謂憲選並進內容如是》，《大公報》1922 年 9 月 19 日。

會議。[63] 此外,「高凌蔚、吳毓麟向議員擔保制憲,使各議員可以安心出席。吳景濂對人發表可以『出席不選曹』的談話,葉夏聲電致國民黨議員出席選孫,則又替反對派議員做一個面子,使易於離滬回京。」[64] 這樣從 9 月中旬至月底,脆弱的國會反直陣營開始瓦解,在上海的議員們又紛紛北歸。

直系在制憲與選舉問題上的協商立場,有力地分化了反直陣營。「直系以金錢利益收買的方式,確實比武力解散有效,議員在經歷十年來的奔波之後,不但銳志全消,且年紀也從初入國會的三、四十歲的壯年,至此步入中老年,在心態上顯得暮氣沉沉」[65] 一些執著堅持「先憲後選」的議員開始考慮與直系妥協。其中不僅有政變後留京的議員,也有不少南下議員,如部分政學會議員,「本與府方接近,卻又領者甚多,蓋純為個人名節問題,所謂黨綱黨義早已掃地矣。」[66] 政學會部分議員北上投票,研究會議員多臨機應變,所以在京議員人數超過法定出席人數 11 人。[67] 親直派、願與直系妥協的溫和派力量控制了北京國會的五分之三多數,而激進派反直議員停留在上海,無法再對國會制憲與總統選舉施加任何影響。

雖然多數國會議員都是以制憲名義出席國會會議,「南下議員之返京者,大都以完成制憲事業為口實。為掩飾賄選計,乃加緊制憲。」[68] 而且更為嚴重的是總統賄選的結果大大激化了直系與反直各派的矛盾,民主憲政不再是反直各派的政治目標,孫文認為當務

[63] 《標榜制憲中之大選形勢》,《申報》1923 年 9 月 22 日。

[64] 《大選與反對運動同時急進》,《東方雜誌》第 20 卷第 20 號。

[65] 管美蓉:《吳景濂與民初國會》,國史館,1995 年,第 229 頁。

[66] 《保派羅致議員之經過》,《申報》1923 年 3 月 19 日。

[67] 劉楚湘:《癸亥政變紀略》,《近代稗海第 7 輯》,第 409 頁。

[68] 錢端升等:《民國政制史上卷》,商務印書館,民國 34 年,第 138 頁。

之急在於掃除軍閥,「必以戡亂除暴為前提,然後收制憲定國之效
果。」[70]此時正式憲法失去了平衡各方政治利益的功能。

但是 1923 年制憲成功的意義不容低估。經過十多年的民主化
試驗,在突破總統選舉僵局過程中,終於出現制憲政治中難得一見
的制度性妥協。國會中多數議員經過一年多的努力,通過協商互
動,而不是過去常見的抗爭互動,不僅彼此之間達成憲政制度選擇
的妥協,而且與直系形成制憲與總統選舉的雙贏結局。正如鄒讜所
指出:「在僵局中,雙方都認為你不能迅速地吃掉我,我也不能完
全吃掉你。然後經過長久的反覆談判與討價還價,達成戰略性妥
協。」而且「雙方彼此都認識到這個僵局將會無限持續,他們會放
棄原來的期待而不再希望有一場最後對抗去解決所有問題的可
能。」[71]對許多國會議員來說,最後結局的收穫是雙重性的,不僅
多次難產的民國憲法終於制定成功,而且個人的政治利益也得以
確保。

---

[70] 《與廣東籍某議員的談話(1923 年 8 月 14 日)》,《孫中山全集第 8 卷》,
第 113 頁。
[71] 鄒讜:《二十世紀中國政治——從宏觀歷史與微觀行動的角度看》,香港牛
津大學出版社,1994 年,第 201 頁。

保守主義議會政治的嘗試
——民初安福國會的立法運作

民初安福國會，又稱第二屆國會或新國會，成立於 1918 年 8
月 12 日，至 1920 年 8 月 30 日閉會，共歷三期常會。安福國會在
民國歷史上聲譽不佳，一般認為它是段祺瑞御用政客團體安福俱樂
部一手包辦製造而成，給民國塗上了許多污點。[1]安福國會短暫的
兩年政治活動，也被時人稱之為「安福禍國記」。[2]與人們習慣從派
系政治角度觀察安福國會不同的是，本文嘗試從立法實踐的視角研
究安福國會的政治運作，分析作為立法機構的安福國會的立法程序
與過程，並深入探討其實際成效與政治特色。

---

[1] 錢實甫：《北洋政府時期的政治制度》上冊，北京：中華書局，1984 年，
第 33 頁。

[2] 相關研究主要參閱南海胤子：《安福禍國記》(榮孟源、章伯鋒主編：《近代
稗海》第 4 輯，成都：四川人民出版社，1985 年)、Andrew. J Nathan (黎
安友)，*Peking Politics, Factionalism and Failure of onstitutionalism* (Berkeley
Los Angeles London: University of California Press, 1976)、張朋園：《安福國
會選舉——論腐化為民主政治的絆腳石》(中央研究院近代史研究所集刊第
30 期，1998 年)、顧敦鍒：《中國議會史》(蘇州木瀆心正堂，1931 年，《民
國叢書》第 3 編「政治・法律・軍事類」21 (影印本)，上海書店，1991
年)，以及政協文史資料中的一些回憶文章。《安福禍國記》主要是時政資
料彙編，作者對安福國會持批判性立場；黎安友的著作是從派系政治的角
度來解釋北京立憲政治的失敗；張朋園的論文是研究安福國會的選舉與腐
敗問題；顧敦鍒的著作屬於通論性質，相關記載比較簡略。其他回憶性文
章多是批判安福俱樂部與安福國會。以上論著均很少談及安福國會的具體
立法運作情況，即使是錢實甫、錢端升等權威的民國政制史著作也概莫能
外，至今連安福國會的三期常會的時間都未見有記載。

一、立法程序與議事規則

在立法程序與議事規則方面，安福國會主要分為院會運作與專門委員會運作兩類。從制度設計的內容來看，參眾兩院的運作程序基本相同。

（一）院會運作程序

院會運作程序的法律依據是《議院法》、《參議院議事細則》與《眾議院規則》，[3]其中最重要的是法律、財政和重大議案審議的立法程序，即三讀會程序。

除緊急事項外，第一讀會在議案發給議員後，必須隔兩天才能舉行。在第一讀會上朗讀議案（參議院只朗讀標題）後，提案人必須說明旨趣。議員有疑義時可以請提案人說明。政府在第一讀會上提出的議案，或是他院移交的議案，應立即交付常任委員會審查，等到審查報告完成後再決定是否召開第二讀會。議員提出的議案在大體討論後即決定應否召開第二讀會。如果有請求交付審查的動議並獲得通過，應交付專門委員會審查。等到審查報告完成後再決定是否召開第二讀會。凡是議決不須召開第二讀會的議案即行作廢。第二讀會應在第一讀會兩日後舉行。但是議長可以根據院議縮短時間，或與第一讀會同日進行。第二讀會應將議案逐條朗讀。議員在第二讀會時可以對議案提出修正動議，或在讀會前準備修正案向議長提出。委員會審查報告不必有人贊成自動成為議題。議長有權變

---

3 《議院法》，《政府公報》1913 年 9 月 28 日，法律第 7 號；《參議院議事細則》（1913 年 10 月 13 日議決，1918 年 8 月 27 日修正），《參議院公報》第 1 期第 1 冊，沈雲龍主編《近代中國史料叢刊續編》第 54 輯，文海出版社有限公司，1966-1987 年影印本，第 91-104 頁。《眾議院規則》（1913 年 9 月 10 日，1918 年 10 月 7 日修正），《國會應用法規輯要》，上海圖書館館藏，〔出版地與時間不詳〕。後兩種法規中有關程序內容的規定最為詳盡。

更條文順序，或合併條文內容交付討論。第二讀會完成後，將修正
議決的條文和文句交付原審查委員會整理。第三讀會應在第二讀會
後二日後舉行。但是議長可以根據院決議縮短時間，或與第二讀會
同日進行。第三讀會應議決議案可否通過。第三讀會除更正文字
外，不得提出修正動議，但發現議案中有互相抵觸地方，或與其他
法律相抵觸必須修正者不在此限。建議、查辦、請願案經過院議後
直接進行表決，不適用三讀會程序。[4]

　　在立法過程中，議員對有關自身的議案不得參與表決。缺席議
員不得反對未出席時議決的議案。準備對議題發表意見的議員，應
在會前將席次號、贊成或反對的意見通告秘書長，秘書長依照通告
的次序載錄於發言表，向議長報告。議長依照發言表中的次序，指
令反對與贊成者相間發言。未事先通告的議員只有等待已經通告的
議員全數發言完畢後才能發言。不過在已通告的甲方議員發言未
完，但乙方議員發言已畢的情況下，未通告的乙方議員可以請求發
言。未通告而準備發言的議員必須起立向議長報告自己的席次，等
到議長許可後開始發言。二人以上請求發言時，議長指定先起立者
發言，同時起立依照議長所指定。在無法辨別起立先後順序時，眾
議院還進一步規定未曾發言者先發言，如果均未發言或均已發言，
則允許席次較後者發言。在延會或議事中止時發言完畢的議員，可
以在再行討論開始後繼續前面的發言。凡是發言者必須登上演講
臺，但是簡單發言及經議長許可者不在此限。討論不得超出議題之
外。議員對同一議題發言不得達到二次（眾議院規定不得超過二
次），但質疑、應答或喚起注意者不在此限。委員長、報告者、國
務員、政府委員及提案者、動議者，為說明議案報告的主旨可以發
言數次。會議時不得朗誦意見書。議長如果想參與討論，應回到議

---

[4]　《參議院議事細則》第 4 章第 2 節「讀會」；《眾議院規則》第 6 章第 2 節
　　「讀會」。

員議席，請副議長代理。議長既參與討論問題，在問題未表決之前不得返回議長席。討論終局由議長宣佈。發言者雖然未結束，但是有議員提出討論終局的動議，參議院如有 10 人以上贊成，眾議院如有 5 人以上贊成，可不用討論即決定。參議院還規定凡是討論終局的動議非贊成者與反對者各有 2 人以上發言後不得提起。但一方有兩人以上發言，而他方無請求發言者不在此限。[5]

有提出修正議案的動議者必須準備好修正案向議長提出。議員提出的修正案與委員會提出的修正案，其表決順序以屬於議員提出者優先。同一議題有數位議員各提出修正案時，其表決順序以與原案相差最遠者為先。議員提起修正案的動議業已成立者，非經本院允許不得撤銷。修正案與原案均不得通過時，該議題為院議所不得廢棄者，委員另行起草。政府提出的議案，在未經議決之前，隨時可以提出修正案，但不得將原案撤回。[6]

（二）委員會運作程序

國會參眾兩院各設全院、常任與特任（眾議院稱特別委員會）三種委員會。[7]《參議院委員會規則》與《眾議院規則》主要規定了兩院委員會的運作程序。[8]

參議院全院委員會出席人數超過總數三分之一才能開會。如果有重要問題，由議長或議員 10 人以上提議，經院議通過後可以召

---

[5]　《議院法》第 25、26 條；《參議院議事細則》第 4 章第 3 節「討論」；《眾議院規則》第 6 章第 3 節「討論」。

[6]　《參議院議事細則》第 4 章第 4 節「修正」；《眾議院規則》第 6 章第 5 節「修正」；《議院法》第 29 條。

[7]　兩院全院委員會均由全體議員組成，遇有重要問題時召開。開會時互選委員長 1 人主持，議長與副議長不在當選之列。常任委員會是指兩院為審查各項案件，在每次會期開始時選舉而成。特任（特別）委員會是兩院為審查特別案件而設立的。

[8]　《參議院委員會規則》（1913 年 10 月 13 日議決，1916 年 12 月 5 日修正，1918 年 8 月 27 日修正），《參議院公報》第 1 期第 1 冊，第 105-111 頁。

開全院委員會審查。議決開全院委員會時，參議院議長可以命令立即召開會議，或者在議事日程上預定開會日期。參議院召開全院委員會時，議長退居議員席，秘書長的席位充作委員長席。委員長有事時，依照委員會規則中所定常任委員會的順序以各股委員長代理。委員長如果想參與討論，應該退居議員席。全院委員會議事不能結束時，委員長應請議長復席，宣告延會，再定議事日程。開會時，如果發生違反院法與委員會規則紊亂議場秩序的事件，議長可以不必等待委員長的報告自行復席並依法處理。[9]

眾議院全院委員會由議長或議員 10 人以上動議，不用討論可以院議形式決定召開。召開全院委員會時，議長退居議員席，秘書長的席位充作委員長席。委員長有事時，依照規則中所定常任委員會的順序以各會委員長代理。委員長如果想參與討論，應該退居議員席，代理委員長就委員長席，並且在該項議案未表決前不得復席。全院委員會議事不能結束時不得自行宣佈延會，應該由委員長請議長復席，報告議事經過，再定議事日程。會議進行時，如果發生違反院法與眾議院規則的事件，委員長不能維持議場秩序時，議長可以不必等待委員長的請求自行復席。[10]

參議院常任委員會分為法制、財政、內務、外交、軍事、交通、教育、實業、預算、決算、請願、懲戒、院內審計等 13 股。常任委員會開會時間由委員長決定。常任委員會一般不得與參議院同時開會。常任委員會審查議案時，議長可以隨時出席發言，其他議員經委員長許可，也可到會陳述意見，但都不得參與表決。常任委員會委員長將審查結果委託本股委員 1 人代為報告。委員在委員會對同一事件可以數次發言。委員會的報告，除議長認為屬於秘密以外，其餘都應該印製發送給每位議員。委員會審查報告應有一定的

---

[9]　《參議院委員會規則》第 2 章「全院委員會」。
[10]　《眾議院規則》第 2 章第 2 節「全院委員會」。

期限，如果委員會無故拖延，必須改選委員。常任委員會應將出席人姓名、審查結果與其他重要事項做成會議記錄，在委員長與理事簽名蓋章後送存於秘書廳。[11]參議院特任委員會運作程序與常任委員會相同，特任委員可以由常任委員兼任。[12]

　　眾議院常任委員會也是 13 個，除法典委員會外，其他名稱均與參議院常任委員會相同。與參議院不同的是，各常任委員會還在會內分設數科，各科互選審查主任 1 人，負責整理該科事務。委員一個月內五次不出席會議者，委員長可以通知議長另行選舉。常任委員會開會時間由委員長決定，非經院議許可，不得與院會同時開會。常任委員會審查議案時，其他議員可到會陳述意見，但不得參與表決。委員會審查報告應有一定的期限，如果委員會無故拖延，必須改選委員。委員會所捨棄的意見，如果有全體委員三分之一以上的同意，可以書面形式和委員會的報告同時提出於院會。委員長負責將委員會的經過與結果向大會報告或委託本會委員報告。委員在委員會對同一事件可以數次發言。[13]眾議院特任委員會運作程序與常任委員會相同，但是常任委員不得兼任特任委員。[14]

　　在兩院常任委員會中，預算與決算委員會最為重要。預算委員會分為數科，各科設置主任，負責審查預算案各部分。預算委員會各科審查完畢後，由主任將結果報告於委員長，召開委員會討論。各科主任在預算委員會上應作該科審查報告與說明。[15]此外，根據議院法第 32 條規定，預算委員會必須在 30 日內提出預算案報告。決算委員組織與運轉規定與預算委員會相同。

11　《參議院委員會規則》第 3 章「常任委員會」。
12　《參議院委員會規則》第 4 章「特任委員會」。
13　《眾議院規則》第 2 章第 1 節「委員會通則」、第 3 節「常任委員會」。
14　《眾議院規則》第 2 章第 4 節「特別委員會」。
15　《參議院委員會規則》第 6 章「預算決算之審查」。

　　參議院議事細則與第一屆國會相比較，僅有一處修改，有議員認為原議事細則第 80 條「議員出席須有出席證」的規定，並無實際作用，而且上屆國會並未實行，建議刪去。考慮到本屆參議院人數為 168 人，較之上屆國會 274 人，總數減少三分之一以上，所以有人建議參議院委員會規則應相應減少各常任委員會的委員人數。以上提議均獲通過。[16]眾議院規則也是修改了各常任委員會的委員人數。[17]

　　當時各主要歐美國家議會均實現三讀會制度，但是在具體做法上各國不完全相同。安福國會的立法程序與美、法兩國更為相似，「而在美法，則左右立法者為議會的常任委員會」，即議會主導立法程序，「因為一般的法律案件須先經委員會的審查，才能由議院討論。」[18]議事細則總的來說制訂得較為完備，也具有可操作性，但是仍然存在一定的缺陷與不足，特別是缺少關於議員發言時間的限制性規定。如在參院第一期常會第 13 次會議上，列入當日議事日程的共有 4 項議案，由於參議員汪有齡等人對第一個議案發言時間過長，以至有議員擔心，「現在所議者係第一案，此外尚有三案，恐時間倉卒，不能議卒。」參議員劉星楠甚至提議討論提前結束。[19]在行使質詢權時也是如此。1919 年 4 月 18 日眾議院會議上，國務總理錢能訓在接受議員質詢時，由於雙方圍繞政府發行民國八年公債的問題發生爭執，又有議員在質詢時發表長篇演講，最後「眾不耐久聽，各自奪門而出，遂無結果而散。」[20]

---

[16] 《第 2 次會議速記錄（1918 年 8 月 27 日）》，《參議院公報》第 1 期第 1 冊，第 41-57 頁。

[17] 錢實甫：《北洋政府時期的政治制度》上冊，第 20-21 頁。

[18] 王世杰、錢端升：《比較憲法》，北京：商務印書館，1999 年，第 248 頁。

[19] 《第 13 次會議速記錄（1918 年 11 月 8 日）》，《參議院公報》第 1 期第 4 冊，第 48 頁。

[20] 《新眾院十八日之一幕》，《申報》1919 年 4 月 21 日，第 2 張，第 6 版。

二、議案內容與審議過程

提案與審議是議會立法運作的重要內容。以參議院第一期常會（1918 年 8 月 12 日－1919 年 2 月 11 日）為例，參議員共提出議案 59 件，其中行政、法律類提案最多，有 30 件；其次是外交類 15 件；再次是經濟、民生類 11 件；最後是社會、文化類 3 件。行政、法律案的主要內容是修正國會應用法規、確定國會會期與經費預算、組織總統選舉、討論國務總理與閣員同意案等。外交案的討論熱點是對德奧宣戰追認、戰後中國參加和會的權益主張與山東主權問題等。經濟、民主案的重點是整頓金融市場、制訂工業政策與經濟法規、禁煙禁毒等。社會、文化案則是規定耶誕節、舉行祀天典禮等。[21]

從提案審議情況來看，經濟、民生、外交類議案最受議員重視，討論也最為激烈。如關於中國、交通銀行鈔票兌現問題。在一讀會時，參議員吳宗濂提出「請咨政府從速維持中交鈔價以備兌現案」。吳認為：「自民國五年中交兩行鈔票停止兌現以來，人民所受痛苦不堪言狀。」而解決方法應該是：1、即日起兩院推選精通理財的國會議員會同審計院人員，親臨兩行徹底查清庫存準備金、政府欠款、儲戶各期存款等數目，「一經調查明晰，即兩行不得再行增發鈔數，只准於限數之內流動轉移。」2、請政府給予兩行完全獨立的經營權。「（政府）如有需用只能在金庫以內提支，此外皆不能商借分文。其新欠之款更當克期還清。」3、請政府將本年發行的長期公債全部取消，改為短期公債，這樣容易儘快售完，以抵消兩行的政府欠款。4、「請中交各分行各提其公積數成維護京行。」兩行各分行共有 188 處，每個分行提款 20 萬，即可籌集資金 3,760 萬元，以協助在京總行的兌現工作。5、請中交兩行添足股本。兩行

---

[21] 統計資料來源：《參議院公報》第 1 期第 1 至 6 冊「目錄」中各類議案名稱。

現在股本不足，如果股本再添一倍，就可集資 1,500 萬元。「提議命兩行各開股東大會議決。似此法既可使京鈔兌現，更可發達該兩行之營業。」吳認為，兩行發行的京鈔數目共有 7,000 多元，除已收回外，真正在市場流通的僅有 3,000 萬元，根據以上辦法可以籌集到現洋 6,950 多萬，完全可以解決兌現問題。[22]

曾經在銀行任職的參議員周作民對中交鈔票價值下跌現象有自己的看法，認為其真實原因在於中交鈔票已經不能稱為貨幣，「特成為一種貨物而已。」所謂貨幣應有兩種特性，一是物價比例的標準，二是交易的媒介。現在社會交易均用現洋，中交鈔票已經失去貨幣的兩種特性。「既成一種貨物，則價值之高低自應視社會需要之情形而定矣。」為此，周提出下列解決辦法，「（一）推廣用途，並使社會交易非用京鈔不可。則求過於供，自然不能跌落。（二）政府將兩行欠款全數償還，限期兌現。（三）發行公債，將京鈔全數收回，另發新幣。」周強調解決問題的關鍵還是在政府，「政府如果能繼續發行七年公債，全收鈔票，並不再向兩行挪借政費，尚是差強人意之辦法。」[23]

參議員楊以儉認為由各分行提出公積金辦法不易辦到。「當茲財政困難，各分行方且自顧不暇，若欲每處提出二十萬元，恐於各分行營業上不無影響。」[24]關於將長期公債改為短期公債的辦法，參議員羅鴻年認為事實上將非常困難，「長期公債之還本期限為二十年，以三、四年公債付本息外之餘款為擔保。今將長期公債一律

---

22 《第 5 次會議速記錄（1918 年 9 月 20 日）》,《參議院公報》第 1 期第 2 冊,
第 68-70 頁。

23 《第 5 次會議速記錄（1918 年 9 月 20 日）》,《參議院公報》第 1 期第 2 冊,
第 70-73 頁。

24 《第 5 次會議速記錄（1918 年 9 月 20 日）》,《參議院公報》第 1 期第 2 冊,
第 74 頁。

改為短期，則非另籌一款不足以資抵補。際茲金融緊迫之時，此款何從籌起？」[25]

院會決定將吳宗濂的提案交付財政股委員會審議。不久委員會提出審查報告，報告中提到關於原案第一條，「審查會以為此事已經咨行政府，應由政府自行清查，兩院暫可毋庸派人。至於兩行不得增發鈔票一層，固為釜底抽薪之計，似尤應查明部欠若干鈔票，發行若干。俟查明後限制政府不得再行借用，則鈔票自不至增發矣。」關於原案第二條，可以歸併在第一條內。要求兩行不得再以無準備之鈔票作為營業之基金。關於中行正副總裁不應隨財政總長為進退，「查該行條例規定，正副總裁係於股東選舉之董事中，由政府任命，自不至隨總長為進退。」至於原案第三條，「惟公債須有抵押品，現在短期公債係以延期賠款作抵，至長期公債則以五十裏外常關作抵，此款在民國三、四年公債本利未經還清以前，不能再作抵押。此外恐無他項財源可為。」為此委員會提出建議，「故不如將未售罄之公債，從速售出，專收鈔票，似覺簡而易行。」原案第四、五條可以暫不實行，「惟兩行之各分行所以能兌現者，即以自全信用，能保持原狀之故。」如果照原案辦理，「恐不但京行不能維持，而分行亦因之動搖。」委員會贊同原案中政府不再借款與出售公債的做法，至於續招商股，「若因償還債務收回鈔票而續招商股，則入股者必難踴躍。」為實現京鈔流通的目的，委員會建議：「應請政府通令財政部徵收機關及交通部附屬機關一律收用京鈔」，「再請政府籌款歸還兩行欠款並責成兩行兌現。」[26]最後多數表決同意將建議案咨送政府。

25 《第 5 次會議速記錄（1918 年 9 月 20 日）》，《參議院公報》第 1 期第 2 冊，第 75 頁。
26 《第 7 次會議速記錄（1918 年 9 月 28 日）》，《參議院公報》第 1 期第 2 冊，第 100-102 頁。

外交提案主要集中在山東膠州灣原德國租借地問題。參議員何淼森、尹宏慶等人在院會上紛紛提出相關議案，要求北京政府在參加巴黎和會時，收回列強侵佔的山東主權。何淼森指出：歐戰發生後，日本強佔了山東膠州灣，當時日本政府聲明是以歸還中國政府為目的，並無佔領土地的野心。根據美國總統威爾遜的和平宣言，「吾人應定立和約，使各國可得其應有之地方，且可使人民無所畏懼其鄰邦。又言以後各國政府不得私立盟約……德國昔日所租借之膠州灣及其所攫得之種種利益，當然可以在和會上提出，要求收回。」[27]

尹宏慶等認為：「德人強租膠澳，攫我路礦，久為國人所飲恨，而魯省人民尤視為切膚之痛。」現在正值德國戰敗之際，政府應派代表在和平會議上提出收回膠州灣。而現在膠州灣在戰時複為日本所占，「究其性質是為代表協約各國暫行管理，其應讓歸我國，尤屬公義昭然。」但是現在又傳出膠濟鐵路中日合辦，青島開為萬國商埠等主張，尹等人表示堅持反對，認為這是與美國總統和平宣言相違背的。此外，提案還認為應該一起收回英國租借的威海衛軍港。因為英國當時是為了抵制德國在山東擴張而租借的，現在德國已經戰敗，英國似無租借的必要，更何況租期已過並未續約。威海衛問題應該在和平會議上一起提出。[28]

議員魏斯炅還在質問書中尖銳地指出：「中國既參與戰爭，則所有前與德國之脅迫條約，在法自應無效。直接還我舊服，以保主權。」但是最近聽到日本駐華公使聲稱，根據中日密約的內容，日本在山東侵佔的原德國權益重新歸於日本所有。魏對此表示不能理

---

[27] 《第 16 次會議速記錄（1918 年 11 月 27 日）》，《參議院公報》第 1 期第 4 冊，第 98-99 頁。

[28] 《對於山東膠州灣膠濟路威海衛請咨政府於歐戰和平會議列席提議收回以重國土而維主權案（議員尹宏慶等提出）》，《參議院公報》第 1 期第 4 冊，第 112-113 頁。

解。「國會為人民代表，豈容置若罔聞。」而且按照臨時約法第 35 條規定，大總統締結外交條約必須獲得國會同意方才有效，「未經國會之同意者，全體國民自無承認之義務。」[29]院會在討論後決定將有關山東主權問題的提案合併成一案，交付外交股委員會審查。

外交股委員會在隨後的審查報告中，對於收回德國租借地的主張表示完全支持，認為這是戰勝國收回敵國從前所占國土問題，條件理由均極為充分，完全可以在和會上提出。但是在收回英國威海衛租借地問題上卻持謹慎態度，認為英國租借的威海衛，是協約國方面的問題，「當茲各國倡言公道，此種問題未始不可提議。」不過畢竟這與處分敵國的條件大有區別，「且此類租借地非止一處，所關亦非止一國，斷無單提威海衛之理。」最後委員會建議關於收回協約國在華租借地，「另為一案，期於勿傷協約之感情，於事方無窒礙，萬不宜於提議收回敵人所占領土案內牽連而及之也。」[30]

考慮到經濟、民生與外交問題與民眾、國家利益息息相關，作為代議制機構的國會在此類問題上積極參與的態度，是值得肯定的。況且議員在審議過程中的討論較為務實，常任委員會的審查報告也比較切實可行。此外，本屆國會立法過程中另外一個現象也值得重視，即院會議事效率較高。根據作者統計，參議院第一期常會共開會 30 次，其中完成當天議事日程的共有 19 次，完成大部分議事日程延會的共有 11 次，[31]未曾出現第一屆國會時期經常發生的因議員人數不足而流會的現象。[32]一些議案討論雖然熱烈，但是很

---

[29] 《議員魏斯炅質問政府關於山東地方應自收回之利權是否與他國訂有密約限期答復案》，《參議院公報》第 1 期第 6 冊，第 187 頁。

[30] 外交股委員會《審查請咨政府對於歐戰和議列席時提出收回德國租借之膠州灣全部國土案報告》，《參議院公報》第 1 期第 4 冊，委員會紀事，第 102-103 頁。

[31] 完成既定議事日程的是第 1、2、3、4、5、7、8、9、10、11、13、14、16、17、18、20、23、25、27 次會議；延會的是第 6、12、15、19、21、22、24、26、28、29、30 次會議。《參議院公報》第 1 期第 1 至第 6 冊，議事錄。

[32] 根據作者統計，第一屆國會參議院在 1913 年 4-11 月會議期間，流會次數

少發生激烈的爭執與肢體衝突，導致議事中斷。[33]立法過程中的這一現象與第一屆國會形成鮮明的對照，後者由於大部分時間消耗在黨爭上，「使法案的制定，多如牛步。」[34]對此，眾議院議長王揖唐評價說：「幸而本屆國會常會謹守秩序，克全始終，不蹈既往之覆轍。」[35]

三、立法成效評估

制定憲法與其他基本法律，建立國家預算制度及宣佈大政方針，安福國會一直視為其主要任務。[36]在安福國會存在的兩年時間裏，值得一提的是在制憲與行政監督方面，做出了一些實質性的立法行為。

（一）新憲法草案的制定

1919 年 1 月，安福國會議決不適用 1913 年的《天壇憲法草案》，另行起草。自 1918 年 12 月 27 日開始至 1919 年 8 月 12 日止，

有 6 次，眾議院亦有 8 次，統計資料來源參閱張玉法：《民國初年的國會（1912-1913）》，《中央研究院近代史研究集刊第 13 期》，第 131-139 頁，第 151-157 頁。

[33] 根據當時的報載，安福國會議員之間的肢體衝突發生在第二期常會期間，共發生過 2 次，均是在眾議院，其次數與激烈程度顯然遜於第一屆國會。參閱《新眾院一場武劇》，《申報》1919 年 3 月 30 日，第 2 張，第 7 版；《新眾院毆鬥之續聞》，《申報》1919 年 7 月 9 日，第 2 張，第 6 版。

[34] 張玉法：《民國初年的國會（1912-1913）》，第 167-168 頁。

[35] 「國會閉會式紀事」，《參議院公報》第 1 期第 6 冊，第 143-144 頁。事實上，安福國會在其存在兩年時間內，在立法事業上，除制憲以外，還完成了國會應用法規、文官與外交官考試法、縣自治法等 12 項法律的制訂與修正。參閱謝振民：《中華民國立法史》，上海：上海正中書局，1948 年，《民國叢書》第 5 編「政治・法律・軍事類」26（影印本），上海書店，1993 年，第 170-171 頁。

[36] 「國會閉會式紀事」，《參議院公報》第 1 期第 6 冊，第 147-151 頁。

憲法起草委員會共開會 26 次，議決憲法草案 101 條。[37]9 月 19 日開談話會，整理憲法草案說明書，當日完成。此後因南北和議開始，安福國會關注於自身合法性問題，再加上起草委員會沒有將草案交付院會討論，制憲工作因之停頓。

就草案中憲政制度設計內容而言，1919 年新憲法草案朝著完全意義上的議會內閣制邁出了關鍵性的一步，其意義不容低估。

首先是立法權力設計。新憲法草案中國會權力主要有 8 項，分別是立法權、質問權、受理請願權、建議權、不信任權、財政權、憲法修正權與彈劾權。與《天壇憲法草案》中國會權力比較，有三個非常重要的變化。一是不再設立國會委員會。《天壇憲法草案》中曾設有 40 人的國會委員會，規定其在國會休會期間代行立法職能，權力極大且不受制約。二是取消國會憲法解釋權。《天壇憲法草案》雖然規定憲法解釋權屬於憲法會議，但是憲法會議是由全體國會議員組成，所以實際上憲法解釋權仍是由國會行使。新憲法草案改為「憲法有疑義時，由左列委員組織特別會議解釋之：參議院議長、眾議院議長、大理院院長、平政院院長、審計院院長。」人員完全容納立法、司法與審計機構，以保持一種權力的平衡。三是彈劾權的修正。《天壇憲法草案》規定參議院判決國務員違法後，有權剝奪其公權。而新憲法草案只是規定國務員免職後，如有餘罪，交付法院審判，嚴格限制了參議院的司法權力。與《天壇憲法草案》中的「超議會制」比較，國會立法權力明顯縮小。[38]

其次是行政權力規劃。總統由國會組織選舉會選舉產生。主要有立法權、人事任免權、解散國會權、緊急命令權、軍事權、外交權、法律公佈權、戒嚴權、赦免權、復議權等。重要的行政立法權

[37] 楊幼炯：《近代中國立法史》，上海：商務印書館，1936 年，《民國叢書》第 1 編「政治‧法律‧軍事類」29（影印本），上海書店，1989 年，第 281 頁。
[38] 關於《天壇憲法草案》的「超議會制」政體分析，參閱嚴泉：《天壇憲法草案與民初憲政選擇的失敗》，《開放時代》2003 年第 5 期，第 50 頁。

與任免權仍然延襲過去的規定，即總統沒有憲法修正提議權，同時任命國務總理須經眾議院同意。不過，同時也出現了改變總統弱勢地位的積極變化。如緊急命令權取消了國會委員會同意權的限制，「大總統為維持公共治安，防禦非常災患，時機緊急，不能碟集國會時，得以國務員連帶責任，發佈與法律有同等效力之教令。前項教令須於次期國會開會後七日內，請求追認，國會否認時即失其效力。」赦免權也取消了過去受最高法院同意的限制，總統可以直接宣告免刑減刑及複權。這兩項權力規定與法國 1875 年憲法中的有關內容基本相似。雖然民國總統沒有當時法國總統的憲法修正權，但是由於解釋憲法特別機構 5 名成員中包括平政院長、審計院長，而這兩院院長都是總統直接任命，[39]所以總統對解釋憲法權亦有一定的影響，這樣就適當地彌補了沒有憲法修正提議權的缺憾。

值得注意的還有國務員資格的規定。憲法草案仿照英國憲制，「國務總理各部總長均為國務員，大總統於前項外得任命其他人員為國務員，但不得過各部總長總額三分之二。」而《天壇憲法草案》僅僅規定國務總理及各部總長國務員。「以法理言之，國務員係代大總統對國會負責，但問其能負責與否，不必問其為總長與否，蓋國務員與各部總長資格各別，各部總長當為國務員，而國務員不必皆為各部總長。我國前因此約法限於各部總長為國務員，而有肩國務員之才者，不能施其懷抱。」有學者認為這是新憲法草案的優點。[40]

最後是立法與行政權力關係處理。與過去不同的是，第一次出現了不信任權與解散權的平衡設計。不信任權規定與《天壇憲法草案》相似，「眾議院對於國務員得為不信任之決議。」但是最重要的是解散權的新設計。與《天壇憲法草案》中總統解散權受到參議

---

[39] 錢實甫：《北洋政府時期的政治制度》上冊，第 130、155 頁。
[40] 楊幼炯：《近代中國立法史》，第 282-283 頁。

院同意權限制不同的是，新憲法草案第 63 條規定「大總統得解散眾議院，但同一會期不得解散二次。大總統解散眾議院時應令行新選舉，限六個月內繼續開會。」這種做法完全與以英國為代表的責任內閣制度國家相同。在英國，當下院不信任內閣時，首相可以提請國王解散下院，重新選舉，這是英國現代責任內閣中的一個重要原則。同時也是一種在必要時打破政治僵局，保證內閣制正常運轉的有效辦法。「當內閣和議會下院之間出現對立，互不相讓時，可以訴諸選民裁決。」[41]而在民國初年，當國會與政府發生政爭時，由於作為政府的一方不能合法地解散國會、依法重新舉行國會選舉，以此來化解政治衝突。最後採取的只能是體制外非法的武力解散國會方式。這種悲劇性結局曾在 1914 年、1917 年兩次上演。

綜上所述，1919 年新憲法草案秉持權力分立與制衡的憲政原則，汲取民國初年的政治實踐經驗教訓，適當借鑒英國與法國議會制度中一些合理的規定，在不少重要的制度設計方面，更加接近於當時英、法國的議會內閣制度。

（二）行政監督的實施

安福國會在行使行政監督職權時，對預算權最為重視，認為：「歐洲之立憲國，恒以預算監督與租稅承諾為互相對待之具，故立憲國莫不有預算。……惟（預算）編制之職雖在政府，而議決之權則屬國會，國會同人既經負此重責，允宜詳察歷年財政之收支狀況，人民之經濟情形。」[42]國會在開會之後，屢次作出決議，要求政府儘快提出預算案。考慮到民國七年國家收支事實上已經過大半，於是國會把主要精力放在民國八年度預算案上，其中為世人稱道的舉措是裁減民國八年度預算案中的軍費開支。

---

[41] 程漢大：《英國政治制度史》，北京：中國社會科學出版社，1995 年，第 277-278 頁。

[42] 「國會閉會式紀事」，《參議院公報》第 1 期第 6 冊，第 149-150 頁。

　　1919 年 6 月 5 日，總統徐世昌向眾議院提出預算總案，至 7 月 2 日，又陸續提出八年度路、電、郵、航四政特別會計預算案。預算編列財政開支為 5.4 億多元，其中中央經常、特別軍費開支與各省軍費開支，總計為 1.7 億多元，約占財政總預算開支的三分之一。由於當年財政收入僅有 4 億元，與財政支出相比較，顯然是缺口太多。為此，眾議院在一讀會上作出裁減軍費的決議，隨後將政府預算案交付預算委員會審查。在預算委員會完成審查報告後，又在 9 月 10 日-11 月 13 日召開臨時會，歷經二讀會、三讀會程序，通過政府預算案審查報告。11 月 15 日移交參議院後亦獲通過。

　　國會在預算案審查報告中首先批評了軍費使用的混亂現狀。「查政府八年度預算案，陸軍部所管預算，關於陸軍軍隊經費一項，名稱既極複雜，章制尤複紛歧，關於編制統係，亦多未協。」同一項目開支，已經列入經常費用，卻又拆分為若干項目列入特別費用。同一中央陸軍經費，或是列入直轄各機關預算專案，或是列入其他軍事機關預算專案。同是一個陸軍師的軍費開支，數目卻非常懸殊，有的相差甚至多達幾十萬元之多。其他如中央與各省經費專案的劃分，也沒有統一的標準，非常混亂。

　　為此，國會提出了一系列的解決辦法。「對於全國陸軍軍隊經費一項，無論中央、各省、經常、特別，一律提出，另為一款，合總並核。計由中央陸軍經費經常門提出四千二百九十八萬九千五百七十一元，由中央特別軍費提出三千三百六十七萬五千一百七十七元，由各省經常門提出五千二百三十八萬一千四百四十九元，由各省臨時門提出四十一萬二千六百八十五元，由各省特別門提出二千三百零一萬九千五百六十元。全國合計，總共一萬五千二百四十七萬八千四百四十元。按照總數裁減二成，計減去三千零四十九萬五千六百八十八元。」預算案還指出：「將來俟各該省詳細冊報時，應由陸軍部仍按本會議決普通標準，切實辦理。」關於特別軍費問題，「業經本院議決取消。凡原列中央及各省特別門之陸軍經費，

應暫時分別列歸中央及各省臨時門，以免紛歧。」國會最後強調：
「惟無論如何，八年度實支之數，只能以原列總數八成為限。」[43]
後來有學者評論說：「第二屆國會成於軍閥之手，而能毅然議決裁
減軍費至二成之數，蓋亦難能可貴矣。」[44]

此外，安福國會還對政府違法行為提出了一些彈劾議案。雖然
此類彈劾事件背後均存在派係之爭，但是就議案本身而言，確實是
有理有據，在一定程度上起到了監督政府的客觀效果。

例如，議員光雲錦等提出彈劾錢總理失職違法案。理由主要有
四條。一是南北問題經年不決。南北和會召開之後，「錢能訓於派
遣代表之初，既不能慎之於始，已屬咎無可辭。及至開議以後，又
無術以濟其窮，坐使時局糾紛，日甚一日。」二是在南北議和時，
對南方委曲求全。「若以西南為護法舉動也，則依法召集之國會以
及依法選舉之總統，均屬非法，其他更無論矣……錢能訓只知獻媚
南方，不惜動搖國本，紊亂國憲。」三是政府違法發行國債。「此
次政府發行八年公債，乃於國會閉會之期，徑由大總統以教令公
佈。及至國會二次常會開會，又延不交議，謂蔑視國會，違悖《約
法》。」根據臨時約法規定，募集公債必須獲得國會同意。四是政
府違法任命官員。在國會開會之際，政府擅自任命全國煙酒事務署
督辦、全國棉業督辦等官，未交付國會議決。[45]國會彈劾錢內閣的
根本動機是不滿錢能訓在南北和談中的態度，當時錢同意討論商談
國會問題，「朱總代表（朱啟鈐）與西南會議，居然敢議及國會問
題」[46]，錢在國會問題上的態度勢必危及安福國會的合法性，所以
引起後者的恐懼與憤怒。但是錢在發行國債、任命官員等問題上的

[43] 《參議院公報》第 2 期臨時會第 3 冊，第 105-203 頁，轉引自顧敦鍒：《中
國議會史》第 288-292 頁。

[44] 顧敦鍒：《中國議會史》，第 292 頁。

[45] 南海胤子：《安福禍國記》，第 473-475 頁。

[46] 南海胤子：《安福禍國記》，第 376 頁。

違法行為也是事實，因此在面對國會議員的質詢與彈劾時，錢能訓只能是無言以對。[47]

安福國會在成立之初，曾受到皖系軍人的控制與影響。但是在進入政治實踐層面之後，國會在一些問題上逐漸形成自己的政治定位。在五四運動時期，當國務總理錢能訓迫於民意辭職後，總統徐世昌擬以北洋派官僚周樹模繼任，請段祺瑞代為向國會疏通。段在指派徐樹錚經辦此事時，徐就認為此事不太好辦，國會不見得會通得過。雖然當時安福俱樂部是國會中的多數黨。但仍有不少議員揚言：「我們當議員的，不比軍人有服從的義務。」最後周樹模的提名被迫取消。[48]

四、議會政治的保守主義特色

安福國會在立法與行政監督方面不僅有所作為，而且立法運作過程較為平穩，內部派係以及與政府內閣之間沒有爆發激烈的政治衝突。國會自我評價是「我同人等兩年來寧處不遑，恪恭盡職，舉凡關於國計民生重要各案，均能和衷共濟，次第進行。」[49]即使在皖系戰敗後，國會最終也能夠平安閉會，「前屆國會，一再召集，未能終期。獨我本屆國會，乃能循序程功，三開常會，光前策後」[50]，與第一屆國會激進的政治色彩相比較，安福國會的立法運作表現出濃厚的保守主義特色。這一政治特色是如何形成的呢？在作者看來，主要有三個方面的原因。

---

[47] 南海胤子：《安福禍國記》，第 376 頁。

[48] 丁中江：《北洋軍閥史話》（三），北京：中國友誼出版公司，1995 年，第 181 頁。

[49] 顧敦鍒：《中國議會史》，第 296 頁。

[50] 顧敦鍒：《中國議會史》，第 296 頁。

　　第一，議員背景的保守性。從安福國會議員的背景因素來看，他們平均年齡為 43.5 歲，高於第一屆國會議員的平均年齡約 7 歲。一般認為像國會議員這樣的政治家的年齡為 45 歲左右比較合適，此時年富力強、心智已經成熟。[51]在教育背景方面，擁有傳統功名的議員約占已知總數的 22.9%，比例也高於第一屆國會。一些有功名的士紳之所以得以當選，主要是因為在安福國會選舉中革命黨人被排擠在外的結果。在職業經歷上，基本上是官僚、教育界與商界的專業人士居多。有 98 人曾經當選為前清諮議局議員，或第一屆國會議員，具有一定的議會政治經驗。[52]此外，在利益取向上，「憲政符合前官僚及專業人員的利益，因為它給他們合法的政治職務，而又不使政治舞臺向低於他們的集團開放。」[53]所以安福國會議員的政治立場較為保守，多數人習慣於維持現狀，反對任何改變現狀的激烈變革。當然對當時的中國來說，現狀已經是民國的共和制度，而不是滿清帝制。

　　第二，政治實踐中的政治妥協。政治妥協在立法與行政權力關係處理方面表現得較為顯著。以組閣為例，這一問題一直是民國成立以來議會政治中最棘手的難題。由於議會掌握國務員的人事同意權，所以在第一屆國會時期，曾多次出現過國務總理或內閣總長候選人被國會否決的現象。在安福國會期間，先後組建過錢能訓、靳雲鵬兩屆正式內閣，各派基本上能夠事先就國務員人選進行廣泛協

[51] M.Dogan, *Political Ascent in a Class Society:French Deputies, 1870-1958*, in Marvick, P57-90, 轉見張朋園《從民初國會看政治參與——兼論蛻變中的政治優異分子》，《中國近現代史論集第 19 編民初政治一》（商務印書館，1986 年）注 62。
[52] 關於第二屆國會議員背景的分析，參閱張朋園：《安福國會選舉——論腐化為民主政治的絆腳石》，194-196 頁。
[53] 安德魯·J 南森：《立憲共和國：北京政府，1916-1928 年》，費正清編《劍橋中華民國史》上卷，楊品泉等譯，北京：中國社會科學出版社，1994 年，第 291-292 頁。

商，在提交院議之前達成妥協，以確保組閣成功。其實經過十年的立憲政治改革，在實際政治運行方面已有相當改善，黨派間的對立狀況較前緩和，已經能夠採取談判、協商、折衷、讓步的現代政治手段，處理利益衝突問題。對此，曾經擔任過第一屆國會議員的眾議院議長王揖唐深有體會，他在第一期常會閉幕式上說：「本屆國會所持方針與第一屆國會頗有差異，前屆國會專以監督政府為務，監督之極流而為束縛，束縛不足變而為爭攘，以致立法與行政始終不能相容。」王認為安福國會吸取了第一屆國會兩度慘遭解散的教訓，「不惟對於閣員組織毫無爭攘權位之思，且對於政府行為亦不效過度束縛之舉。」[54]

第三，議會派係政治的穩定期。一般認為是派係政治是導致民國早期民主化失敗的主因，「憲法體制由於參與的分子熱衷於派係鬥爭而耗盡了自身的活力。」[55]但是具體而言，一方面，與民國初年激烈的國會政黨政治不同的是，安福俱樂部沒有明確的政策綱領，政治訴求較為單一，完全著眼於實際利益，缺乏強烈的進取心。例如在組閣問題上，從未出現過安福部內閣，所謂「安福部實非政黨，對於國家本無一定政策之主張，對於組閣無大政方針。故每次內閣同意案，安福部所注意力爭者，不外交通、財政兩部，純粹的是金錢問題，絕無政黨內閣之可言。」而在組織建設上，在各省並沒有設立支部，除議員外也沒有發展黨員。俱樂部「其擴張也，私人團體勢力之擴張耳，非黨務之擴張也。」[56]另一方面，與國民黨控制的第一屆國會不同，安福國會多數黨一直是皖系支持的安福俱樂部，議員人數多達330多人，與皖系政府關係比較緩和，沒有發生大的政治衝突，有學者認為：「安福俱樂部的紀律以及它在國會

---

[54] 「國會閉會式紀事」，《參議院公報》第1期第6冊，第145頁。

[55] 安德魯‧J 南森：《立憲共和國：北京政府，1916-1928 年》，《劍橋中華民國史》上卷，第315頁。

[56] 南海胤子：《安福禍國記》，第341頁。

的優勢，使國會的活動更加順利，在這種意義上有助於憲政發揮作用。」[57]所以從議會派係政治發展的階段性來說，此時正處於派係政治的穩定期，不同於第一屆國會第二次復會後混亂的政治狀況。

　　總之，主導安福國會的北洋政治精英，多數還是晚清新政派官僚，他們政治立場保守，基本上認同立憲主義。雖然在具體政體形式上，一些人對君主立憲政治情有獨鍾，但是在經歷兩次復辟失敗後，他們也接受了共和民主制度的現實。在處理政爭時，他們往往以利益為導向，組成派系集團，同時政治手段靈活、政治經驗豐富，習慣於政治妥協與交易。安福國會實用主義政治特色與現代立憲民主的起源地英國頗為相似。在光榮革命之後的半個多世紀內，英國鄉村地主仍是一個頗為強大的社會勢力，佔據了議會三分之二的席位，是英國政治航船的真正主人，是英國社會上最保守、封建忠君意識最強的階級。[58]

（本文刪節稿發表於《中共天津市委黨校學報》2009年第3期）

---

[57] 安德魯‧J 南森：《立憲共和國：北京政府，1916-1928 年》，《劍橋中華民國史》上卷，第 309 頁。
[58] 閻照祥：《英國政治制度史》，北京：人民出版社，2003 年，第 243 頁。

第四輯

政治人物、政治結構
與政治行為

民初臨時參議院議員的產生
與背景分析

　　中華民國臨時參議院，是中國歷史上第一個仿效西方的共和代議制立法機關。它成立於 1912 年 1 月 28 日，結束於 1913 年 4 月 8 日，歷經南京與北京兩個時期，前後存在近一年零三個月。

　　有關民國臨時參議院的立法運作與法制建設，近年來已有一些論著成果，其中代表性著作參見張玉法《民國初年的國會：1912-1913》（臺北中央研究院近代史研究所集刊，第 13 期），李學智《民國初年的法治思潮與法制建設－以國會立法活動為中心的考察》（中國社會科學出版社 2004 年版）等。但是關於臨時參議員的產生與背景分析，目前尚未有專文研究。

一、南京臨時參議院議員的產生

　　1911 年 12 月 3 日，各省都督府代表聯合會議決通過《中華民國臨時政府組織大綱》。關於立法機構的組成，組織大綱規定：「參議院以各省都督府所派之參議員組織之。」參議員的人數與產生方式，組織大綱要求「參議員每省以三人為限，其派遣方法，由各省都督府自定之。」[1]

---

[1]　王世杰、錢端升，《比較憲法》，商務印書館 1999 年版，第 522 頁。

各省都督府代表聯合會對選舉參議員，組織參議院一事極為關注。該會在 12 月 29 日致電各省都督府，請儘快推派參議員，其標準是「參議員須精通政法及富經驗者。」[2] 孫中山在就任民國臨時大總統後，也於 1912 年 1 月 3 日、18 日兩次通電各省，限各省所派參議員於 1 月 28 日以前到南京，組織參議院。

安徽是第一個作出回應的省份。1912 年 1 月 4 日，都督孫毓筠致電南京，稱「皖省派定參議員趙丹。」[3] 緊接著，福建、廣東又分別選定三名參議員。[4] 不過，廣東隨後認識到按照法國責任內閣制不相容慣例，行政官員不便兼任立法議員，於是又改派錢樹芬、邱滄海（因病未到任），代替原先的王寵惠（時任外交總長）、薛仙舟（任職中央銀行）。[5] 其他各省派遣參議員的工作進展也非常迅速。至 1 月 28 日臨時參議院開幕時，共有 14 省 39 人到院，實到議員約占應到議員總數的九成。[6]

從表面上看，臨時參議員產生的方式和清末資政院民選議員的選舉頗為相似，即議員人選是由行政部門指定。但是兩者還是有一定的區別。資政院民選議員選舉由兩個程序組成，第一步是「由諮議局議員互選若干人，」然後才是「呈請地方督撫，再由督撫遴選若干人送資政院。」[7] 南京臨時參議員的產生則是一步到位，直接由各省都督府派遣。

---

[2] 《民立報》，辛亥年 11 月 12 日，轉引自張玉法《民國初年的國會，1912-1913》，《中央研究院近代史研究集刊》第 13 期，第 88 頁，注 13。

[3] 《安慶孫都督電》，《公電》，《申報》1912 年 1 月 4 日。不過，趙丹未到任，後改為常恒芳、淩毅。

[4] 《福建都督電》，《公電》，《申報》1912 年 1 月 5 日；《廣東陳都督電》，《公電》，《申報》1912 年 1 月 6 日。

[5] 《廣東都督電》，《公電》，《申報》1912 年 1 月 21 日。

[6] 據張玉法統計，南京臨時參議員共有 18 省 45 人。張玉法：《民國初年的國會，1912-1913》，第 89 頁。

[7] 張玉法：《清季的立憲團體》，《中央研究院近代史研究所專刊》，第 28 期，第 420 頁。

在地方派遣參議員過程中,「江北爭派參議員」風波喧囂一時。江北都督府是在武昌起義爆發後不久成立的,治所在今江蘇淮安地區。它和當時許多新獨立省份的地方都督府一樣,認為自己是一個已獲南京臨時政府承認的獨立的新省份,自然有權選派三名代表江北的參議員。依據這一認識,都督蔣雁行(百里)即委派陳官宦等三人為參議員赴京。但是臨時參議院仍以前清設置的省區為行政單位,並援引《臨時政府組織大綱》第八條「每省以三人為限」,以「現江蘇已由莊代都督委任三人」為由,斷然否認江北參議員的代表資格。[8] 顯然臨時參議院並不認為江北已經是一個脫離江蘇的獨立省份。儘管後來江北都督府、江北參事會一再向臨時參議院表示抗議,但是臨時參議院依然堅持原則不變,代表江蘇的參議員是代理都督莊蘊寬指派的楊廷棟等3人。

從南京臨時參議員產生的方式來看,具有以下幾個特點。一是臨時參議員和各省都督府代表聯合會代表存在著一定的繼承關係。具體表現是參議員除新選派的議員外,還有原聯合會代表充任的,以及新派遣的議員未到任由原聯合會代表代理的。後二類情況主要涉及到省份有雲南、貴州、陝西、四川、奉天、直隸、河南等7省,共有議員12人。[9] 二是一些議員兼任重要的行政職務。如山西省參議員景耀月,四川省參議員熊成基和參議院全院委員長李肇甫,前者兼任教育部次長,後兩人則為總統府秘書處秘書。[10] 三是從嚴格意義上講,通過都督府指派方式產生議員的方式並不是一種選舉,它僅僅是一種行政任命。

南京臨時參議員基本上是由地方都督府指派的特點,雖然是當時特定的政治環境的產物。但它並不符合近代歐美民主國家立法機構產生的代議制原理。按照代議制原理,參議院作為代表地方的立

8　《公電》,《時報》,1912 年 1 月 26 日。

9　錢端升:《民國政制史》,上海商務印書館 1937 年版,第 4 頁。

10　鄧壽林等編《民國職官年表》,中華書局 1995 年版,第 3-4 頁。

法機構，議員必須是由地方議會選舉或普選產生，否則便不具有代議制的性質，更無從談起行使代表民意的立法權力。參議員的這種產生方式，在當時就遭到許多物議。如國民協會在上總統書中指出：「各省都督曾各派人員組織參事院，此蓋行政上之代表，」該會極力主張「（參議院）宜由各省諮議局或府縣會聯合會公選三、四人為各省國民代表。」[11]《時報》的評論批評道：「南京參議院為各省都督府所派，本非人民公選，故詬病者至稱之為都督府之差官，而所謂參議員者殊不足以副眾望。」[12]

民國第一屆中央立法機構參議院議員的遴選工作，雖然迫於當時的形勢，不得不一切從簡。但是這種形式與內容都不具有選舉性質的「選舉」，無疑便得作為立法機構的南京臨時參議院，在很大程度上喪失了民意基礎和合法性，而這一點正是它在成為後不久遭受攻擊的癥結所在。

二、北京臨時參議院議員的選舉

北京臨時參議院議員的選舉緣起於 3 月 12 日湖北省議會的通電。該電聲稱南京臨時參議院是由各省軍政府委員組成，不能作為人民的代表機關，因此主張各省議會於 3 月底以前另行選舉參議員，組織臨時中央議會。[13]

湖北省議會另立臨時國會的主張，得到蘇、皖、粵、浙、閩、吉、奉、直、豫、晉等省的支持。[14]臨時參議院迅即作出反應。它一方面駁斥了湖北省議會的提議，反對另立國會。另一方面在參議員產生方式上作出妥協，表示「至於參議員，本應依約法選派。規

---

[11]　《國民協會請設國民參政院》，《申報》1912 年 1 月 9 日。
[12]　《議選舉參議院》，《時評二》，《時報》，1912 年 4 月 8 日。
[13]　《鄂議會通告不認參議院》，《順天時報》1912 年 3 月 22 日。
[14]　《鄂議會又催選舉國會議員》，《申報》1912 年 3 月 18 日。

定選派方法，權在各省，或民選，或公選，一惟各省自定。」3 月 20 日，臨時參議院又通電各省，聲明願意通過「民選方式」，重新改選議員，「僅可按照臨時約法第十八條規定，選派五人之數，盡由民選，選定後即可陸續來院，與各該省前派之參議員實行交替。」[15]

如以上電文所述，第二次選舉的法律依據是臨時約法第十八條，「參議員，每行省、內蒙古、外蒙古、西藏各選派五人，青海選派一人。其選派方法，由各地方自定之。」議員人數定額為 126 名，代表全國 22 個行省，以及內、外蒙、西藏、青海等地方。本次選舉時間頗長，從 3 月 22 日袁世凱通電各省區要求進行選舉開始，實際歷時三個多月。

各省區選舉參議員方式大致有以下幾種情況。一是地方議會互選參議員。採取這種方法的有安徽、湖北、江蘇、河南等省。[16]「互選」採用秘密投票的方式，整個選舉過程不向外界公開。二是「公舉」，即在社會各階層中公開選舉。這是一種由選民間接選舉議員的做法。當時直隸省的參議員原本打算從前清諮議局議員中產生，後來為了遵照袁世凱要求各省先組織臨時省議會，再選舉參議員的電令，於是決定先由各州縣公選議員組織臨時省議會，再選舉參議員。4 月 22 日，臨時省議會召開選舉會，「當場舉定員 5 人，計會外 3 員，本會 2 員。」[17]吉林也採用「公舉」方式，從 12 團體中選出了 5 名參議員。[18]「公舉」擴大了選舉範圍，使候選人更具有代表性，這種選舉方式受到了輿論的好評。是年 4 月 23 日的《大

---

[15] 孫曜編《中華民國史料》，臺灣文海出版社影印本 1966 年版，第 109、110 頁。

[16] 安徽選舉報導參見《順天時報》1912 年 4 月 18 日；湖北選舉報導參見《時報》1912 年 4 月 20 日；江蘇選舉報導參見《時報》1912 年 4 月 9 日；河南選舉報導參見《順天時報》1912 年 4 月 20 日。

[17] 《參議員舉定》，《本埠》，《大公報》1912 年 4 月 21 日。

[18] 《吉林選舉參議員情形》，《申報》1912 年 4 月 10 日。

公報》社評就指出：「參議員公舉，此共和國之通例也。」即使一時難以實現直接選舉，也應當由國民選出的代表間接公舉。[19] 三是兩地選舉。內外蒙古、青海議員 11 人，3 人選自本土，其餘 8 人從北京蒙古聯合會選出。[20]

與第一次選舉相比，此次地方選舉參議員鬥爭異常激烈。在安徽，各政黨通電反對臨時省議會秘密選舉參議員的做法，認為「該議會以少數意見，閉門私選即朦稱國民選舉。」他們譏諷此次當選的參議員是「臨時議會的代表。」[21] 江西的選舉風潮也非常引人矚目。該省臨時議會，「本是揉合新舊勢力的過渡性事件，未經普選的合法程序，」[22] 所以臨時省議會從成立之初，地位就受到各種政治社會政治勢力的挑戰。在選舉參議員時，恰好又發生了舞弊事件，於是激起公憤。江西各界，包括社會黨、共進會、法學總會、自由黨、南北洋校友會、法政學校、南昌府議會、商務總會等，一致反對臨時議會的選舉。[23]

北京臨時參議院選舉的特色非常顯著。第一，和《臨時政府大綱》中的「派遣」規定相比，這次《臨時約法》採用了「選派」的作法，包含了選舉和指派雙重涵義，這意味著參議員既可以經選舉產生，也可以受官府指派。就「選舉」而言，雖然最多只能是一種間接選舉，但也不失為一種進步。第二，選舉機構發生變化。南京臨時參議員產生完全由地方都督府主持，現在主要是以臨時省議會為選舉機關，負責選舉事務。第三，議員仍有「舊派」和「新選」之分。在全部選出的 122 名議員中，原先指派的議員 22 人，約占

[19] 《間評一》，《大公報》1912 年 4 月 23 日。
[20] 林長民：《參議院一年史》，《庸言》一卷四號。
[21] 《安徽各政黨反對選舉參議院議員》，《時報》1912 年 4 月 8 日。
[22] 呂芳上：《民國初年的江西省議會，1912-1924》，《中央研究院近代史研究所集刊》，第 18 期，第 226 頁。
[23] 《贛人對於臨時國會議員之激爭》，《順天時報》1912 年 4 月 14 日，第 4 版。

總數 18%。新當選的議員 100 人，約占總數的 82%。「新選」議員
占總數的五分之四強。[24]第四，各地選舉方式多樣，競爭激烈。

值得注意的是，不合理的選舉方法或程序瑕疵，往往成為引發
選舉風波的導火索。這從皖贛兩省選舉風潮中不難看出。其實正如
時人指出：「若僅由自署代表，或指派代表之少數人，把持武斷，
則謂之挾制可也，謂之擁立可也」，這樣做實際上是一種「專制選
舉。」[25]

民國臨時參議員的兩次選舉，總的來說是不成功的。代表各省
區的臨時參議員，雖說在當時的社會動盪激烈之際，不能由選民直
接選舉產生。但是也必須採取間接選舉的公開方式，方才具有代議
性質。行政指派、自身非普選產生的地方議會的「互選」，都是根
本違背選舉原則的。在當時，實質上是間接選舉制的「公舉」，原
本是一種最實用和最切實可行的方式，可惜並未得到大多數省份的
重視與採用。由此觀之，即使和清末諮議局複式選舉相比，[26]民國
臨時參議員選舉制度的局限性與不公正性，也是昭然若揭。

三、臨時參議院議員的背景分析

在 45 位南京臨時參議員中，目前可查到個人資料的約有 30
多人。北京臨時參議員共有 122 人，目前可查到個人資料的約有

---

[24] 關於北京臨時參議員實際到會人數有多種說法，較有代表性的說法有 120
人（謝彬：《民國政黨史》）、121 人（張玉法：《民國初年的國會》）、130 人
（李學智：《北京臨時參議院議員人數及變動情況考》，《近代史研究》1998
年第 4 期）等。本文取 122 人，即除去 1912 年 5 月初辭職後未參加參議院
立法活動的林森等 7 人，以及在參議院停會期間到任的張家鎮（1913 年 3
月到院）。各議員到院時間參見李學智文。
[25] 《閒評一》，《大公報》1912 年 4 月 23 日。
[26] 清末諮議局採用的是複式選舉法，即議員經初選及複選而產生。初選為直
接選舉，由選民選出定額的選舉人，再由選舉人互選產生定額的正式議員。

70-80 人，內容並不是很完備。不過，正是由於這些議員並不是根據某種標準特別挑選的，因而具有隨機性，基本上能說明臨時參議員的背景概況。[27]

（一）年齡

南京臨時參議員已知年齡的有 32 人，平均年齡為 32.8 歲。利用分組法觀察（5 歲一組，共分 5 組），可以看出 30-34 歲人數最多（19 人）；35-39 歲人數次之（8 人），25-29 歲（2 人）和 40-44 歲（2 人）人數又次之；45 歲以上者僅有 1 人。北京臨時參議員已知年齡的有 82 人，平均年齡為 35.6 歲，略高於南京議員。與後者相似的是，北京參議員也是 30-34 歲人數最多（41 人），35-39 歲人數（19 人）次之，40-44 歲（14 人）、25-29 歲（4 人）與 45-49 歲（3 人）人數又次之，50 歲以上者僅有 1 人。在北京臨時參議院會議上最為活躍的谷鍾秀、王家襄、彭允彝、汪榮寶、張耀曾等人，年齡最小者張耀曾 28 歲，年齡最大者王家襄只有 41 歲。

與清末諮議局議員的 43 歲、第一屆國會的 36.45 歲的平均年齡相比，民國臨時參議員的年齡是最輕的，他們多數不超過 35 歲。多數臨時參議員的年齡過於年輕，在處理錯綜複雜的政情時往往表現出經驗不足、意氣用事、立場偏激，容易走向極端。美國政治學者李普塞特對於年輕人的政治特點曾做過精彩的概括，他認為：「年輕人對不同於『責任倫理』的『絕對目標倫理』更為推崇……這是年輕人對政治更可能出於衝動而不是約束的另一種廉潔，也是另一種表明年輕人要比老年人更傾向於贊成各種形式的變革、改革和激進主義的方式。」[28]我們在臨時參議員身上也不時發現這些特點。

---

[27] 背景資料參見嚴泉《民國臨時參議院研究，1912-1913》（華東師範大學碩士學位論文，1999 年）的附錄部分。

[28] 李普塞特：《一致與衝突》，張華青等譯，上海人民出版社 1995 年版，第 28 頁。

一般認為像國會議員這樣的政治家的年齡為 45 歲左右比較合適，此時年富力強、心智已經成熟。[29] 同時政治經驗豐富、行事作風穩建，習慣協商妥協。

（二）教育程度

在 35 位南京臨時參議員中，雖然有 13 人仍有傳統功名，但是他們中已有 7 人曾留學日本，1 人先後在日、美留學，3 人在國內接受過新式教育，僅有 2 人未受過任何新式教育。總計在國內受到新式教育的有 33 人，其中留日學生近三分之二，佔有絕對優勢。

78 位北京臨時參議員擁有傳統功名，未受過任何新式教育的僅有 9 人，近 90%的人均在國內外受過新式教育，其中留日學生共有 53 人，超過總數的三分之二。留學英美的人極少，僅有 2 人。

不過必須指出的是，雖然有近三分之二的臨時參議員都曾留學日本，但僅有 1 人畢業於東京帝國大學農科，其他人都是就讀於法政大學、早稻田大學等專門為中國留學生開設的法政科及補習學校，其教育質量無法與正規大學教育相比。還有一些議員因參與革命活動中途輟學或肄業。這表明留日議員整體知識水準並不是很高，因此對留日議員的新知不能高估。[30]

即使這樣，以下一個事實還是令人興奮的：無論是與前清諮議局，還是和第一屆國會相比較，臨時參議員受過新式教育的比例是

---

[29] M.Dogan, *Political Ascent in a Class Society:French Deputies z, 1870-1958*, in Marvick, P57-90, 轉見張朋園《從民初國會看政治參與——兼論蛻變中的政治優異分子》，《中國近現代史論集第 19 編民初政治一》（商務印書館 1986 年版）注 62。

[30] 留日學生總體水平的低下，就連清廷也認識到這一點，1908 年 1 月 3 日，學部在奏摺中稱：「在日本遊學人數雖已逾萬，而習速成者居百分之六十，習普通者百分之三十，中途退學、輾轉無成者居百分之五六，入高等及高等專門者居百分之三四，入大學者僅百分之一而已。」《清光緒朝中日交涉史料》卷 72 第 21 頁（下冊總 1381 頁），轉引自任達《新政與中國革命，1998-1912》（李仲賢譯，江蘇人民出版社 1998 年版）第四章注 91。

很高的（91.9%）。由此可見，辛亥革命前後短短數年之間，知識份子階層已經發生了不小的變化，傳統士紳的政治勢力衰微，新式知識份子開始興起。民國臨時參議院的成立擴大了新式知識份子的政治參與。

（三）職業經歷

根據已知的臨時參議員經歷，可以大致分為議員、政府官員、教育新聞界與職業革命家四類。

在 26 位南京臨時參議員中，有過議員經歷的共有 9 人，其中前清諮議局議員 6 人，資政院議員 2 人，臨時省議員 1 人；有過政府官員經歷的共有 2 人，都是前清官員；教育界人士 2 人；從事武裝反清、革命宣傳工作的職業革命家人數眾多，占議員總數的一半。

71 位北京臨時參議員中，議員出身者共有 51 人，同時擔任過諮議局議員、資政院議員有 4 人，同時擔任過諮議局議員、南京臨時參議員的有 6 人。分別任諮議局議員、資政院議員與南京臨時參議員的各有 22 人、5 人與 14 人；曾任前清政府官員的有 6 人，南京臨時政府官員 1 人；出身教育界議員 7 人；職業革命家 6 人。與南京臨時參議員相比較，職業革命家的比例確實下降了，即使加上出身職業革命家南京臨時參議員，總共也不過 15 人。同時，出身教育界與政界的議員比例有了小幅上升。

從表面上看，北京臨時參議員的中堅是議員出身的群體，但實際上有過 3 年議政經歷的前清諮議局議員僅有 26 人，不及全院總數的四分之一。即使是這些議員，由於擔任議員時間太短，不可能具備當時歐美等民主國家議員的從政經歷，不能與一般意義上的議員同日而語。同樣的考慮也適用於一些在 1912 年前後任職於南京臨時政府和地方都督府的官員，他們的這種「從政」更加短暫和不完整，不是正式意義上的行政經歷。所以美國學者豪的評價是準確的，他認為民主政治的首要條件是人民在地方自治中獲得的政治經

驗。而當時中國的政治精英只有參與鄉村社會事務的經驗，沒有參與地方政府的經驗，包括相當地缺乏民主政府管理的經驗。[31]

職業革命家是一個值得注意的特殊群體。他們在辛亥革命以前沒有職業經歷，都是在國內學堂、國外大學就讀，其中多數是在日本參加同盟會反清革命鬥爭的留學生。革命爆發後，他們或是畢業，或是肄業，開始直接從政。其中最典型的人物是北京臨時參議員張耀曾，1912 年回國時他還是日本帝國大學的一位尚未畢業的留學生。[32] 多數學生唯一的社會經歷是在革命爆發之後，曾經非常短暫地擔任過臨時政府、地方都督府官員和臨時參議員、省議員。但是即使這樣，也無法改變職業革命家群體是議員中年最缺乏實際政治經驗的事實。

民國臨時參議員的職業經歷極富有中國特色，它不同於美國早期國會議員構成，美國第一屆國會議員多是精通近代歐洲政治哲學、法律文化傳統的律師、商人和種植園主。[33] 國會議員多以律師、新聞從業者擔任，恰好是歐美成熟的國會政體的核心內容。

（四）政治立場

過去在評價議員政治立場時，一般以議員黨籍為標準。民國初年國民黨屬於激進派政黨，共和黨、民主黨屬於保守派政黨。[34] 議員因所屬政黨類型不同，政治立場也相應分為激進與溫和兩種。

---

[31] Franklin W. Houn, *Central Government of China 1912-1928, An Institutional Study* Madison: The University of Wisconsin Press, 1957, P165-166.

[32] 張耀曾在民初議會政治失敗後，於 1913 年 11 月赴日之前曾說「武漢起義，耀曾以未畢業之學生，回國參與立法事業。」《張耀曾東渡之告別書》，《申報》1913 年 11 月 19 日。

[33] 蔣勁松：《美國國會史》，海南出版社 1992 年版，第 57 頁。

[34] 張玉法：《民初國會中的激進派政黨》、《民初國會中的保守派政黨》，《中國近現代史論集第 19 編民初政治一》第 277、319 頁。

南京臨時參議員中，同盟會會員有 25 人，無黨籍人士 13 人。同盟會議員約占總數的三分之二，勢力最強。因此，議院中不存在激烈的黨爭。過去所謂參議員都是同盟會會員的說法是不準確的。[35]

北京臨時參議員情況則較為複雜。在 1912 年 8 月之前，議會中是同盟會、共和黨、統一共和黨三黨對峙，同盟會議員 34 人（跨統一共和黨 7 人），共和黨 41 人（跨統一共和黨 4 人），統一共和黨 26 人，無黨籍 31 人。8 月之後，則是國民、共和兩黨抗衡。國民黨 61 人，共和黨 38 人（跨民主黨 1 人），無黨籍 24 人。共和、國民兩黨先後是議會中第一大黨。

事實上以黨籍判斷議員政治立場的標準並不客觀，以年齡與教育背景為例，國民、共和兩黨議員年齡相差無己。國民黨議員平均年齡 34.1 歲，共和黨議員平均年齡 37 歲；在已知教育背景的 45 位國民黨、23 位共和黨議員中，接受新式教育的分別為 42 人與 22 人，共和黨中接受新式教育的比例超過國民黨。不難看出，在臨時參議院中互爭雄長的兩黨實際上相差極小，兩黨議員都比較年輕，絕大多數人受過一定的新式教育。此外，在實際政治生活中，參議員出於黨見之爭並不是很多，更多的還是個人看法的分歧。凸出的表現是不少議員的看法往往與異黨議員相同，而同黨之間反而互相衝突、互不相讓。如在 8 月 28 日院會上，國民黨議員劉星楠出於己見，不顧其他國民黨議員的反對，要求緩議查辦參謀總長違法案，造成「國民黨人大嘩，交相指謫。」[36] 在立法活動中，不同黨派的議員共同就某一問題提出質問書的例子也不少。[37]

---

[35] 張玉法：《民國初年的國會，1912-1913》，第 90 頁。

[36] 《二十八日參議院之哄鬧》，《申報》1912 年 9 月 3 日。

[37] 如在質問前外交總長梁如浩責任書上，署名的國民黨議員有歐陽振聲、江辛、曹玉德等 9 人；共和黨議員秦瑞階、陳時夏、王家襄 3 人。《參議院之痛定痛》，《申報》1912 年 11 月 27 日。

　　進一步而言，民國初年的政黨政治還處於初創階段，政黨綱領、組織都不健全，多數政治人物的現代政黨觀念並不是很濃厚，跨黨、換黨在當時也是很普遍的現象，而且「就保守黨派本身而論，有些人的政治思想與激進相當接近，只是由於人事的或意氣的衝突，與激進派保持了一段時期的對立態度。」[38]我們不能用現代政黨政治的觀點來看待當時政治人物的政治行為。[39]

　　本來激進主義就是辛亥革命前後中國新式知識份子的一般特點中最主要的內容。「這種激進主義不僅是從辛亥革命以來的某種政治觀點，它更是一種狀態，一種態度，一種尋求解決社會政治問題的行為。」[40]多數臨時參議員其實一直是持激進立場，這種情況並不因為黨籍或政黨態勢的變化而改變。

　　綜上所述，在共和制度初創的民國初年，由於受到特定歷史時代的限制，當時的立法機構選舉制度尚處於草創階段，無論是制度設計，還是選務運作，都呈現出制度化水平不高的特點。不完善的選舉制度產生的臨時參議員，同樣也存在不少缺陷與不足。多數人不僅年輕，更主要的是沒有多少政治閱歷，政治能力一般，而且立場激進，不善於協商與妥協，忽略現實利益的折衝。他們大多數留學日本，接受過新知，崇尚歐美憲政，富有進取心，同時，因為「日本模仿西方，我人再模仿日本，一再轉手，欲求瞭解三百年西方的巨大轉變，無異戴面紗之觀察事物，難免有看走樣的地方。」[41]人

---

[38] 張玉法：《民初國會中的保守派政黨》，第 374 頁。
[39] 臺灣學者張朋園也認為民初政黨不具備現代化的政黨條件。政黨人物並不以發展政黨為職志，故民國政黨實不宜以今日眼光衡量之。參見張朋園《從民初國會看政治參與——兼論蛻變中的政治優異分子》。
[40] Michal Gasster, *Chinese Intellectuals and the Revolution of 1911, the birth of modern chinese radicalism*, Seattle and London: University of Washing Press, 1969, p235.p247.
[41] 張朋園：《從民初國會看政治參與——兼論蛻變中的政治優異分子》，第 110 頁。

們對西方政治和法律的瞭解不夠深入全面，真正通曉歐美議會制
度，政治文化和傳統的人寥若晨星。就臨時參議員群體而言，他們
中多數人都是在制度變革的關鍵時刻，通過革命時代制度化水平低
下的政治參與，幸運地登上國會政治舞臺，是革命時代的特殊產物。

（本文刪節稿發表於《「歷史研究的回顧、探索與展望」
國際研討會論文集》，上海人民出版社，2009年）

民初制憲議員的
社會政治背景與政治抉擇

　　憲政制度選擇的主體是國會制憲議員。正是這些議員自身眾多結構性的特點，對他們在特定時期的政治行為產生了不同尋常的影響。為便於觀察國會制憲議員背景變遷與制憲結局的關係，本章主要以憲法起草與完成階段的議員群體作為研究對象，這樣更具有代表性與可比較性。其中 1913 年憲法起草階段的制憲議員主體是憲法起草委員會 71 位議員。1923 年憲法完成階段，有影響力的制憲議員主要是各政黨的核心人物，共有 110 人。[1] 此外，1916-1917年國會制憲因與 1913 年起草時期間隔不長，議員背景基本相似，所以未納入研究範圍。

一、制憲議員社會政治背景變遷

　　國會制憲議員是一個比較特殊的群體，他們都是辛亥革命以後當選的參眾兩院議員。絕大多數議員在國會開幕以前，都不是活躍在全國政治舞臺的知名人物，一些年輕的留學生議員更是原

1　1922-1923 年經常參加制憲的議員約有 400 多人，其中有影響力的核心議員多是各政團主要人物。核心議員來源以謝彬《民國政黨史》（榮孟源，章伯鋒主編《近代稗海第 6 輯》，四川人民出版社，1987 年）第 83-86頁列表內容為主，並根據書中第 77-91 頁所述各政團情況作適當補充，共計 110 人。

本在地方就不為人們熟知。因此，眾多議員個人履歷並不是很完整，對他們在國會制憲前後的瞭解也不是非常全面。即使這樣，對制憲議員基本情況的有限分析，也有助於我們客觀瞭解他們政治選擇產生的原因，以及認真反思影響制憲政治的人的因素。

（一）年齡

　　1913 年制憲議員年齡資料非常完整。71 位議員的平均年齡為 33.5 歲。年齡段以 30-34 歲的人最多，共有 33 人，將近總數的一半。其次是 35-39 歲的議員共有 19 人，約占總數的 26.8%；20-29 歲年齡段的議員共有 15 人，40 歲以上的人最少，僅有 5 人。這樣 35 歲以下的議員人數高達 48 人，超過總人數的三分之二。這一年齡特徵與兩院議員年齡結構也幾乎相同，正好反映出制憲議員是第一屆國會議員群體的一個縮影。[2]

　　議員中年齡最大的也不過是 45 歲，而年齡最輕的只有 25 歲。在制憲會議上最活躍的汪榮寶、谷鍾秀、朱兆莘、陳銘鑒、張耀曾、伍朝樞等人，年齡最小者伍朝樞 27 歲，年齡最大者谷鍾秀只有 40 歲。而憲法大綱起草人孫鍾、張耀曾、汪榮寶與黃雲鵬四人平均年齡只有 31.25 歲，年齡最大的孫鍾 38 歲，年齡最小的張耀曾 29 歲。年輕的張耀曾還是憲法草案的 5 位起草人之一。

　　不可否認，多數制憲議員的年齡過於年輕，在處理錯綜複雜的政情時往往表現出經驗不足、意氣用事、立場偏激，容易走向極端。美國政治學者李普塞特對於年輕人的政治特點曾做過精彩的概

---

[2] 根據張朋園的統計，兩院議員平均年齡為 36.45 歲。30-34 歲的人數最多，35-39 歲次之，40-45 歲又次之，50 歲以後之議員僅得 6%，60 歲以上者僅得 6 人，不足 1%。參見張朋園《從民初國會選舉看政治參與》，《中國近現代史論集第 19 編民初政治一》（商務印書館，1986 年）。

括，他認為：「年輕人對不同於『責任倫理』的『絕對目標倫理』
更為推崇……這是年輕人對政治更可能出於衝動而不是約束的另
一種廉潔，也是另一種表明年輕人要比老年人更傾向於贊成各種形
式的變革、改革和激進主義的方式。」[3] 我們在制憲議員身上也不
時發現這些特點。

到了 1923 年，國會制憲議員平均年齡為 44.8 歲（85 人）。
年齡段以 40-44 歲、45-49 歲的人為多，共有 53 人，將近總數的
三分之二。35-39 歲的年齡段的議員最少，僅有 15 人，略低於
50 歲以上的議員人數。與 10 年前不同的是，議員年齡主要集
中在 40-49 歲，而不再是 35 歲以下。中年人成為議員的主體。
並且經過 10 年的歲月流逝，35 歲以下的議員群體已經不復存
在。當年制憲會議上最活躍的張耀曾，此時已不再年輕，已有
39 歲。與此同時，出現 50 歲以上的議員群體，人數占到總數
的二成。

一般認為像國會議員這樣的政治家的年齡為 45 歲左右比較合
適，此時年富力強、心智已經成熟。[4] 同時政治經驗豐富、行事作
風穩健，習慣協商妥協。1787 年美國制憲會議代表年齡特點就是
一個很好的實例。1913 年民國的制憲議員與美國制憲會議代表平
均年齡 42-43 歲相比較，整整相差約 10 歲。[5] 而 1923 年民國制憲
議員的年齡特徵卻正好與歐美議會相似。

---

[3] 李普塞特：《一致與衝突》，上海人民出版社，1995 年，第 28 頁。

[4] M・Dogan, *Political Ascent in a Class Society:French Deputies,1870-1958,*in
Marvick, P57-90, 轉見張朋園《從民初國會看政治參與——兼論蛻變中的政
治優異分子》，《中國近現代史論集第 19 編民初政治一》（商務印書館，1986
年）注 62。

[5] 美國制憲代表年齡情況參見馬克斯・法侖德《美國憲法的制訂》第
27 頁。

表一：制憲議員年齡表

年齡段	人數（1913 年）	比例	人數（1923 年）	比例
25-29 歲	15	21.1%	0	0
30-34 歲	33	46.5%	0	0
35-39 歲	19	26.8%	15	17.6%
40-44 歲	3	4.2%	27	31.8%
45-49 歲	1	1.4%	26	30.6%
50-60 歲	0	0	17	20%

資料來源：1、《憲法起草委員會會議錄（第 1 冊）》（北京：憲法起草委員會，1913 年
10 月）附錄之《憲法起草會員錄》；2、本書附錄一、二資料來源。

說　　明：關於 1913 年議員年齡，各種資料記載不盡相同。因《憲法起草會會員錄》
所錄議員年齡皆為議員自己所填寫，本文以此為準。

（二）教育背景

　　1913 年制憲議員的教育背景相當清晰。擁有舊功名的議員共
有 33 人，其中同時受過新式教育的有 32 人，約占已知教育背景議
員（68 人）總數的 48.5%；在國內新式學堂就讀或畢業的共有 10
人，約占總數的 14.7%。其中高等學堂畢業者 4 人，法政學堂畢業
的 6 人；法政類專業共有 7 人。

　　留日學生共有 51 人，比例是 75%。但是作者在統計中注意到
其中有 22 人學校不詳或未完成學歷教育，真正在日本大學完成學
業的僅有 29 人。留日學生的專業，已知的法律、法政類專業共有
30 人，約占已知專業總數的 71.4%。留學歐美的議員僅有 6 人，已
知專業也是政經科、法律，僅占總數的 8.8%，其中留德議員 2 人，
學校、專業都不詳。

　　從議員的教育背景來看，他們中受過新式教育的比例高達
98.5%，有超過四分之三的人在國外受過教育；從留學的國別來看，

留日人數最多，為 51 人，其次是留美 3 人，留德 2 人與留英 1 人；
從學校與學歷來看，一部分留日議員就讀學校不詳，很可能是在一
些日本速成學校學習，所受的教育是短期的和不完整的。[6] 完成學
業的議員中在日本東京帝國大學等正規名牌大學獲得學位或就讀
的人並不多，已知的僅有 7 人。還有一些議員因參與革命活動中途
輟學或肄業。這表明留日制憲議員整體知識水準並不是很高；從所
學專業來看，95%的議員在國內外所學的專業都是法律與政治。毫
無疑問，他們中相當一部分人對現代憲政常識是不陌生的。

　　1923 年制憲議員的教育背景變化不大。已知教育背景的 75 人
中擁有傳統功名的議員共有 24 人，其中同時受過新式教育的有 19
人，約是已知教育背景議員總數的四分之一；在國內新式學堂就讀
或畢業的共有 22 人，約占總數的三分之一。法政類（7 人）專業
約占（15 人）已知專業總數一半，其他師範 4 人、警察軍事 2 人、
冶金 1 人、農科 1 人。留日學生共有 45 人，占到總數六成。留日
學生的專業，已知的法律、法政類專業共有 21 人，約占已知專業
總數（28 人）的 75%，其他師範 3 人、軍事警察 2 人、鐵道 1 人、
醫科 1 人。與過去一樣，真正完成學業的仍然不多，只有 11 人。
從議員的教育背景來看，他們中受過新式教育的比例高達 93.3%，
有三分之二的人在國外受過教育；從留學的國別來看，留日人數仍
占絕對優勢，其次是留美 2 人，留德 1 人。從所學專業來看，已知
約有 65%的議員在國內外所學的專業都是法律與政治，比過去有所
下降。

6　日本法政大學為中國留學生開辦的法政速成科的情況參見〔日〕法政大學
　百年史編纂議員會編《法政大學生百年史》（東京凸版印刷株式會社，昭和
　五十五年十二月一日）第 168 頁；關於中國留學生在日入學考試免試情況
　參見曹汝霖《一生之回憶》（傳記文學出版社，1980 年）第 13、20 頁；明
　治大學、早稻田大學等情況參見任達《新政與中國革命，1898-1912》（江
　蘇人民出版社，1998 年）第 57-64 頁。

表二之一：制憲議員教育背景表

教育類別	人數 （1913 年）	比例	人數 （1923 年）	比例
傳統功名	1	1.5%	5	6.7%
傳統功名兼 具新式教育	32	47.1%	19	25.3%
國內新式教育	10	14.7%	22	29.3%
留日學歷教育	29	42.6%	11	14.7%
留日非學歷教育	22	32.4%	34	45.3%
留學英美	4	5.9%	2	2.7%
留學德國	2	2.9%	1	1.3%

資料來源：同本書附錄一、二資料來源。

說　　明：1、作者在統計議員的教育背景時，有關新式教育一律以議員最後的教育學
　　　　　歷為準。如參議員湯漪先後在日本、美國留學。作者統計時，以其最後在美
　　　　　國的學歷為準，歸納為留美教育背景；2、傳統：完全為傳統教育，不具任
　　　　　何新式教育背景；3、國內新式教育：僅指在國內高等學堂、法政專門學校
　　　　　接受的教育；4、留日學歷教育：僅指在 1913 年以前，在日本正規大學完成
　　　　　學業，已經畢業；5、留日非學歷教育：包括在日本短期考察、學習，未獲
　　　　　學位或大學肄業；6、留學英美：指在英美正規大學學習，並且獲得學位；7、
　　　　　留學德國：指在德國留學，不論時間長短或者是否完成學業。8、已知教育
　　　　　背景的 1913 年制憲議員共有 68 人，1923 年制憲議員共有 75 人。

表二之二：制憲議員新式教育專業表

專業種類	人數 （1913 年）	比例	人數 （1923 年）	比例
法政、政經	39	92.8%	28	65.1%
師範	0	0	7	16.4%
軍事、警察	2	4.8%	4	9.3%
鐵道	1	2.4%	1	2.3%
醫科	0	0	1	2.3%
冶金	0	0	1	2.3%
農科	0	0	1	2.3%
專業不詳	26	38.2%	32	42.7%

資料來源：同上表。

說　　明：已知新式教育專業背景的 1913 年制憲議員共有 42 人，1923 年共有 43 人。

（三）社會經歷

1913 年制憲議員的社會經歷，主要是觀察他們在制憲前的社會活動。1923 年制憲議員的經歷是指在 1914 年國會解散以後，至 1922 年國會第二次復會前的政治活動。分析議員的社會經歷，對於我們瞭解制憲議員的政治能力與制憲政治關係極有助力。

目前已經收集到 51 位民初制憲議員在 1913 年前社會經歷的資料。大致分為政府官員（議員）、教育新聞界和學生三類。

制憲議員在制憲前的從政經歷，主要是指他們在前清政府的任職。雖然一些議員曾經擔任過前清資政院議員與諮議局議員，有些學者也把他們單獨列為議員群體。[7] 但是畢竟這些議員擔任議員時間太短，不可能具備當時英美等民主國家議員的從政經歷，不能與一般意義上的議員同日而語。同樣的考慮也適用於一些在 1912 年前後任職於南京臨時政府和地方都督府的官員，他們的這種「從政」更加短暫和不完整，不是正式意義上的行政經歷，因此不是本文所歸納的政府官員、議員類型。所以美國學者豪的評價是準確的，他認為民主政治的首要條件是人民在地方自治中獲得的政治經驗。而當時中國的政治精英只有參與鄉村社會事務的經驗，沒有參與地方政府的經驗，包括相當地缺乏民主政府管理的經驗。[8]

從職級來看，在前清擔任過高級官職的議員共有 3 人，約占已知總數的 5.9%，均為資政院議員；中級官職共有 14 人，其中諮議

---

[7] 臺灣學者張玉法、張朋園都將議員作為民初國會議員社會經歷的一種。參見張朋園《從民初國會看政治參與——兼論蛻變中的政治優異分子》，《中國近現代史論集第 19 編民初政治一》（商務印書館，1986 年）；張玉法《民國初年的國會（1912-1913）》，《中央研究院近代史研究所集刊第十三期》。

[8] Franklin W. Houn, *Central Government of China 1912-1928, An Institutional Study* Madison: The University of Wisconsin Press, 1957, P165-166.

局議員 10 人；低級官職是 9 人。雖然整個官員群體超過總數的一半，但是中低級官員卻是其中的主體，比例超過八成。

議員中從政時間在 5 年以上的有 9 人，3-5 年的有 8 人，3 年以下的有 3 人。年限不詳的有 6 人。[9] 其他 6 人雖然從政時間不詳，但是考慮到他們年齡、教育與職務背景，實際從政時間也不可能很長。所以從政時間在 5 年以下的人數可能超過總數的一半。

由於在辛亥革命以前，一些議員經常是同時活躍在教育、新聞界，因此把兩類合而為一，共有 8 人，約占總數 15.7%。

學生是一個值得注意的特殊群體。他們在辛亥革命以前沒有職業經歷，都是在國內學堂、國外大學就讀。其中多數是在日本參加同盟會反清革命鬥爭的留學生。革命爆發後，這些學生畢業或肄業，開始直接從政。最典型的人物是年輕的眾議員張耀曾，1913 年他還是日本帝國大學的一位尚未畢業的留學生。以致於張在國民黨被取締後決定再赴日本完成剩餘的學業。[10] 多數學生唯一的社會經歷是在革命爆發之後，曾經非常短暫地擔任過臨時政府、地方都督府官員和臨時參議員、省議員。但是即使這樣，也無法改變學生群體是制憲議員中年最沒有政治經驗的令人震驚的事實。

在 1913 年制憲議員的社會經歷中，學生群體竟然占到總數的三分之一，這充分說明「中國城市的中產階段力量已充分發展，足以支持自十九世紀 90 年代以來的民族主義運動。學生和知識份子

---

[9] 這 6 人分別是楊渡、楊福洲、孫潤宇、黃贊元、李國珍、金兆棪，平均年齡是 34 歲，年齡最大的是金 38 歲，年齡最小者是黃、李 32 歲。6 人官職分別是縣參事、兵備處科長、民政部科長、總督府幕僚、七品京官和縣知事。幾乎都是低級官員。

[10] 張耀曾在制憲失敗後，於 1913 年 11 月赴日之前曾說「武漢起義，耀曾以未畢業之學生，回國參與立法事業」，參見《張耀曾東渡之告別書》，《申報》1913 年 11 月 19 日。

在中國政治中起著關鍵的作用。」[11] 民國國會的成立，標誌著知識份子政治參與擴大的新水平。而制憲活動則是他們短暫地發揮重要政治作用的一個高潮時刻。

與 1913 年不同的是，1923 年制憲議員中職業政治家人數開始增加，一些人經歷相當複雜。政學會議員谷鍾秀、張耀曾、李根源、楊永泰等人先後在北京政府與地方擔任過總長、省長等高官，一度是支配南方護法軍政府中重要的政治力量；民治社議員孫洪伊在 1916 年府院之爭中曾獨領風騷；民憲同志會議員吳景濂、褚輔成是護法國會的領袖，而且吳一直是國會中最大政團的領導人。褚輔成、林長民、蒲殿俊、張繼等是聯省自治運動中知名人物，其中褚曾擔任過浙江憲法會議副議長，直接參與省憲制定活動。研究系議員籍忠寅、藍公武等人在 1919 年還發起過國民制憲運動。在 92 位已知經歷的議員中，參加過護法運動的議員有 70 人，成為第二屆國會的議員有 5 人。三分之一的議員在各級政府曾經擔任過官職。還有少數議員從事過新聞、教育、工商、律師等職業。

不過，即使這樣，民國多數制憲議員的社會經歷還是乏善可陳。在制憲以前，他們基本上不為人們所知。即使在制憲以後，他們中成為人們熟知的顯赫人士也是為數不多。以 1913 年制憲議員為例，在此後從政中，成為部長、省長、全國性立法機構議員的有 30 人，僅是總數的四成，而且在 1924 年國會最後解散後基本上沒有大的政治作為。其他很多人是在地方政府供職，擔任省政府秘書長、省府局長、廳長，甚至是處長一類的低級官職。有近 40% 的人告別政壇，轉而經商為學或隱居鄉里，不在是政壇上的風雲人物。

---

[11] 撒母耳‧P‧亨廷頓：《變化社會中的政治秩序》，王冠華等譯，北京三聯書店，1992 年，第 246 頁。

表三之一：制憲議員 1913 年前社會經歷情況表

經歷類別		人　　數	比例（％）
政府官員、議員	高級	3	5.9
	中級	14	27.5
	低級	9	17.6
教育、新聞界		8	15.7
學生		17	33.3

資料來源：同本書附錄一、二資料來源。

說　明：1.前清高級官員、議員：侍郎、資政院議員；中級官員、議員：主事、副都
　　　　　統、諮議局議員、翰林院編修、總督幕僚等；低級官員、議員：知縣、縣
　　　　　參事、地方警務長。官員等級以從政期間最高官職為準；教育、新聞界：
　　　　　校長、教務長、教員、學監、報社創辦人、主筆、總編、記者；學生：在
　　　　　辛亥革命以前在國內學堂、國外大學就讀，此前沒有職業經歷。其中包括
　　　　　在日本參加同盟會反清革命鬥爭的留學生。
　　　　2.已知 1913 年前社會經歷的議員共有 51 人。

表三之二：制憲議員 1913 年前從政經歷情況表

年　　限	人　　數	比例（％）
5 年以上	9	34.6
3 年至 5 年	8	30.8
3 年以下	3	11.5
年限不詳	6	23.1

資料來源：同上表。

說　明：1、不包括在辛亥革命期間短期從政的革命黨人。因這些人時間太短，而且
　　　　　從政經歷不完整。2、已知 1913 年前從政經歷的議員共有 26 人。

（四）政治立場

　　過去在評價議員政治立場時，一般以議員黨籍為標準。民國初
年國民黨、民憲黨屬於激進派政黨，共和黨、民主黨、進步黨、公

民黨、大中黨屬於保守派政黨。[12]政友會、超然社雖然是從國民黨分出，通常也視為反對政府的激進派政黨。議員因所屬政黨類型不同，政治立場也相應分為激進與溫和兩種。

二次革命前在制憲會議中國民黨人數最多，共有 33 人，將近總數的一半。進步黨其次，有 15 人。其餘依次是共和黨 9 人、政友會 8 人、公民黨 1 人、民主黨 1 人、超然社 1 人，雙重黨籍 1人。激進派議員人數超過溫和派議員。二次革命後，國民黨勢力衰微，加上新成立的民憲黨，制憲議員人數僅有 20 人。即使加上 3名擁有雙重黨籍的民憲黨議員，人數也並沒有像有論者所說那樣超過保守派政黨。[13]這種變化似乎表明制憲議員激進立場並不是一直佔有明顯優勢。

二次革命前在制憲會議中國民黨人數最多，共有 33 人，將近總數的一半。進步黨其次，有 15 人。其餘依次是共和黨 9 人、政友會 8 人、公民黨 1 人、民主黨 1 人、超然社 1 人，雙重黨籍 1人。激進派議員人數超過溫和派議員。二次革命後，國民黨勢力衰微，加上新成立的民憲黨，制憲議員人數僅有 20 人。即使加上 3名擁有雙重黨籍的民憲黨議員，人數也並沒有像有論者所說那樣超過保守派政黨。但是事實上以黨籍判斷議員政治立場的標準並不客觀。制憲會議上關於總統與國會權力等重要議題爭論情況表明，議員之間黨見之爭並不激烈，關於憲政問題的分歧更多的是代表個人看法，突出的表現是許多議員的看法往往與異黨議員相同，而同黨之間反而互相衝突、互不相讓。如在關於總統解散權的激烈討論，

---

[12] 張玉法：《民初國會中的激進派政黨》、《民初國會中的保守派政黨》，《中國近現代史論集第 19 編民初政治一》第 277、319 頁。

[13] 學者張學繼統計民憲黨制憲議員人數有誤，鍾才宏、沈鈞儒、曹玉德、張治祥等並不是憲法起草委員或候補委員。民憲黨人數沒有 20 人之多。《民國初年的制憲之爭》。憲法起草委員在職變遷情況參見吳宗慈：《中華民國憲法史前編》，第 353-354 頁。

同為共和黨的黃璋與黃雲鵬發生爭執。黃璋主張總統沒有解散權，而黃雲鵬卻與國民黨朱兆莘意見相同，都是堅持總統有解散權。當國民黨張耀曾主張總統沒有解散權時，他又遭到本黨伍朝樞的質疑與反對，不過有意思的是這一次張卻得到了進步黨陳銘鑒的支持。[14] 而在討論總統宣戰媾和權時，國民黨龔政反對同黨易宗夔的主張。[15] 同樣地，在討論總統赦宥權時，同為進步黨的陸宗輿、汪榮寶意見相左。[16] 在討論審計院長產生方式時，國民黨朱兆莘又與同黨向乃祺發生爭執。[17] 作者在閱讀制憲會議記錄時發現，這種現象幾乎在每個重要議題討論時都發生過。梁啟超曾對此評論說:「但任何議員，皆發表其個人主張，無所謂黨議。」[18]

　　此外，民國初年的政黨政治還處於初創階段，政黨綱領、組織都不健全，多數政治人物的現代政黨觀念並不是很濃厚，跨黨、換黨在當時也是很普遍的現象，而且「就保守黨派本身而論，有些人的政治思想與激進相當接近，只是由於人事的或意氣的衝突，與激進派保持了一段時期的對立態度。」[19] 民憲黨的成立更是說明這一點。民憲黨的重要人物既有國民黨制憲議員張耀曾、谷鍾秀、湯漪、楊永泰、孫潤宇等，也有進步黨制憲議員丁世嶧、李國珍、藍公武、汪彭年、劉崇佑、解樹強等。我們不能用現代政黨政治的觀點來看待當時政治人物的政治行為。[20]

---

[14] 《憲法起草委員會第 9 次會議錄》。作者發現，幾乎在每個議題討論時，都出現過本黨議員意見相左，或發生爭執的現象。

[15] 《憲法起草委員會第 11 次會議錄》。

[16] 《憲法起草委員會第 12 次會議錄》。

[17] 《憲法起草委員會第 18 次會議錄》。

[18] 梁啟超語，轉引自張玉法:《民初對制憲問題的爭論》，注 92。

[19] 張玉法:《民初國會中的保守派政黨》，《中國近現代史論集第 19 編民初政治一》，第 374 頁。

[20] 臺灣學者張朋園也認為民初政黨不具備現代化的政黨條件。政黨人物並不以發展政黨為職志，故民國政黨實不宜以今日眼光衡量之。參見張朋園《從民初國會看政治參與——兼論蛻變中的政治優異分子》。

本來激進主義就是辛亥革命前後中國新式知識份子的一般特點中最主要的內容。「這種激進主義不僅是從辛亥革命以來的某種政治觀點，它更是一種狀態，一種態度，一種尋求解決社會政治問題的行為。」[21]民初政黨政治的特點與「超議會制」的制憲結果也進一步表明，在整個制憲過程中，制憲會議中多數議員其實一直是持激進立場，這種情況並不因為黨籍或政黨態勢的變化而改變。

與 10 年前不同的是，國會二次重開後，「政團雖多，卻因直派與奉、浙、粵等系之對抗，政團歸屬何系反而較易於觀察」。[22]親直的溫和派議員佔有絕對優勢。在 1923 年 6 月政變前的 42 個政團中，親直的溫和派政團有 22 個，反直的激進派政團只有 10 個，前者超過後者的一倍。[23]而且到了翌年總統大選的最後關頭，激進派政團又發生分裂，一些民友社系、政學系議員紛紛回京參加選舉，研究系、討論會等中間派多數議員則有條件支持選舉，這樣無疑進一步增強了溫和派的實力。此時在 44 個主要政團中，親直的溫和派政團增長到 35 個，約占總數的五分之四，遠遠超過激進派政團。[24]在 110 名議員中，以參加大選為標準，親直派、中間派與脫離激進派的各類持溫和立場的議員共有 82 人，激進派僅有 25 人，未投票的中間派議員只有 3 人。

由此可見，經過 10 年的坎坷歷程，絕大多數制憲議員政治立場發生了激烈的轉變，基本上由原先反對北洋實力派的激進風格轉成溫和立場。在 82 位溫和派議員中，有 52 人參加過護法運動，均是曾持激進立場的原國民黨人。其中葉夏聲、王湘、溫世霖、王乃昌等人還是當時當年最激進派別民友社的核心人物。

---

[21] Michal Gasster, *Chinese Intellectuals and the Revolution of 1911, the birth of modern chinese radicalism*, Seattle and London: University of Washing Press, 1969, p235.p247.

[22] 方惠芬：《曹錕賄選之研究》，臺灣大學歷史學研究所碩士論文，1982 年，第 146 頁。

[23] 謝彬《民國政黨史》，《近代稗海第 6 輯》，第 83-86 頁。

[24] 方惠芬：《曹錕賄選之研究》，第 147-148 頁。

表四之一：制憲議員（1913 年）黨籍變化表

黨派 時期		國民黨	進步黨	共和黨	政友會	公民黨	民主黨	超然社	民憲黨	大中黨	無黨籍	雙重黨籍	總計
二次革命前	人數	33	15	9	8	1	1	1				1	69
	比例(%)	47.8	21.7	13	11.5	1.5	1.5	1.5				1.5	100
二次革命後	人數	9	9	6	9	8			11	6	1	3	62
	比例(%)	14.5	14.5	9.7	14.5	12.9			17.7	9.8	1.6	4.8	100

資料來源：議員黨籍資料見吳宗慈：《中華民國憲法史前編》，第八章，表、規則，第349-354頁。

說　　明：在二次革命失敗前，1913 年 7 月-9 月中旬議員在職、辭職、去職、遞補的共有 69 人（人數截止 9 月 20 日憲法起草議員會第 20 次會議）；在二次革命失敗後，1913 年 9 月中旬-11 月議員在職、辭職、遞補的共有 62 人；議員人數變動情況參見本書第 53 頁注 2；4、二次革命前雙重黨籍 1 人：國民黨兼公民黨；二次革命後雙重黨籍 3 人：共和黨 2 人兼民憲黨、進步黨 1 人兼民憲黨。

表四之二：1923 年制憲議員政治立場表

	親直	反直	中間
益友社系	5 人	3 人	
民友社系	27 人	6 人	1 人
政學會系	3 人	8 人	
研究系	10 人		2 人
其他政團	37 人	8 人	

資料來源：同本書附錄二資料來源。

說　　明：1、益友社系政團主要包括民憲同志會、褚寓、香爐營頭條 16 號；2、民友社系主要包括中國國民黨、護法議員聯歡會、南溝沿 64 號、新民社、後孫公園 11 號、頤園、誠社、民治社、地方制度協進會、全民社、均社、西河沿 182 號；3、政學會系主要包括憲政社、匡廬；研究系主要包括憲法研究會、憲法學會、樂園、適廬；其他政團主要包括安福係、石附馬 2 號、蒙古議員俱樂部、西北議員俱樂部、順治門大街 200 號、宣外 200 號、觀音堂 10 號、報子街 18 號等政團。

（五）地域政治文化

有學者將近代以來中國地方政治文化劃分為現代、傳統、轉型中、狹隘、分離主義五種類型[25]。除去最後一種所謂的分離主義政治文化界定不夠準確以外，其他四種均比較合理。作者將蒙藏地區的政治文化歸納為邊疆政治文化，加上前面 4 種，一共還是 5 種地域政治文化。

對制憲議員所屬地域政治文化的觀察，有利於我們考察議員的生長環境、知識文化的現代性程度。

中國東南地區江蘇、上海、浙江、福建、廣東都處於現代主義政治文化區域。現代主義政治文化特點是市民社會比較強大，國家對社會與經濟事務的干涉相對較少。人們比較重視差異性、世俗化與多元性。具體到近代中國東南社會來說，從晚清以來，現代商業團體、組織和協會增強了市民社會的實力。這些都為世紀之交的現代政治運動，特別是晚清最後幾年的立憲運動、民國初年的政黨政治、聯首自治運動提供必要的基礎。[26] 根據作者的統計，1913 年屬於現代主義政治文化的議員共有 19 人，約為總數四分之一強。1923年有 25 人，比重比過去略有下降。

傳統主義政治文化主要集中在華北與東北的省份，如山西、河北、河南、遼寧、吉林、黑龍江省。這些地區的傳統主義政治文化與它們的社會、經濟和歷史條件有關。在中國十九世紀，華北的這些省份，因為一直是占支配性的農業經濟，所以西方商業文明的影響非常有限。華北的城市發展也不如東南地區。總之，華北仍然處

---

[25] Alan P.L.Liu, Provincial Identities and Political Cultures: Modernism, Traditionlism, Parochialism, and Separatism, Shiping. Hua, editored, *Chinese Political Culture, 1989-2000.* Armonk, NewYork: M.E.Sharpe.C2001, P255-256.

[26] 同上，P256-257。

於資主義邊緣化地區。[27]1913 年，19 位議員屬於傳統主義政治文化區域，人數與現代主義政治文化區域議員人數相當。在 1923 年，32 位議員屬於傳統主義政治文化區域，人數超過現代主義政治文化區域。

　　從傳統向現代轉型的過渡時期政治文化主要是指中國的中西部地區四川、湖南、江西等省。本文作者認為還應該包括同為中部地區的安徽、湖北兩省。西方的商業文明對這一地區的影響不夠深遠。同時，從 30 年代以後，戰爭與貧窮也削弱了這些省份的地區認同。[28]在 1913 年，屬於這種政治文化的議員共有 19 人，戲劇性地與前兩種政治文化區域人數相同。十年之後，轉型地區政治文化議員人數最多，接近總數的三分之一。

表五：制憲議員地域政治文化類型表

地域政治文化類別	地域省份	人數（1913 年）	比例（%）	人數（1923 年）	比例（%）
現代政治文化	華東地區（江蘇、上海、福建、浙江）、廣東	19	26.8	25	22.7
傳統政治文化	華北與東北地區（山西、河北、河南、山東、遼寧、吉林、黑龍江）	19	26.8	32	29.1
轉型中的政治文化	四川、湖南、江西、湖北、安徽	19	26.8	35	31.8
封閉的政治文化	陝西、甘肅、貴州、廣西、雲南	9	12.6	10	9.1
邊疆政治文化	蒙古、寧夏、新疆、西藏	5	7	8	7.3

資料來源：同本書附錄一、二的資料來源。

[27] 同上，P260-261。
[28] 同上，P263。

西南與西北部地區的貴州、廣西、陝西、甘肅屬於狹隘型的政治文化。這些省份的政治精英似乎並不關心國家主流發展，對本地根深蒂固的地方認同非常滿意。與中國其他省份相比，文盲、貧窮、孤立與強烈的地方認同是這些省份的顯著特徵。按照這些特點，雲南也應該屬於這一類型。

最後一種類型是作者自己歸納的邊疆政治文化。主要是指蒙古、西藏、新疆等邊疆地區。1913 年、1923 年後兩種政治文化類型的議員分別是 14 人與 18 人，都不到總數的五分之一。

二、比較視野中的背景特色

1787 年美國制憲會議成功的經驗表明，合格的制憲主體至少應該具備三個條件：高度的政治權威性、廣泛的利益代表性與豐富的知識閱歷。當然，制憲人物的家庭背景、宗教信仰、個人品質也是非常重要的。美國學者伍德認為美國建國時期的領袖們很看重他們的社會地位，在接受自己的特權時也承擔自己的責任。熱心於公益事業，負責公眾生活服務設施，（被認為是理所當然的事情），「他們認為，憑藉他們地位和氣質的絕對影響力，他們本應該在政治和知識上領導這個社會－事實上，他們也不得不領導這個社會。」[29]因此，「建國者們提供給美國的禮物不僅是獨立宣言、憲法、人權法案及其導言，還有他們的品格，他們模範性的公僕生活、自我約束、誠實和容忍。他們是共和國原則與價值的象徵。他們就是共和國本身」。[30]

與美國的制憲代表相比較，民國的制憲議員社會政治背景變遷特色耐人尋味。

---

[29] 蘇珊・鄧恩（Susan Dunn）：《姊妹革命：美國革命與法國革命啟示錄》，楊小剛譯，上海文藝出版社，第 34 頁。

[30] 同上，第 145-146 頁。

（一）政治權威性

1913 年制憲會議上有影響力的議員是議員群體的一個縮影。當時比較活躍的議員有汪榮寶、張耀曾等人。[31] 汪在當時是著名的憲法學專家。1913 年曾擬有民國憲法草案發表，主張內閣制度。最近研究發現，汪還是清末第一部憲法草案的制定者。[32] 但是汪的政治立場比較中立，與國民黨、袁世凱各方的關係都不密切，個人獨立性比較強。[33] 另一位有影響力的議員是張耀曾，張既是憲法大綱的起草人，又是憲法草案的擬稿人。但是扮演這樣極其重要的一個角色，張的能力還是欠缺的。上文提到他當時還是一個沒有完成學業的留日學生，政務實踐經驗顯然不足，在制憲過程中也基本上是理論上的誇誇其談，以至於被另一位老資格的議員易宗夔批評是「未免理想太深，程度太高，不適於中國之政府。」[34]

在其他較活躍的人物中，朱兆莘、伍朝樞、向乃祺與王紹鏊是 1912 年從美英日學成歸國的留學生，回國後直接參加革命活動；徐鏡心是老同盟會會員、職業革命家，長期在山東、吉林從事秘密反清活動。在新聞、教育界活動的議員有李慶芳、汪彭年、陳銘鑒

---

[31] 判斷制憲議員在制憲會議上的影響力，作者主要根據三個重要的參考指標。一是每位議員在會議上的發言次數，通常表明議員在會議上的活躍程度。二是議員意見被採納的次數。主要是指議員在 16 個議題上的意見最後被全會採納的次數，它反映該議員是否代表多數議員的主流意見，以及意見最後被會議採納的程度。三是議員參與憲法起草的程度，主要是指議員是否是憲法大綱、各章條文的起草人。

[32] 王曉秋先生認為汪榮寶與李家駒在宣統年間起草了中國第一部憲法。參見王曉秋《清末政壇變化的寫照——宣統年間〈汪榮寶日記〉剖析》，《歷史研究》1989 年第 1 期。

[33] 汪在袁世凱帝制運動期間，曾明確表示反對帝制，對袁說：「願公為華盛頓，不願公為拿破崙」。參見《民國人物碑傳集》（四川人民出版社，1997 年）第 353-354 頁。

[34] 《憲法起草委員會第 10 次會議錄》。以下各位議員的情況參見本文附錄三。

三人。李留日歸國後活躍在山西晉陽的教育、新聞界。汪與李經歷相似，也是留日回國後在上海新聞界辦報。陳一直在河南汝州擔任教職，革命前是汝州中學的校長。孫潤宇在前清一直任科長、教習等低級職務，1912 年才升任北京內務部警務局長、高等警察學校校長。楊永泰、王敬芳、劉崇佑、谷鍾秀分別是廣東、河南、福建與河北地方諮議局議員，此前基本上都沒有從政經歷，屬於地方中小士紳。黃贊元曾經擔任過前清四川總督趙爾巽的幕僚。只有年齡超過 35 歲的易宗夔、陸宗輿資歷較老，同是資政院議員。易還是戊戌維新時期譚嗣同湘學會的成員。與易相比較，陸從政時間較長，從 1902 年開始歷任教習、巡警部主事、考察憲政大臣二等參贊、東三省鹽務總辦等職。民國成立後擔任過大總統府財政顧問，與袁世凱關係密切。

從社會經歷與年齡來看，這些在在制憲會議上咄咄逼人的議員都不是全國或地方的實力派人物，在國民、進步等大黨內也不是什麼重要的有決策影響力的人物。[35] 雖然革命給他們帶來重要的從政機遇，但是他們素質、資歷與名望其實都很一般。年輕的議員們對政治實踐茫然無知，處理政務的實際能力非常欠缺，舉措失當更是司空見慣。托克維爾對法國大革命時期文人政治家缺乏實際政治經驗的批評，也同樣適用於民國的制憲議員們。[36]

---

[35] 在國民黨 9 位理事、10 位參議中沒有 1 名制憲議員。參見鄒魯《中國國民黨史稿一、二篇》（上海：商務印書館，1947 年），頁 141；進步黨 9 位理事中，僅有李慶芳 1 人，其他汪榮寶等 4 人只是黨部各部門主任。參見楊幼炯《中國政黨史》（上海商務印書館，1937 年）第 67-68 頁。

[36] 托克維爾認為法國革命的失敗重要原因之一就是當時的文人政治家政治和政府經驗的缺乏，當然原因還有那種把他們（連同其他人）從國家政治生活的參與中排除出去的君主政體。參見蘇珊·鄧恩《姊妹革命：美國革命與法國革命啟示錄》第 32 頁。1913 年人們對臨時參議院議員的政治表現已經有所批評。「參議院在臨時時代，已以不善運用同意之法文，致起政界風潮，受輿論所譏評」。參見《中華民國國會組織選舉法淺析》（上海商務印書館，民國 2 年）第 12 頁。

　　與此相反，人們對美國制憲代表的能力、常識與經驗推崇備至。湯瑪斯‧傑弗遜評論制憲會議真是一批受崇拜人物的會議。人們普遍認為：「美國歷史上任何時期都不可能彙集到一批比他們在政治思想方面更加老練，或者在建設與改造政府方面更有實踐經驗的人才。」[37]美國的這些制憲代表是全國和地方性的名人，享有很高的社會聲望。其中有人們熟知「美國國父」華盛頓、「憲法之父」麥迪森、漢密爾頓、本傑明‧富蘭克明。還有愛德蒙‧藍道夫、威廉‧列文斯頓、鮑勃‧莫里斯、喬治‧裏德等各州地方名流。僅在弗吉尼亞州 7 人代表團中，除了後來成為美國總統的華盛頓、麥迪森以外，還有時任弗州州長的著名律師愛德蒙‧藍道夫、「該州最受人敬重的人物之一」州最高法院法官約翰‧布雷爾、「出身名門」的州法官喬治‧威斯、州議員同時也是大地產主的喬治‧梅森以及被譽為弗州的博學之士的名醫詹姆斯‧麥克勒格。[38]

　　再回到 1913 年的中國，在國會制憲模式的制約下，革命以後可以左右政局發展的北洋派與地方都督，都不可能親自或派代表參加制憲會議，雖然此前他們做過這樣的嘗試。李家駒、楊度、章士釗、梁啟超、嚴復等政學界名流，一度作為中央與地方政府組織的憲法起草委員會（後改為研究憲法委員會）成員，在國會制憲前積極開展過一系列的討論憲法活動。[39]

　　總的來說，民初制憲議員中絕大多數都不是社會閱歷複雜、政治經驗豐富的政治人物，充其量不過是一群借革命機遇興起的政治新貴。他們曇花一現的政治權威並不是來自自身的政治實力，而是

[37] J‧布盧姆等：《美國的歷程上冊》，戴瑞輝等譯，商務印書館，1995 年，第207 頁。

[38] 德蒙‧藍道夫、約翰‧布雷爾、喬治‧威斯、喬治‧梅森、詹姆斯‧麥克勒格的個人情況分別參見查理斯‧A‧比爾德《美國憲法的經濟觀》，何希奇譯，商務印書館，1984 年，第 97、60、104、90-91、92 頁。

[39] 參見張玉法《民初對制憲問題的爭論》有關內容。研究憲法議員會議員名單參見《憲法新聞第 1 期》。

在特定的時期由國會賦予的。然而後者本身的權威就一直處於動盪與不穩定的狀態。因此，頂著耀眼的國會議員、制憲議員頭銜的其實是一批極其平凡與平庸的人，他們擁有的政治權威是軟弱無力的。我們無法期望平凡的人能夠制定出一部富有權威性、傑出的憲法。

1923 年國會制憲議員與民初相比，雖然產生了一批較有影響力的政治人物，一度也曾經利用羅文幹案、倒閣案，掀起過不小的政潮，似乎已經成為當時北京政治中炙手可熱的政治力量。但實際上這只是一種表面現象。在 20 年代軍閥割據的動盪時局中，國會自身並沒有軍事、政治、經濟實力，只能依附於各實力派，其政治影響力是有限的與脆弱的，並不具有實質意義上的權威性。另一方面，雖然直系已是當時最大的政治勢力，但是相對於反直力量並未取得絕對優勢。所以國會中親直政團，雖然在直系「憲選並進」的有條件支持下，最後完成制憲，但是仍然沒有足夠的權威性。這也是憲法雖然最後制定成功，卻遭到各派激烈反對，不為反直力量接受的重要原因。

（二）利益代表性

美國學者比爾德的研究表明，1787 年美國制憲代表都是當時美國國內公債、動產、奴隸主利益集團的代表，只有這些人才能夠「憑著個人在經濟事業上的經驗，深知他們建立起來的政府將要達到什麼樣的目標。……作為實踐的人物，他們才能夠把一個新的政府建立在唯一可以穩定的基礎─經濟利益的基礎─上面。」[40]比爾德還試圖證明，憲法的批准，也得益於地方動產利益集團強有力的支持，因為「動產所有者把新的政府視為一種力量並且保障他們的利益。」[41]

---

[40] 比爾德：《美國憲法的經濟觀》，第 106 頁。比爾德具體分析認為制憲代表是當時美國公債集團、從事土地投機的動產集團、生息動產利益集團、工商航業的動產利益集團、奴隸主集團的代表。第 104-106 頁。

[41] 同上，第 203 頁。

表六：1913 年制憲議員政治影響力（前 20 名）分析表

發言人	發言次數	意見被採納次數	參與憲法起草程度	影響力次序
汪榮寶	322	11	大綱、條文起草人	1
朱兆莘	166	9		2
張耀曾	153	5	大綱、條文起草人	3
谷鍾秀	199	6		4
伍朝樞	141	6		5
黃雲鵬	59	6	大綱、條文起草人	6
陳銘鑒	150	3		7
易宗夔	85	4		8
汪彭年	81	3		9
李慶芳	55	2	條文起草人	10
孫潤宇	52	4		11
劉崇佑	69	3		12
王紹鏊	66	3		13
向乃祺	44	3		14
徐鏡心	55	1		15
王敬芳	67			16
楊永泰	49	1		17
陸宗輿	48	1		18
黃贊元	53			19
龔政	40	1		20

資料來源：《憲法起草委員會第 4-33 次會議錄》。

　　法國人在 1875 年難得的一次制憲成功經驗也證實了比爾德的看法。當時的制憲會議議員都是共和、保皇黨各派政治集團的人士，足以代表當時法國社會的政治力量，具有相當寬廣的利益代表

性。這樣在法國歷史上才第一次出現了一部憲法的壽命竟長達到65 年，如果不是德國的入侵，很有可能繼續存在下去。而以前法國歷次憲法的短命，其中重要原因之一就是制憲議員的背景缺陷對制憲結果的消極影響。所以，制憲議員利益代表的廣泛性，也是制憲成功的重要因素。

但是我們在民國的制憲議員身上卻看不到這一重要特點。從黨籍特色來看，過去的研究過分誇大了議員的政黨背景，仿佛他們是充分地代表政黨利益。事實卻並非如此。即使他們能夠代表各自政黨的利益，也與現代民主國家政黨利益集團代表性特徵不能同日而語。民國的政黨仍然是屬於政黨政治發展的初級階段，充其量也只是亨廷頓所說的派系組織。不僅袁世凱的北洋集團沒有代表自己利益的政黨，連工商資產階級在國會中也幾乎沒有本集團利益的代言人。[42] 這與 1848 年德國法蘭克福議會的特點頗為相似。法蘭克福議會制憲議員大部分是教授、律師、職員，不能代表當時德國各個政治集團的利益與斥求。「法蘭克福國民議會除了會議本身的言論外別無東西可作依恃。議會是由有思想、有頭腦的中產階級自由分子組成的，他們堅信一個自由主義──民族主義的德國會按照抽象的原則組成。」[43] 對此，比爾德特別強調美國制憲代表不是法蘭克福議會，因為「如果作為主義者集團，有如法蘭克福議會那樣，他們會慘遭失敗的。」[44]

需要特別指出的是，在民初類似於聯邦制度的國家結構中，地方利益在國家制度框架設計中是不容忽視的。[45] 憲法如果得不到地

---

[42] 根據張朋園先生的統計，出身工商業界的議員在國會中所占席位極少，僅有 3 人。張朋園《從民初國會看政治參與──兼論蛻變中的政治優異分子》。
[43] 愛德華‧伯恩斯等：《世界文明史下卷》，商務印書館，1999 年，第 360 頁。
[44] 比爾德：《美國憲法的經濟觀》，第 106 頁。
[45] 胡春惠先生曾著文論述民初臨時政府時期中國政治的聯邦色彩。參見胡春惠《民初的地方主義聯省自治》（中國社會科學出版社，2001 年）第 38-44 頁。1922 年胡適也著文說：「六十年來中央的許可權一天天的縮小，地方

方利益集團的支持，幾乎是沒有希望實施下去的。本來兩院制度中參議院的設置就是為了體現地方利益，但是民國國會設計的選舉制度，使得參眾兩院的代表性幾乎沒有什麼區別。就連制憲議員也發出「今日之參議院與眾議院不同之點究在何處，本席殊不能得其究竟」的感慨。[46]從二次革命前政府與各省都督推薦的憲法起草委員會 55 人的名單來看，後來成為制憲議員僅有湯漪、汪榮寶、伍朝樞、丁世嶧等 8 人。[47]顯然多數議員與地方實力派的關係並不密切，談不上是地方利益的代表。而且絕大多數人在辛亥革命之前，在地方都不是有影響力的人物。此外，「二次革命」後國民黨人敗亡，地方政局發生巨變，一些原國民黨議員更是與袁派地方實力人物水火不溶。10 月底憲法草案完成之後，在袁世凱的唆使之下，各省都督、民政長、鎮守使發出了大量強烈批評國會憲法草案，甚至要求解散國會的通電。[48]

從理論上來講，國會本身就是一個利益集團，不可能完全代表社會各階層的利益，而且存在自己的利益訴求。更何況在革命時代產生的民國第一屆國會，代表性更是狹隘單一，基本上只是一群中下層士紳、知識份子、職業革命家的代表。北洋軍人、保守派官僚、地方軍紳、資產階級等一些舉足輕重的利益集團，在國會與制憲會議中幾乎都沒有自己的利益代表。

1923 年與以往不同的是，各實力派紛紛公開介入國會政治，在國會中都有充分代表各自利益的政團，國會一度成為各種政治力量角逐的政治場所。其中以直系與國會各黨派互動最為密切。從1923 年初開始，直系就開始積極收買議員，為曹錕進行總統選舉

的自覺一天天的增加，到了辛亥革命軍起，省的獨立遂成一件歷史的事實。」
胡適：《聯省自治與軍閥割據》，《東方雜誌》19 卷 17 號。
[46] 這是劉崇佑的發言，參見《憲法起草議員會第 9 次會議錄》。
[47] 名單參見《憲法新聞第一期》「憲史」第 20-34 頁。
[48] 張玉法《民初對制憲問題的爭論》有關內容的統計。

活動。至 10 月總統大選前夕，國會中支持直系總統選舉的團體約
有 40 個以上。其中新民社張伯烈、鄭江灝、胡祖舜、駱繼漢、鄭
人康受京兆尹劉夢庚指揮；全民社溫世霖、張士才、谷芝瑞、錢崇
愷、史澤咸、張益芳、景耀月受保定直接指揮。民治社王湘、王乃
昌、吳宗慈、牟琳、張書元、呂泮林也受直隸省長王承斌、劉夢庚
指揮。其他政團如漠南寄廬、西北議員俱樂部、報子街 18 號、
石駙馬大街 3 號等政團都與直系關係緊密，表態支持直系總統大
選。[49]其他反直國會政團則分別代表南方國民黨、奉系與皖系的利
益。不過好景不長，1923 年 6 月國會分裂，反直議員紛紛南下。
直系後來雖然最終完成了對國會多數的控制，但是在反直力量缺席
的情況下，親直國會也就失去了廣泛的利益代表性，隨後作出的政
治抉擇，包括正式憲法的完成與頒行，當然不再為各派所接受。

（三）知識與閱歷

在制憲議員中，無論是 1913 年還是 1923 年，屬於現代主義與
從傳統向現代轉型中政治文化的議員都超過總數的一半，這充分說
明議員們知識現代性水平已經有了很大的提高，而東南地區更是開
風氣之先的地方。議員成長地區的現代化水平，對他們觀念的更
新、新知的汲取都有著積極的影響。在制定活動中非常活躍的汪榮
寶、伍朝樞、朱兆梓等人就是典型的例子。在 1913 年制憲會議中
影響力居前 10 名的議員中，就有 6 人屬於以上兩種區域政治文化。

同時，從制憲議員的教育背景特點中不難看出，不少議員具備
一定的現代政治、法律知識。從議員們對憲法草案的討論中，也可
以發現不少人對當時世界各主要國家的憲法條文、歷史發展都有不
少瞭解。[50]但是由於受到歷史時代與環境的限制，長期在歐美學習

---

[49] 直系以金錢運動國會的情況參見韓玉辰《政學會的政治活動》（《文史資料
精選第 3 冊》）第 150-152 頁。

[50] 辛亥革命前後出版的有關國外憲政方面的譯著，也主要是憲法、行政法條

生活、熟悉英美憲政傳統與文化的專才畢竟還是不多。然而就制憲所需的政法知識程度來說，許多議員憲政理論學識還是不錯的，雖然各國制憲的歷史經驗教訓並沒有得到多數議員的重視。

不過更重要的是，民國二年的國會制憲代表中有一半議員不具有任何實際政治經驗，而且這些人中多數還是社會閱歷也比較簡單的學生，學生中的主體又是從事反清革命鬥爭的革命黨人。這些青年人的特點是抗爭性強，不易妥協。雖然還有一半議員曾在政府中擔任官職，具備一些政治經驗。但是他們中絕大多數都是中低級官員，多數人從政時間也不超過 5 年。而從政時間的長短與職務的高低，直接決定政治經驗的多少。從這些制憲議員的職務與從政時間來看，他們中多數人其實並不具備豐富的政治經驗。美國公使柔克義曾批評國會議員，「只是一批剛剛從美國、日本或英國留學回來的戴著眼鏡、身穿大禮服的年輕空想家，腦子裏裝滿了馬上進行全面改革的烏托邦夢想等……沒有人確有經過考驗的才幹。」[51] 因此，在制憲過程中，當面臨當時錯綜複雜、變化莫測的政治風雲時，很少有議員有能力審時度勢，兼顧各方利益訴求，有效解決政治爭議。

與民國制憲議員的社會經歷形成鮮明對比的是，1787 年美國制憲代表具有豐富的從政或經商的社會經歷。他們是成功的商人、種植園主、銀行家、律師，以及前任和現任的州長和邦聯國會議員。在 55 名代表中，39 人曾先後在邦聯議會中當過議員，7 人擔任過州長，21 人參加過獨立戰爭，8 人是獨立宣言的簽字人。[52] 這些代表的學識、經驗與能力在當時都是第一流的，也是有目共睹的，連

文的彙編以及基本政治制度的教科書式的簡介。天津師大歷史系李學智教授曾統計為 34 種。對國外憲政史研究的專著幾乎沒有。參見李學智《民國初年的法治思潮》，《近代史研究》2001 年第 4 期。

[51] 駱惠敏編《清末民初政情內幕上冊》，上海世界知識出版社，1986 年，第 962 頁。

[52] 凱撒林‧敦肯‧包恩：《制憲風雲》，聯經出版事業公司，1994 年，第 6 頁。

同時代反對制憲活動的人也承認「與會人員在能力、正直和愛國心方面都同樣受到尊重。」[53] 這些當時全美最優秀的政治精英參加的制憲會議被後來的學者稱為「創造性的政治行動的傑出範例，也是創造性的政治謀略的傑出範例」。制憲代表在會議上的成就也被認為是表現了相當可觀的政治技巧。[54] 美國的制憲會議能在妥協中獲得成功，的確得益於許多代表過人的政治智慧、高超的政治謀略和務實的政治經驗。

　　1923 年制憲議員閱歷相對比較豐富。從 1913 年開始算起，絕大多數議員從政時間已近 10 年，與民初相比，人們積累了相當多的政治社會經驗，對時局的看法也趨向現實。在眾多制憲議員中，國會眾議長、總統大選操盤人吳景濂的言行最具代表性。吳從 1909 年開始，先後擔任過諮議局議員、民國臨時參議員、第一屆國會議員、護法國會議員，歷經國會二次解散、護法運動、南北和會等許多重大政治事變。特別是在護法運動中，吳率領一些國會議員輾轉廣州、昆明、重慶各地，備嘗艱辛。在 1923 年 6 月直系發動驅黎政變時，吳根據以往政治經驗，認為黎的為人，外忠厚而內狡猾，此次政變，實由伊運動下次連任所釀出，國會不可以去機關去殉個人，「又謂護法數年，國會顛沛播遷，由粵而滇而蜀，到處俱托庇軍閥之下。現在國中軍閥，無論南北，俱是一丘之貉。伊此後生活，決不出燕京一步。」[56] 吳權衡利弊，決定支持直系大選。此時吳景濂轉向實利，認為曾與自己患難與共的反對大選的褚輔成還在做夢。[57]

---

[53] 馬克斯·法侖德：《美國憲法的制訂》，中國人民大學出版社，1987 年，第28 頁。

[54] 詹姆斯·M·伯恩斯等：《美國式民主》，譚君久等譯，中國社會科學出版社，1993 年，第 32 頁。

[56] 劉楚湘：《癸亥政變紀略》，《近代稗海第 7 輯》，第 203 頁。

[57] 《北京通信：國會去留之拉攏談》，《申報》1923 年 7 月 8 日。

　　其他歷經多年政治坎坷的國會議員見解與吳相似。有的認為能將憲法製成，亦可聊以自慰。亦想籍此機會完成制憲，以期走向憲政常軌。對於總統選舉，因眾議員任期將滿，籍此撈到錢財，正好帶回家去。[58] 還有議員從政治現實考慮，認為只有曹錕這樣的實力派才可以施政。「如另舉勢微力弱者為總統，非置國家於萬一之地。任法統隨人選以亡乎？」[59]「議員亦認為曹錕為人庸碌，慾望所在，唯圖坐上大總統寶座，以其既無袁、段之凶，亦無袁、段之才，控制較易，故選其為總統，國會仍可發揮監督之責。」[60] 議員知識閱歷的豐富，有助於他們採取實用的政治立場，這樣在制憲與大選等具體問題上，也就容易達成政治妥協。

　　由此可見，議員背景變遷前後兩個時期差異不小。1913 年民國國會制憲議員與美國制憲會議代表是截然不同的一批人。他們中多數是一群年輕人，沒有多少政治閱歷，不可能代表各個主要政治集團的利益，在當時也不是全國性的有影響力的重要政治人物。他們能力平平，不善於協商與妥協，立場激進，對西方政治和法律的瞭解不夠深入全面，習慣於學理性質的爭論，而忽略現實利益的折衝。這些人更像法國大革命時制憲議會議員群體，都是一批沒有多少實際政治經驗與經歷、高談闊論的文人政治家。[61] 而且都是在制

58　《最高問題中議員之心理》，《大公報》1923 年 5 月 30 日。

59　《為曹錕罵孫文之三十四議員電》，《大公報》1922 年 10 月 22 日。

60　陳九韶：《眾議員十二年親歷記》，《湖南文史資料選輯第 8 輯》，第 238 頁。

61　托克維爾曾研究法國文人政治家的特點及對大革命的消極影響。他指出法國的文人政治家與英國不同，從不捲入日常政治，也不擔任公職，喜歡抽象理論，對政界知之甚少，而且視而不見。參見托克維爾《舊制度與大革命》（商務印書館，1997 年）第 174-183 頁。不過，托克維爾不是因為文人想摧毀舊制度的可憎弊端而責備他們，而是責備他們以天真、傲慢的方式從事所謂的「必然性的破壞」。參見托克維爾給古斯塔夫‧德‧博蒙特的信，1856 年 4 月 24 日。選自托克維爾《政治與社會通信選集》，R‧伯申編，（伯克利：加利福尼亞大學出版社，1985 年），330 頁。轉引自蘇珊‧鄧恩（Susan Dunn）《姊妹革命：美國革命與法國革命啟示錄》第 37 頁。

度變革的關鍵時刻，通過革命時代制度化水平低下的政治參與，幸運地登上國會政治舞臺，是革命時代的特殊產物。與此形成鮮明對照的是，1923 年制憲議員背景發生了不少積極變化，特別是利益代表性與經驗豐富性的特點，這些因素對憲法的最終完成產生了重要的積極影響。

民初政體制度、
政治傳統與制憲政治

一、民初政體與制憲目標

　　《中華民國臨時約法》（以下簡稱約法）規劃了民國初年的政體制度。長期以來，人們一直認為約法中的政體制度是責任內閣制。但是近年來一些學者開始質疑責任內閣制度的傳統論斷，並研究這一政體制度的缺陷。不過，政體制度在政治實踐中的重要作用，卻一直不為人們所重視。本文在借鑒學界對約法政體制度研究的基礎上，通過對政體制度特點的分析，深入探討政體制度結構對制憲政治的重要影響。

（一）參議院權力的「立法至上」

　　《臨時約法》明確規定「中華民國之立法權以參議院行之。」約法賦予參議院的立法權有：1、議決一切法律案；2、議決臨時政府之預算，決算；3、議決全國之稅法，幣制，及度量衡之準則；4、議決公債之募集，及國庫有負擔之契約；5、國務員及外交大使公使任命同意權；6、宣戰，媾和，及締結條約同意權；7、大赦同意權；8、受理人民之請願；9、建議權；10、質詢權；11、咨請查辦官吏權；12、彈劾臨時大總統、國務員。[1] 其中涉及立法與行政關

---

[1]　參見《中華民國臨時約法》第 19、34、35、50 條，參見王世杰、錢端升：《比較憲法》，商務印書館，1999 年，附錄。

係的權力主要有同意權與彈劾權。與當時實行責任內閣制的法國、英國比較，民國臨時參議院在權力關係中表現出非常濃厚的立法至上特色。

首先，增設參議院的同意權。約法第 34 條規定，臨時大總統有任命文武官員的權力，「但任命國務員及外交大使公使，須得參議院之同意。」有學者認為：「《臨時約法》最顯著的特徵在於賦予立法機構－參議院以廣泛的權力，在利用立法權來束縛行政權的時候，卻沒有想到立法部門的權力也應當有所制約。這集中表現在『同意權』的設置上。」[2] 在英法內閣制國家，議會均沒有總統制國家的同意權。梁啟超在當時刊文指出責任內閣制國家國會沒有同意權，而且「同意權與彈劾權不相容。」[3] 所以「《臨時約法》只有『同意權』而無『解散權』，揆諸臨時政府參議員之本意，大概是想操政治上之主動，制人而不受制於人。」[4] 就連同情國民黨的學者李劍農也認為《臨時約法》上的參議院同意權，比較英法責任內閣制，實在是「變本加厲」。[5]

其次，擴大彈劾權的使用範圍。「參議員對於國務員認為失職或違法時，得以總員四分之三以上之出席，出席員三分之二以上之可決，彈劾之」。[6] 本來彈劾針對的僅僅是國務員的個人行為，與議會的不信任投票權（倒閣權）是兩回事，後者是針對內閣的集體行為，如政府提出的施政綱領、政府聲明或其他法案。但是當時造法者實際上將彈劾與不信任混為一談，把不信任投票的意義包含在彈劾之內。[7] 更重要的是參議院在政治實踐中也確實將彈劾權作為不

2 楊天宏：《論〈臨時約法〉對民國政體的設計規劃》，《近代史研究》1998 年第 1 期。
3 《梁啟超君論同意權與解散權》，《憲法新聞》第 2 期，1913 年 4 月 20 日。
4 楊天宏：《論〈臨時約法〉對民國政體的設計規劃》。
5 李劍農：《中國近百年政治史》，復旦大學出版社再版，2002 年，第 310 頁。
6 《中華民國臨時約法》第 19 條第 12 款。
7 錢實甫：《北洋政府時期的政治制度上冊》，中華書局，1084 年，第 84 頁。

信任權行使，曾經提出過彈劾全體國務員。[8] 此外與美國總統制彈
劾權條款不同的是，《臨時約法》沒有規定參議院在對大總統進行
彈劾審判時，必須由最高司法機關主持，即參議院無權獨自完成對
大總統的彈劾程序。[9] 這種規定簡化了國會行使彈劾權的程序，
便於國會輕易行使這一重要權力，造成總統在權力關係中的被動
局面。

第三，政府缺乏制約議會的行政權力。在責任內閣制國家裏，
當政府與議會發生政爭時，政府擁有解散權，即有權提前解散議
會，重新選舉立法機關。而約法卻沒有規定解散權，致使政府缺乏
反制議會的權力，形成一種單向的權力制約關係。在民初短暫的實
際政治運作中，參議院在處理兩院關係時，往往居於主動地位，可
以毫無顧忌的任意提出彈劾案，而政府由於缺乏制衡議會的權力，
在政爭面前，一般以退縮為主，受制於參議院。當時美國駐華公使
柔克義曾對這種權力設計提出批評，認為該法使國家行政機構「受
制於看來似乎是真正管事的機構參議院」。[10] 有學者也認為：「歷史
學家們經常責備袁世凱破壞約法，但是臨時約法本身由於存在許多
模糊不清的地方而備受批評。袁世凱不能控制內閣，內閣總理也不
能。總理不是代表參議院多數黨，他不能控制預算或者是地方政
府。參議院可以彈劾政府，但是政府並不能解散參議院。」[11] 立法
與行政機關，「萬一發生爭執，雙方都沒有合法的手段來制約對
方」。[12]

---

[8] 1912 年 8 月發生張振武案後，曾有參議員提議彈劾全體內閣成員。國會成
立後也是如此。如眾議院曾提出過彈劾國務員全體失職違法案。參見鄒魯
《回顧錄卷一》（獨立出版社，民國 33 年），第 62-65 頁。

[9] 不過，1912 年 4 月頒佈的《參議院法》充實了大法官參與審判的內容。

[10] 《威‧伍‧柔克義來函》，《清末民初政情內幕上冊》，上海世界知識出版社，
1986 年，第 962 頁。

[11] Ranbir Vohra, *Chinas Path to Modernization* Prentice Hall , Inc , 1977，P112.

[12] Franklin W. Houn, *Central Government of China 1912-1928, An Institutional*

（二）行政權力結構的「總統制變體」

責任內閣制度的前提是國家元首的權力受到嚴格限制，手中沒有多少實權。而在總統制或半總統制國家裏，總統（國家元首）卻是掌握實權的最高行政長官。與責任內閣制國家元首不同的是，約法「在賦予內閣行政權力的同時，保留了總統制體制下國家元首享有的若干權力，致使總統府與國務院許可權不明，混淆了總統制與責任內閣制的界限，將臨時政府規劃成了一種二元甚至多元的畸形政治體制。」[13] 分析約法賦予臨時大總統的權力是「實權」還是「虛權」，是評判行政權力結構性質的重要依據。

第一，總統作為國家元首的權力。《臨時約法》規定「臨時大總統代表全國，接受外國之大使、公使」，「臨時大總統得頒給勳章並其他榮典」，「得宣告大赦，特赦，減刑，複權」，以及宣戰、媾和及締結條約之權等。這些條款與美國憲法中「總統應接見大使和其他公使」，「總統有締結條約之權」，以及「發佈緩刑令和赦免令」等都是極為相似的。[14]

第二，總統作為行政首腦的權力。《臨時約法》第 30 條規定：「臨時大總統代表臨時政府，總攬政務，公佈法律。」34 條規定：「臨時大總統任免文武職員；但任命國務員及外交大使公使，須得參議院之同意。」這一條直接取自於美國憲法第 2 條第 2 款規定。此外，臨時大總統還擁有監督執行法律權和宣告戒嚴權，這兩種權力美國總統也享有。[15]

Study Madison: The University of Wisconsin Press, 1957, P41.

[13] 楊天宏：《論〈臨時約法〉對民國政體的設計規劃》。

[14] 美國憲法第二條第二款、第三款，轉引自詹姆斯・伯恩斯等：《美國式民主》，第 1164 頁。

[15] 美國總統擁有監督執行法律權，以及與戒嚴權相似的宣佈緊急狀態權。參見吳大英：《西方國家政治制度剖析》，經濟管理出版社，1996 年，第 116 頁。

　　第三，總統的軍事權。民國臨時大總統的軍事權主要體現在兩個方面。一是總統是國家武裝力量的首腦，他「統率全國海陸軍隊」。二是總統在經參議院同意後，對外有宣戰權。這與美國總統的軍事權中有關「總統為合眾國陸軍、海軍和徵調為合眾國服役的各州民兵的總司令」，以及總統在徵得參議院同意後有權對外發動戰爭等大致符合。

　　第四，總統的立法權。根據約法規定，中華民國立法權，以參議院行之。但依據分權與制衡原則，總統實際上擁有一定的立法權，而且在立法過程中起著重要作用。約法賦予臨時大總統的立法權主要有三個方面。一是立法提議權。約法第 38 條規定：「臨時大總統得提出法律案於參議院。」這一條款是總統立法權的憲法依據。它表明總統在提出法案方面擁有某種優先權，而且一旦法案被通過，就會大大加強總統對立法的影響力。二是立法否決權。約法第 23 條規定，大總統對參議院議決事件如不同意，得於十日內咨院復議，若到會參議員三分之二以上仍執前議時，即須公佈。這一條也是美國憲法中總統行使否決權的翻版，體現總統對參議院的一種權力制約。三是委託立法權。約法規定大總統有監督執行法律的權力，因而就有了參議院依據法律授予總統的委託立法權。例如總統可以制定官制、官規；基於法律的委任，可以發佈命令等。所有這些立法權，美國總統也擁有。從以上比較中不難看出，臨時大總統享有相當大的政治權力。

　　當然不可否認，約法對總統權力也作了不少限制。有論者認為這表明總統的權力有限，是符合責任內閣制原則的。[16] 其實這種限制恰恰體現了總統制立法、行政部門之間的分權與制衡原則。如總統在行使任命國務員、外交使節、對外宣戰、媾和、締結條約等權力時，須受參議院同意權的限制；又如總統只能依據參議院的議決

---

[16] 錢實甫：《北洋政府時期的政治制度上冊》，中華書局，1984 年，第 64-65 頁。

公佈法律,並不能直接公佈法律;制定官制、官規,也必須經參議院議決等。所有這些對總統權力合理的限制性規定在美國憲法中都能找到。

與總統制國家不同的是,《臨時約法》仿照法國內閣制規定,增設國務院(內閣),並且賦予國務員輔政權與副署權,即「國務員輔佐臨時大總統負其責任」,「國務員於臨時大總統提出法律案、公佈法律及發佈命令時,須副署之。」[17] 對此人們普遍認為:「這兩條的意思很可以體現責任內閣制的精神,即有國務員負實際政治責任。」[18] 其實這個論斷是站不住腳的。因為總統與國務員的關係明顯不同於責任內閣制中的行政權力關係。

首先,臨時大總統享有對國務員的直接免職權。根據約法規定,國務員的免職有兩種方式。一是國務員在受到參議院彈劾後,大總統應免其職,但須交參議院復議;二是根據約法第34條規定,大總統可以在國務員未受參議院彈劾時,直接行使對國務員的免職權。後一種情況在國務總理唐紹儀自行離職後,就曾經發生過。當時,袁世凱就正式發佈過對唐紹儀的解職令。

由此可見,國務員的去職實際上有三種方式:一是受參議院彈劾後被總統免職;二是未受參議院彈劾即被總統直接免職;三是主動辭職。由於總統可以直接行使對國務員的免職權,因此從根本上來說,國務員還是受制於總統的,必須對總統負責。在兩者關係上,總統是居於主導與支配地位。這種總統與國務員(內閣成員)的關係,與當代法國半總統制中總統與內閣關係非常相似。由於總統握有行政實權,總理實際上只能在總統的賞識下行使職權。「當內閣總理同總統發生衝突時,總理要麼服從總統,要麼辭職。」[19] 雖然

---

[17] 《中華民國臨時約法》,第44、45條。

[18] 錢實甫:《北洋政府時期的政治制度上冊》,第84頁。

[19] 洪波:《法國政治制度變遷:從大革命到第五共和國》,中國社會科學出版社,1993年,第228-229頁。1972年與1984年,法國總理皆因失去總統

在這種半總統制度中，「總理領導政府的活動。總理對國防負責。總理確保法律的執行」，國務員的權力的規定比《臨時約法》更加明確，更加廣泛。

其次，國務員的副署權並不能起到限制總統權力的作用。通過上文對總統免職權的分析，我們得出了在國務員和大總統的關係中，總統是居於主導和支配地位，國務員實際上是受制於總統的結論。從這個視角觀察，將有助於分析國務員行使副署權的實際效果。當總統與國務員意見一致時，國務員的副署權僅僅是一道法律上必須執行的程序。但是當總統與國務員意見不合時，國務員雖然可以拒絕行使副署權，抗拒總統的決定，但是由於在國務員去留問題上取決於總統，因此總統可以合法解除拒絕從命的國務員的職務，重新任命與自己意見一致的閣員。這樣一來，總統的意見還是占上風。所謂的副署權在實際運作中只能是一種形式。

這種情況也和現代半總統制法國內閣的副署權作用極為相似。「內閣會議通過的法令和命令均需總統簽署，由總理或必要時由有關的部長進行副署。」[20] 副署權設立的原因僅僅是「由於這些命令和法令是政府為實施其政綱，可要求議會授權它在一定時期內就某些通常屬於法律範圍的事項採取的措施，因而具有立法性質。」[21] 副署權實際上並不能起到限制總統權力的作用。所以當時有參議員認為：「袁世凱時代之內閣，可謂為美國式之內閣無疑也。」[22]

支持而主動辭職。參見張千帆《西方憲政體制下冊》（中國政法大學出版社，2001 年）第 23 頁。

[20] 吳大英、沈蘊芳：《西方國家政治制度比較研究》，社科文獻出版社，1995年，第 310 頁。

[21] 洪波：《法國政治制度變遷：從大革命到第五共和國》，第 213 頁。而在責任內閣制下，副署權遏制國家元首權力的效果卻非常明顯。這是因為國家元首不能自由決定，也不能選擇內閣首腦和成員。內閣必須從議會多數黨派中產生，內閣首腦也必須由議會多數黨派領袖擔任。所謂國家元首對內閣成員的任命權只是一道法律程序。

[22] 王恒：《現代中國政治》，第 132 頁，轉引自張玉法《民國初年的內閣》，《中

（三）政體制度與制憲目標

從以上比較分析中不難看出，《臨時約法》設計的政體制度決不是一種責任內閣制。從參議院與政府的權力關係來看，立法機構在制度框架中居於超越至上地位，初步具備「超議會制」的雛形，所謂「南京參議院制定之臨時約法，伸張國會權，制限政府行動，胥有過當之處。」[23]同時，行政權力結構中的總統不同於《天壇憲法草案》中虛位總統權力設計，保留了臨時政府大綱中總統制一些痕跡，總統仍然具備相當多的行政實權，「總統在當時是一個真正有實力的角色。參議院除了彈劾權，並沒有其他的法律手段制約總統。」[24]約法中的行政權力結構兼有總統制與半總統制行政權力特點，實際上是總統制的一種變體。

這兩個重要的制度特點都是對責任內閣制的根本否定。可以確切無疑的說，這是一種畸變的政體制度。民國時期有學者認為造法者對總統制與內閣制度的區別還未弄清楚，也不大明瞭責任內閣制的意義。[25]而來自責任內閣制發源地的英國駐南京領事偉晉頌富有遠見地指出：「臨時約法中對總統、各部和參議院院權力都規定得很不明確，將來很可能是經常產生爭議的根源。」[26]

更重要的是，《臨時約法》在當時－包括在民國早期的多數時期－已經運用於政治實踐，成為制度規範，而不僅是制度形式。[27]

國近現代史論集第 19 編民初政治一》，商務印書館，1986 年，注 84。

[23] 謝彬：《民國政黨史》，榮孟源、章伯鋒主編《近代稗海第六輯》，四川人民出版社，1987 年，第 13 頁。

[24] Franklin W. Houn, *Central Government of China 1912-1928, An Institutional Study* Madison: The University of Wisconsin Press, 1957, P42.

[25] 吳經熊、黃公覺：《中國制憲史》，上海商務印書館，民國 26 年，第 44 頁。

[26] 《偉晉頌領事致朱爾典爵士函》，《英國藍皮書有關辛亥革命資料選譯下冊》，第 543 頁。

[27] 學者胡榮認為「制度形式」是指尚未付諸實施的制度規定。而那些已被相

雖然「制度只是一個仲介變數，它能影響個體選擇但不能決定它們。」[28] 但是「制度影響政治生活，因為它們給定了行為人的身份、權力和戰略。」[29] 事實也表明，約法政體對民初政局，包括制憲政治產生了重要的影響。[30]

首先是對國會制憲目標的影響。制度在塑造個人偏好限定個人選擇範圍上起著關鍵性作用。「制度為個人行為提供了一種激勵係統，同時它還為個人提供了與環境有關的資訊和認知模式，個人按照制度指引的方向和確定的範圍作出選擇。」[31] 政體制度中的立法至上的特色，使國會議員們產生了不切實際的利益目標需求，不僅在國會組織法中規定國會獨攬制憲權，而且在制定正式憲法時反對總統制，進一步提出「超議會制」的所謂民權主義制憲目標，忽視了在憲政制度框架中仍然握有實權的總統角色。

其次是對北洋派制憲目標的影響。北洋派一方面出於對約法中「立法至上」的政體制度不滿，迫切希望改變原先的制度設計。如袁世凱就苦於《臨時約法》對自己的束縛，稱「國家之政治刷新，要亦因約法施行之結果而橫生障礙。」為改變「約法限制過苛」的狀況，袁提出修改臨時約法條款，內容包括除去國會對任命國務

關的各方行動者認可和接受的，在實際中起著約束相關行動者行為作用的制度規定則是「制度規範」。參見胡榮《理性選擇與制度實施——中國農村村民委員會選舉的個案研究》（上海遠東出版社，2001年）第43頁。

28 胡榮：《理性選擇與制度實施》，第27頁。

29 派特南：《使民主運轉起來》，王列、賴海榕譯，江西人民出版社，2001年，第7頁。

30 目前已有學者指出民初第一屆內閣後不久，「與袁總統有舊」的總理唐紹儀與袁世凱之間就爆發了府院之爭，雖然原因複雜，但卻是一個很好說明政體結構缺陷的例證。參見楊天宏：《論〈臨時約法〉對民國政體的設計規劃》。李劍農也指出：「約法的屢遭破毀，半由於袁世凱和北洋軍閥的跋扈，亦半由於約法本身的不良」，《中國近百年政治史》，第378頁。

31 何增科：《新制度主義：從經濟學到政治學》，劉軍寧：《市場社會與公共秩序》，北京三聯書店，1996年，第348頁。

員、大使、公使及締結條約權的同意權，規定官制官規由政府自定，大總統有緊急命令權及財政緊急處分權等，其主旨在於加強總統權力。[32]

另一方面正因為總統在行政結構中實際上握有一定的實權，袁不可能同意國會旨在削弱《臨時約法》中總統權力的制憲目標，失去約法中既有政治權力。所以北洋派與擁袁派提出建立強有力政府的國權主義制憲目標，以期鞏固與增進既得政治利益。

因此，從政體制度結構的角度來說，國會獨佔制憲權，並不符合當時正在實施的憲政制度的真實狀況。在約法制度框架中，國會與總統都擁有極大的權力與地位，不僅制憲權應該由雙方分享，而且制憲目標也應該是雙重性的，符合雙方不同的利益目標。然而由於國會政治精英對政體制度結構有意或無意的錯誤領會與實踐，沒有按照正確的制度規範行事，並進一步提出激進的制憲目標，制憲活動其實從一開始就埋下失敗的種子。

二、政治信任與制憲策略

信任與政治合作的產生關係密切。社會學家認為「信任是交往雙方對於兩人都不會利用對方的易受攻擊性的相互信心。」[33] 並且特別強調信任是互惠與合作中不可缺少的，「信任導致了合作。」[34] 同時信任也是社會資本的重要內容，它能夠通過促進合作行為來提高社會的效率。[35] 人們只有在建立一定的信任關係前提下，才能促進合作的更好發展。「政治信任的問題影響公民為實現目標而同他人

---

[32] 袁世凱：《咨眾議院彙提增修約法案並逐條附具理由請從速討論議決見複文（附單）》，胡春惠《民國憲政運動》，第152-157頁。
[33] 鄭也夫：《信任論》，中國廣播電視出版社，2001年，第17頁。
[34] 鄭也夫：《信任論》，第54-55頁。
[35] 派特南：《使民主運轉起來》，第196頁。

通力合作的意願，也影響領導人同其他集團結成聯盟的意願。」[36]
在信任與合作的氛圍中，政治協商與妥協可以成為常態。「在一個
社會裏，如果人們確信他們的信任會得到回報，而不會被人利用，
交換就更有可能隨之而來。從另一方面說，在一定時間裏不斷重複
的交換，往往鼓勵著普遍互惠規範的發展。」[37]

在談到政治信任的重要性時，曾任美國總統的威爾遜指出：「如
果說有一條比較明確的原則的話，那就是無論做什麼事情，不管是
政治性的還是商業性的，都必須信任一個人……為了使生意能按你
所希望的速度發展並獲得成功，你必須毫不懷疑地信任你的主要管
理人員，賦予他可以使你破產的權力，因為這樣才能給他為你服務
的動力……最好的領導人總是一些委以重任，並使其感到，如能以
國家為重，秉公用權，必將得到甚多榮譽和好報。」[38]

然而，與此正好相反的是，在民國早期，國民黨人、國會與北
洋派之間的政治不信任一直或明或暗地持續存在。國民黨與袁世凱
「氣味本難相投」，「雖一時為苟安之計，相忍相和，然而相疑之心
終不能免。」[39]這種政治信任的缺失，直接影響到制憲策略的選擇
與運用。從《臨時約法》的制定到正式憲法起草，政治不信任在對
立的政治勢力之間表現得非常明顯。

早在南北議和時期，革命黨人就公開表達對袁世凱的不信任。
陳炯明當時提醒南京臨時政府，「議和純果如是，豈所甘心！」「袁
來，就範與否，尚不可知。無論如何，粵之精兵不能不遣發，以
備不虞。」陳建議作出軍事部署，駐兵長淮，「袁即有異，當無

---

[36] 加布裏埃爾·A·阿爾蒙德、G·賓厄姆·鮑威爾：《比較政治學》，上海譯
文出版社，1987年，第44頁。

[37] 派特南：《使民主運轉起來》，第201頁。

[38] 威爾遜：《國會政體——美國政治研究》，商務印書館，1989年，第156頁。

[39] 《時評》，《申報》1913年11月7日。

能力。」[40]光復軍總司令兼吳淞軍政府分府都督李燮和認為每一次政治事變，都讓袁獲利，「凡國中經一次之擾亂者，即於彼增加一絕大之勢力。」李認為袁是一個反覆無常的小人。「彼蓋乘時竊勢，舞術自恣之人耳，安知所謂盡力民國，又安知所謂效忠滿廷？」「故袁氏者，斷不可恃者也。恃袁氏無異恃袁氏之術。袁氏之術，乃其所以自欺欺人者也。」[41]

孫文等人也認為袁是一個巨奸大憝，把建立民國的大任付託給他是靠不住的。黃興認為給出袁一個民選的總統，任期不過數年，可使戰事早停，人民早過太平日子，豈不甚好。如果不然，他是我們的敵人。戰勝不了，既有土地甚至也會失去。[42]可見黃並不信任袁，只是利用袁。在與袁談判時約定的約法三章，即臨時政府地點設於南京，為各省代表所議定，不能更改；辭職後，俟參議院舉定新總統親到南京受任之時，大總統及國務員乃行辭職；臨時約法為參議院所制定，新總統必須遵守頒佈之一切法律章程。[43]這些規定也正是出於對袁的不信任，「一面既把總統的位置讓給他，一面又不相信他，本來是極矛盾的事。」[44]

但是考慮到當時內憂外困的政治現實，革命黨人才不得不做出妥協，同意袁世凱擔任臨時大總統。但這只是一個政治策略，對袁只是暫時性的使用。待危機過後，革命黨準備重新掌權。南北議和時同盟會根據總長取虛，實長取實的原則，設想總統取虛，總理取實，期望架空袁的權力，或者讓袁成為過渡性質的總統。可見即使是在過渡時期，國民黨人也想方設法準備架空袁的權力。

---

[40] 《陳炯明致孫中山電（1912年2月16日）》，黃彥、李伯新選編《孫中山藏檔選編》，中華書局，1986年，第126-127頁。

[41] 《時報》1912年1月19日，轉引自《近代稗海第3輯》，第19-20頁。

[42] 李書城：《辛亥前後黃克強先生的革命活動》，全國政協文史資料議員會編《辛亥革命親歷記》，中國文史出版社，2001年，第220頁。

[43] 《臨時大總統咨參議院推薦袁世凱文》，《南京臨時政府公報》第17號。

[44] 李劍農：《中國近百年政治史》，第309頁。

在宋案之前，雖然在公開場合，孫文發表了一些支持袁的言論，但是這只是孫顧慮到現實困境，而採取的政治策略，他曾說過：「維持現狀，我不如袁；規劃將來，袁不如我，為中國目前計，此十年內，似仍宜以袁氏為總統，我專盡力於社會事業。十年以後，國人欲我出來服役，尚不為遲。」[45] 私下場合，孫坦白對袁的不信任，「謂袁世凱不可信，誠然，但我因而利用之，使推翻二百六十年貴族專制之滿洲，則賢於用兵十萬。」[46] 1912 年袁世凱邀請孫中山北上會晤。同盟會內部在商討時，許多人都表示了對袁的疑慮，害怕孫此行凶多吉少。最後「僉議請總理先行，黃先生後去。總理無拳無勇，害之不武。萬一袁有惡意，有黃先生之師旅在，庶幾亦有忌憚。」[47]

軍事方面防袁的準備也不是過去所說的沒有。據時任南京留守府總參議李書城回憶，在裁減南京軍隊時，「為保存革命隊伍實力計，將所有遣散部隊的優秀軍官及精良武器組成一師，定名為第八師。」「軍官都是日本陸軍士官學校和保定學校畢業的同盟會會員。師的槍支有兩套，一套分發士兵，一套存儲倉庫備戰時擴軍之用。」「第八師作為革命隊伍軍隊的一個中心堡壘。第八師從裁撤的士兵中挑選精銳補充自己隊伍。」[48] 黃興自己也承認這樣做「並不是由於財政困難，也不是由於倉卒地把軍隊遣散，而是另外帶有原則性的，完全出自政治方面的原因。」[49]

在政治方面則極力拉攏各派勢力，充實國民黨的政治實力，借助內閣與國會，制約袁的權力。制憲議員吳宗慈認為：「國民黨以

---

[45] 《孫中山全集第 2 卷》，中華書局，1982 年，第 440 頁。
[46] 《孫中山全集第 1 卷》，中華書局，1881 年，第 569 頁。
[47] 《吳稚暉先生選集下》，國民黨中央黨史會，1964 年，第 319 頁。
[48] 李書城：《辛亥前後黃克強先生的革命活動》，第 223 頁。
[49] 《和俄國外交官的談話》1912 年 6 月 21 日，湖南省社會科學院編《黃興集》，中華書局，1981 年，第 235 頁、第 236 頁。

國基初奠，袁世凱野心躍躍，亦思於憲法嚴厲預防之。」[50] 宋教仁在北京非常活躍，「據魏辰組言，宋以政客手腕，推崇趙無所不至，許以國會成立後舉其為內閣總理，甚而選為總統；趙亦推許宋為大黨領袖，應組織政黨內閣。宋之更事，究不如趙，有時將黨中秘密盡情傾吐，趙告以北洋底細，似亦無所隱諱。由是兩人交歡，惟是否彼此推誠，抑係利用，均不得而知。」[51] 宋進一步聲稱：「凡總統命令，不特須閣員副署，並須由內閣起草，使總統處於無責任之地位。」[52] 在袁唐府院之爭時，《民權報》發表反袁評論，「袁世凱之帝制自為，其跡已昭昭在人耳目，本報斥之詳矣。此次蹂躪國務總理的副署權，亦其一端也。」[53] 所謂「不知者或疑袁總統有帝制自為之意，此種思想，且非一省有然。」[54]

　　同樣地袁也不信任他的政治對手。在南北議和時，當聽到孫中山當選為臨時大總統，袁就疑慮南方只是利用他推翻清廷，而不會實現舉讓大總統的諾言。對於臨時約法「因人立法」的用意，袁也非常清楚，認為：「夫約法，乃南京臨時參議院所定，一切根本皆在約法，而約法因人成立，多方束縛，年余以來，常陷於無政府之地。使臨時政府不能有所展布。」[55] 在國民黨在國會選舉中獲勝後，袁也認為這是國民黨企圖用合法手段奪取政權。[56] 袁的憲法顧問古德諾非常清楚「袁世凱不信任南方的革命黨人。」[57]

---

[50] 吳宗慈：《中華民國憲法史前編》，胡春惠編《民國憲政運動》，第 164 頁。

[51] 張國淦：《孫中山與袁世凱的鬥爭》，林春和等編《北洋軍閥史料選輯上》，中國社會科學出版社，1981 年，第 152-153 頁。

[52] 《宋遯初先生大政見》，《國民月刊》第 1 號。

[53] 《共和政治與政黨政治》，《民權報》1912 年 6 月 27 日。

[54] 《國民黨當以全力贊助政府》，《總理全書·演講》，上冊，第 174 頁。轉引自胡繩武、金沖及《辛亥革命史稿（四）》（上海人民出版社，1991 年）第 384 頁注 1。

[55] 《大總統訓詞》，《政府公報》1913 年 12 月 19 日。

[56] 丁中江：《北洋軍閥史話第 1 冊》，第 397 頁。

[57] 古德諾：《解析中國》，國際文化出版公司，1998 年，第 112 頁。

當時不少人都感受到這種政治不信任現象的嚴重性。張謇在南北統一後致袁世凱的信中認為:「論有其事者:其故由於積猜,而猜生於分之未定。所謂分者,位也,權也,利也,黨也,人也,五者賅之。……南北謠言都極離奇。」[58]張建議:「愚以為與其相猜,不如先為揭明利害,雙方論定,庶將來國會之選舉,兩院之議論,政府之行政,可期相安而不擾。」[59]楊度在致黃興電中說:「然貴黨從前對於項城尚未充分信用,含有防閉政策,亦事實之昭然。度意此後貴黨對於民國、對於總統,宜求根本解決之方,若不信袁,則莫如去袁,而改舉總統,……若能信袁,則莫如助袁,而取消政黨內閣之議……若仍相挾相持,互生疑慮,實於國家大計有損,非上策也。」[60]康有為則稱「吾國責任內閣之制,取之於法,令總統垂拱畫諾,此為約法之意,蓋以制袁世凱也。」[61]

國民黨等激進勢力控制的立法機關也是如此。無論是南京臨時參議院,還是第一屆國會的制憲會議,對袁世凱的不信任,幾乎成為國會政治精英的的普遍共識。《臨時約法》草案在擬定時,採用的是總統制。到 1912 年 2 月 7 日參議院開始審議《臨時約法》草案時,卻改為所謂責任內閣制度。從時間上來看,此時正是南北議和成功,袁世凱即將繼孫中山擔任臨時大總統前夕。參議院的變革政體制度的動機,並不像當事人,直隸省參議員谷鍾秀所說:「各省聯合之始,實有類於美利堅十三州聯合,因其自然之勢,宜建為聯邦國家,故採美之總統制。自臨時政府成立後,感於南北統一之必要,宜建為單一國家,如法蘭西之集權政府,故採法之內閣制。」[62]

---

[58] 《致袁世凱書》1912 年 4 月 10 日,楊立強等編《張謇存稿》,上海人民出版社,1987 年,第 540 頁。

[59] 同上,第 541 頁。

[60] 《致黃興電》,劉晴波主編《楊度集》,湖南人民出版社,1986 年,第 551 頁。

[61] 康有為:《共和平議》卷 1 第 6 頁,轉引自張玉法《民國初年的內閣》注 15。

[62] 李劍農:《中國近百年政治史》,第 348-349 頁。

「因人立法」是目前學界對《臨時約法》制憲策略的共同看法，儘管評價取向有所不同。正是因為總統人選發生變化，參議院才猝然決定在約法中增設國務總理一職，企望通過這一變動，建立起所謂的責任內閣制，將繼任臨時大總統袁世凱置於有名無實的地位，以實現分散、削弱、架空袁世凱權力的目的，維護革命黨人既得利益。時人回憶說：「臨時約法這時還在討論中，我們要防止總統的獨裁，必須趕緊將約法完成，並且照法國憲章，規定責任內閣制，要他於就職之時，立誓遵守約法。」[63] 宋教仁也認為：「蓋內閣不善而可以更迭之，總統不善則無術變易之，如必欲變易之，必致搖動國本，此吾人所以不取總統制而取內閣制也。」[64]

從革命黨人的立場出發，運用「因人立法」的制憲策略是可以理解的，但是這種作法在根本上是違背憲政法治精神。約法是國家根本大法，關係到國家基本制度的穩固，一旦經過慎重確定，不可輕易變動。「夫以一國根本法，而視一人為轉移，豈惟自損立法者之價值，固已大戾乎憲法之性質矣。況某也賢，某也不肖，特其一人之去留關係，此屬於政治問題，何能與法律問題並為一談？要知通行性之於法律，已成必要不可缺之性質，立法當期久遠，以圖謀最大多數之最大幸福。」[65] 有學者更進一步批評說：「尤其是作為一部憲法，因為某個人選的變動而導致根本制度的變化，表現出立憲的隨意性，也暴露出《臨時約法》的虛偽性。……這種因人設法的隨意性的做法，在近代中國憲政史上開了一個很不好的先例。」[66]

然而令人遺憾的是，不僅是《臨時約法》，《天壇憲法草案》的制憲策略也是如此，而且表明得愈加明顯。「憲法起草委員會，既

---

[63] 蔡寄鷗：《鄂州血史》，轉引自殷嘯虎《近代中國憲政史》第 135 頁。

[64] 陳旭麓編《宋教仁集下冊》，中華書局，1981 年，第 460 頁。

[65] 鄒琳：《中華民國憲法起草之三大前提》，胡春惠編《民國憲政運動》，第 150-151 頁。

[66] 殷嘯虎：《近代中國憲政史》，第 136 頁。

以袁為目標，慾望極端制限大總統之權力」。[67] 在制憲會議上，出於對總統權力的恐懼，國民黨議員伍朝樞認為：「雖謂內閣制之總統對於政治上的關係遠不及總統制之總統，然亦有一部分實權，非徒虛名者可比」，其任期也不宜過長，5-7 年比較合適。伍堅決反對總統連任，特別以墨西哥總統迪亞士任期長達二十年，釀成專制為由，只同意再任，即總統退任後至少隔一任，才可以連任，而且只能再任一次。許多議員贊成伍的看法。而同意總統任期 5 年可以連任 1 次，以及總統任期 7 年不得連任可以再任的建議都被否決。[68]

在討論中可以看出，許多議員對總統權力的畏懼真的讓人莫名其妙。從理論上講，即使是在責任內閣制度下，總統的任期也不應該作出這樣苛刻的規定。當時進步、政友各黨就指出，世界各國都沒有對總統任期作出這樣嚴酷的限制，而且中國現在的形勢，尤其不適合如此規定。進步黨主張總統任期仍是 6 年，但對是否可以再選再任不作規定。[69] 其實這種主張是考慮到當時以袁為代表的北洋官僚集團的實力，不可以不讓他們在未來的體制中分享政治權力。但是國民黨仍然堅持原議。

在彈劾權問題上也是如此。在第 13 次制憲會議上，伍朝樞提議應該列舉大總統在任期內應負其他刑事責任，包括故意殺人、行賄受賄的行為。其他刑事責任在任期內似可無須負責。孫潤宇、朱兆莘等人甚至針對大總統殺人、賄賂等罪名的界定展開熱烈討論。龔政主張大總統有謀叛行為及刑事上犯罪時得彈劾。其他責任字樣可以不必在條文上規定。最後還是黃雲鵬一語道破伍朝樞等人的心

---

[67] 謝彬：《民國政黨史》，榮孟源，章伯鋒主編《近代稗海第 6 輯》，第 13 頁。

[68] 《憲法起草委員會第 8 次會議錄》。

[69] 《各黨對於憲法草案之二點討論》，《申報》1913 年 9 月 26 日。當時法國憲法規定總統的任期為 7 年，可連選連任。參見洪波《法國政治制度變遷：從大革命到第五共和國》第 209-210 頁。

態。他指出:「立法者當有遠大的眼光,應假定將來總統不至為惡,不當有猜疑之心理。既恐總統殺人,又恐總統受賄」。[70]

此外,1916 年國會第一次復會後益友社與研究系圍繞省制之爭,仍舊延續了國民黨與進步黨、北洋派在民國初年爭鬥的宿怨。國民黨對研究系與其支持的北洋政府,一直持激烈排斥的立場。「以民黨言,自軍興以來,全為民黨與官僚之激戰,官僚與民黨不並立。則自鋤滅官僚以外,另無政治進行之可言。」[71] 認為北洋派都是「實則毫無利國福民之心,為有目所共見。因其偽於為善,愈見工於為惡。」「官僚之心在利個人,人人能誅官僚之心不可不具。政治之常識,合多數人,以革少數官僚之心尤不可不具。」[72] 國民黨激進派對過去失敗經驗的總結是「官僚之遺毒不除,政治之進步無望。」[73] 當時國民黨人還流行一種風氣,如有人過問政權,即是不忠於革命,背叛民黨。所以標榜穩健作風的政學會常常受到內外夾擊,非常苦惱。[74]

研究系與北洋派也是如此。研究系一向認為國民黨議員是亂黨、「暴民專制」,「甚且可加以賣國之罪。」[75] 民黨激進分子,「江山易改,秉性難移,彼手槍炸彈之流,自難變其本來面目。獨至以手槍炸彈之手段,欲貫徹其憲法之主張,是則憲法雖成,亦適成為暴民之憲法而已。我國民欲得良憲法乎,其宜先誅暴民。」[76] 北洋派更是認為國民黨議員「轉多挑撥南北之感情,構煽府院之爭執。其逾蕩閑檢者,假議員之資格為護符,其包藏野心者,藉法律之條

---

[70] 《憲法起草議員會第 13 次會議錄》。
[71] 《戒利用》,《民國日報》1916 年 9 月 5 日。
[72] 《革心論》,《民國日報》1916 年 7 月 13 日。
[73] 《除官僚政治》,《民國日報》,1916 年 7 月 3 日。
[74] 韓玉辰:《政學會的政治活動》,《文史資料精選(第 3 冊)》,中國文史出版社,1985 年,第 116-117 頁。
[75] 《政謠》,《民國日報》1916 年 12 月 18 日。
[76] 《誅暴民》,《時評》,《晨鐘報》1916 年 12 月 9 日。

文為武器。不但行政橫被其束縛，甚且制憲，而徒逞臆私。」[77]他們認為重開後的國會還是「植黨營私，對人立法。」[78]

在省制爭執中，雙方政治不信任與衝突愈演愈烈，最後竟然發生震驚全國的 12 月 8 日憲法審議會兩派議員大毆鬥。衝突中的兩黨核心議員劉成禺與劉崇佑，「其平素惡感甚深，至是乃乘機而發。」[79]制憲過程中的政爭「已達於極點，彼此懷恨，視同仇敵。」「使彼此無共同與個人所信守之條件，仍以互相仇敵，暗中傾軋為策略。」以至於時人建議各政黨應該以擴張民權，實行平民政治，擁護共和為共同信守之條件。[80]

存在民國早期政治人物之間嚴重的不信任現象，從路徑依賴的角度來看，其實是與人治而非法治的中國專制主義傳統密切相關。福爾索姆認為與西方社會人們尋求法律保護不同的是，中國人「由於對法律缺乏信心，加之重視倫常關係的薰陶，每一個家庭或個人便自覺或不自覺地建立起了戶與戶、人與人之間的聯盟網路，以對付貪官污吏、仇人、天災和官府」。[81]托克維爾也指出：「正是獨夫體制，天長日久，使人們彼此相似，卻對彼此的命運互不關心，這是獨夫政體的必然後果。」[82]

當時在中國的一些外國人士均有類似看法。古德諾認為：「中國的政治傳統使得我們習以為常的政黨和平競爭不可能實現，……

---

[77] 《張勳要求解散國會並俟調停就緒請各軍回原防通電》，中國第二歷史檔案館編《中華民國史檔案資料彙編第三輯政治（三）》，江蘇古籍出版社，1991年，第 1249 頁。

[78] 《王占元主張解散國會通電》，《中華民國史檔案資料彙編第三輯政治（三）》，第 1244 頁。

[79] 《北京特別通信》，《申報》1916 年 12 月 13 日。

[80] 《調和政爭之先決問題》，《民國日報》1916 年 12 月 16 日。

[81] 福爾索姆：《朋友、客人、同事：晚清的幕府制度》，劉悅斌、劉蘭芝譯，劉存寬校，中國社會科學出版社，2002 年，第 24-25 頁。

[82] 托克維爾：《舊制度與大革命》，馮棠譯，桂裕芳、張芝聯校，商務印書館，1997 年，第 120 頁。

各黨派之間互相猜忌，嚴重影響了各黨派之間的政治關係。」「中國人生活方式的另一個結果就是它們阻礙或至少是不鼓勵合作能力的發展。」中國人之間普遍缺乏信任，「中國人事實上互相都對對方沒有信心。」[83] 當時在中國生活多年的美國傳教士明恩溥認為：「中國人社會生活中的互相猜疑這也是中國官方生活的特點。」由此產生的恐懼就像 1789 年法國大革命時期的巴黎人所感到的一樣真切。「無限的輕信和互相猜疑，是這些可怕謠傳誕生和滋養的土壤。」[84]

政治不信任對制憲政治的影響是消極的，它導致政治對抗與不合作成為常態。「各集團間的疏遠和敵視感很可能造成政治衝突，甚至會使相對來說是例行的政治決策過程難以推行。」[85] 亨廷頓認為在政治不信任盛行的國家裏面，「相互猜忌，不合作成為這個國家政治氣候的指示計。它使得人們對團結和達成一致意見不抱奢望……認為通過相互間的彼此信任可能會超脫猜忌和疑慮的氣氛的觀點可謂是鳳毛麟角。」而且「條約只是一紙空文，憲法被束之高閣，選舉只是互相殘殺，自由就是無政府混亂，生活就是活受罪。」同時「相互伏擊和充滿沒完沒了的猜忌的政治，使我們除了破壞和摧殘民族靈魂以外，什麼事也幹不成。這樣的政治已耗盡了我們的精力，使我們疲憊不堪。」[86] 派特南也有同樣的認識，他分析在缺乏信任的社會裏，「政治參與的動機是個人化的依附或私人的貪欲，不是集體的目標。對社會和文化社團生活的參與非常少。私人

[83] 古德諾：《解析中國》，蔡向陽、李茂增譯，國際文化出版公司，1998 年，第 112、25、26 頁。
[84] 明恩溥：《中國人的素質》，秦悅譯，學林出版社，2001 年，第 223、230 頁。
[85] 加布裏埃爾·A·阿爾蒙德、G·賓厄姆·鮑威爾：《比較政治學》，上海譯文出版社，1987 年，第 45 頁。
[86] 撒母耳·P·亨廷頓：《變化社會中的政治秩序》，王冠華，劉為等譯，沈宗美校，北京三聯書店，1989 年，第 27 頁。

的考慮代替了公共的目的。腐敗被視為常態，政治家們自己也這樣看，他們對民主的原則冷嘲熱諷。妥協是一個貶義詞。」[87]從這個角度來看，在民國國會制憲過程中「因人立法」制憲策略的運用，政治合作與妥協的難產，無時無刻不浸透著中國專制主義政治傳統的精神。

---

[87] 派特南：《使民主運轉起來》，第 133-134 頁。

现代中國的首次民主轉型
——民國初年的憲政試驗

國會選舉與民主轉型

事關選舉
——民國北京政府時期國會選舉法規研究

　　在民國北京政府時期（1912-1927 年），全國性的國會選舉共舉
行過三次。[1] 為有效推進國會選舉活動的正常開展，北京政府制定
了一系列指導選舉活動的選舉法規。長期以來，有關這一時期選舉
法規的研究，在研究時段上多集中於民國初年（1912-1913 年），研
究內容主要是第一屆國會的選舉法律，而第二、三屆國會選舉法
律，特別是與選舉施行有關的選舉法令研究至今尚付闕如。在研究
方法上，常見的多是政治制度研究，缺少部門法與比較法理論方法
的運用與分析。[2]

---

[1] 　分別指第一屆國會、第二屆國會（又稱新國會、安福國會）、第三屆國會（又
　　稱新新國會）議員選舉。其中第二屆國會在選舉時，受到粵、桂、滇、黔、
　　川等西南 5 省抵制，湘、鄂、陝又因戰亂未選，實際完成選舉的僅有 14 省
　　與蒙、青、藏地區。第三屆國會選舉時，只有蘇、皖、魯、晉、甘、陝、
　　奉、吉、黑、新、蒙等 11 省區完成選舉，其他各省區多因反對而未選。

[2] 　從政治制度史的角度概述第一屆國會選舉法規的代表性論著有錢端升等著
　　《民國政制史》（商務印書館，民國 35 年）、張玉法著《民國初年的國會》
　　〔《中研院近代史研究所集刊》第 13 期，1984 年〕、錢實甫著《北洋政
　　府時期的政治制度》上冊（中華書局，1984 年）、徐矛著《中華民國政治
　　制度史》（上海人民出版社，1992 年）、葉利軍著《民國北京政府時期選舉
　　制度研究》（湖南人民出版社，2007 年）等。專門性論文僅見熊秋良《論
　　民國初年的選舉法》（《社會科學輯刊》2005 年第 1 期），該文主要是介
　　紹 1913 年選舉法規要點，並從制度建設的角度作出評價。從法學角度概述
　　民國選舉法律制度的代表性著作是王世杰、錢端升《比較憲法》（商務印
　　書館，民國 24 年），該書在介紹選舉制度、國家機關及其職權時，也對民
　　國初期國會制定的有關選舉法規要點作了簡要介紹。

本文以北京政府時期國會選舉法律與法令為研究對象，從比較法制史的視角入手，通過與當時歐美、日本選舉制度與法規的比較，探求民國國會選舉法規的進步與缺失之處。同時在法制現代化的視野中，進一步對選舉法規的制度建設作出客觀評價。

一、國會選舉的立法實踐

北京政府時期國會選舉的立法實踐，主要分為選舉法律與選舉法令兩類立法活動。

選舉法律是指選舉制度的內容設計，其立法主體是民國臨時參議院、第一、二屆國會等立法機構。北京政府時期選舉法律主要有《中華民國國會組織法》（1912 年 8 月 10 日公佈）、《參議院議員選舉法》（1912 年 8 月 10 日公佈）、《眾議院議員選舉法》（1912 年 8 月 10 日公佈）、《籌備國會事務局官制》（1912 年 8 月 10 日公佈）、《參議院議員選舉法華僑選舉會施行法》（1912 年 11 月 15 日公佈）、《西藏第一屆國會議員選舉法》（1913 年 4 月 10 日公佈）、《參議院華僑議員選舉施行法》（1916 年 12 月 31 日公佈）、《蒙古四部西藏第二屆眾議院議員選舉施行法》（1918 年 2 月 17 日公佈）等。其中國會組織法與兩院議員選舉法均經過數次修正。

《中華民國國會組織法》共 22 條，與選舉有關的內容包括參眾兩院議員選舉方式、名額分配，以及參議院議員任期與改選。組織法的選舉條款在 1918 年 2 月 17 日、1919 年 1 月 25 日、4 月 22 日經過 3 次修正，內容涉及兩院議員名額分配、參議員任期與改選時間規定、蒙古眾議員名額分配等。[3]《參議院議員選舉法》內容包括選舉資格、當選標準、任期與改選、名額分配、蒙古、青海、

---

[3] 除選舉條款外，再加上其他條款，國會組織法共修改過 5 次。另外兩次修正是《修正國會組織法第二十一條第二項》（1923 年 4 月 30 日公佈）、《修正國會組織法》（1923 年 10 月 4 日公佈）。

西藏、中央學會、華僑選舉會的選舉辦法等。《參議院議員選舉法》
在 1918 年 2 月 17 日、1919 年 1 月 25 日經過兩次修正，內容有關
參議員名額分配、選舉資格與被選舉資格、選舉方法、參議員任期
與改選時間等。《眾議院議員選舉法》內容要點主要有選舉與被選
舉資格、選區劃分、選務人員職責、初選舉登記與名額分配、選舉
通告、投票方法、當選標準、複選舉登記與名額分配、投票方法、
選舉與當選無效、改選與補選、蒙古、青海、西藏議員選舉方式等。
《眾議院議員選舉法》在 1918 年 2 月 17 日、1919 年 4 月 22 日經
過兩次修正，條款涉及眾議員名額分配、選舉資格與被選舉資格、
選舉方法、蒙古眾議員的名額分配等。

此外，根據《籌備國會事務局官制》規定，籌備國會事務局由
內務總長領導，設在內務部內，負責國會選務、國會開會籌備等事
項。[4]《參議院議員選舉法華僑選舉會施行法》、《西藏第一屆國會
議員選舉法》、《參議院華僑議員選舉施行法》、《蒙古四部西藏第二
屆眾議院議員選舉施行法》等單行法律，主要是進一步詳細規定華
僑、西藏、蒙古四部議員的選舉辦法。[5]

歷屆國會選舉法律及修正表

法律名稱	制定機關	公佈日期	備註
《中華民國國會組織法》	北京臨時參議院	1912 年 8 月 10 日	全文共 22 條
《參議院議員選舉法》	北京臨時參議院	1912 年 8 月 10 日	全文共 44 條

[4] 籌備國會事務局官制經過一次修正，主要是第一條加第三項「三、關於省議會議員選舉事項」。《籌備國會事務局追加官制》(1912 年 9 月 10 日公佈)，《政府公報》1912 年 9 月 11 日。
[5] 例如根據此類單行法律規定，第一、二屆國會西藏地區眾議員均在京師辦理選舉，而不是選舉法規定的在本地舉行。

《眾議院議員選舉法》	北京臨時參議院	1912 年 8 月 10 日	全文共 121 條
《籌備國會事務局官制》	北京臨時參議院	1912 年 8 月 10 日	全文共 7 條
《籌備國會事務局追加官制》	北京臨時參議院	1912 年 9 月 10 日	第一條加第三項
《參議院議員選舉法華僑選舉會施行法》	北京臨時參議院	1912 年 11 月 15 日	全文共 3 條
《參議院華僑議員選舉施行法》	第一屆國會	1916 年 12 月 31 日	全文共 3 條
《修正中華民國組織法》	臨時參議院（段祺瑞）	1918 年 2 月 17 日	全文共 22 條
《修正眾議院議員選舉法》	臨時參議院（段祺瑞）	1918 年 2 月 17 日	全文共 123 條
《修正參議院議員選舉法》	臨時參議院（段祺瑞）	1918 年 2 月 17 日	全文共 50 條
《蒙古四部西藏第二屆眾議院議員選舉施行法》	臨時參議院（段祺瑞）	1918 年 2 月 17 日	全文共 4 條
《修正國會組織法第六條》	第二屆國會	1919 年 1 月 25 日	
《修正參議院議員選舉法第十七條》	第二屆國會	1919 年 1 月 25 日	
《修正國會組織法第五條》	第二屆國會	1919 年 4 月 22 日	
《修正眾議院議員選舉法第九十八條》	第二屆國會	1919 年 4 月 22 日	

資料來源：《政府公報》1912 年 8 月 11 日、9 月 11 日、11 月 16 日；1917 年 1 月 1 日；1918 年 2 月 18 日；1919 年 1 月 26 日、4 月 23 日。

　　為進一步做好選務工作，細化選舉法律規定，使之更具有可操作性。這一時期北京政府還以總統教令、內務部部令等形式頒佈了30多項選舉法令。選舉法令是一種行政立法工作，其立法主體是內務部等中央政府行政機構。其中最重要的綜合性選舉法令是兩院議員選舉法施行細則。

　　《參議院議員選舉法施行細則》（1912 年 10 月 8 日公佈）共26 條。主要內容包括選務組織、投票場所、資格確認、投票方法等，同時還規定選舉程序、投票監督等程序適用眾議院議員選舉法施行細則相關條款。附錄部分包括選舉人名冊定式、投票簿定式、選舉票定式、投票匭定式、投票錄定式、開票錄定式、選舉錄定式等。《參議院議員選舉法施行細則》經過兩次修正，內容涉及選舉調查員派遣、選舉年齡確認、投票出席標準規定等。附錄部分吸收過去有關法令的內容要點，設計了選舉人名冊式、投票簿式、選舉票式、選舉投票匭式、投票錄式、開票錄式、選舉錄式、參議院議員初選當選證書式、參議院議員證書式等 9 種標準表格。後兩種為新增的標準表格。[6]

　　1912 年 9 月 20 日公佈的《眾議院議員選舉法施行細則》共 39條，內容要點包括選務組織、選舉機構、投票區、資格確認、投票方法、投票監督等。《眾議院議員選舉法施行細則》歷經兩次修正。1918 年 3 月 3 日公佈的《修正眾議院議員選舉法施行細則》增至71 條，其修正部分內容一方面吸收了民國元年《眾議院議員選舉投票紙投票匭管理規則》、《蒙古西藏青海眾議院議員選舉施行令》等法令要點。另一方面增加了選舉公開性、複選舉報到等內容。1920年 12 月 19 日公佈的《修正眾議院議員選舉施行細則》又增至 78

---

[6]　《修正參議院議員選舉法施行細則第十三條》（1913 年 1 月 10 日公佈）、《政府公報》1913 年 1 月 11 日；《修正參議院議員選舉法施行細則》（1918年 3 月 3 日公佈），《政府公報》1918 年 3 月 4 日。

條。修改內容除將籌備選舉事務所改名為辦理選舉事務所外，還增加複選舉的選民登記、開票程序、選票設計等條款。

專門性選舉法令主要是規定各種具體選務工作，主要內容包括選區劃分、選舉日程安排、選舉費用規定、投開票程序設計等。

1. 選區劃分

1912 年 8 月 13 日公佈《眾議院議員各省複選區表》，此後在 1912 年 9 月 16、29 日、10 月 9、13、25、30 日、11 月 11、14 日經過多次更正。

2. 選舉日程安排

關於第一屆國會選舉日程的法令主要有：《眾議院議員選舉日期令》（1912 年 9 月 5 日公佈）、《眾議院議員第一屆選舉籌備日期令》（1912 年 9 月 9 日公佈）、《眾議院議員複選舉投票施行令》（1912 年 12 月 13 日公佈）、《追加眾議院議員選舉日期令》（1912 年 12 月 16 日公佈）、《參議院議員第一屆選舉日期令》（1912 年 12 月 8 日公佈）、《參議院眾議院第一屆選舉延期制限令》（1913 年 4 月 1 日公佈）、《修正西藏第一屆國會議員選舉日期令》（1913 年 4 月 12 日公佈）；關於第二屆國會選舉日程安排的法令主要有：《參議院議員第二屆選舉日期令》（1918 年 3 月 6 日公佈）、《眾議院議員第二屆總選舉日期令》（1918 年 3 月 6 日公佈）；關於第三屆國會選舉日期法令是《眾議院議員選舉日期令》（1920 年 11 月 23 日公佈）；關於第一屆國會改選日期的法令主要有：《參議院議員第一班改選日期令》（1916 年 11 月 30 日公佈）、《第一屆眾議院議員改選令》（1923 年 10 月 4 日公佈）。

3. 投開票程序設計

主要法令包括《眾議院議員選舉投票紙投票匭管理規則》（1912 年 10 月 30 日公佈）、《眾議院議員選舉開票規則》（1912 年 11 月 22 日公佈）、《眾議院議員複選舉投票施行令》（1912 年 12

月 13 日公佈）、《眾議院議員初選舉同姓名者被選決定令》（1912
年 12 月 13 日公佈）等。

4. 選舉費用規定

規定第一、二屆國會選舉費用的法令分別是《國會省議會第一
屆選舉費用補助令》（1912 年 10 月 5 日公佈）、《國會省議會第二
屆選舉費用補助令》（1918 年 3 月 19 日公佈）。

二、選舉制度：國會選舉法律的核心內容

選舉制度的基本要素是選舉方式與選舉方法。選舉方式分為直
接選舉與間接選舉兩種。而選舉方法則是有關投票方法的制度設
計。根據選舉法的規定，參眾兩院議員的選舉制度各有不同。

（一）眾議院議員選舉制度

眾議院議員選舉法規定，第一屆國會各省眾議院議員選舉為間
接方式，分為初選舉、複選舉兩步。初選舉以縣為選區，選出初選
當選人。凡地方行政區劃和名稱（如州、廳等）還未改定的，均以
縣論。複選舉合若干初選區為複選區，由初選當選人選舉複選當選
人，即該複選區眾議員。[7] 在初選當選人名額規定上，各省先確定
選舉商數，即以全省選舉人總數除以法定眾議員名額。選舉商數確
定後，再以各複選區的選舉人數除以選舉商數，結果就是各複選區
眾議員的當選名額。各複選區按照眾議員當選名額的 50 倍，作為
初選當選人名額，再以同樣的辦法分配到各初選區。[8] 當時各省所

---

[7] 根據眾議院議員選舉法規定，蒙古、西藏、青海眾議員選舉方法為直接選
舉制。此外，選舉法第 68 條規定複選當選人不以初選當選人為限。

[8] 第二屆國會選舉的計算方法不變。關於複選區、初選區「零數」處理問題，
初選區有選舉人數不夠選出當選人一名，或者選出若干名之外，仍有零數
導致當選人不足定額時，比較各初選區零數多少，將餘額依次歸零數較多

轄初選區最多為四川省，共計 175 個。最少為黑龍江省，共計 20 個。[9]根據國會組織法規定，四川省眾議院議員定額為 35 人，按照上文計算方法，初選當選人名額應為 1,750 人，平均每個初選區為 10 人。黑龍江省眾議院議員定額為 10 人，初選當選人名額應為 500 人，平均每個初選區為 25 人。因此，各初選區當選名額均是複數。

眾議院議員選舉法在第二屆國會選舉前經過修正，雖然將議員名額減少約三分之一，複選舉改以道或特別行政區為選舉區，但是初複選舉的間接方式並未改變。[10]而且初選區仍為複數選區，「當選區中應選名額大於一時，便是所謂『複數選區』。習慣上，應選名額為二至五名者，稱為『中選區』；應選名額為六名或六名以上者，則是屬於『大選區』。選舉時，視應選名額的多寡，候選人以票數的高低依次當選。」[11]眾議院議員初選區應屬大選區。民國時期就有學者認為眾議院議員初複選舉，「俱係採用大選舉區制。」[12]

兩屆國會在投票方法規定方面相同。如要求投票人在選舉期內應該親自赴投票所自行投票；投票人在領投票紙時應先在投票簿所載本人姓名下簽字；投票人每名只領投票紙一張；投票採用無記名

的選區。如果兩區以上零數相同，則以抽籤方法決定名額歸屬。〈眾議院議員選舉法〉第 31 條，《政府公報》，1912 年 8 月 11 日。
9　各省複選區劃分的詳細情況參見〈眾議院議員各省複選區表〉，《政府公報》，1912 年 8 月 14 日。
10　〈修正眾議院議員選舉法〉第 9 條，《政府公報》，1918 年 2 月 18 日。蒙古、西藏、青海眾議員選舉方法不變，但是根據 1918 年 2 月頒佈的《蒙古四部西藏第二屆眾議院議員選舉施行法》規定，蒙藏議員可在京師辦理選舉。
11　王業立：《比較選舉制度》（五南圖書出版公司，1999），頁 17。
12　王世杰、錢端升：《比較憲法》（北京：商務印書館，1999），頁 174。

投票法,每票只書被選舉人 1 名,不得自書本人姓名。[13] 眾議院議員初選舉以本區投票人總數除以當選人名額的三分之一為當選票額;凡是不滿當選票額致無人當選或當選人不足額時,由初選監督就得票較多者按照所缺當選人名額加倍開列,即行張榜公示,於開票後第三天在原投票所就公示姓名再行投票至足額為止;當選人名次以選出的先後為序,同次選出的以得票多少為序,票數相同的以抽籤決定。[14] 此種投票方式屬於「單記非讓渡投票」。「所謂『單記非讓渡投票』係指在複數選區中,不論應選名額為若干,每位選民均只能投一票的選舉規則。之所以被稱為『非讓渡投票』,主要係指不管候選人得到多少選票,均不能將多餘的選票移轉或讓渡給其他的候選人。」[16]

複選舉以本區投票人總數除以眾議員名額的半數為當選標準;凡因不滿當選票額致無人當選,或當選人不足定額時由複選監督在原投票所重行選舉至足額為止。[17] 顯然複選舉採用的是絕對多數多輪投票法,這一制度的核心要素是當選者的票數超過有效選票的半數。

(二)參議院議員選舉制度

1912 年參議院議員選舉法規定,第一屆國會參議院議員分別由各省省議會、蒙古、青海、西藏選舉會、中央學會、華僑選舉會選舉產生。因選舉機關不同,選舉方式也不盡相同。[18] 各省省議會

---

[13] 〈眾議院議員選舉法〉第 44、45、46、47 條,《政府公報》,1912 年 8 月 11 日。

[14] 〈眾議院議員選舉法〉第 56、57、58 條,《政府公報》,1912 年 8 月 11 日。

[16] 王業立:《比較選舉制度》,頁 19。

[17] 〈眾議院議員選舉法〉第 75、76 條,《政府公報》,1912 年 8 月 11 日。

[18] 第一、二屆國會參議院議員選舉法均規定,蒙古、西藏、青海、中央學會的參議員選舉採用的是直接選舉制,華僑參議員選舉採用的間接選舉制,由僑居地各商會、中華會館、中華公所、書報社等各選出選舉人,在京師

選舉參議員為間接選舉，「民元《國會組織法》規定參議員由各省省議會議員選舉，但各省省議會議員原亦由間接選舉而來；所以參議員的選舉，不僅為間接選舉，且為三層選舉的間接選舉。」[19]第二屆國會參議員除人數減少外，選舉方式雖然仍為間接選舉制，但是內容完全改變，而是仿照眾議員選舉方式，採用初複選舉。各省區地方選舉會以縣為初選區，各縣初選人每 30 人互選初選當選人 1 名，少於 30 人的縣也可選出初選當選人 1 名。複選區則為各省區，複選舉在各省區最高行政長官駐在地舉行，由初選當選人選出複選當選人，即該省區參議員。[20]

在選舉方法上，第一、二屆國會參議員選舉仍然採用無記名單記投票法；選舉舉行時，至少須有選舉人總數三分之二以上到會；得票滿投票人總數三分之一者為當選，當選人不足額時，應再行投票至足額為止；當選人足額後並依議員定額，選定同數之候補當選人，凡得票滿當選票額，因當選人足額不能當選者即為候補當選人；當選人及候補當選人名次以選出之先後為序，同次選出者以得票多少為序，票數相同者抽籤決定；當選人及候補當選人的姓名與所得票數，由選舉監督當場榜示，同時通知各當選人。[21]

第一屆國會參議員任期六年，每兩年改選三分之一。在改選方法上，第一屆選出的參議院議員於開會後分為 27 部，各省省議會選出者為一部，蒙古、西藏、青海、中央學會、華僑選舉會各為一部。每部以抽籤法平均分為三班，第一部滿二年改選，第二部滿四

組成華僑選舉會，再互選產生參議員。不過因中央學會在第一屆國會選舉期間並未成立，所以實際選舉並未舉行。第二屆國會始有中央學會參議員選舉。

[19] 王世杰、錢端升：《比較憲法》，頁 178。

[20] 〈修正參議院議員選舉法〉第 21、22、35、36、37 條，《政府公報》，1918年 2 月 18 日。

[21] 〈參議院議員選舉法〉第 5、6、7、8、9、10 條，《政府公報》，1912 年 8月 11 日。

年改選,第三班任滿改選。以後每二年任滿議員就改選。議員名額
不能三分時以較多或較少之數為第三班;議員退任再被選者可以連
任。[22] 第二屆國會參議院議員任期六年,每三年改選二分之一。改
選方法不變。[23]

三、選舉施行:國會選舉法令的制度安排

與選舉法律不同的是,選舉法令的內容要點主要是有關選舉事
務的具體實行,解決的是操作層面的法律實務問題。

(一)選務機構

籌備國會事務局是主持選舉事務的中央政府機關。籌備國會事
務局隸屬於內務總長,其職權包括關於選舉法令的解釋事項、選舉
程序的監督事項、國會開會的籌備事項等;事務局設委員長 1 人綜
理局務;設委員若干人,主要由內務部參事、法制局參事、蒙藏院
參事、內務部民政司司長等兼任;設主任事務員 3 人、事務員 10
人,掌管文書、會計、庶務與關於選舉程序事務;在調查選舉區辦
理選舉時,根據情形的必要可以呈請大總統臨時派遣視察員;事務
局在籌備國會選舉事務完畢後自行裁撤。[24]

舉辦眾議員選舉的地方選務機構,主要是指各省區籌備選舉事
務所、複選選舉事務所與初選選舉事務所。籌備選舉事務所由各省
區兼任選舉總監督的民政長官負責設立,負責籌備全省選舉一切事
宜,在本屆選舉結束後裁撤;複選選舉事務所由選舉總監督任命的

---

[22] 〈參議院議員選舉法〉,第 16、17 條,《政府公報》,1912 年 8 月 11 日。

[23] 〈修正國會組織法第六條〉、〈修正參議院議員選舉法第十七條〉,《政府公報》,1919 年 1 月 26 日。

[24] 《籌備國會事務局條例》第 1、2、3、4、5、7 條,《政府公報》1917 年 10 月 17 日。

複選監督負責設立，負責該地區複選一切事宜；初選選舉事務所由
所在地行政長官依法設立，監督初選舉一切事宜，配置有調查委
員、投票管理員、開票管理員、投票監察員、開票監察員等選務人
員。[25] 在參議員選舉部分，兼任選舉監督的省行政長官在本署設辦
理選舉事務所；選前各選舉監督分別委任投票管理員、開票管理
員、投票監察員、開票監察員。[26]

（二）選區劃分

第一屆國會眾議院議員選舉，由於初選舉是以縣為選區，所以
選區劃分主要是指各省複選區的劃分。1912 年 8 月 13 日公佈的《眾
議院議員各省複選區表》規定的各省複選區數目分別為：直隸 8
區、奉天 4 區、吉林 4 區、黑龍江 3 區、江蘇 4 區、安徽 8 區、江
西 6 區、浙江 4 區、福建 8 區、湖北 8 區、湖南 5 區、山東 8 區、
河南 4 區、山西 7 區、陝西 6 區、甘肅 8 區、新疆 8 區、四川 8
區、廣東 7 區、廣西 6 區、雲南 8 區、貴州 8 區。此外，根據地方
反映的選區劃分遺漏問題，內務部從 9 月份開始及時更正一些省份
的複選區劃分。如 9 月 16、27、29 日，10 月 9、13、25 日相繼 6
次公佈《更正眾議院議員各省複選區表》，涉及的省份有直隸、江
蘇、湖南、甘肅、四川、廣東、廣西、貴州、吉林等省，主要是在
個別複選區內補列一些府廳縣。10 月 30 日、11 月 11 日、14 日又
分別公佈《更正眾議院議員河南複選區表》、《更正眾議院議員甘肅
省複選區表》、《更正眾議院議員新疆省複選區表》。第二屆國會眾
議員選舉，採用選區劃分與行政區域一致的原則，初選舉以縣為選
舉區，複選舉以道或特別行政區為選舉區。

---

[25] 《眾議院議員選舉法施行細則》第 1、4、5、8 條，《政府公報》1912 年 9
月 21 日。
[26] 《參議院議員選舉法施行細則》第 1、2 條，《政府公報》1912 年 10 月 9 日。

（三）選舉日程

關於選舉日程，第一屆國會參議院議員因是由各省議會、蒙藏青海選舉會等直接選舉產生，所以選舉日程只是規定投票日。為配合參議員選舉如期舉行，北京政府同時要求省議員初選舉、複選舉分別在 1912 年 12 月 6 日、1913 年 1 月 6 日舉行，延期以 6 日為限。[27]12 月 8 日，內務部頒佈參議院議員第一屆選舉日期令，決定各省參議員選舉定於 1913 年 2 月 10 日舉行。屆時如果省議會尚未成立，可以呈報內務總長延期到省議會成立後第一次開會的翌日。蒙古、青海、西藏參議員選舉定於 1 月 20 日舉行。必要時可以呈報內務總長延期，但最遲不能超過 2 月 10 日。其他中央學會、華僑選舉會的參議員選舉，都不能超過 2 月 20 日。如果投票人數不滿法定出席標準，可以酌情延期。[28]

第一屆國會眾議院議員選舉為複式選舉，較參議院議員選舉更為複雜，所以相關規定也較為詳盡。選舉法要求複選監督應在初選舉 3 個月以前確定人選。初選舉投票區應在選前 60 天前劃定。選舉人名冊應在初選舉投票日 60 天前頒佈，並在各投票所公示，時間為 5 天。選舉人在公示期內可呈請更正，受理時間也是 5 天。初選監督應在初選舉投票日前 40 天頒佈選舉公告。投票紙應在初選舉投票日前 30 天分交初選監督，初選監督應在投票日前 7 天分交各投票所。複選當選人名額分配應在初選舉投票日前 30 天通知各複選監督。複選監督應在複選投票日 30 天前頒發選舉通告。[29]

根據以上日程期限要求，1912 年 9 月，內務部制定的眾議員選舉日程明確要求在 9 月 10 日前，各省總監督委任各複選監督。

---

[27] 《省議會議員第一屆選舉日期令》，《命令》，《政府公報》1912 年 10 月 3 日。
[28] 《參議院議員第一屆選舉日期令》，《公電》，《政府公報》1912 年 12 月 9 日。
[29] 《眾議院議員選舉日期令》，《政府公報》1912 年 9 月 6 日。

總監督確定複選監督駐在地。9 月 15 日前，確定初選監督，投票區分派調查委員，制訂調查委員辦事細則。10 月 10 日前，制訂完成各初選區選舉人名冊。初選監督在各投票所頒發選舉人名冊，向公眾宣示，並分別呈報複選監督與總監督。10 月 20 日前，初選監督判定更正選舉人名冊。10 月 30 日前，各省總監督向內務部呈報該省選舉人總數。初選監督向複選監督與總監督補報更正選舉人名冊。初選監督頒發初選舉通告。11 月 10 日前，總監督分配複選當選人名額，通知各複選監督。複選監督製成投票紙分交各初選監督。11 月 20 日前，複選監督製成初選當選證書分交各初選監督。11 月 30 日前，複選監督分配初選當選人名額，在各初選區張榜公佈。12 月 3 日前，初選監督造好投票薄，製成投票甌，分交各投票所。同時將投票紙分發給各投票所。12 月 10 日前，複選監督向初選舉區頒發複選舉通告，舉行初選舉。12 月 31 日前，初選投票所開票所一律裁撤。確定初選當選人。初選監督通知初選當選人，發給初選當選證書，張榜公佈當選人姓名，並呈報複選監督。1 月 10 日前，初選當選人名冊一律到達各複選監督駐在地。初選當選人一律齊集各複選監督駐在地，舉行複選舉。[30]

由於在實際選舉過程中，一些省區還是出現延遲現象，最後內務部不得不補充規定，參議院議員第一屆選舉，除中央學會仍依選舉日期令第四條規定外，其他各會如確因事實障礙至不能如期舉行者，得報由內務總長核定再行延期，但至遲以國會開會之前一日為限，眾議院議員第一屆選舉准用之。[31] 第二屆國會眾議院議員選舉日程安排，除選舉日期外，其他均與第一屆國會相似，而第二屆國會參議院在改為初複選舉後，日程安排與眾議院相同。

---

[30] 《眾議院議員第一屆選舉籌備日期令》，《政府公報》1912 年 9 月 9 日。
[31] 《參議院眾議院第一屆選舉延期制限令》，《政府公報》1913 年 4 月 2 日。

（四）投開票程序

為確保第一屆國會選舉過程的公開透明，北京政府單獨制定了有關投開票程序的選舉法令。以後在制定第二屆國會選舉法令時，則將相關規定列入選舉法細則的附錄中，並增加了一些新的內容。

在投票程序上，法令要求投票所須有相當設備使投票人不能互相窺視及交換傳觀與其他不正當行為；投票人有以下行為時，管理員與監察員可命令退出選舉：冒名頂替者、在投票所內勸誘喧嘩騷亂不服管理員與監察員或巡警制止者、在投票所內互相窺視及交換傳觀不服管理員及監察員或巡警制止者、攜帶兇器進入投票所者、犯刑律妨害選舉各罪的嫌犯者、在投票所內有其他不正當行為不服管理員及監察員或巡警制止者。[32] 投票紙分別送交各投票所後，投票管理員查明數目即須嚴密封存，不到選舉日期當眾驗明封識後不得開啟；投票入匭時，投票管理員須選派兩人列席投票匭旁邊，逐一記明投入票數；投票匭在投票完畢後應即時當眾嚴加封鎖；投票匭在封鎖後與移交開票所時，可派巡警守護或護送；投票匭在移交開票所時不得超過所需路途時間二小時以上。[33] 第二屆國會選舉投票程序上又有新規定，如要求地方選舉會初選監督與中央選舉會選舉監督應在辦理選舉事務所委派調查員若干人；到會選舉人不滿總數三分之二時，由選舉監督宣告於次日投票，但選舉人過多，選舉場所不能容納時，得由選舉監督考慮情形，可以隨時投票。[34]

在開票程序上，關於開票時間，法令規定初選監督以不超過各投票匭送齊的翌日午前 10 時為限；初選開票從初選監督所定時刻

---

[32] 《眾議院議員選舉法施行細則》第 17 條、第 21 條，《政府公報》1912 年 9 月 21 日。

[33] 《眾議院議員選舉投票紙投票匭管理規則》第 4、6、7、8、10 條，《政府公報》1912 年 10 月 31 日。

[34] 《修正參議院議員選舉法施行細則》第 3、10 條，《政府公報》1918 年 3 月 4 日。

起至午後 6 時為止；如果超時沒有完成，未開票數在三分之一以下者，開票管理員可以考慮延長時間，其數在三分之一以上者，從翌日午前 8 時起繼續開票；在複選開票時，複選監督應該親臨開票所，在當日開票，時間以至開票完畢並宣示為限；在初複選開票時，如果進入開票所參觀的選舉人認為有疑義時，十人以上可以請求開票監察員即時當眾檢查。[35] 凡是開票投票均於選舉場所內進行；投票開票時間由各選舉監督在選舉期 10 天前商定張榜公示於選舉場所；投票開票時間不得安排在上午 8 時前下午 6 時後；到會選舉人不滿總數三分之二時，由選舉監督宣告在次日繼續進行；凡當選人不足額時應再行投票，超過投票時間的，應在次日繼續進行；被選舉人在被選前已經當選為眾議院議員或在被選後又當選為眾議院議員的，如果願意應選，眾議員應選在前，則必須辭職；如果當選時身份是現任官吏或公吏時，同法辦理。選舉人已經當選，而當選人尚不足額時，已當選人不得再行投票。[36]

（五）選舉監督與當選確認

選舉人得請求管理員給與入場券進入開票所參觀開票事宜；投票錄、開票錄、選舉錄、必須準備副本以備選舉人或被選舉人請求查閱。[37]

同一選區被選舉人有二人以上同姓名時，除別有方法能證明其當選應屬何人外，應以投票方法決定當選人；選舉票被選舉人姓名以下應載明其職業與住址；決選投票以得票較多數者當選，票數相

---

[35] 《眾議院議員選舉開票規則》第 1、2、3、6 條，《政府公報》，1912 年 11 月 23 日。

[36] 《參議院議員選舉法施行細則》第 6、7、8、9、12、13、14 條，《政府公報》，1912 年 10 月 9 日。

[37] 《眾議院議員選舉法施行細則》第 31、37 條，《政府公報》1912 年 9 月 21 日。

同時以抽籤決定；投票程序適用眾議院議員選舉法與細則規定。[38]
被選舉人在未被選舉前，係受有正式任命令或正式委任令的現任官
吏，在接到當選通知後以曾於該會選舉日期前一日具有辭職書，並
呈經該長官批准者為限得答覆應選。[39]

（六）選舉費用

在選舉費用規定方面，眾議員選舉旅費、選舉人名冊、選舉人
資格調查表、投票簿、投票紙等制辦經費、選務人員公費等，均由
所在選舉區負擔。[40]蒙古、西藏、青海的眾議院議員選舉費用由國
家經費支出；各省眾議院議員選舉、省議會議員選舉費用，各初選
區地方經費有不足者，由該省收入經費項下分別補助，省的經費不
足者，由國家經費補助之；國家經費支出或補助應列入特別預算，
但是國家補助省議會議員選舉費用以不超過該省選舉費用總數三
分之一為限；蒙古、西藏、青海選舉會、中央學會、華僑選舉會的
參議院議員選舉費用由國家經費支出。[41]第二屆國會選舉有關規定
與之相同。[42]

四、比較法視野中的國會選舉法規

評價民國國會選舉法規的成效，來自縱向層面的思考是，經過
短暫的選舉實踐，是否存在一屆比一屆更完善的趨勢？在橫向層

---

[38] 《眾議院議員初選舉同姓名者被選決定令》第 1、4、5、6 條，《政府公報》
1912 年 12 月 14 日。

[39] 《修正參議院議員選舉法施行細則第十三條》，《政府公報》1913 年 1 月 11 日。

[40] 《眾議院議員選舉法施行細則》第 33、34、35 條，《政府公報》1912 年 9
月 21 日。

[41] 《國會省議會第一屆選舉費用補助令》第 1、2、3 條，《政府公報》1912
年 10 月 6 日。

[42] 參見《國會省議會第二屆選舉費用補助令》，《政府公報》1918 年 3 月 20 日。

面，與當時各主要民主國家相比較，民國國會選舉法規的進步與不足之處是什麼？

關於縱向層面的比較，以三屆國會選舉法規為例。在選舉制度設計方面，與第一屆國會相比較，第二屆國會減少了兩院議員名額。參議員從 274 名減少為 168 名，眾議員從 596 名減少為 406 名，兩院議員共 574 人。[43]「議會規模大小一般都同國家的人口數目相關，在人口數大致相等的情況下，規模較大的議會其代表的普遍性、廣泛性無疑大於那些規模相對小一些的議會。但是議會規模過於龐大，不僅加重國家財政負擔，而且減少議員深入參與立法的機會，難以在議會中充分參加辯論和討論，給議會的運作帶來實際困難。」[44]所以與第一屆國會法定議員人數 870 名相比，第二屆國會的規模較為適中。在選舉資格規定方面，除保留第一屆國會有關性別、財產、教育文化的限制性規定以外，還提高了財產、教育文化等選舉資格的標準（詳見下文分析）。顯然，這種提高選舉資格的做法對於普選原則而言是一個退步。

在選舉施行方面，有關細則規定呈現出逐漸完善的趨勢。如第二屆國會眾議員選舉法施行細則增加了複選舉規定，初步完善了複選舉程序。複選選舉人應在複選期前親赴複選區辦理選舉事務所報到，檢驗初選當選證書；投票時複選選舉人須將初選當選證書持赴投票所由管理員監察員查驗相符，方得交付投票紙；在初選舉程序方面，特別增加投票管理員在投票以前應將投票匭當眾開驗；選舉票由投票人自行投入票匭等條文。[45]在第三屆國會眾議員選舉前夕，政府通過修正選舉法施行細則，進一步改進了選舉程序設計。在初選舉程序方面，規定調查員造具選舉資格調查表，由該調查員

---

[43] 由於受到支持孫文護法的西南五省的抵制，實際選出國會議員 467 人。

[44] 田穗生等：《中外代議制度比較》，商務印書館，2001 年，第 114-115 頁。

[45] 《修正眾議院議員選舉法施行細則》第 59、60、31、32 條，《政府公報》1918 年 3 月 4 日。

簽名蓋章，對表內所列選舉人資格負完全責任；初選監督督察調查員調查，明確核實造冊與各調查員負共同責任；開票管理員在開票完畢後，必須會同監察員決定有效票若干，無效票若干，分別記載在開票錄並宣示公眾；在複選舉程序方面，規定複選舉選票除依法書寫被選舉人姓名外，還必須在姓名字樣下面記載被選舉人的籍貫；複選監督製成開票入場券，在投票入匭後發給複選選舉人；投票完畢後，複選選舉人有 10 人以上之同意，可以公推 5 人並準備各人簽名蓋章的封條，請求管理員、監察員加封於投票匭；開票所必須經過複選選舉人三分之一以上入所監視驗明封識後才能開匭；開票所駐守的巡警只負責維持秩序，不能干涉複選選舉人監視開票。[46]

選務資料準備等細節工作，也值得一提。與 1912 年眾議員選舉施行細則附錄部分只有 5 種選務工作表格相比較，1918 年修改後的細則共附有選務工作表格 21 種，使選務資料更加齊備。其中第一表初選舉選舉人名冊式、第二表初選舉投票簿式、第三表眾議院投票紙及封筒定式、第四表眾議院議員選舉投票匭式、第五表投票錄式、第六表開票錄式、第七表選舉錄式、第八表初選當選證書式、第九表複選人名冊式、第十表複選投票簿式、第十一表眾議院議員證書式、第十二表眾議院議員遞補證書式、第十三表蒙古西藏青海選舉人名冊式、第十四表蒙古西藏青海選舉投票簿式、第十五表蒙古西藏青海選舉投票紙投票封筒式、第十六表蒙古西藏青海選舉投票匭式、第十七表蒙古西藏青海選舉投票錄式、第十八表蒙古西藏青海選舉開票錄式、第十九表蒙古西藏青海選舉錄式、第二十表蒙古西藏青海眾議院議員證書式、第二十一表蒙古西藏青海眾議院議員遞補證書式。[47]

---

[46] 《修正眾議院議員選舉法施行細則》第 16、17、44、64、65、66、67、68 條，《政府公報》1920 年 12 月 20 日。

[47] 《修正眾議院議員選舉法施行細則》附錄，《政府公報》1918 年 3 月 4 日。

在橫向層面，雖然「民初選舉法所體現的自由原則、平等原則、秘密投票原則、差額選舉原則充分體現了近代選舉制度的民主精神。」[48]但是即使如此，與當時的主要民主國家相比較，民國國會在選舉制度建設方面仍存在一定的差距。[49]

第一，選舉制度的設計缺陷。與當時世界各國下院多有採用直接選舉制不同的是，民國國會眾議員選舉方式是間接選舉制。有論者認為這種方式主要有兩大弊端。「其一，在使選舉制度對於一般選民的政治知識，不能發生重大的教育作用；因為初選目的，既只在決定執行最終選舉職務之人，而非選定最終當選的人員，則初選時各政黨的選舉競爭，或不免將政策的宣傳與討論置諸次要之列，而一般選民對於各方面的政治意見，或亦不能得著相當的瞭解。其二，在使選舉賄賂與選舉恫嚇的情事較易發生；因為最終選舉時，選舉人數既較初選人數大減，賄賂與恫嚇等情弊，自然較易實行。」[50]除此之外，「後者（眾議員）則因採複選制度，『普選』之可能流弊，亦可減少，但代表民意之程度，亦因之降低。」[55]但當時在討論選舉方式時，北京臨時參議院議員們卻普遍認為「複選舉制易於選出優秀人才，較直接選舉為良。」[51]

在選舉方法上，與英美國家不同的是，眾議院議員初選舉雖然採用的是「複數選區單記非讓渡投票法」。但是從嚴格意義上來說，並不屬於相對多數選舉制。因為雖然沒有要求當選者票數過半，但

---

[48] 熊秋良：《論民國初年的選舉法》，《社會科學輯刊》2005年第1期。

[49] 北京臨時參議院在起草選舉法大綱時還是曾經參照各國選舉法，如起草人谷鍾秀提到參議員年齡必較眾議院議員稍高，法國元老院議員初選年齡為四十歲。《參議院第二十八次會議速記錄》1912年7月1日，《政府公報》1912年7月10日。

[50] 王世杰、錢端升：《比較憲法》，第178頁。

[55] 錢端升等：《民國政制史》上卷，上海商務印書館，1946年，第46頁。

[51] 臨時參議院議員谷鍾秀等人的發言，參見《參議院第二十八次會議速記錄》1912年7月1日，《政府公報》1912年7月10日。

是仍然規定了最低當選票數門檻。這種初選舉制的出現並不是偶然的，日本早在 1900 年就採用了「單記非讓渡投票法」。當時日本眾議院議員選舉法規定「投票限一人一票」，並採用無記名投票方法，「選舉人應在投票所將被選舉人一人之姓名，親自記載於投票用紙投函，投票用紙不得記載選舉人姓名。」在投票紙上記載二人以上被選舉人姓名是無效的；關於當選者票數同樣沒有要求過半，「以得有效投票之最多數者為當選人。但須以該選舉區內之議員定數除載於選舉人名簿者之總數，所得之數有五分之一以上之得票。」[52] 事實也是如此，民國初年立法者對日本選舉制度尤為關注，選舉法起草人對日本的選舉制度不僅熟悉，而且推崇備至。[53] 所以日本選舉制度對民國國會選舉法的影響是不言而喻的。

關於「複數選區單記非讓渡投票法」的成效，一般認為是弊遠大於利，「複數選區下的提名過程雖然有利於各政黨內部派係的席位分配，但也使得各政黨藉由選舉甄拔政治人材的管道為派係所壟斷。」[54] 按照這一投票規則，如果選區中有人高票當選或出現眾多有實力的候選人瓜分票源的話，則實際所需的當選票數會很低。這樣在複數選區中，僅需要掌握一定比例的選票，第三黨及無黨籍人士就有可能當選。候選人所要努力爭取的，並非多數選民的認同，

---

[52] 《眾議院議員選舉法》第 29、36、70 條。商務印書館編《日本議會法規》，光緒 34 年，商務印書館。

[53] 例如選舉法大綱起草人張耀曾在談到選舉區制時，就引述日本的選制，「如日本之選舉成績，普通言之，選出一人或二、三人者為小選舉區，舉五六人以上者為大選舉區。在日本初定選舉法時，小選舉區亦非只定選出一人，是選出至少一人，至多三人之數者，為小選舉區。選出五、六人以上者即為大選舉區。如此辦法庶可與中國情形相合。」《參議院第三十次會議速記錄》1912 年 7 月 3 日，《政府公報》，1912 年 7 月 13 日。作為日本帝國大學法律專業留學生的法學家張耀曾是非常熟悉日本選制的。

[54] 王業立：《比較選舉制度》，第 134 頁。王著中並提到當代我國臺灣地區的選舉制度也是複數選區單記非讓渡投票法，其實踐結果同樣表明是弊遠大於利。

而是少數足以使其當選的選民的衷心支持。因此凸現個人色彩或高舉鮮明旗幟就成為相當一部分候選人鞏固鐵票或爭取游離票的重要手段。為爭取特定少數，候選人一般不會向中間靠攏，而強調地方服務績效、走偏、買票甚至賄選成為常見手段。一直到 30 年代，日本選舉中買票盛行，「即基於其投票方法為單記非移讓式方法。」[55]

與當時主要民主國家選區制度相比較，民國國會選舉制度的缺陷並不在於大選區制，而是未能相應地改革選舉方式，採用比例代表制度。一戰後法國在 1919 年採用完全的大選舉區制，英國從 1918 年下院選舉法成立後，各地選區有的採用單選區制，有的採用大選區制。30 年代有學者認為單選區「（一）選區小，人才必少，故不易有真正的人才出現。（二）小選區制所選之人是代表本區的自身利益，而不顧全國的利益。（三）小選區制往往使議會內的多數黨為本身利益，而劃分選舉區，有以黨派利益分區的危險。」[56]但是與民國選舉方式不同的是，英法在一戰後採用大選舉區制的同時，也實行比例代表制度。所以考慮到複數選區的特點，採用比例代表制應是一種較為合適的制度選擇。「比例代表制必須在複數選區下施行，並且在一般情形下，選區應選名額愈多，比例代表性愈佳。」[57]比例代表制的制度特色是其代表性，「只要一個政黨能夠跨過政黨門檻，就能進入議會。接下來，各個政黨根據選票分配議席，使得各種意識形態、政見、階層利益能夠在議會中擁有表達的機會。」[58]在民國初年多黨制環境中，「比例代表制比其他任何一種投票方式更能最大地滿足民主多黨制的需要。」[59]

[55] 森口繁治：《選舉制度論》，劉光華譯，廖初民校，中國政法大學出版社，2005 年，第 219 頁。

[56] 趙純孝：《選舉制度的研究》，何勤華、李秀清編《民國法學論文精萃（憲政法律篇）》，法律出版社，2002 年，第 653 頁。

[57] 謝復生：《政黨比例代表制》，理論與政策雜誌社，1992 年，第 25 頁。

[58] 聶露：《論英國選舉制度》中國政法大學出版社，2006 年，第 252 頁。

[59] 讓馬里·科特雷、克洛德·埃梅裏：《選舉制度》，張新木譯，商務印書館，

作為代表地方的參議院，其選舉方式為間接選舉制，在當時具有合理性，「參議員名額之分配，各省占絕對多數，而各省則係平均分配（即不顧地域之大小，人口之多寡，而有相同之名額）。而且除中央學會之外，其他殆全係地域代表性質。因之，參議員選舉之第二特徵，可以認為地域代表之意義，甚為濃厚，實與若干聯邦國家之上議院組織，不無相似。」[60]當時各國的上院或參議院也多採用間接選舉制，美國在 1913 年參議員亦是各州議會選舉產生。但是在選舉方法上，與歐洲國家不同的是，中國採用獨特的多數多輪投票法。既不屬於相對多數選舉制，也不屬於絕對多數選舉制。[61]從理論上來說，由於對投票次數未做限制性規定，這種選舉方法較難化解選舉僵局，付出的制度成本較高。

第二，選舉資格設定的不公正性。一戰前後，除法國外，當時各主要民主國家均開始實行普選制度，取消在選舉資格方面的限制。[62]但是民國國會選舉法規卻與世紀初的普選潮流相抵觸，不僅規定了種種選舉資格，而且有強化的趨勢。如 1912 年眾議院議員選舉法規定的選舉資格，必須納直接稅兩元以上，或有價值五百元以上的不動產，或是小學校以上畢業，或有與小學以上畢業的相當資格。「不識文字者」不得有選舉權及被選舉權，女性也完全被剝奪了選舉權和被選舉權。1918 年修正後的選舉法不僅延續過去的做法，而且在財產、納稅方面限制得更加嚴格，年納直接稅與不動產標準分別提高到四元與一千元以上。

1996 年，第 78 頁。
[60] 錢端升等：《民國政制史》上卷，第 42 頁。
[61] 當時歐洲國家與英美的相對多數選舉制不同，採用的是絕對多數兩輪決選制。王業立：《比較選舉制度》，第 22 頁。
[62] 萊昂‧狄驥：《憲法學教程》，王文利等譯，鄭戈校，遼海出版社、春風文藝出版社，1999 年，第 281-286 頁。

1912 年參議員選舉資格與眾議員規定相似。但是 1918 年參議員選舉資格卻做了大幅度的修改，制度門檻進一步提高。如參加地方選舉會的，必須有下列條件之一才能成為初選選舉人：一是曾在高等專門以上學校畢業及與高等專門以上學校畢業有相當資格任事滿三年者，或曾任中學以上學校校長及教員滿三年者，或有學術上之著述及發明經主管部審定者。二是曾任薦任以上官滿三年者，或曾任簡任以上官滿一年者，或曾受勳位者。三是年納直接稅百元以上或有不動產值五萬元以上者。[63]

第三，懲治選舉舞弊法律條文的空白。北京政府時期沒有制定懲治選舉舞弊的專門法規。而英國早在 1883 年就已經頒佈《取締選舉舞弊和非法行為令》，明文規定禁止賄賂、款待、威脅以及冒名頂替等不當行為，違者處以罰金和監禁。[64]美國也是如此，「自一八九二年而後，美國各州相繼的頒訂取締選舉舞弊法律，逮至今日，就各州法律的性質言，約有四類：（一）選舉費用及捐助款項，必須公佈。（二）捐助的禁止與限制。（三）合法用途與不合法用途的規定。（四）選舉費用總數的限制。」[65]

第四，選舉經費監管措施的缺位。選舉法規中缺乏關於候選人、政黨競選費用事項的細緻規定。有學者認為，公佈選舉費用及捐助款項，「選舉期前公佈，則於本屆選舉勝負影響甚大。」[66]「一九一一年美國國會通過法律，規定參眾兩院議員改選時，各政黨財務主任於選舉舉行的十日至十五日前，須將選舉費用及捐款公佈。此後每六日須公佈一次，直至選舉日為止。但選舉後三十日須作最

---

[63] 《修正參議院議員選舉法》第 20 條，《政府公報》1918 年 2 月 18 日。

[64] 閻照祥：《英國政治制度史》，人民出版社，1999 年，第 341 頁。

[65] 邱昌渭：《議會制度》，上海世界書局，民國 22 年，《民國叢書第三編》，上海書店影印本，1991 年，第 84 頁。

[66] 同上，第 84 頁。

後一次的總公佈。」[67]關於捐款的禁止與限制，1907 年、1909 年與 1925 年，美國聯邦政府先後頒佈法律，同時各州亦通過法律，禁止保險公司、儲蓄公司、銀行、鐵路交通事業公司及公用事業公司，捐助選舉費用。違者停止其營業，或予以法律的處決。

美國聯邦與各州政府在捐款數目在法律上亦有限制。限制的方法有三：「（一）規定至多額。例如曼英州（Maine）規定，初選時參議員候補人自出的款項數目不得過一，五○○元美金。（二）按競選職位薪俸的多寡，規定比例額。如阿銳剛州規定，初選時，候補人自出選舉費用不得超過競選職位年俸百分之十五，普選時，候補人自出選舉費用不得超過競選職位年俸百分之十。（三）按競選州或競選區內上屆選舉票數的總數，規定比例。」關於合法與不合法用途的規定，法律上採用列舉式。如關於競選人不合法的用途，包括「贈送他人煙酒、衣服、肉食，或捐款幫助宗教慈善及其他公益團體（但在未充當競選人六個月以前，曾捐助此等團體者不在此列），或為人購買戲票，或資助娛樂跳舞事業。對於選舉日之選舉工作人員不得給資，或尤為代謀職位。不得出資雇用車輛載運投票人。」關於選舉費用總數的限制。1925 年邦聯法律規定參眾兩院議員選舉費用，須受各本州政府法律的限制。但無論如何，參議員選舉費用，至多不超過 1 萬元，眾議員選舉不得超過 5,000 元。[68]

第五，選舉法訴訟中司法救濟規定的缺失。有學者認為國會的兩部選舉法以及省議會選舉法皆沒有對於辦理選舉人員，特別是選舉監督不依法履行職務的罰則，導致這些「手握實權」的行政人員游離於法律的監督之外，形成了嚴密規範人民行使公權，而當這些公權遭受來自於行政機關及其人員的侵害時（如依選舉法應當被列入選舉人名冊的公民，卻因行政行為人的原因被排斥在外，從而被

---

[67] 同上，第 85 頁。

[68] 以上關於當時美國選舉捐款與經費使用規定，參見邱昌渭：《議會制度》第 85-87 頁。

認為是非選舉人，並進一步導致失去提起選舉訴訟權，直接後果是
該公民被非法剝奪公權的同時，還不能得到司法救濟），侵權人一
般都不被懲治的失衡格局。究其原因，大約為：西方的選舉法中沒
有對辦理選舉人員違法責任的規定是基於它們同時還有一系列行
政行為方面的法律、法規，人們對於非法行政行為有救濟依據。民
初則沒有行政行為及訴訟方面的專門法規，零散的大理院判決例與
解釋例遠不能滿足實踐的需要，如此形成的法律真空，必然導致
司法實踐中法律實際運作的乏力，進而引起人們對法律信念的減
弱。[69]最後必須指出的是，在法制現代化視角下，長期以來人們對
於北洋時期的法制建設評價一直不高，較具代表性看法是：「這一
時期的法制從形式上看較南京臨時政府時期更為係統、更為完備，
在法典編纂方面作了許多工作。但是，形式上的法典編纂並不能
消弭軍事獨裁專制的本質，反而表明了法制的進一步半殖民地
化。」[70]在此背景下，民國國會的立法成效自然也未受到太多關注，
至多只是承認選舉規程與辦理選舉的技術，「雖較前清有所改進，
但缺點仍多。」[71]然而在短暫的北京政府時期，國會選舉制度能夠
與時俱進，不斷修正，這種革新精神無疑是值得肯定的。雖然與國
外發達民主國家相比較，尚有差距與不足之處，不過選舉制度中所
彰顯的民主政治原則是明確與堅定的。更重要的是，在選舉施行方
面制定的大量選舉法令，在當時的政治法律環境中，非常具有可操
作性，對三次國會選舉的有效展開與順利完成實在是功不可沒。

---

[69] 郭興蓮：《論民國初年的選舉訴訟》，《法學評論》1997 年第 6 期。

[70] 公丕祥：《法制現代化的挑戰》（武漢：武漢大學出版社，2006），頁 317。

[71] 張朋園：《從民初國會選舉看政治參與——兼論蛻變中的政治優異分子》，
《中國近現代史論集第 19 編民初政治一》（商務印書館，1986），頁 89。

憲政起步

——籌備國會事務局與第一屆國會選舉

第一屆國會選舉是民國初年政治轉型的標誌性事件。過去的相關研究主要集中在國會選舉競爭、兩院議員背景的分析與評價。[1] 但是一個昭然若揭的事實是，作為現代中國第一次全國性的民意代表選舉，整個選舉過程耗時半年多，歷經選民登記、初選舉、複選舉等重要階段。不言而喻，國會選舉的組織與管理其實對選舉成功至關重要，其作用與意義不亞於選舉本身，而這一點恰恰是以往研究者所忽略的。因此，本文主要關注的是第一屆國會選舉的組織與管理過程，作為主持全國性選舉的中央選舉機構籌備國會事務局，它為時半年多的選務運作則是本文主要研究內容。

籌備國會事務局（以下簡稱事務局）是一個非常設性政府機構（國會成立時即行解散），成立於 1912 年 8 月，由內務總長領導，設在內務部內，負責議員選舉、國會開會籌備等事項。事務局從成立開始，就面臨繁重的選舉組織與管理事務。在選前，主要是地方選務諮詢、選舉規章制訂、選舉日程安排等事務性工作。在選後，則需要處理投票程序爭論、計票結果爭議、選舉訴訟等諸多棘手問

---

[1] 代表性研究參見張朋園《從民初國會選舉看政治參與——兼論蛻變中的政治優異分子》(《中國近現代史論集第 19 編民初政治一》，商務印書館，1986 年)、張玉法《民國初年的國會（1912-1913）》(《中央研究院近代史研究所集刊第 13 期》)、張亦工《第一屆國會的建立及階級結構》(《歷史研究》1984 年第 6 期)。近年來有學者從各政黨對選舉問題重視、政黨候選人爭取選票方式等方面評析國會選舉。參見劉勁松《第一屆國會選舉新論》(《安徽史學》2003 年第 3 期)。

題。通過對事務局日常事務工作的瞭解，可以幫助我們客觀評估北京臨時政府選務運作的績效，以及對民初政治發展的影響與作用。

一、選舉資格審定與選民登記

　　選民登記是選舉中確認合格選民的法定程序。根據眾議院議員選舉法規定，選民資格審查與登記專門針對眾議員初選舉。在各省區進行選民登記過程中，必然要遭遇大量有關教育、職業等選舉資格審定問題。對這些爭議性問題的解決是事務局在眾議員初選舉投票前的主要工作之一。

　　眾議院議員選舉法規定的選民教育資格主要有兩條，一是在小學校以上畢業者，一是有與小學校以上畢業相當之資格者。這兩條規定具體涵蓋的範圍常常引發爭議。如廣東省提出小學校以上畢業者，「係專指曾經立案之學校抑包含一切。」吉林省的疑問是「未畢業初等小學考入高等，或未畢業初高等考入中學者，是否可以考入時認為有小學校以上資格，抑或以須經過一學期者為准。」江蘇省指出同等學力問題，即如何評定前清生員的教育資格。河南省詢問小學以上畢業是否包括初等小學、初等農工商學堂、陸軍小學、藝徒學堂、師範傳習所、教育講習科、法政簡易科、巡警教練所、實業教員講習所畢業在內。四川省特別提到教會學校畢業生資格認定難題，「外國教堂在內地所設學校，未經呈報行政官廳查核立案，此次學校畢業生應否援用小學校畢業資格准入選舉。」[2]

---

[2]　廣東、吉林、江蘇、河南、四川各省來電分別參見《廣東都督致內務總長電》（《公電》，《政府公報》1912 年 9 月 7 日）、《吉林都督致籌備國會事務局電》（《公電》，《政府公報》1912 年 10 月 2 日）、《江蘇都督致籌備國會事務局電》（《公電》，《政府公報》1912 年 9 月 7 日）、《河南都督致國會籌備事務局電》（《公電》，《政府公報》1912 年 9 月 13 日）、《四川民政長致籌備國會事務局電》（《公電》，《政府公報》1912 年 11 月 4 日）。

對這些問題，除一些需要參議院給予解釋以外，其他問題事務局均及時作出答覆。關於未畢業初等小學考入高等，或未畢業初高等考入中學者，事務局認為既係考入，可以承認有相當資格。[3] 同等學力問題，事務局表示要等待臨時參議院開會決定。[4] 教會學校畢業生資格如何認定，事務局認為：「外國教堂在內地所設學校，無論曾否經行政官廳立案，但查該校課程，如果與本國官立公立各小學課程相等，則該校之畢業生，自應以有小學校畢業資格論。」[5]

眾議院議員選舉法對職業資格有限制性規定，如現任行政司法官員等職業群體均不得有選舉權與被選舉權，但是現任官吏概念如何界定卻讓地方十分為難。

浙江省詢問各項徵稅人員是否算是現任官吏？四川省提出按照川省暫行官制，州縣署內之各課，各道各縣之視學，以及各署之科長科員，「無不由主管官廳委任而來。」這些事務官應否停止選舉權？廣西省詢問：「現任行政官吏之解釋，擬以各地方長官及各司局長官為限。其餘概不以現任官吏論。但於當選後須令辭職。」湖北省提到官員辭職生效問題，「大總統任命之現任官，具書辭職是否但由該管官批准，抑應俟大總統批准？」在江蘇省，則出現交通部視察員陶遜當選為參議院議員候補當選人事件，所以「至官吏被選為候補當選人，應否與議員同一制限。」[6]

---

[3] 《籌備國會事務局復吉林都督電》，《公電》，《政府公報》1912 年 10 月 2 日。

[4] 不久北京臨時參議院作出決議，「如前清生員以上，及畢業於六個月以上之各傳習講習研究等所簡易速成預備等科，並曾在小學以上學校充當教員一年以上者皆是，但體操教員不在此限。」《參議院咨大總統請將解釋眾議院選舉法第四條各款轉飭遵照文附單》，《政府公報》1912 年 9 月 13 日。

[5] 《籌備國會事務局復四川民政長電》，《公電》，《政府公報》1912 年 11 月 4 日。

[6] 浙江、四川、廣西、湖北、江蘇各省來電分別參見《浙江都督民政長致籌備國會事務局電》（《公電》，《政府公報》1912 年 10 月 5 日）、《四川民政長致籌備國會事務局電》（《公電》，《政府公報》1912 年 10 月 5 日）、《廣

事務局認為：「各項徵稅人員，如係由該管官廳按照定章正式委任而有一定職守者，應以現任官吏論。如僅暫時延聘或雇傭襄辦公務人員，不在此限。」[7] 對於四川省一些主管官廳正式委任的事務官，事務局表示「自與延聘雇傭暫時襄辦公務人員不同，應以現任官吏論。」[8] 關於「現任」二字的解釋，事務局著重指出：「但視其所任官職是否依據含有官制性質之定章，及是否受有正式委任者為斷。」現任官員如果參選，只能在選前辭職，不能在當選後再辭職。[9] 而現任官吏被選為眾議員候補當選人，應該與議員同一制限。[10]

關於居住資格，江蘇省諮詢眾議院議員資格以全國為範圍，省議院議員資格是否以本省為範圍。吉林省詢問選舉法第四條住居滿兩年以上，是連續居住還是前後合併計算。河南省提到如果居住滿兩年以上在甲區，而納稅或不動產資格在乙區，又如在甲省住居滿二年以上，而在乙省有納稅或不動產資格，其投票應在什麼地方。[11] 事務局在答覆中強調，「為破除省界起見」，眾議員、省議員都應以全國為範圍。選舉法中居住兩年的含義應以連續居住為限。至於在本選舉區內繼續住居滿二年以上的選民，而納稅或不動產雖在他區他省，仍以現在繼續住居之選舉區有選舉權。[12]

　西都督致參議院籌備國會事務局電》（《公電》，《政府公報》1912 年 10 月 25 日）、《湖北民政長致籌備國會事務局電》（《公電》，《政府公報》1913 年 1 月 27 日）、《江蘇選舉總監督致籌備國會事務局電》（《公電》，《政府公報》1913 年 3 月 14 日）。

7　《籌備國會事務局復浙江都督電》，《公電》，《政府公報》1912 年 10 月 5 日。

8　《籌備國會事務局復四川民政長電》，《公電》，《政府公報》1912 年 10 月 5 日。

9　《籌備國會事務局復廣西都督電》，《公電》，《政府公報》1912 年 10 月 25 日。

10　《籌備國會事務局復江蘇選舉總監督電》，《公電》，《政府公報》1913 年 3 月 14 日。

11　江蘇、吉林、河南各省來電分別參見《江蘇都督致籌備國會事務局電》（《公電》，《政府公報》1912 年 10 月 6 日）、《吉林都督致籌備國會事務局電》（《公電》，《政府公報》1912 年 9 月 7 日）、《河南都督致國會籌備事務局電》（《公電》，《政府公報》，1912 年 9 月 13 日）。

12　事務局回復江蘇、吉林、河南各電分別參見《籌備國會事務局復江蘇都督

在選民登記工作方面，事務局成立伊始，就立即致電各省都督蒙藏青海地方行政長官，指出在各項籌備事務中，「自應以調查選舉人數為最急。」要求地方都督電告各初選都督，「預分本管區域為若干投票區」，「每一投票區內多派調查員，按照第四條所定選舉人資格，分別製成調查票簿。」各地必須在 10 月 10 日前造成選舉人名冊，以保證選舉公平進行。[13] 由於時間倉促，從 9 月 9 日眾議員選舉令發佈到 10 月 10 日僅有一個月的時間，所以許多省份紛紛請求延期呈報選舉人數。事務局對此表示理解，稱：「但使無礙選舉進行，自應照準。惟須通飭各屬，時間既已延長，查報務求詳確為要。」[14]

各地在進行選民登記時，主要問題是申報選民人數嚴重不實。如陝西省提到，選民人數「州縣有多至七八萬者，偏僻州縣有少至數十名者，人數甚為懸絕。」[15] 在河南省，「黨派林立，皆欲占選舉優勝，故爭相運動，復行調查，只求增加選民，不恤逾限與否。」[16] 對此，事務局提出疑問，認為即使是偏僻的州縣，按照選舉資格規定，選民人數不滿百人是不可思議的。懷疑可能是調查不實。[17] 同時要求地方遵守眾議院議員選舉法第二十七條規定，宣示選舉人名冊以五日為限。期滿後，「即為確定不得再請更正」。「如有逾宣示之期請求更正者，自應按照法定期間一律拒絕。」[18]

電》（《公電》，《政府公報》1912 年 10 月 6 日）、《籌備國會事務局復吉林都督電》（《公電》，《政府公報》1912 年 9 月 7 日）、《籌備國會事務局復河南都督電》（《公電》，《政府公報》1912 年 9 月 13 日）。

[13] 《籌備國會事務局致各省都督蒙古西藏青海行政長官電》，《公電》，《政府公報》1912 年 8 月 21 日。

[14] 《籌備國會事務局復安徽都督電》，《公電》，《政府公報》1912 年 11 月 4 日。

[15] 《陝西選舉總監督致籌備國會事務局電》，《公電》，《政府公報》1912 年 11 月 15 日。

[16] 《河南都督致內務總長電》，《公電》，《政府公報》1912 年 11 月 4 日。

[17] 《籌備國會事務局復陝西都督電》，《公電》，《政府公報》1912 年 11 月 15 日。

[18] 《籌備國會事務局復河南都督電》，《公電》，《政府公報》1912 年 11 月 4 日。

二、投票程序與當選確認

投票程序分為單輪投票與多輪投票兩種。投票結束後即進入計票階段，在選舉結果公佈後，關於候選人當選是否有效的爭議，又成為事務局需要解決的新的熱點問題。

（一）投票程序

首先是選舉人數問題。甘肅省詢問，眾議院議員選舉法第 56 條、75 條所稱的投票人總數，「究係以冊內有名之選舉人總數為准，抑係以臨時實到之投票人總數為准。」[19] 事務局的答覆是「所稱之除投票人總數，係以臨時實到之投票人已經投票，而列入於投票薄之總數為准。」[20] 此後，事務局又強調指出，到場領票而未投票者仍不能算入投票人總數之內。[21]

其次是投票區互選問題。直隸省廣昌縣在來電中稱，該縣國會選舉劃分五個投票區，此五區能否甲乙互選。[22] 事務局指出：「本款所稱選舉人名冊當然以在選舉區為限。是甲乙兩區自可互選。」[23] 在後來的補充說明中，事務局又指出根據眾議院議員選舉法第四十、四十三條規定，「是選舉人業已分屬於各區，而各區之投票薄又係按區分造，其列名亦只以各本區所屬之選舉人為限。則舉行初選時，自應各赴其所屬之區投票，依法簽字可免困難。前電所稱甲乙兩區可互選者，蓋謂甲投票區選出之人，不妨為乙區人，非謂甲區之人可到乙區行使其選舉權也。」[24]

19　《甘肅都督致籌備國會事務局電》，《公電》，《政府公報》1913 年 1 月 21 日。
20　《籌備國會事務局復甘肅都督電》，《公電》，《政府公報》1913 年 1 月 21 日。
21　《籌備國會事務局復昌黎縣知事電》，《公電》，《政府公報》1912 年 12 月 21 日。
22　《廣昌縣知縣呈籌備國會事務局電》《公電》，《政府公報》1912 年 10 月 19 日。
23　《籌備國會事務局復廣昌縣知縣電》《公電》，《政府公報》1912 年 10 月 19 日。
24　《籌備國會事務局復直隸廣昌縣知縣電》，《公電》，《政府公報》1912 年 10

再次是投票地點問題。直隸省第二區複選投票點在平泉,「惟複選限期轉瞬即至,而口外大雪彌漫,道途梗塞,天寒路阻,隔絕行人,若非准予變通,則永遵兩屬初選當選數百餘人,均有不能前往投票之慮。」為此直隸省提出變通方法,「仍請准予在唐山設一投票分所,另派妥員專司其事,仍與承朝各屬用分投合檢之法,以電報傳達。」[25]廣西省又提出,如果初選區內沒有初選當選人,「其區內選民尚須投票否。如須投票,是否就附近之他初選區。」[26]對於直隸省的變通方法,事務局表示同意,「惟投票不妨分為兩處,而開票則必須合為一起,若以電報傳達,票數萬一稍有錯誤,將來補救為難。」所以唐山投票分所投票完畢後,管理員必須迅速將投票匭送達平泉複選監督駐在地,與平泉投票匭一同開檢。[27]在對廣西的答覆中,事務局要求「但仍先就本區投票,俟投票完畢後,即將投票匭移交餘額歸入之區,匯齊開票。」[28]

(二)當選確認

1.當選標準認定

直隸省指出,初選當選人當選標準為投票人總數的三分之一,複選標準是初選當選人總數過半,「如除有奇零不盡之數,或初選得數不能三分,複選得數不能折半,如何辦理?」[29]事務局在回電中強調,「非得滿額者,不得為當選人……滿額之滿字,極為注重。

月 27 日。

[25] 《直隸都督致籌備國會事務局電》,《公電》,《政府公報》1913 年 1 月 14 日。
[26] 《籌備國會事務局致各省都督民政長電》,《公電》,《政府公報》1912 年 12 月 3 日。
[27] 《籌備國會事務局復直隸都督電》,《公電》,《政府公報》1913 年 1 月 14 日。
[28] 《籌備國會事務局致各省都督民政長電》,《公電》,《政府公報》1912 年 12 月 3 日。
[29] 《直隸都督致籌備國會事務局電》,《公電》,《政府公報》1912 年 10 月 7 日。

則法定當選票額，應從嚴格解釋。」[30] 不久，直隸省又詢問：「設有一人，在甲複選區得十七票，在乙複選區得二十三票，在丙複選區得二十票。就一區論，則不滿票額。就各區論，則實過票額。若但就一區論，則非不分區劃之意。若得就各區論，則應歸何區當選。」[31] 事務局認為，根據眾議院議員選舉法第七十五條規定，「複選之當選票額，既各依本區投票人數為差，則得票之數自應各就本區一區計算，以得票滿該區應得票額者為當選，不能就各區計算。」[32]

安徽省提出，根據選舉法 56 條規定，得票不滿者不得為初選當選人。57 條規定再次投票辦法，申明至足額為止。「惟至再行投票之時，所決當選人名額為法數，各原投票區之再行投票人為定數，與第一次投票大不相符，斯時之當選票額，究竟如何算定？如以第一次投票之票額為票額，則第二次以後之投票人必不能照前踴躍，票額太多，結果必有多次不能選出之弊。」[33] 廣東省也提出類似問題，如果初選舉第一次當選不足額，重新投票當選票數如何確定？[34] 事務局在答覆中說明：「當選票額，無論第一次投票與再行投票，均須依分配該區之當選人名額與投票人總數，按法比例計算。」[35]

2. 當選有效認定

在安徽懷甯縣，選民何雯在眾議員初選中當選，但是「初選監督處底冊具在，惟複選監督處名冊將何雯之名遺漏。」何雯當選是

30　《籌備國會事務局致各省都督民政長電三則》，《公電》，《政府公報》1912年10月7日。

31　《直隸都督致籌備國會事務局電》，《公電》，《政府公報》1912年10月24日。

32　《籌備國會事務局致各省都督民政長電》，《公電》，《政府公報》1912年10月24日。

33　《安徽選舉總監督致籌備國會事務局電》，《公電》，《政府公報》1912年12月13日。

34　《廣東都督致籌備國會事務局電》，《公電》，《政府公報》1912年10月14日。

35　《籌備國會事務局復安徽都督電》，《公電》，《政府公報》1912年12月13日。

否有效？[36]事務局認為，根據眾議院議員選舉法第 54 條第 5 項規定，當選無效是指「選出之人為選舉人名冊所無者。」初選時，「選舉人名冊自應以初選監督處之名冊為據。何雯如果調查時，已經列入初選監督處之選舉人名冊，其初選當選，但檢票時核與該初選舉區名冊相符，自應作為有效。」[37]

江西省第五區在進行複選舉時，投票人歐陽沂在選票上自書本名，經監察員發現，指責歐陽沂違章，於是他又自行塗改，以致該選票字跡不明，經公議將此票作為無效處理。開票後歐陽沂又當選，有多人指責他自舉本人是違章舞弊，要求取消他的當選資格。事務局在回復中明確批評監察員行為違法，「查書寫票紙任書何人，本係投票人之自由，他人不得窺視。監察員除依法監視各管理員辦理投票開票各事宜外，即無監察他人書寫票紙之權。又選舉法每票不得自書本人姓名，係為無記名單記法之解釋，並非投票人不能自舉為被選舉人之解釋。」所以歐陽沂當選，自不得任意取消。[38]

3. 當選無效認定

當選無效認定的依據主要是選舉程序違規。如山西省在選舉參議員時，連續兩天依法選出 8 人，尚缺 2 名。因三月初六日到場議員與法定人數不符合，於初七日繼續選舉，按書到名簿已足法定人數，但又有 14 人自行退出，致使選舉不足法定人數，未便開匭。第 2 天未投票議員補投票。但投票匭仍封存未開。該省詢問此項手續選舉法沒有規定，是否有效？[39]事務局答覆：「書到名簿雖是法定人數，而有多人尚未領票，即行退出以致不滿法定人數，自應仍

---

36 《籌備國會事務局致安徽都督電》，《公電》，《政府公報》1913 年 1 月 20 日。
37 同上。
38 《籌備國會事務局致江西都督電》，《公電》，《政府公報》1913 年 1 月 23 日。
39 《山西選舉總監督致國會事務局電》，《公電》，《政府公報》1913 年 3 月 14 日。

按選舉法第六條之規定不得投票。況退出者次日始行補投，尤當認為無效。希速按法另行投票，以重選政。」[40]

　　河南省提到有初選參選人，「倘其人果有法定資格，而調查遺漏，雖未於宣示日期內更正入冊，實於選舉期前查明有據，如選舉時得票滿額，」如何辦理？[41] 四川省的問題與此相似，「初選開票確為本人，有冊注名者，票投號者，有冊注號者，票投名者，有名號並投者，又有音同字異，」這些情況應該如何處理？[42] 針對此類問題，事務局反覆強調：「查初選當選人如為選舉人名冊所無者，無論如何，依法應作無效，即使選舉期前查明有據，然既未更正入冊，究與法定程序不符，實屬礙難通融辦理。」[43] 而且，「是選舉票所書被選舉人姓名，自以注明選舉人名冊冊票姓名俱屬相符者為限。選舉法既取無記名單記之制，其不書名而書號，及音同而字不同者，雖有方法證明，難保其必無錯誤，均應以無效論。」[44]

　　此外，初選舉無效將會影響複選舉的效力。如直隸省詢問：「查選舉法第八十三條第二項初選舉無效時，複選舉雖經確定，一併無效。所謂複選舉者，是否指某一初選區之複選舉而言。又如初選區內之某一投票區，倘有選舉無效時，此投票區之選舉自應作為無效，該初選全區是否受其影響，一併無效。」[45] 事務局表示：「初選舉舞弊或違背法令，若在複選未經舉行以前判定，則影響不及於他區，應僅該初選區無效。若複選業經確定，則全區複選均歸無效。」

---

[40] 《籌備國會事務局復山西民政長電》，《公電》，《政府公報》1913 年 3 月 14 日。
[41] 《河南選舉總監督致籌備國會事務局電》，《公電》，《政府公報》1912 年 12 月 17 日。
[42] 《四川民政長致籌備國會事務局電》，《公電》，《政府公報》1912 年 12 月 22 日。
[43] 《籌備國會事務局復河南都督電》，《公電》，《政府公報》1912 年 12 月 17 日。
[44] 《籌備國會事務局復四川民政長電》，《公電》，《政府公報》1912 年 12 月 22 日。
[45] 《直隸都督致籌備國會事務局電》，《公電》，《政府公報》1912 年 12 月 13 日。

至於初選時某個投票區如果選舉無效,「若在開票後而影響及於
全選舉區者亦同。如投而未開,則僅該投票區無效,他區不受其
影響。」[46]

三、一般選務組織與管理

在選前與選後階段,事務局的選舉組織與管理事務,除上文提
到的以外,其他一些重要的選務工作也是可圈可點。

(一)選前事務工作

1.選舉規章制訂與頒行

國會組織法、參眾兩院議員選舉法等主要選舉法律,均為北京
臨時參議院制定。為了更有效地執行這些選舉法律,在 1912 年下
半年,事務局呈請內務總長與大總統,以部令或總統令方式頒佈了
一些選舉工作施行規則。主要有《眾議院議員選舉日期令》(9 月 5
日)、《眾議院議員第一屆選舉籌備日期令》(9 月 8 日)、《眾議院
議員選舉法施行細則》(9 月 20 日)、《國會省議會第一屆選舉費用
補助令》(10 月 5 日)、《蒙古西藏青海眾議院議員選舉施行令》(10
月 5 日)、《眾議院議員選舉投票紙投票匭管理規則》(10 月 30 日)、
《眾議院議員選舉開票規則》(11 月 22 日)、《參議院議員選舉法
施行細則》(12 月 8 日)、《參議院議員第一屆選舉日期令》(12 月
8 日)、《眾議院議員初選舉同姓名者被選決定令》(12 月 13 日)、
《眾議院議員複選舉選舉票施行令》(12 月 13 日)、《追加眾議院
議員選舉日期令》(12 月 16 日)。而且在參眾兩院議員選舉法施行
細則中均以圖表形式,公佈《投票錄定式》、《開票錄定式》、《選舉
錄定式》、《參議院議員證書定式》、《眾議院議員證書定式》。

---

[46] 《籌備國會事務局復直隸都督電》,《公電》,《政府公報》1912 年 12 月 13 日。

此外，根據地方反映的選區劃分遺漏問題，內務部從 9 月份開始及時更正一些省份的複選區劃分。9 月 16、27、29 日，10 月 9、13、25 日相繼 6 次公佈《更正眾議院議員各省複選區表》，涉及的省份有直隸、江蘇、湖南、甘肅、四川、廣東、廣西、貴州、吉林等省，主要是在個別複選區內補列一些府廳縣。10 月 30 日、11 月 11 日、14 日又分別公佈《更正眾議院議員河南複選區表》、《更正眾議院議員甘肅省複選區表》、《更正眾議院議員新疆省複選區表》。

2. 選舉日程設定

1912 年 9 月，根據內務部命令，眾議員選舉日程正式公佈。部令要求在 9 月 10 日前，各省總監督委任各複選監督。總監督確定複選監督駐在地。9 月 15 日前，確定初選監督，投票區分派調查委員，制訂調查委員辦事細則。10 月 10 日前，制訂完成各初選區選舉人名冊。初選監督在各投票所頒發選舉人名冊，向公眾宣示。初選區選舉人名冊分別呈報複選監督與總監督。10 月 20 日前，初選監督判定更正選舉人名冊。10 月 30 日前，各省總監督向內務部呈報該省選舉人總數。初選監督向複選監督與總監督補報更正選舉人名冊。初選監督頒發初選舉通告。11 月 10 日前，總監督分配複選當選人名額，通知各複選監督。複選監督製成投票紙分交各初選監督。11 月 20 日前，複選監督製成初選當選證書分交各初選監督。11 月 30 日前，複選監督分配初選當選人名額，在各初選區張榜公佈。12 月 3 日前，初選監督造好投票簿，製成投票匭，分交各投票所。同時將投票紙分發給各投票所。12 月 10 日前，複選監督向初選舉區頒發複選舉通告，舉行初選舉。12 月 31 日前，初選投票所開票所一律裁撤。確定初選當選人。初選監督通知初選當選人，發給初選當選證書，張榜公佈當選人姓名，並呈報複選監督。1 月 10 日前，初選當選人名冊一律到達各複選

監督駐在地。初選當選人一律齊集各複選監督駐在地。舉行複選舉。[47]

為配合參議員選舉如期舉行，北京政府同時要求省議員初選舉、複選舉分別在 1912 年 12 月 6 日、1913 年 1 月 6 日舉行，延期以 6 日為限。[48]12 月 8 日，內務部頒佈參議院議員第一屆選舉日期令，決定各省參議員選舉定於 1913 年 2 月 10 日舉行。屆時如果有的省區省議會尚未成立，可以呈報內務總長延期到省議會成立後第一次開會的翌日。蒙古、青海、西藏參議員選舉定於 1 月 20 日舉行。必要時可以呈報內務總長延期，但最遲不能超過 2 月 10 日。其他中央學會、華僑選舉會的參議員選舉，都不能超過 2 月 20 日。如果投票人數不滿法定出席標準，可以酌情延期。[49]

3. 投票日期協調

鑒於在兩個多月時間內，全國要連續舉行眾議員初選舉、複選舉、省議員初選舉、複選舉、參議員選舉等 5 次大型選舉，選舉日期如何協調無疑是一個難題。奉天省提到：「省議會初複選期，依令均早眾議院四日……惟查現在人民對於選舉，尚多漠視，兩次分辦，距期離近，恐因往返之勞，致生放棄之念。」該省建議將省議會投票之期改為眾議院同日，仍令省議會投票在先。[50]直隸也提出類似意見。[51]但是事務局反對這種安排，「查選舉日期令所定省議會與眾議院舉行初複選日期相隔僅四日，原係為選舉人便利起見，若必同日舉行，誠恐一項之投票未終，而二次之時間又屆。況按法文，有決投票之手續，尤非同日可以並行，致生種種窒礙。

---

[47] 《眾議院議員第一屆選舉籌備日期令》，《內務部部令》，《政府公報》1912 年 9 月 9 日。
[48] 《省議會議員第一屆選舉日期令》，《命令》，《政府公報》1912 年 10 月 3 日。
[49] 《參議院議員第一屆選舉日期令》，《公電》，《政府公報》1912 年 12 月 9 日。
[50] 《奉天都督致籌備國會事務局電》，《公電》，《政府公報》1912 年 10 月 21 日。
[51] 《直隸都督致籌備國會事務局電》，《公電》，《政府公報》1912 年 12 月 12 日。

至初選區域，本僅一縣，其區域稍廣者，又可分為數投票區，與選舉人，與選舉人住所，當不致相距遼遠，竟使往返有十分困難之虞。」[52]

雲南省原訂於本年 11 月 25 日舉行省議會眾議院議員初選，12 月 20 日舉行省議會複選，翌年 1 月 10 日舉行眾議院議員複選。考慮到兩種選舉複選區域相同，建議眾議院複選提前與省議會複選分別於 12 月 20 日、22 日接續舉行。[53]事務局在表示同意後，慎重提醒雲南當局：「惟選舉關係人民權利，辦法不厭求詳，希由貴總監督通飭各屬，查明現辦選舉調查情形，是否一切法定程序俱可提前完畢。」[54]

直隸省又詢問，如果初選區內的某投票區發生訴訟，經法院審判確定宣告無效，「該投票區可否再行投票，倘再投票，與複選日期已近，而該投票區之初選，尚未畢事，應否將該區有關之複選展緩日期。」[55]事務局答覆：「查宣告無效之投票區，仍應再行投票，如複選必須延期，得依選舉日期令及追加選舉日期令，將該區有關之複選酌延日期。」[56]

4. 選舉宣傳與選務通報

事務局比較重視選舉宣傳工作，曾提請內務總長要求各省將選舉通告與大總統令分別編成白話淺說，分送民間，派員分途演說。[57]還要求各地在投票所開票所公示大總統命令，印發多張，在選舉前發送到每個選舉人。[58]一些省區也遵命積極行動。其中江蘇

---

[52] 《籌備國會事務局復奉天都督電》，《公電》，《政府公報》1912 年 10 月 21 日。

[53] 《雲南都督致內務總長暨籌備國會事務局電》，《公電》，《政府公報》1912 年 10 月 19 日。

[54] 《籌備國會事務局復雲南都督電》，《公電》，《政府公報》1912 年 10 月 19 日。

[55] 《直隸都督致籌備國會事務局》，《公電》，《政府公報》1913 年 1 月 10 日。

[56] 《籌備國會事務局復直隸都督電》，《公電》，《政府公報》1913 年 1 月 10 日。

[57] 《內務總長致各省都督民政長電》，《公電》，《政府公報》1912 年 11 月 1 日。

[58] 《內務總長致各省都督民政長蒙古西藏青海各辦事長官電》，《公電》，《政

省將內務部選舉通告與大總統令分別編成白話淺說印刷六萬份張，頒發到六十縣，分送各選舉人，並令各縣派員分途演說。[59]直隸省除登報公佈外，還準備加以簡明解釋，轉發各屬，使全省人民皆知重視選舉權。[60]

與此同時，為更好地協調各地選務的有效展開，事務局在答覆某省問題時，一般都會及時再電其他各省，通報此類問題的解決辦法。「嗣後但有一省電請解釋者，解釋後當即通電各省。」[61]

（二）選後事務工作

1. 選舉訴訟程序確定

福建省詢問：該省南港縣初選，選民因選舉訴訟，經地方審判廳判決當選無效，候補人已經遞補。但當事人不服，提起上訴，高等審判廳又判決選舉無效。查選舉法並無選舉上訴的規定，僅第九十條規定，初選舉訴訟應由地方廳起訴，複選舉訴訟應由高等廳起訴。「現在複選日期即係明日，若如高等廳判決選舉無效，則全局動搖。」[62]事務局答覆：「查法稱選舉無效與當選無效之選舉訴訟，其判決固截然兩事，即起訴亦判然兩途。」前者是對於辦理選務人員，後者是對於當選人。「南港初選訴訟，既由地方判決為當選無效，是其為對於當選人之訴訟也，可知該當選人於法定期間內未據上訴，地方判決即為確定，依法遞補辦理，並無不合。何以高等審判廳又判決選舉無效。似此起訴之目的既若此，而上訴之判決又若彼，殊與本法規定不符。縱使上訴中發見有選舉法第八十二條情

府公報》1912 年 12 月 22 日。

[59] 《江蘇都督致內務總長電》，《公電》，《政府公報》1912 年 11 月 3 日。

[60] 《直隸都督致內務總長電》，《公電》，《政府公報》1912 年 11 月 3 日。

[61] 《籌備國會事務局致各省都督電》，《公電》，〈政府公報〉1912 年 9 月 8 日。

[62] 《福建都督致籌備國會事務局電》，《公電》，《政府公報》1913 年 1 月 23 日。

事，亦應有該管檢察官廳依法另案向地方起訴。」因此，高等審判廳的行為不僅違背選舉訴訟法規，而且與訴訟程序不符。[63]

由於此類情況具有普遍性，事務局隨後致電各省：「此次選舉訴訟紛紜，固由於辦理人員之未改盡得宜，亦由於管轄許可權之未經確定。查選舉法第九十、九十一、九十二等條規定，選舉人得自選舉日起向審判廳起訴等語。所謂選舉日者係指選舉完畢，宣示當選人名之日而言。凡依法辦理選舉未經完畢以前，皆當為選舉監督行政範圍之職權，各該辦理選舉人員，果有違法舞弊各情事，該管監督官自應隨時查辦糾正。」此時並沒有司法權介入的必要。「故依法文之規定，非辦理選舉人員不得為九十條及九十二條選舉訴訟之被告，非當選人不得為第九十一條選舉訴訟之被告，非選舉人及落選人不得為各該條之告訴或告發人。至本法所稱關於選舉犯罪，即規定於刑律妨害選舉各罪一章，無論何人有犯，俱為刑事訴訟範圍，與法稱選舉訴訟者不同，應依普通刑事案件辦理。」[64]

2. 選舉舞弊投訴受理

國會議員初、複選舉結束後，各地相繼發生選舉舞弊事件。僅1913 年 1 月份，籌備國會事務局就收到各地投訴選舉問題的電文46 件。[65] 投訴主體包括各政黨地方支部、選民代表、眾議員初選當選人、選舉監察員、民間團體等。涉及的選舉舞弊問題種類繁多，如包括虛報選民人數、私自代寫選票、恫嚇選民投票、冒名當選、選務人員做票、武力干涉選舉、買賣選票、拖延選舉案件審判、監視選民寫票。事務局限於人力、物力的限制，一般在受理後，不直接處理投訴，而是致電各省選舉總監督，要求地方嚴格查辦。

---

[63] 《籌備國會事務局復福建都督電》，《公電》，《政府公報》1913 年 1 月 23 日。

[64] 《籌備國會事務局致各省都督民政長電》，《公電》，〈政府公報〉1913 年 1月 25 日。

[65] 詳見《通電》，《政府公報》1913 年 1 月。

四、結束語

　　各國選舉經驗表明，精幹的選舉組織與周密細緻的選舉管理，是選舉獲得成功的技術條件。「成功料理有數以百萬計選民參加的現代選舉是一項規模相當大的管理任務，它涉及一系列的選舉操作、組織和必須加以細心安排和監管的選舉日程等。」[66]一般認為，精幹、協調、高效、公正原則是評估選舉組織機構成效的主要指標。精幹原則要求選舉組織的組成人員和具體部門要少而精。協調原則要求不同層級、不同事務性質的選舉組織之間要權責分明、相互配合和協調一致，而不得相互扯皮和拆臺。高效原則強調選舉組織的任何工作都應迅速而有成效地進行。公正原則要求國家選舉組織對任何黨派、團體和個人均不偏不倚，保持中立。[67]

　　在當時的社會經濟文化條件下，事務局的選務工作是比較有成效的。首先從人員構成來看，事務局人數不多，但主事者多是法政方面的專家。如委員長施愚，留學德國研究法律6年，曾任晚清憲政編查館科員、五大臣考察憲政團隨員。委員張名振，時為法制局參事，畢業於日本法政大學，曾任晚清吏部主事。同為法制局參事的委員方樞，曾獲日本早稻田大學法學士。[68]其次，事務局相當重視選舉制度具體實施工作。選前就向地方鄭重宣示：「此次選舉，為我國四千年來之創局，一切籌備方法，不可不格外慎重。」[69]初選舉之後，事務局再次通電各省都督民政長蒙古西藏青海行政長官，「此次選舉，為我民國紀元之創局，五族共和，尤有我國民共

---

[66] T. E. Smith, *Elections in Developing Countries*, ST Martin's Press, 1960, p3.

[67] 彭宗超：《公民授權與代議民主——人民代表的直接選舉比較研究》，河南人民出版社，第126-127頁。

[68] 施愚、張名振、方樞3人履歷參見程燎原《清末法政人的世界》（法律出版社，2003年）第169、171、393、400頁。

[69] 《籌備國會事務局致各省都督民政長電》，《公電》，《政府公報》1912年10月20日。

同享之權利，所有辦理一切選舉事，宜務當遵照約法及選舉各法，不分種族，俾得一體行使公權。」[70]不僅於此，事務局還通過內務部呈請總統袁世凱以命令的方式，多次督促地方選舉工作。8月21日臨時大總統發佈命令，稱「現在選舉為時甚迫，尤當力促進行。……各地方行政長官，務按照法定程序，遵守應有職權，慎重執行，認真監督。」[71] 10月8日，臨時大總統令中又指出：「各該選舉監督務須督飭辦理，選舉事務人員依照法令各盡職權。總以國會選舉一切籌備進行不致稍涉疏漏為要。」[72] 10月29日大總統令再次要求各地依法保護公民選舉權，「所有關於選舉權事宜，凡各省長官命令有與選舉法抵觸者，均應作廢。」[73]

當然，與當時發達的民主國家相比較，事務局在選舉制度建設方面還存在一定的差距。如在懲治選舉舞弊層面，沒有制定專門的選舉法規，而英國早在1883年就已經頒佈《取締選舉舞弊和非法行為令》，明文規定禁止賄賂、款待、威脅以及冒名頂替等不當行為，違者處以罰金和監禁。[74]此外，在選舉經費監管層面也是空白，缺乏關於候選人、政黨競選費用事項的細緻規定。所以有學者指出：「這次的選舉規程與辦理選舉的技術，雖較前清有所改進，但缺點仍多。」[75]最後至為關鍵的是，事務局隸屬於內務部，並不是一個常設的中央選舉組織機構，無法成為一個獨立於國家權力之外，不受任何權力尤其是政府行政權力干預的中立機構。

---

[70] 《籌備國會事務局致各省都督民政長蒙古西藏青海行政長官電》，《公電》，《政府公報》1912年12月18日。

[71] 《命令》，《政府公報》1912年8月23日。

[72] 《命令》，《政府公報》1912年10月9日。

[73] 《命令》，《政府公報》1912年10月30日。

[74] 閻照祥：《英國政治制度史》，人民出版社，1999年，第341頁。

[75] 張朋園：《從民初國會選舉看政治參與》，《中國現代史論集第四輯——兼論蛻變中的政治優異分子》，《中國近現代史論集第19編民初政治一》，商務印書館，1986年，第89頁。

　　不過,「一個制度的建立,多須經過從經驗中發現錯誤,在理性下求其改進的過程。民元百般在走步狀態,弊病自所難免。」[76]事實上,在實際選務運作中,正是事務局卓有成效的運轉促進了民初憲政改革的政治穩定。與清末諮議局議員選舉相比較,民初國會選舉選民人數急劇增加,政治參與程度迅速提高。與此同時,第一屆國會選舉仍然能夠較為成功地舉行,實在是與當時選舉制度化水平提升有關。制度化水平的改進,不僅在於制訂大量的規章制度,更重要的是能夠切實貫徹執行。為此,籌備國會事務局的努力是功不可沒的。

---

[76] 同上,第 89 頁。

現代中國的首次民主轉型

讀朱宗震《真假共和
——1912 中國憲政實驗的臺前幕後》

　　民國初年的政治發展，一直是不少歷史、政治、法律等領域學者關注的焦點。由於學科背景的差異，人們對當年憲政實驗的性質、結局及失敗原因，存在激烈的爭論。民國史專家朱宗震先生的新著《真假共和——1912 中國憲政實驗的臺前幕後》，雖然是一本用通俗筆法完成的歷史著作，但是其特色卻非常明顯，可以視為一次新的學術探索的開始。

　　首先，對民初中國憲政實驗的歷史背景分析相當精彩。民初兩年的南北和談、內閣風波、組黨風雲、議會政治、張振武案等的來龍去脈，作者均能娓娓道來。而且與以往類似著作不同的是，作者不僅關注中央層面政爭，對地方政治發展也很留心，其中江蘇、湖北、上海等地的政治人物與事件，均納入研究視野之中。特別是在總結 1912 年憲政實驗及展望 1913 年政治前景時，作者指出 1912 年孫（中山）黃（興）北上，緩和了南北之間的政治衝突，達成了趙秉鈞政黨內閣的妥協。而宋教仁則期望通過國會選舉與制憲活動，循著議會政治的和平軌道執掌政權，「但是，進入 1913 年之後，袁世凱已經不願意接受一個總統受到議會制約的國家體制，也就是說，袁世凱和國民黨都提高了對政權的要價。」這樣雙方在推翻清廷之後的妥協，已經失去了調和的空間，矛盾再次激化起來。

其次，從教育文化的視角對憲政實驗失敗原因做出新的闡釋。作者在序言中就提到本書尤其重視歷史人物的教育背景，也就是文化背景，認為「從這些人物的文化背景和他們的思維和行為習慣，我們就能理解這段歷史生成的重要原因。」以此為立論依據，在總結憲政實驗失敗原因時，強調政治精英不具備民主素養，「沒有現代化的人才，又怎能有現代化的運動？」所以「共和制度在落後的中國，遠遠沒有到可以操作的階段。」作者還感歎：「中國到現在為止，還沒有一個現代政治學的大師，我們任重而道遠。」由此在展望中國憲政發展前景時，作者得出「制度是社會自己運動、逐步創造的過程」的結論。

最後，對歷史人物的評價富有感情色彩。從總體上來說，作者對革命黨人基本上持同情態度，認為他們或是書生氣太重，或是為人厚道，容易上當受騙。全書對宋教仁著墨較多，認為宋教仁有總理之才，可惜結局之慘，所謂「宋教仁之所以是一個歷史悲劇人物，就在於他既不打算革命，又要向袁世凱挑戰，完全背離了當時中國政治的實際格局，也就是迷戀虛假的議會形態，而沒有看清楚隱藏在袁世凱背後的暴力。」即使是對政治操守與人品不佳的湖北革命黨人張振武，因其不幸在北京被袁政府槍殺，作者也就把重心放在批評袁世凱濫用暴力，而回避張振武的政治野心與軍人身份，認為張振武的貪污腐化，只是一種弱點或嫌疑。至於袁世凱，作者從一開始就認定袁從民國初建伊始，就已經認同梁啟超的開明專制論，反對《臨時約法》與民初憲政，其所作所為只不過是「讓共和留下個軀殼而已」。

縱觀全書，作者在總結民初憲政實驗原因時，政治精英教育文化背景缺失是其核心觀點，同時也提到經濟、社會等其他宏觀因素的外在制約，從而強調憲政實驗失敗的不可避免性。作為一家之言，自有其可取之處，但仍存在一些問題與不足。如過分強調政治人物的現代教育文化背景的重要性，反而漠視了政治人物利益優先

的基本特性。對政治人物來說，權力與利益是其政治生存的目標，有時再好的文化素養，也要服從於既得利益的政治目標。當年韓國總統李承晚，雖然是第一個獲得美國政治學博士學位的韓國人，但卻是一個不折不扣的獨裁者。而臺灣領導人蔣經國，長期接受的是標準的東方專制主義教育，卻開啟了臺灣政治民主化的大門。在這個意義上講，袁世凱與李承晚、蔣經國並無太大區別，為了權力目標，他既可以支持民主共和，同樣當其政治目標落空時，也可以終結民國憲政。此外，在早期現代化階段，絕大多數政治人物的現代素養都是有缺失的。即使是在美國，作為建國之父的亞當斯總統，在其任期內還通過了限制言論自由的 1798 年懲治叛亂法。根據該法令，總統可以下令逮捕任何以言論或文字「輕蔑或詆毀」聯邦政府、國會或總統者。此項法令無疑粗暴地侵犯了個人權利，在其頒佈後不久，很快就有 24 名報刊編輯和發行人被捕。

本書在對袁世凱等複雜歷史人物進行評價時，還是習慣於以歷史結局為立論依據，忽略了歷史發展的過程與變數。其實正如歷史學者郭世佑教授所言，在評價辛亥革命歷史結局時指出，過去人們主觀認為袁世凱上臺就註定了他在數年後必然要搞帝制，這種以事物的結果來代替其過程分析的方法不啻是宿命論和歷史功利主義方法。後人所瞭解的歷史都是已經凝固而且再簡單不過的既成事實，而某些既成事實的原型在凝固成歷史之前，往往是錯綜複雜和變幻多端的。筆者以為，應該承認的事實是，即使對憲政民主不甚瞭解的袁世凱，在民國初年，也極力想通過合法的政治手段──而不是非法的武力手段──介入政治活動，以達到在民國實現增強總統權力的政治目的。

關於本書還有一個最重要的問題，即關於民初憲政試驗的評價，也就是所謂「真假共和」的難題。在筆者看來，民初中國的政治發展其實應視為現代中國史上的第一次民主轉型。從《臨時約法》的頒行、競爭性議會選舉的開展、言論出版的自由，到國會政治的

運作與憲法草案制定，民初中國經歷了一個完整的制度轉型過程。民主轉型是民主制度的創建過程，憲法的制定與憲政制度的實施是民主轉型的主要內容。經驗表明，轉型是民主化進程中最不穩定的階段，時刻具有被舊政權顛覆的危險。民主轉型是民主政治建設的第一步，隨後才是決定民主制度存續的民主鞏固階段。

　　從民主轉型的視角觀察民國初年的憲政試驗，有助於我們拓寬視野，至少可以從比較民主化、制度變遷與政治策略等三個微觀層面來總結歷史經驗。

　　在比較民主化層面，在早期民主化階段出現的一些不成熟的政治現象，不僅是正常的，而且具有普遍性。如書中提到的民初政黨是士大夫的朋黨，其派係爭鬥的落後性。但是美國著名政治學者亨廷頓的研究表明，政黨政治的發展通常經過四個階段。其中宗派期是第一階段，此時「政治基本上只是少數人在為數從多的弱小而短暫的同盟和集團之中相互進行競爭，這些集團持久性很差，且無結構可言，通常只是個人野心的一種投影。」18 世紀歐洲與美國許多政黨團體都屬於這種類型。這種描述同樣也適用於民國早期的政黨政治。派係政治的缺點與不足，只是表明政黨政治發展還沒有進入制度化階段。而進入制度化階段，又需要上百年的漫長演進過程。

　　在制度主義者看來，政治制度變遷的實現要通過制度主體的創新行為來實現。「制度創新成功的關鍵在於新制度能夠增進創新集團的利益，同時得到其他行動集團的支持。」當時決定中國政治制度變遷的最重要力量並不是國民黨與後來的國會，而是袁世凱的北洋政治集團。對於袁世凱這樣的實用主義政治人物來說，以較少的代價，攫取更多的政治利益是其最主要的政治目的。袁在 1912 年接受共和制度，其實就是建立在這種判斷之上。如果這一期望受挫，袁自然就會改變最初對共和民主制度的不反對態度。民初的兩年，就是袁對民國新政治制度態度發生轉變的一個過程。

但是無論是 1912 年《臨時約法》，還是 1913 年的《天壇憲法草案》，在處理行政與立法權力關係時，均設計出一種「立法至上」的政治制度。在這種制度安排下，國會權力極大，完全不受行政、司法權力制約。特別是國會可以行使「倒閣權」，而政府卻沒有「解散權」。這種制度設計顯然違背了權力制衡的原則。在現實政治運作中，一旦政府與國會發生政爭時，作為政府的一方並不能合法地解散國會，依法重新舉行國會選舉，以此來化解政治衝突。最後採取的只能是像袁世凱那樣，使用體制外非法的武力方式解散國會。

更重要的是這種「立法至上」的政體模式，完全沒有承認當時左右中國政壇的北洋集團的政治利益。在民國初年的政治格局中，北洋派無疑是力量最強大的政治集團，袁世凱政權得到軍隊、官僚、立憲派與商人階層的支持。考慮到這種政治現實，讓政治強人袁世凱放棄實權，甘當虛位元首的想法絕對是不切實際的。袁本人也明確表示：「世凱既負國民之委託，則天下興亡，安能漠視？」袁所感興趣的是做一個實權總統，而不是虛位元首。缺乏這種政治制度變遷的動力，民國初年憲政制度變革最後的失敗也是在所難免。

在政策策略方面，政治妥協對民主化進程的影響至關重要。美國政治學家達爾認為民主依賴於妥協，這已成為人們公認的常識。亨廷頓也強調妥協是在 20 世紀 70 年代以來第三波民主化的共同特徵之一，因為「民主國家是通過談判、妥協和協定而產生的」。在政治精英中進行談判和妥協是民主化進程的核心。從政治妥協的類型來看，1912 年的南北議和，僅是一種實質性妥協。考慮到當時內憂外困的政治現實，革命黨人才不得不做出讓步，同意袁世凱擔任臨時大總統。但這只是一個政治謀略，對袁世凱只是暫時性的使用。待危機過後，革命黨還是準備重新執掌民國正式政府的大權。

但是僅有實質性是遠遠不夠的，制度性妥協其實更加重要。在民主轉型過程中，體現制度性妥協功能的最重要的政治活動就是制

憲。只有通過制憲活動,才能將各主要政治力量的利益目標在憲法條文中體現出來。最後制定的憲法可能在理論上並不完美,但是卻能夠基本上體現各主要政治勢力的利益與要求。只有這樣的憲法才有可能被多數政治精英們接受、執行,並存在下去。那種有憲法無憲政的局面才能夠盡力避免。制憲政治中制度性妥協方式是普遍存在的。1787 年美國制憲會議、英國 1688 年「光榮革命」以及 20 世紀後期世界第三波民主化,都是制度性妥協成功運作的典範。

對當時的革命黨人與北洋派來說,他們其實都明白,《臨時約法》與臨時政府畢竟都是臨時性質的,正式憲法與正式政府的組建才是最重要的政治目標,而且在民主轉型時期,通過議會政治同樣可以獲得最高權力。宋教仁之所以對臨時政府不感興趣,而把工作重心放在極力拉攏各派勢力,充實國民黨的政治實力,其政治用意就是如此。對革命黨人來說,在民主轉型時期最大的失誤並不在於謀求政治利益,而是忽略了當時的政治現實,追求不切實際的政治目標,未能實現制度性妥協。這在 1913 年下半年的憲法草案制定過程中表明得尤為明顯。當時以國民黨議員為主體的民國國會,排斥袁世凱北洋派的制憲參與,採用封閉性的國會制憲模式,選擇抗爭性方式單獨制憲,實際上是拒絕任何妥協的政治行為。「立法至上」的「超議會制」的出現,更是說明當時各主要政治力量沒有進行憲政體制層面上的制度性妥協,北洋派的總統權力目標在新的憲政制度中完全沒有實現。所以本書認為「宋教仁以合法的政黨競爭獲取政權的計畫,被袁世凱破壞」的看法不盡全面,宋的政黨競爭雖然合法,但是卻不切實際,已危及袁的既得利益與權力目標。

20 世紀後期第三波民主化經驗表明,在民主轉型階段,政治民主化的第一步目標應該是以制度性妥協的方式,確保某種形式的憲政制度能夠存在下去。即使一時效果不彰,甚至出現 20 世紀東亞、南美那種軍人干政、民主與威權並存的現象,只要國家政治體制能夠不被形形色色的極權主義政治模式所取代,政治自由化進程

能夠繼續存在下去，任何有缺陷的或不成熟的有限多元政治模式都
是可以忍耐的。只有這樣，第二、第三次民主轉型才會更容易出現，
民主轉型成功機率才會相應提高。對處於早期民主化階段的民初中
國來說，能夠通過制度性妥協，建立一個有限民主政治模式就是成
功。而這種可能性在當時並不是沒有，無論是袁世凱提出的總統制
權力目標，還是本書作者所肯定的程德全、張謇在民初江蘇的治理
活動，均是符合以上標準的。

　　總之，歷史的評價關係到對歷史經驗的總結，評論視角的多元
化，不僅是體現學術批評的作用，更重要的還是一種建設性，它將
會豐富人們對歷史的認識，使歷史經驗的積累更加完整。至於歷史
經驗與民主轉型的關係，正如亨廷頓在分析第三波民主化成功原因
時所說的，「先進的民主化人士不僅從以前實現政權變革的那些人
士中獲得了滾雪球般的推動力，他們也從其他人以前的經驗中吸取
了教訓。」

（全文發表於《南方都市報・閱讀週刊》2008 年 8 月 31 日）

1913 年國會制憲議員列表

姓名	年齡	籍貫	教育背景	社會經歷	黨籍
湯漪	33	江西泰和	舉人、美國墨西哥大學政經科畢業	1912 年任民國臨時參議員。護法運動中任廣東政務會議參議。1925年任北京政府善後會議副議長、臨時參政院副議長。1929 年後任國民政府行政院振濟會委員。	國民黨
金鼎勳	34	吉林永吉	日本明治大學畢業	1916 年任江漢道道尹及內務部參事。後又任東三省鹽運使。1925 年任臨時參政院參政。	政友會
高家驥	39	黑龍江巴彥	京師法政專門學校法律科	1912 年任臨時參議員。1928 年後任黑龍江省農礦廳長、教育廳長等職。	國民黨
解樹強	30	江蘇阜寧	日本早稻田大學畢業	1946 年任江蘇省臨時參議會參議員、國大代表。	進步黨民憲黨
藍公武	30	江蘇吳江	東京帝國大學畢業、德國留學	1911 年後回國任上海《時事新報》總編輯，	進步黨民憲黨

				北京《國民公報》社長。1918 年任北大教授。1949 年後任新中國全國人大常委。	
石德純	35	安徽壽縣	日本法政大學肄業	1910 年夏始任刑部僉事。辛亥革命革命時任安徽都督府祕書。國會解散後經商經辦鹽業。參加過北伐、抗日戰爭，歷任軍長、中將參議、安徽省臨時參議會副議長等職。	政友會
張我華	34	安徽鳳陽	日本明治大學法科畢業	前清吉林法政學校教員、記者。護法運動中任大元帥府參議。1922 年任黎元洪總統府顧問。1929 年任外交部常任次長，代理內政部長。	國民黨
陸宗輿	36	浙江海寧	舉人，日本早稻田大學畢業	前清東三省鹽務總督辦、資政院欽選議員。1913 年後任駐日公使、中華彙業銀行董事長、龍煙鐵礦公司督辦、幣制局總裁，1927 年後隱居天津。	進步黨
向乃祺	30	湖南永順	日本早稻田大學政經科畢業	1912 年任湖南財政司司長。國會解散後任中國公學大學部經濟科教授。	國民黨 民憲黨
丁世嶧	36	山東黃縣	廩貢，日本法政大學速成科	山東諮議局議員。1912 年後任《亞細亞日報》、	進步黨 民憲黨

				《中國雜誌》等報刊編輯。1916年任總統府祕書長,後辭職回鄉從事古文字學研究。	
金永昌	38	蒙古	日本振武學堂、東京帝國大學	1925年後曾任國民黨內蒙指導委員會委員、偽滿內蒙代表。	國民黨 大中黨
楊永泰	31	廣東茂名	秀才、北京法政專門學校畢業	前清廣東省諮議局議員。曾任護法軍政府財政廳長、廣東省長。1927年後曾任軍事委員會武昌行營祕書長、湖北省政府主席等職。	國民黨 民憲黨
王鑫潤	38	甘肅皋蘭	北京法律學堂本科畢業	曾任南京臨時政府司法部僉事。1918年參加過護法國會。	國民黨
蔣舉清	34	新疆昌吉	舉人、北京大學法律科		國民黨 政友會
朱兆莘	32	廣東花縣	舉人、美國紐約大學商務財政科學士、哥倫比亞大學法政科碩士、博士候選人	律師。1917年任總統府祕書。1918年起任駐美、英、意總領事、一等祕書、公使等職。1927年任國民政府外交部次長等職。	國民黨 兼 公民黨 大中黨
段世垣	32	河南澠池	附生、日本宏文書院普通科	1914年被北京政府殺害。	國民黨 公民黨
陳 善	35	雲南鹽豐	北京法政專門學校畢業	前清諮議局議員。1917年回滇任雲南蒙自道尹,1926年去職。	進步黨
王 庚	36	安徽合肥	進士、日本振武學校、法政大學畢業。	曾任前清兵部主事、參議、陸軍協統等職。1912年任總統府祕	進步黨

				書、參議等職。1915 年後任吉林巡按使、内務總長、安福國會眾議院議長、安徽省省長等職。抗戰期間曾任偽職。	
陳銘鑑	35	河南西平	舉人、北京中華大學法科畢業。	1912 年前曾任河南當州中學校長等教職。1916 年後曾任國務院經濟調查局參議、北平市政府財政局祕書主任等職。	進步黨
趙世鈺	30	陝西三原	廩生,日本早稻田大學鐵道科	參加過護法國會。	政友會
王用賓	31	山西猗氏	日本法政大學畢業	辛亥革命時任山西河東兵馬節度使、山西臨時省議會議長。護法運動中任大元帥府、總統府參議等職。參與馮玉祥北京政變。1924 年任河南省代省長。1927 年後任國民政府立法委員、司法部長等職。	政友會
車林桑都布	30	蒙古			共和黨
饒應銘	37	四川超西	四川高等學堂畢業	四川省議會議員。國會解散後歸裏。	共和黨
蔣曾燠	30	江蘇無錫	日本早稻田大學		國民黨
王家襄	36	浙江紹興	貢生,日本員警專科學校畢業	1906 年後任浙江省警局參議,臨時參議員。1922 年後專任河南福中礦務督辦。	進步黨

宋淵源	34	福建永春	日本明治大學政治科學習	1912 年前在日本參加同盟會，辛亥革命後任福建省議會議長。在護法運動中任福建護法軍司令。1927 後曾任國民政府委員、福建省政府委員等職。抗戰時任一、二屆參政會參政員。後任國大代表。	國民黨
李肇甫	29	四川巴縣	日本明治大學法律科肄業	南京臨時政府總統府祕書，民國臨時參議員。1923 年後執律師業。1939 年曾任四川臨時參議會議長、國民政府立法委員、大法官等職。	國民黨
金兆棪	38	浙江金華	舉人，京師大學堂畢業	縣知事，1912 年任都督府機要祕書，後歸里不問政事。	國民黨
呂志伊	32	雲南思茅	舉人、日本早稻田大學肄業	同盟會反清革命活動中堅分子。1912 年任南京臨時政府司法部次長。1917 年參加護法運動，曾任廣州軍政府司法部次長等職。從 1928 年起，先後任雲南省建設廳廳長、國民政府立法委員等職。	國民黨
曹汝霖	39	上海	舉人、日本法政大學畢業	前清外務部左侍郎、副大臣。曾任北京政府外交部次長總長、交通部總長。1919 年後轉入實	進步黨

				業界，曾交通銀行、中國通商銀行總經理等職。	
阿莫爾靈圭	42	蒙古		蒙古親王。	共和黨進步黨
盧天遊	35	廣西桂增	日本法政大學畢業	廣西諮議局議員。護國運動中曾作任西南軍務院祕書、護國軍兩廣東都司令部祕書，1918 年病故。	國民黨
劉績學	34	河南新蔡	舉人、日本法政大學畢業	辛亥革命時期組織河南北伐軍。1917 年參加護法運動。1925 年後任河南政務廳廳長、河南宣撫使。1927 年後任國民政府立法委員、河南省臨時參議會議長、制憲國大代表。新中國成立後任河南省人大代表、民革河南省副主委等職。	國民黨
程瑩度	32	四川雲陽	生員、日本明治大學專門科畢業	四川諮議局議員。國會解散後歸里。	國民黨公民黨
楊福洲	34	吉林吉林		曾任前清吉林省兵備處科長等職。1912 年任吉林省都督府實業顧問、清丈局科長。1918 年參加護法國會。	國民黨公民黨
楊渡	33	奉天海城	奉天省立高等學校	前清地方警務長，縣參事會參事。	國民黨公民黨
田永正	35	湖南永定	日本早稻田大學政治經濟科畢業	參加過護法國會。	國民黨公民黨

徐鏡心	32	山東黃縣	日本法政大學	山東同盟會負責人、辛亥革命時山東黃縣軍政府總務部長。二次革命期間密謀舉兵討袁，1914 年被北京政府處死。	國民黨
張耀曾	29	雲南大理	日本帝國大學肄業（1914 年畢業）	護國運動中曾任雲南都督府參議。後又任北京政府司法總長。1924 年後任上海法學院法律系主任、律師。抗戰時任第一屆國民參政會參政員。	國民黨民憲黨
伍朝樞	27	廣東新會	廩生、英國倫敦大學法學學士、英國大律師資格	1915 年任政事堂參議。參加護法運動，任廣東軍政府外交部次長、部長。1927 年後曾任國民政府外交部長、駐美公使、廣東省政府主席等職。	國民黨民憲黨
易宗夔	38	湖南湘潭	廩生、日本留學	前清資政院議員。1923 年曾任北京政府國務院法制局局長。	國民黨無黨籍
劉恩格	25	奉天遼陽	日本早稻田大學畢業	1912 年任奉天提法司科員。1918 年任安福國會眾議院副議長。1921 年曾任察哈爾特區興和道尹。1932 年任偽滿州國立法院祕書長。	國民黨
陳景南	34	河南光山	日本法政大學	報館主筆。	政友會

孫潤宇	35	江蘇吳縣	舉人、日本法政大學法科畢業、學士	曾任前清民政部憲政籌備委員、科長、教習等職。1914 年任駐日公使館一等祕書。1924 年任國務院法制局局長、祕書長。1934 年後曾任天津市政府祕書長及偽河北省祕書長等職。曾執律師業。	國民黨民憲黨
孫　鍾	38	河南開封	日本中央大學經濟科畢業	1912 年任前清財政部主事。1912 年任北京臨時參議員。1914 年後任《神州日報》社社長。	政友會
李　芳	32	蒙古	四川法政專門大學畢業		國民黨大中黨
楊銘源	36	陝西宜君	廩生、日本明治大學畢業	辛亥革命時任民軍陝西東路軍參謀長。1918 年後參加護法國會。	政友會
谷鍾秀	40	河北定縣	優貢、日本早稻田大學畢業	直隸省諮議局議員。民國臨時參議員。1916 年任農商總長兼水利局總裁。後參加護法運動。1935 年後任河北省政府委員、民政廳長等職。抗戰後任北平市參議會參議長。	國民黨民憲黨
褚輔成	41	浙江嘉興	監生、日本法政大學肄業	浙江諮議局候補議員。浙江軍政府民政長。1921 年後參加聯省自治運動，任浙江省憲法會議副議長。1927 年後	國民黨

				任上海法科大學校長。抗戰期間國民參政會第一屆至四屆參政員、「行憲國大代表」。	
汪榮寶	32	江蘇吳縣	拔貢、日本法政大學	前清民政部右參議、憲政編查館正科員、資政院議員。1919年後曾任駐瑞士、日本公使。	進步黨
劉崇佑	37	福建閩侯	舉人、日本早稻田大學畢業	福建省諮議局副議長、臨時省議會議員。1922後在北京執律師業。	民主黨進步黨兼民憲黨
李國珍	32	江西武寧	日本早稻田大學政治經濟科、法政科舉人	前清度支部七品京官。1915年任政事堂參議。1916年起先後任國務院參事、教育部、農商部次長等職。	進步黨
王敬芳	38	河南鞏縣	舉人、留學日本	1918年任安福國會衆議員。後任河南宣慰使、吳淞中國公學校長。	進步黨
李慶芳	35	山西襄垣	日本大學法科畢業、法政科舉人	1912年前在原籍創辦學校、報館。1914年後從事賑災活動。1917年任經濟調查局參議、山西員警廳廳長等職。	公民黨
張國溶	37	湖北蒲圻	進士	前清翰林院編修、湖北諮議局副議長。1914年任約法會議議員、政事堂參事。1916年任國務院參事，後從事書畫研究。	進步黨大中黨

王印川	33	河南修武	舉人、日本早稻田大學法科畢業、學士	1912 年曾任河南高等學堂教務長。1914 年任約法會議議員、參政院參政。1918 年後任安福國會祕書長、河南省長。1925 年任臨時參政院參政。1934 年後曾任安徽省政府委員、祕書長。	進步黨
汪彭年	34	安徽旌德	日本法政大學畢業	上海《神州日報》主筆。1915 年曾任黎元洪祕書。1923 年後曾任安徽省屯墾總局局長。新中國成立後任上海文史館館員。	共和黨兼民憲黨
史澤鹹	29	山東樂陵	日本鹿爾島第七高等學校畢業，後入帝國大學法科	山東軍政府外交司司長、省議會議員。	政友會
何 雯	30	安徽懷寧	舉人、日本法政大學畢業	清末上海《神州日報》總編輯、《民聲日報》總理。民國成立後又曾任《新中國報》等報紙主任。	共和黨
黃 璋	35	四川鄰水	日本法政大學		共和黨
黃雲鵬	30	四川永川	日本早稻田大學政經科、法科進士	1912 年四川臨時省議員。	共和黨兼民憲黨
吳宗慈	32	江西南豐	優貢、曾赴日本考察	前清學堂監督等教職。1914 年國會解散後曾任四川政務廳長等地方職務。後為江西地方誌專家。	共和黨

王紹鼇	27	江蘇吳江	日本早稻田大學政經科畢業	1912 年組織統一黨。1931 年後從事抗日與反蔣活動。民進會發起人之一，後任副主席。新中國成立後任全國人大代表、全國政協常委等職。	共和黨
夏同和	45	貴州麻江	前清狀元、日本留學	前清翰林院編修。曾任國務院法制局僉事、參事。1917-1919 年任江西財政廳廳長。	超然社大中黨
彭允彝	35	湖南湘潭	日本早稻田大學畢業	1912 年民國臨時參議員。1922 年後任北京政府教育部總長。抗戰期間先後擔任第一至三屆國民參政會參政員。	國民黨
徐秀均	32	江西九江	早年赴日本、英、德國留學	曾任徐世昌東三省總督府幕僚，參與灤州起義。宋案後徐在京策動五省合縱反袁，於 1913 年 10 月被北京政府槍殺。	國民黨
孟　森	43	江蘇武進	生員、日本法政大學法律科畢業	江蘇省諮議局議員。國會解散後曾任江蘇省民政廳祕書主任。後棄政從學，先後任中央大學、北京大學歷史系教授。	進步黨
龔　政	28	廣西貴縣	日本明治大學	參加過護法國會。	國民黨民憲黨
陳發檀	34	廣東瓊山	日本東京帝國大學	參加過護法國會。	國民黨公民黨

黃贊元	32	湖南長沙	日本法政大學畢業	曾任前清四川總督府幕僚。1917 年任北京政府財政部參事。	國民黨大中黨
馬小進	25	廣東臺山	美國哥倫比亞大學政治科學士、紐約大學商業理財科學士	1914 年任總統府祕書、財政部祕書、稅務處幫辦。後參加護法運動,任大元帥府參事等職。	國民黨公民黨

資料來源:

1. 《憲法起草委員會會議錄(第 1 冊)》(北京:憲法起草委員會,1913 年 10 月)附錄之《憲法起草會會員錄》。

2. 湯漪、楊永泰、張我華、王鑫潤、朱兆莘、高家驥、向乃祺、丁世嶧(丁佛言)、陸宗輿、陳善、王庚(王揖唐)、藍公武、陳銘鑑、金鼎勳、王用賓、饒應銘、張耀曾、伍朝樞、易宗夔、劉恩格、孫潤宇、孫鍾、楊銘源、谷鍾秀、褚輔成、汪榮寶、劉崇佑、李國珍、王敬芳、李慶芳、張國溶、王印川、汪彭年、史澤咸、何雯、吳宗慈、王紹鏊、夏同和、李肇甫、曹汝霖、呂志伊、宋淵源、王家襄、金兆木炎(麻煩維心,需合成一字)、彭允彝、徐秀均、孟森、盧天游、劉績學、徐鏡心、楊福洲、程瑩度、黃贊元、馬小進等個人資料參見《民國人物大辭典》(河北人民出版社,1991年版);委員黨籍資料來源於《民國人物大辭典》之附錄部分。黨籍變化以二次革命為限,每人均有兩次黨籍記錄。

3. 各位議員情況統計又見張玉法:《民國初年的國會(1912-1913)》(臺北中央研究院近代史研究所集刊第十三期)之附錄兩院議員表;張朋園:《安福國會選舉-論腐敗為民主政治的絆腳石》(中央研究院近代史研究所集刊第三十期)之附錄安福國會議員名錄。但是部分內容作者根據最新資料作了較多的修正。

4. 解樹強的個人情況參見江蘇省地方誌編纂委員會《江蘇省志·議會人民代表大會志》(江蘇人民出版社,1999 年)第 69 頁;劉恩格、高家驥、金永昌個人資料又見王鴻賓等編《東北人物大辭典(第二卷)上》第 487、1453、1154 頁;夏同和個人資料參見《貴州近現代人物資料續集》(中國近代史料學會貴陽市會員聯絡處編)第221-222 頁;李慶芳、王用賓個人資料又見《山西通志·人物志》(中華書局,2001 年)第 158-160、216-218 頁;吳宗慈個人資料又見《江西歷代人物辭典》(江西人民出版社,1990 年)第 504 頁。

5. 丁世嶧個人資料又見《中華民國名人傳(下)藝術第 1 冊》;王家襄、王庚(王揖唐)、朱兆莘、伍朝樞、楊永泰、汪榮寶個人資料又見《中華民國名人傳(上)政治》,《民國叢書第一編》(上海書店影印本,1989 年)。

6. 王印川、王敬芳、劉績學個人資料又見《河南文史資料第 15 輯、16 輯、8 輯》;楊永泰個人資料又見《湖北文史資料第 25 輯》;石德純個人資料參見《前仆後繼兩兄弟》,全國政協文史資料研究室編《縱橫》第 25 期;汪彭年個人資料又見《中國新

閒年鑒（1983 年）》（中國社會科學出版社，1983 年）及周岩《袁世凱家族》（中國青年出版社，1991 年）第 175 頁。

7. 王印川、何雯、汪榮寶、陸宗輿、張耀曾個人資料參見中國社會科學院"近代史資料"編輯部編《民國人物碑傳集》（四川人民出版社，1997 年）；徐秀均個人資料又見《中華民國史資料叢稿人物傳記》（第二十輯）（中華書局，1984 年）第 22 頁。

8. 王用賓、呂志伊、李肇甫、宋淵源個人資料分別又見《革命人物志第 1 集》（臺北中國國民黨黨史會）（第 99-105 頁）、第 3 集（第 192-196 頁）、第 10 集（第 148-150 頁）、第 3 集（第 166-168 頁）；吳宗慈、王鑫潤、李國珍、王揖唐（王賡）、張耀曾、彭允彝、朱兆莘的從政履歷又見郭卿友：《中華民國時期軍政職官志》（甘肅人民出版社，1990 年）第 7、20、65、64、80、81、100 頁。

9. 趙世鈺、楊銘源、段世垣留學情況分別參見《學部官報》第 8 期、31 期，（臺北國立故宮博物院影印本，1980 年）第 193、192、636 頁。

1923 年國會制憲核心議員列表

姓名	年齡	籍貫	教育背景	社會經歷	黨籍
吳景濂	52	奉天	舉人、京師大學堂、日本考察	參加反袁鬥爭。1917 年後歷任廣東護法國會議長、北京國會眾議院議長,參加 1923 年總統選舉。	民憲同志會
馬 驤	38	陝西		曾任護法議員、廣東大元帥府參議,參加 1923 年總統選舉。	民憲同志會
羅家衡	40	江西	日本法政大學政經科	律師,歷任護法議員、廣東大元帥府祕書、北京農商部次長,參加 1923 年總統選舉。	民憲同志會
張伯烈	50	湖北	日本大學法科	參加反袁鬥爭。曾任護法議員、1922-1923 年國會眾議院副議長,參加 1923 年總統選舉。	新民社
鄭人康	39	湖南	湖南高等學校	護法議員,參加 1923 年總統選舉。	新民社
胡祖舜	39	湖北		護法議員,參加 1923 年總統選舉。	新民社政友會

孔慶愷		福建		護法議員，參加 1923 年總統選舉。	新民社
鄭江灝	43	湖北	日本東斌學堂	曾任四川都督府祕書、宜昌商埠局長，參加 1923 年總統選舉。	新民社
張士才	52	直隸		石家莊商會經理、護法議員，參加 1923 年總統選舉。	全民社
吳蓮炬		四川		參加 1923 年總統選舉。	石附馬大街 3 號
趙時欣	47	四川		護法議員，參加 1923 年總統選舉。	石附馬大街 3 號
張佩紳		安徽		護法議員，參加 1923 年總統選舉。	石附馬大街 3 號
宋汝梅		蒙古		護法議員，參加 1923 年總統選舉。	石附馬大街 3 號
溫世霖	52	直隸	北洋海軍駕駛學堂	曾任護法議員、廣東軍政府參事，參加 1923 年總統選舉。	全民社
穀芝瑞	49	直隸	進士、日本法政大學	參加 1923 年總統選舉。	全民社
史澤鹹	39	山東	日本帝國大學法科	參加 1923 年總統選舉。	全民社
錢崇愷	43	直隸	北洋大學	護法議員，參加 1923 年總統選舉。	全民社
李春榮	44	直隸	北洋法政學堂	護法議員，參加 1923 年總統選舉。	全民社
景耀月	42	山西	日本大學法科肄業	參加 1923 年總統選舉。	全民社
周克昌	49	山西	山西大學堂	護法議員，參加 1923 年總統選舉。	宣外二百號

裴廷藩	44	陝西	北京大學	從事教育活動，後任護法議員，參加 1923 年總統選舉。	宣外二百號
黃明新		廣東		護法議員，參加 1923 年總統選舉。	宣外二百號
任煥黎		福建		護法議員，參加 1923 年總統選舉。	宣外二百號
王法岐		河南		護法議員，參加 1923 年總統選舉。	宣外二百號
彭占元	53	山東	附生，日本法政大學	護法議員，參加 1923 年總統選舉。	化石橋56 號
餘紹琴	37	四川	日本中央大學法學士	護法議員，參加 1923 年總統選舉。	壬戌俱樂部
廖希賢	37	四川	日本中央大學本科	歷任中國公學教育管理、中國銀行上海分行行長、護法議員，參加 1923 年總統選舉。	壬戌俱樂部
田永正	45	湖南	日本早稻田大學政治經濟科畢業	護法議員，參加 1923 年總統選舉。	壬戌俱樂部
張　漢		湖北		護法議員，參加 1923 年總統選舉。	壬戌俱樂部
牟鴻勳		湖北		參加 1923 年總統選舉。	後孫公園 11 號
張益芳		江西		參加 1923 年總統選舉。	西河沿182 號
駱繼漢	45	湖北	日本早稻田大學政經科	新聞從業。曾任護法議員，參加 1923 年總統選舉。	誠社
袁麟閣		湖北		護法議員，參加 1923 年總統選舉。	誠社
範鴻鈞		湖北		護法議員，參加 1923 年總統選舉。	誠社

許峭嵩	40	廣東	日本大學法律部	護法議員，參加 1923 年總統選舉。	觀音堂 10 號
董慶餘		福建		參加 1923 年總統選舉。	觀音堂 10 號
易仁善		廣東		參加 1923 年總統選舉。	觀音堂 10 號
王謝家	57	山東		參加 1923 年總統選舉。	憲友 俱樂部
鄧毓怡		直隸		參加 1923 年總統選舉。	憲法 學會
常椿璋	55	直隸	貢生、日本留學	參加 1923 年總統選舉。	報子街 18 號
張鼎彝		直隸		護法議員，參加 1923 年總統選舉。	報子街 18 號
馬英俊	49	直隸		參加 1923 年總統選舉。	報子街 18 號
王錫泉	44	直隸	日本經緯學校師範科	參加 1923 年總統選舉。	報子街 18 號
彭漢遺	47	湖北	留學日本學習法律	護法議員，參加 1923 年總統選舉。	頤園
黃贊元	42	湖南	日本法政大學畢業	1917 年任北京政府財政部參事，參加 1923 年總統選舉。	頤園
諾門達賴		蒙古		護法議員，參加 1923 年總統選舉。	漠南 寄廬
恩和布林	39	蒙古		參加 1923 年總統選舉。	漠南 寄廬
石鳳歧		西藏		護法議員，參加 1923 年總統選舉。	漠南 寄廬
易次乾	43	廣東	黃埔水陸師學堂	歷任護法議員、蒙藏院別總裁，參加 1923 年總統選舉。	香爐營頭條 16 號

金永昌	48	蒙古	日本振武學堂、日本東京帝國大學、	護法議員，參加 1923 年總統選舉。	漠南寄廬
董士恩	47	蒙古	北洋大學堂	黑龍江、吉林財政廳長，參加 1923 年總統選舉。	西北議員俱樂部
於式芳		山東		參加 1923 年總統選舉。	是廬
熙 鈺	43	蒙古		參加 1923 年總統選舉。	蒙藏議員俱樂部
訥謨圖	46	蒙古	同文館俄文科	曾任縣知事、護法議員，參加 1923 年總統選舉。	蒙藏俱樂部
王 湘	47	四川	日本醫科大學	護法議員，廣東大元帥府參議，參加 1923 年總統選舉。	民治社
牟 琳	45	貴州	舉人、日本宏文書院師範科	參加 1923 年總統選舉。	民治社
宋 楨	52	直隸	優稟生、天津法政講習所	護法議員，參加 1923 年總統選舉。	民治社
陳 堃	51	河南	舉人、法政學堂	護法議員，參加 1923 年總統選舉。	民治社
王試功	41	直隸	直隸高等學校	護法議員，參加 1923 年總統選舉。	地方制度協進會
楊詩浙	45	陝西	稟生	護法議員，參加 1923 年總統選舉。	南廬
張複元	43	浙江	日本中央大學法學士	浙江政務廳長，護法議員，參加 1923 年總統選舉。	翠花街 17 號
辛 漢	46	江蘇	日本帝國大學	參加 1923 年總統選舉。	群治社

王有蘭	38	江西	日本中央大學法科本科	赴歐洲考察政治。曾任雲南護法軍事參議、護法議員,參加 1923 年總統選舉。	匡廬
吳宗慈	42	江西	優貢、曾赴日本考察	1914 年國會解散後曾任四川政務廳長等地方職務。後參加護法運動與 1923 年總統選舉。	民治社
呂泮林	52	直隸	法政學堂	護法議員,參加 1923 年總統選舉。	民治社
葉夏聲	35	廣東	日本留學	從事反袁鬥爭。曾任護法議員、廣東軍政府內政部代次長,參加 1923 年總統選舉。	民治社
司徒穎	43	廣東	京師大學堂採礦冶金科	從事實業活動,曾任甘肅實業廳長,參加 1923 年總統選舉。	樂園
趙世鈺	40	陝西	廩生,日本早稻田大學鐵道科	護法議員,參加 1923 年總統選舉。	民憲同志會
王乃昌	39	廣西	廣西高等學校師範科肄業	護法議員,參加 1923 年總統選舉。	民治社
鄒樹聲		江西		參加 1923 年總統選舉。	匡廬
陳友青		江西		護法議員,參加 1923 年總統選舉。	匡廬
王欽宇		廣東		護法議員,參加 1923 年總統選舉員。	南廬
劉可均		江蘇		護法議員,參加 1923 年總統選舉。	順城街 33 號
張書元		直隸		護法議員,參加 1923 年總統選舉。	民治社
林炳華	51	廣西	舉人、日本法政速成科畢業	曾任知事,道尹,第二屆國會議員,參加 1923 年總統選舉	樂園

謝持	45	四川	附生、川南師範	護法議員，護法總統府祕書長，未參加 1923 年總統選舉。	護法議員聯歡會
焦易堂	44	陝西	生員、法政專門學堂	護法議員，大本營參議，未參加 1923 年總統選舉。	護法議員聯歡會
王用賓	41	山西	日本法政大學畢業	護法運動中任大元帥府、總統府參議等職，未參加 1923 年總統選舉。	護法議員聯歡會
張繼	41	直隸	日本早稻田大學	護法議員，未參加 1923 年總統選舉。	中國國民黨
凌毅	45	安徽	兩江師範學堂	參加中華革命黨，曾任護法議員，未參加 1923 年總統選舉。	南溝沿 64 號
褚輔成	51	浙江	監生、日本法政大學肄業	護法國會眾議院副議長，1921 年後參加聯省自治運動，任浙江省憲法會議副議長，未參加 1923 年總統選舉。	褚寓
呂複	45	直隸	日本明治大學法科	護法議員，大元帥府祕書，未參加 1923 年總統選舉。	褚寓
谷鍾秀	50	直隸	優貢、日本早稻田大學畢業	1916 年任農商總長兼水利局總裁，護法議員，未參加 1923 年總統選舉。	政學會
張耀曾	39	雲南	日本帝國大學畢業	護國運動中曾任雲南都督府參議，後又任北京政府司法總長、北大法科教授，未參加 1923 年總統選舉。	政學會

李根源	44	雲南	日本士官學校	曾任陝西省長、護法議員、北京政府農商總長,未參加 1923 年總統選舉。	政學會
韓玉辰	42	湖北	武昌法政學堂	護法議員,未參加 1923 年總統選舉。	政學會
李肇甫	39	四川	日本明治大學法律科肄業	未參加 1923 年總統選舉。	政學會
楊永泰	41	廣東	秀才、北京法政專門學校畢業	曾任護法軍政府財政廳長、廣東省長,未參加 1923 年總統選舉。	政學會
湯 漪	43	江西	舉人、美國墨西哥大學政經科畢業	護法運動中任廣東政務會議參議,未參加 1923 年總統選舉。	匡廬
王侃	42	江西	日本帝國大學法科	東京法政學校執教,未參加 1923 年總統選舉。	匡廬
王紹鏊	37	江蘇	日本早稻田大學政經科畢業	護法議員,未參加 1923 年總統選舉。	水月庵 7 號
劉恩格	35	奉天	日本早稻田大學畢業	1918 年任安福國會眾議院副議長。1921 年曾任察哈爾特區興和道尹,未參加 1923 年總統選舉。	奉系
孟昭漢	54	黑龍江	庠生	未參加 1923 年總統選舉。	壬戌俱樂部
仇玉珽	49	安徽	日本宏文書院師範科	未參加 1923 年總統選舉。	報子街 18 號
陳士髦	49	江蘇		未參加 1923 年總統選舉。	順城街 33 號
白逾桓	51	湖北	日本明治大學	參加反袁鬥爭。曾任護法議員,未參加 1923 年總統選舉。	蒙事研究會

範殿棟	58	吉林	附貢生	護法議員，未參加 1923 年總統選舉。	南廬
胡鄂公	45	湖北	北洋高等農業學堂	歷任總統府諮議、湖北政務廳長、教育部次長，未參加 1923 年總統選舉。	香爐營頭條 16 號
林繩武	44	廣東	貢生	未參加 1923 年總統選舉。	西河沿 182 號
林伯和		廣東		中學校長、護法議員，未參加 1923 年總統選舉。	觀音堂 10 號
蒲殿俊	47	四川	進士、日本法政大學	曾任內務部次長、晨報社長，參加 1923 年總統選舉。	憲法研究會
籍忠寅	48	直隸	舉人、日本早稻田大學	第二屆國會議員，參加 1923 年總統選舉。	憲法研究會
藍公武	40	江蘇	日本東京帝國大學畢業、德國留學	1918 年任北大教授、第二屆國會議員，參加 1923 年總統選舉。	憲法研究會
江天鐸	45	廣東	日本早稻田大學政法科	律師。參加 1923 年總統選舉	適廬
譚瑞霖	38	廣東	廣東師範學校畢業	教員，第二屆國會議員，參加 1923 年總統選舉。	適廬
賀廷桂	45	安徽		貴州、南昌檢察廳長，參加 1923 年總統選舉。	樂園
溫雄飛	41	廣東	美國高等學校	參加 1923 年總統選舉。	樂園
王家襄	46	浙江	貢生，日本員警專科學校畢業	參議院議長，未參加 1923 年總統選舉。	憲法研究會
林長民	46	福建	日本早稻田大學政法科	司法總長，政務活動家，未參加 1923 年總統選舉。	憲法研究會

孫洪伊	53	直隸	舉人	北京政府內務總長，後任護法議員、廣東大元帥府參議，未參加 1923 年總統選舉。	民治社

資料來源：

1. 吳宗慈：《中華民國憲法史前編》，第一屆國會議員列表、護法議員列表。
2. 謝彬：《民國政黨史》，榮孟源，章伯鋒主編《近代稗海第 6 輯》，四川人民出版社，1987 年，第 77-91 頁。
3. 佐藤三郎、井上一葉編《民國之精華，第一卷》，北京寫真新聞社，民國五年。
4. 《移滬國會祕書廳宣佈之北京賄選投票名單》、《移滬國會議員宣言》，劉楚湘：《癸亥政變紀略》，《近代稗海第 7 輯》，第 417-425 頁。
5. 張玉法：《國民黨與進步黨的比較研究》，《(臺北) 中央研究院近代史研究所集刊第 10 期》。
6. 張玉法：《民國初年的國會》，附錄兩院議員表，《(臺北) 中央研究院近代史研究所集刊第 13 期》。
7. 張朋園：《安福國會選舉-論腐化為民主政治的絆腳石》，《(臺北)中央研究院近代史研究所集刊第 30 期》，附錄二、三。
8. 《民國人物大辭典》，河北人民出版社，1991 年。

說明：

1. 議員社會經歷特指 1914-1923 年經歷。
2. 史澤咸、田永正、黃贊元、金永昌、吳宗慈、趙世鈺、王用賓、褚輔成、谷鍾秀、張耀曾、李肇甫、楊永泰、湯漪、王紹鏊、劉恩格、藍公武、王家襄等 17 人曾任 1913 年國會制憲議員。
3. 謝彬在《民國政黨史》中將劉可均誤寫為翁可均。此外，謝著中石駙馬大街 3 號劉輔同、後孫公園 11 號鄧江灝、頤園張玉堂並不是國會議員，南溝沿 64 號梅寶璣為候補議員，均不納入統計。

國家圖書館出版品預行編目

現代中國的首次民主轉型：民國初年的憲政試
驗 / 嚴泉著 -- 一版. -- 臺北市：秀威資
訊科技, 2009.06
　　面；　　公分. -- (史地傳記類；PC0086)
BOD 版
ISBN 978-986-221-242-4(平裝)

1. 民主政治　2. 憲政主義　3. 中華民國

573.18　　　　　　　　　　　98009417

 史地傳記類　PC0086

現代中國的首次民主轉型
——民國初年的憲政試驗

作　　者 / 嚴　泉
主　　編 / 蔡登山
發 行 人 / 宋政坤
執行編輯 / 藍志成
圖文排版 / 鄭維心
封面設計 / 蕭玉蘋
數位轉譯 / 徐真玉　沈裕閔
圖書銷售 / 林怡君
法律顧問 / 毛國樑　律師
出版印製 / 秀威資訊科技股份有限公司
　　　　　　台北市內湖區瑞光路 583 巷 25 號 1 樓
　　　　　　電話：02-2657-9211　　傳真：02-2657-9106
　　　　　　E-mail：service@showwe.com.tw
經 銷 商 / 紅螞蟻圖書有限公司
　　　　　　台北市內湖區舊宗路二段 121 巷 28、32 號 4 樓
　　　　　　電話：02-2795-3656　　傳真：02-2795-4100
　　　　　　http://www.e-redant.com

2009 年 6 月 BOD 一版
定價：470 元

讀　者　回　函　卡

感謝您購買本書,為提升服務品質,煩請填寫以下問卷,收到您的寶貴意見後,我們會仔細收藏記錄並回贈紀念品,謝謝!

1.您購買的書名:_____

2.您從何得知本書的消息?

　　□網路書店　□部落格　□資料庫搜尋　□書訊　□電子報　□書店

　　□平面媒體　□ 朋友推薦　□網站推薦　□其他_____

3.您對本書的評價:(請填代號　1.非常滿意 2.滿意 3.尚可 4.再改進)

　　封面設計____　版面編排____　內容____　文/譯筆____　價格____

4.讀完書後您覺得:

　　□很有收獲　□有收獲　□收獲不多　□沒收獲

5.您會推薦本書給朋友嗎?

　　□會　□不會,為什麼?_____

6.其他寶貴的意見:_____

_____

_____

_____

讀者基本資料

姓名:_____　年齡:_____　性別:□女 □男

聯絡電話:_____　E-mail:_____

地址:_____

學歷:□高中(含)以下　　□高中　　□專科學校　　□大學

　　　□研究所(含)以上 □其他_____

職業:□製造業 □金融業 □資訊業 □軍警 □傳播業 □自由業

　　　□服務業 □公務員 □教職　　□學生 □其他_____

- -

(請沿線對摺寄回,謝謝!)

秀威與 BOD

BOD（Books On Demand）是數位出版的大趨勢，秀威資訊率先運用 POD 數位印刷設備來生產書籍，並提供作者全程數位出版服務，致使書籍產銷零庫存，知識傳承不絕版，目前已開闢以下書系：

一、BOD 學術著作—專業論述的閱讀延伸
二、BOD 個人著作—分享生命的心路歷程
三、BOD 旅遊著作—個人深度旅遊文學創作
四、BOD 大陸學者—大陸專業學者學術出版
五、POD 獨家經銷—數位產製的代發行書籍

BOD 秀威網路書店：www.showwe.com.tw
政府出版品網路書店：www.govbooks.com.tw

　　永不絕版的故事・自己寫・永不休止的音符・自己唱